Manual Avanzado de

Microsoft®

Excel 2002

OfficeXP

MANUAL AVANZADO

RESPONSABLE EDITORIAL:
Eugenio Tuya Feijoó

AUTOEDICIÓN:
Tomás Eisman Cano
(SEVEN Servicios Integrales)

DISEÑO DE CUBIERTA:
Gracia Fernández-Pacheco

Manual Avanzado de

Microsoft®

Excel 2002

OfficeXP

Francisco Charte Ojeda

ANAYA MULTIMEDIA

Todos los nombres propios de programas, sistemas operativos, equipos hardware, etc. que aparecen en este libro son marcas registradas de sus respectivas compañías u organizaciones.

Juan Ignacio Luca de Tena, 15. 28027 Madrid
Depósito Legal: M. 32.986-2001
I.S.B.N.: 84-415-1230-2
Printed in Spain
Imprime: Artes Gráficas Guemo, S.L.
Febrero, 32 - 28022 Madrid

Respirar tu aliento, beber tu risa,
amanecer en tus brazos y en tus ojos dormir,
soñar tus sueños, quererte sin prisa,
fundirnos en uno y vivir hasta morir.

A María Jesús, lo mejor que me ha ocurrido en esta vida.

Agradecimientos

A pesar de ser de poco interés para los lectores, es éste un apartado de reconocimiento a todas aquellas personas que, de una forma u otra, han estado implicadas en el proyecto, elaboración y realización de este libro, es decir, las que han hecho posible que este libro esté en sus manos, a pesar de que sus nombres no aparezcan en la portada.

Quiero transmitir mi agradecimiento a Anaya Multimedia, y en particular a Eugenio Tuya, por confiarme la redacción de este título y estar siempre dispuesto a atender mis consultas y comentarios. Gracias asimismo a Tomás Eisman por su habitual, y no por ello menos importante, empeño en dar siempre el mejor aspecto al trabajo del autor. Agradezco también el trabajo de las personas implicadas en el diseño de la cubierta, la corrección del texto y todo el proceso que hace posible que algo intangible, almacenado en un soporte magnético, se haga realidad.

Por último, me gustaría agradecer a mi familia, María Jesús, David, Alejandro y la pequeña Luci, su apoyo constante y desinteresado, así como su comprensión sin limites para con mi trabajo.

Índice

Cómo usar este libro

Si acaba de leer la introducción, ya sabrá que este texto está dirigido especialmente a aquellos usuarios que tienen unos ciertos conocimientos sobre el funcionamiento de Excel, ya sea de esta versión o de alguna previa. Al finalizar la lectura de este libro alcanzará un nivel medio/avanzado, aprovechando en gran parte ese ochenta por ciento de la funcionalidad de Excel que sólo una pequeña parte de los usuarios utiliza.

El libro se encuentra dividido en una veintena de capítulos, cada uno de los cuales puede leerse y aplicarse en la práctica aproximadamente en una hora. Un primer capítulo, el número 0, servirá como repaso a los conceptos básicos que el lector ya debe tener.

Un aspecto fundamental, si desea sacar el mejor provecho de cada capítulo, es el seguimiento de los ejemplos que van proponiéndose. Ahorrará tiempo y aprenderá más si va leyendo el libro delante del ordenador, examinando las opciones citadas y poniendo en práctica las operaciones que vayan describiéndose.

Estructura del libro

Como acaba de decirse, el primer capítulo de este libro, el 0, le servirá para repasar algunos conceptos básicos relativos al uso de Excel. Es un capítulo breve y conciso, suficiente para refrescar ideas a quien ya conoce los fundamentos de uso de una hoja de cálculo. No se trata, por tanto, de una explicación detallada paso a paso que le permita aprender desde cero.

Los siguientes seis capítulos, del 1 al 6, se centran en el estudio de características avanzadas de Excel relacionadas con la edición y manipulación de datos. Cómo crear tablas dinámicas, proyectar supuestos para analizar datos, crear y gestionar bases de datos, publicarlos en Internet o una *intranet* y el diseño de gráficos y diagramas serán algunos de los temas a cubrir en esta parte.

A continuación encontrará cuatro capítulos dedicados exclusivamente al uso de diversas funciones de Excel. Con ellas podrá componer expresiones lógicas, efectuar búsquedas de datos, etc. También sabrá cómo acceder a cualquier función externa de Windows o de otra aplicación, abriendo así un importante abanico de posibilidades.

La siguiente media docena de capítulos se centran en la creación de macros y la programación con VBA. Tendrá ocasión de conocer los fundamentos de este lenguaje, así como del entorno de edición con que cuenta Excel.

También se examinará el modelo de objetos de Excel y veremos cómo usarlo para acceder a la información de las hojas y manipularla.

Finalmente, cuatro capítulos más se dedicarán a otros temas de interés como las posibilidades de trabajo en grupo, la creación de documentos seguros o la creación de cuadros de diálogo personalizados.

El libro termina con cuatro apéndices a los que puede recurrir para consultar el proceso de instalación de Excel, el contenido del CD-ROM, acceder a diversas referencias sobre Excel y obtener una lista rápida de los comandos habituales de Excel.

Convenciones tipográficas

Como cualquier libro, éste se encuentra dividido en capítulos que cuentan con diferentes apartados, cada uno de ellos encabezado por sus correspondientes títulos. Además, en el texto se utilizan ciertos estilos o tipografías específicas con el objetivo de hacer su lectura más rápida, facilitando la identificación de elementos como las opciones de menú, nombres de funciones, etc. Estos estilos son:

- **Control-1** – Los nombres de tecla aparecen en el texto en negrita. Las combinaciones de dos o más teclas aparecen con el nombre de cada tecla separado del anterior con un guión.
- *Cursiva* – Es un tipo que se usa para diferenciar términos anglosajones o de uso poco común. También se usa para destacar algún concepto. Por ejemplo: *smart-tag*, para hacer referencia al nombre original de las fichas inteligentes de Excel.
- **Negrita** – Le ayudará a localizar rápidamente elementos como las combinaciones de teclas, nombres de botones y fichas. Por ejemplo, **Aceptar** para hacer referencia a un botón con ese título
- `Mono espacio` – Diferencia elementos como los nombres de archivos, libros y hojas, nombres de funciones, referencias a celdillas y código. Por ejemplo: `=SUMA(A1:B3)`, para introducir una fórmula en la que se utiliza una función y un rango de celdillas.
- Menús y comandos – Destaca sobre el texto todos los elementos relativos a interfaz de usuario, como puede ser el nombre de una opción de menú, un comando o un título de una ventana, etc. Por ejemplo: Archivo>Abrir para indicar que debe abrirse el menú Archivo y seleccionar la opción Abrir.

También encontrará a lo largo del libro apartados con elementos destacados sobre el texto normal, comunicándole de manera breve y rápida algún concepto relacionado con lo que está leyendo, un truco o advirtiéndole de algo. Estos apartados serán:

Nota:

Las notas se usan para aclarar un concepto que está utilizándose en el texto, facilitar información relacionada y tareas similares.

Advertencia:

Se usan para advertir sobre una cierta situación o consecuencia relacionada con el contexto de la explicación en curso.

Truco:

En ellos encontrará trucos o técnicas que le permitirán mejorar su conocimiento y uso de Excel, por ejemplo comunicándole atajos de teclado para efectuar tareas.

Ejemplo:

Le indican dónde localizar los ejemplos desarrollados en los capítulos.

Información de soporte

El CD-ROM que acompaña a este libro contiene todos los ejemplos desarrollados en él, lo cual hará más fácil la consecución de los ejercicios al no tener que introducir manualmente todos los datos usados en ellos.

La web de *Anaya Multimedia*, en `http://www.AnayaMultimedia.es`, cuenta con un apartado **Atención al cliente** en el que encontrará las opciones **Soporte técnico** y **Complementos**. Puede recurrir a la primera para transmitirnos cualquier problema que pudiera encontrar durante la aplicación de los supuestos planteados en el libro, mientras que la segunda le será útil para acceder a complementos o actualizaciones que, en el futuro, pudiesen realizarse sobre el software facilitado en el CD-ROM.

Introducción

Desde los inicios de la computación, y como el propio término *computación* indica, una de sus aplicaciones fundamentales ha sido siempre la realización de cálculos numéricos, las operaciones aritméticas y matemáticas más o menos complejas. No es de extrañar, por tanto, que en el ámbito de la informática empresarial, profesional e, incluso, personal, las hojas de cálculo constituyan una de las categorías de aplicaciones más usadas a nivel mundial.

Los primeros ordenadores, mucho más voluminosos y menos potentes que cualquier calculadora científica actual, utilizaban programas específicos para la consecución de unos resultados que hoy podrían obtenerse en una ínfima parte del tiempo utilizado entonces y de manera mucho más simple. Dichos programas realizaban cálculos numéricos, pero siempre los mismos con el fin de generar los mismos resultados.

Hojas de cálculo

Una hoja de cálculo es una aplicación que facilita la introducción de datos, resolución de fórmulas y expresiones y su análisis. Aunque en un principio pueda parecer que una hoja de cálculo es una calculadora algo sofisticada, lo cierto es que sus posibilidades van mucho más allá, especialmente si la hoja de cálculo de la que estamos hablando es Microsoft Excel 2002.

A diferencia de los programas mencionados, en aquellos primeros ordenadores, una hoja de cálculo no efectúa siempre las mismas operaciones sobre los datos que introduzcamos, sino que somos nosotros mismos los que definimos esas operaciones. Esto le hace mucho más potente y útil que la mayoría de aplicaciones informáticas.

Una hoja de cálculo se utiliza para almacenar información, de manera similar a una base de datos. Excel cuenta con funciones que, hasta cierto punto, nos permiten crear bases de datos, editar la información, filtrarla o realizar búsquedas. Los datos almacenados en la hoja cuentan con unos atributos de formato, similares a los existentes en un documento de un procesador de textos.

Además de esas características, comunes a bases de datos y procesadores de texto, una hoja de cálculo es capaz de usar los datos para generar unos resultados, elaborar gráficos o efectuar análisis, algo que queda fuera del alcance de aplicaciones como Access y Word.

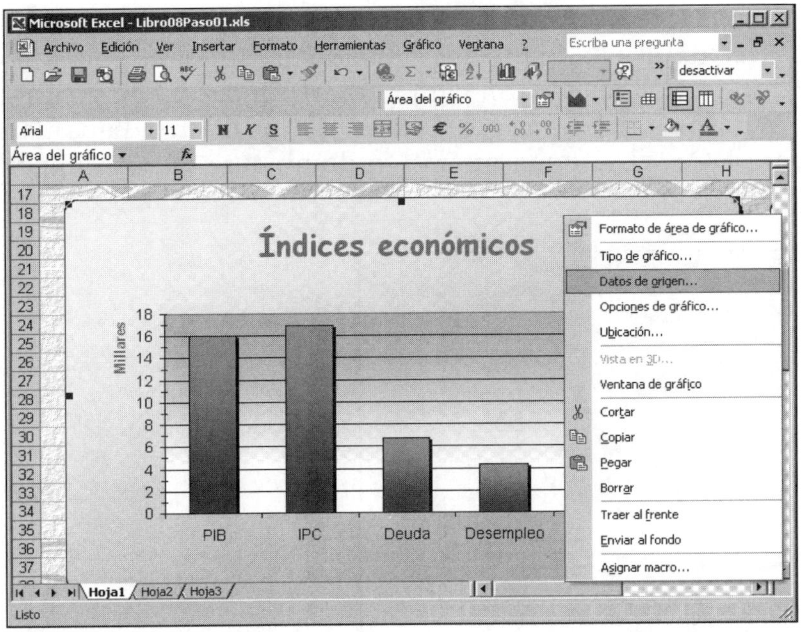

Figura I.1. Interfaz de usuario de Excel, mostrando un gráfico y un menú emergente

Microsoft Excel

Ciertamente, no fue Microsoft la empresa que inventó el concepto de hoja de cálculo y, en consecuencia, Excel no fue la aplicación pionera en dicho campo que, por curiosidad, se inició entre 1.976 y 1.979. Productos como VisiCalc, Multiplan, Lotus 1-2-3 o Quattro son míticos por lo que aportaron en su momento.

Lo que hace especial a Excel, y de forma más notable a la versión que tratamos en este libro, es que se ha convertido en la aplicación de hoja de cálculo más avanzada en la actualidad, gracias a una evolución constante. Dicha evolución se ha traducido en mejoras en todas las áreas: facilidad de uso, posibilidades de cálculo, conectividad para obtener datos, herramientas de análisis, representación gráfica, documentación, etc.

Microsoft Excel 2002, que es como se llama a la versión de Excel integrada en Office XP, es una aplicación que supera con creces a los productos de la competencia, lo cual le ha convertido, en versiones previas, en la aplicación de hoja de cálculo más utilizada en la actualidad. Todo esto a pesar de ser una solución *tardía* para los PC respecto a otros productos, como Lotus 1-2-3 o Quattro. Excel fue desarrollado inicialmente para Mac y Microsoft no desarrolló una edición para PC hasta que tuvo disponible una versión de Windows, mientras que Lotus 1-2-3 y Quattro disponían de versiones para DOS, el sistema operativo dominante en los PC por aquellos tiempos.

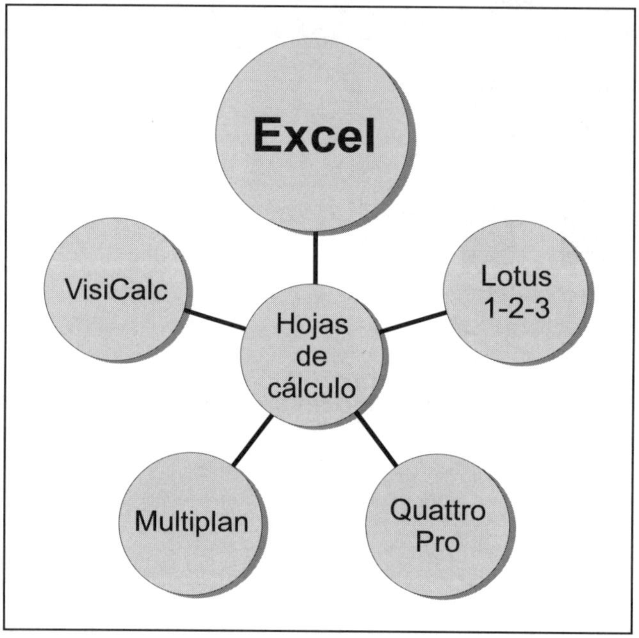

Figura I.2. Microsoft Excel es una hoja de cálculo de última generación

Nuevas características

Como acaba de decirse, Excel 2002 es una hoja de cálculo muy evolucionada. Las novedades de esta nueva versión, respecto al anterior Excel 2000, son numerosas e importantes, afectando tanto a la facilidad de uso como a la funcionalidad disponible. La siguiente lista es un resumen de las características nuevas más importantes:

- XML – Excel es ahora capaz de almacenar y recuperar hojas de cálculo usando el formato XML (*Extensible Markup Language*), lo cual permite intercambiar información con otras aplicaciones e, incluso, otros sistemas operativos.

- Fichas inteligentes – Ciertas operaciones son ahora más fáciles que nunca gracias a las *smart tags* o fichas inteligentes. Éstas aparecen en determinadas situaciones, por ejemplo al pegar una información desde el portapapeles o editar una fórmula, y ofrecen información u opciones alternativas.
- Paneles de tareas – Ahora el margen derecho de la ventana de trabajo se utiliza para mostrar paneles de trabajo que simplifican la creación y apertura de documentos, selección de datos del portapapeles o la búsqueda y sustitución de datos.
- Importado de datos – Además de recuperar documentos desde una unidad de almacenamiento local, Excel 2002 también es capaz de consultar datos alojados en páginas web e importar información desde fuentes como SQL Server, OLAP y ODBC.
- Funciones – Al utilizar el Asistente de funciones obtendremos una lista de funciones recomendadas según la tarea a realizar. Cada vez que se introduce una función, Excel nos muestra una ayuda flotante indicando los parámetros que son necesarios.
- Fichas de hoja con colores – Las fichas o pestañas que aparecen en la parte inferior de las hojas, y que usamos habitualmente para cambiar de una a otra, pueden diferenciarse con colores.
- Diagramas – Es una característica común a las distintas aplicaciones de Office XP, entre ellas Excel. Nos permite dibujar distintos tipos de diagramas: piramidales, radiales, etc.
- Protección – Las funciones de protección y autenticación de datos se han mejorado. Es posible aplicar firmas digitales a los documentos.

Existen otras muchas mejoras en apartados ya existentes, así como novedades que no están disponibles en todos los idiomas. La edición inglesa, por ejemplo, cuenta con un mecanismo de reconocimiento de voz que permite dar órdenes e introducir datos sin necesidad de usar el teclado ni el ratón.

Objetivos de este libro

Como es fácil deducir por su propio título, *Manual avanzado*, el libro que tiene en sus manos está dirigido a usuarios que ya conocen Excel, bien sea la actual versión 2002 o una versión previa, y desean avanzar en el estudio y uso de esta aplicación. No es, por tanto, un libro dirigido a personas que desconocen qué es una hoja de cálculo y, en particular, los fundamentos básicos de Excel. Si es éste su caso, *Anaya Multimedia* pone a su disposición otras colecciones más adecuadas como los *Manuales imprescindibles*, *Guías prácticas* y *Guías de iniciación*. Puede acceder al catálogo completo de la editorial en `http://www.AnayaMultimedia.es`.

Partiendo de esos fundamentos básicos, de los cuales haremos un breve repaso en el capítulo 0, con este libro podrá adquirir los conocimientos necesarios para componer fórmulas de cualquier tipo; utilizar las características más avanzadas y novedosas, como las tablas dinámicas, diagramas o gráficos dinámicos; servirse de las funciones más útiles de Excel, efectuando con ellas operaciones de búsqueda y decisión; crear macros y funciones propias, sirviéndose para ello de VBA (*Visual Basic for Applications*, Visual Basic para Aplicaciones), personalizar el entorno de trabajo, etc.

Toda esta información, detallada completamente en el índice de contenidos que antecede a esta introducción, se estructura, desde un punto de vista lógico, en tres partes bien diferenciadas. Los primeros capítulos están dedicados a características de uso avanzado de Excel, aprovechando funcionalidades y opciones que la mayoría de usuarios muchas veces no conocen. La segunda parte está dedicada al trabajo con algunas de las funciones más interesantes de Excel, mientras que la tercera, comprendiendo los últimos capítulos, se dedica al lenguaje VBA, el editor de VBA, la creación de macros y personalización de Excel.

Seguimiento de los ejemplos

Un componente esencial de este libro, para que el lector pueda asimilar los conocimientos con más facilidad y rapidez, son los ejemplos propuestos a lo largo de sus capítulos. Realmente es un ejemplo que se inicia en los primeros capítulos y, posteriormente, va completándose en los siguientes.

En el CD-ROM que acompaña al libro podrá encontrar los distintos pasos que van dándose, en cada capítulo, hasta llegar al ejemplo completo y finalizado. Lógicamente, puede abrir directamente el paso que le interese y ver todo el trabajo realizado. Es lo ideal si las operaciones explicadas hasta ese punto le son familiares y no necesita repasarlas. De lo contrario, si los conceptos explicados son nuevos para usted, lo indicado es que abra el ejemplo del paso anterior y, a partir de ahí, efectúe usted mismo las operaciones descritas para completar el siguiente paso.

La confección de los ejemplos está hecha asumiendo que trabajamos para la FAO, organización de la ONU centrada en la agricultura y alimentación, y que estamos realizando un censo mundial de población conjuntamente con otros datos relacionados. Todos los datos usados en los ejemplos han sido extraídos directamente de la base de datos estadística de la FAO, organización a la que pertenece la sede mostrada en la figura I.3.

Figura I.3. Sede en Internet de la FAO

Requerimientos

Además de este libro y el correspondiente CD-ROM, lógicamente es un requisito indispensable que disponga de un ordenador con Excel 2002 instalado para poder comprobar usted mismo las explicaciones dadas y utilizar los ejemplos que se facilitan. El autor ha utilizado esta versión de Excel en un sistema Windows 2000 en el que, asimismo, también se han instalado el resto de aplicaciones de la edición *Professional con FrontPage* de Microsoft Office XP, lo cual asegura la disponibilidad de todos los componentes usados en los distintos capítulos. Si su instalación es parcial, posiblemente en algún punto necesite recurrir a su CD-ROM de Office XP para instalar componentes adicionales.

La instalación de Office XP sobre Windows 2000 no requiere ningún paso previo, pero si su sistema es Windows 98, NT 4 o similar, posiblemente necesite instalar algún SP (*Service Pack*) o actualizar el sistema instalando aplicaciones adicionales, como Internet Explorer. Recurra al apéndice A si necesita ayuda sobre el proceso de instalación.

Capítulo 0

Conceptos básicos

En este capítulo aprenderá a:

- Identificar los elementos de la interfaz de Excel.
- Almacenar y recuperar libros.
- Introducir y editar datos, asociando formatos.
- Trabajar con múltiples hojas.
- Crear gráficos.
- Personalizar Excel y utilizar la ayuda.

Como usuario iniciado, con una cierta experiencia de trabajo con Excel, no es necesario explicar para qué sirve una hoja de cálculo, qué es un libro o como puede almacenarlo y recuperarlo. Estará habituado a introducir títulos, números y fórmulas más o menos complejas, así como a diseñar gráficos para representar esos datos.

El objetivo de este capítulo es hacer un rápido recorrido, a modo de repaso, de algunos de los conceptos básicos con que el lector debe contar. No se trata de dar amplias explicaciones sobre la estructura de una hoja de cálculo, los pasos a dar para crearla o guardarla, sino simplemente de recordar algunos temas y operaciones indispensables.

Al finalizar el capítulo estará en disposición de acometer temas concretos más específicos, como todo lo relacionado con la introducción de datos tratado en el próximo capítulo.

Elementos de la interfaz

Como todas las aplicaciones que se ejecutan en el sistema operativo Windows, Microsoft Excel cuenta con una serie de elementos comunes en su interfaz de usuario. Entre éstos se encuentran la barra de título, los botones de cerrar, maximizar y minimizar, una barra de estado y un menú de opciones. También son habituales las paletas de botones o herramientas, las barras de desplazamiento y la posibilidad de abrir varios documentos simultáneamente.

Aparte de todos éstos, en Excel existen otros elementos específicos para trabajar con los libros y las hojas de cálculo que contienen. Seguramente ya conoce estos elementos, pero no está de mas que los mencionemos y establezcamos la denominación que se utilizará en el resto de este libro para referirse a ellos.

En la figura 0.1 aparece la ventana de trabajo de Excel 2000 con el aspecto típico que encontramos al abrirlo con un nuevo libro en blanco. Observe el Panel de tareas en el margen derecho, así como la herramienta de conversión de moneda en una ventana flotante.

Las opciones de los menús, así como los botones que existen en las paletas de herramientas, tienen un comportamiento dinámico. A medida que vaya utilizándolos notará que, en principio, tan sólo se muestran las opciones que usa más habitualmente mientras que las demás permanecen ocultas.

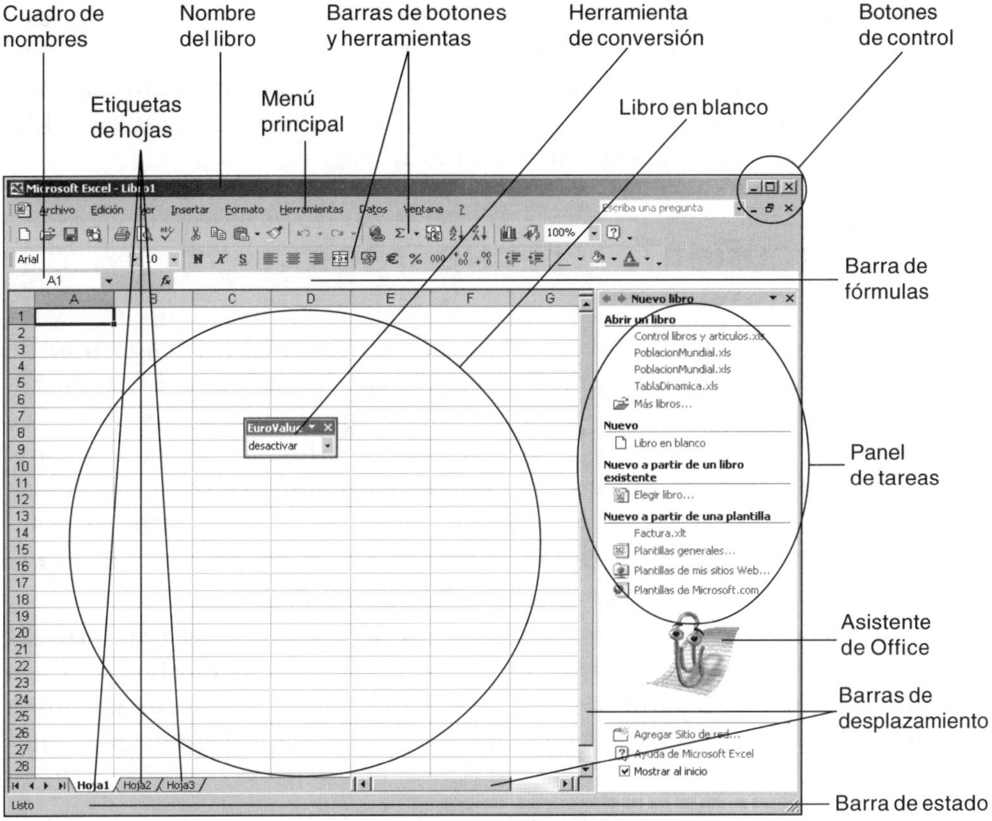

Figura 0.1. Aspecto de la interfaz de usuario de Excel

Nota:

Los menús de Excel cuentan con una franja, en el margen izquierdo, donde aparecen los iconos que equivalen a cada una de las opciones. El color de fondo de ese margen indica, además, si es una opción que utilice habitualmente o no.

Una gran parte de la ventana de trabajo está ocupada por las celdillas, el área de la hoja de cálculo en la que podemos introducir datos. Cada celdilla, como ya sabrá, se identifica con una referencia única. Ésta se construye combinando la letra o letras de la columna a la que pertenece la celdilla con el número de la fila.

Sobre el área de celdillas, debajo de las paletas de botones, se encuentran dos elementos importantes: el Cuadro de nombres y la Barra de fórmulas.

El primero muestra la referencia de la celdilla o rango seleccionado, utilizándose también para asignar nombres que sustituyan a esas referencias. La Barra de fórmulas se usa, como su propio nombre indica, para mostrar las fórmulas que generan los resultados que contienen las celdillas, pudiendo también utilizarse para modificarlas.

Almacenamiento y recuperación

Las hojas de cálculo de Excel se agrupan formando libros, cada uno de los cuales se almacena en un archivo individual. La mayoría de las opciones relativas a la apertura, creación y almacenamiento de los libros se encuentran en el menú Archivo, como bien sabe. Muchas de ellas, no obstante, también están accesibles, en esta versión 2002, desde el Panel de tareas que hay en el margen derecho de la figura 0.1. Éste aparece al seleccionar la opción Archivo>Nuevo. Con la opción Ver>Panel de tareas puede tanto ocultar como volver a mostrar dicho panel.

Como se aprecia en el detalle mostrado en la figura 0.2, el Panel de tareas, concretamente la página titulada Nuevo libro, se encuentra dividido en cinco secciones. La primera de ellas enumera los últimos documentos con los que hemos trabajo, poniendo a un solo clic la apertura de cualquiera de ellos.

Haciendo clic sobre el elemento Más libros abriremos el típico cuadro de diálogo de selección de archivos.

Figura 0.2. Detalle del Panel de tareas Nuevo libro

Usando las opciones de los tres apartados siguientes podremos crear un nuevo libro, ya sea en blanco, a partir de un libro ya existente o a partir de una plantilla de documento. Por último, ya en la parte inferior, encontrará una opción para iniciar el asistente que permite añadir enlaces a sitios de red, abrir la ayuda de Excel y activar/desactivar la aparición de este Panel de tareas cada vez que se inicie Excel.

Excel le permite mantener abiertos múltiples libros, ya que es una aplicación MDI (*Multiple Document Interface*). Cada libro se alojaría en una ventana de trabajo independiente que compartiría con los demás elementos como el menú de opciones, las paletas de botones o el Panel de tareas.

Introducción y edición de datos

Una vez creado o abierto un libro, comenzaremos a introducir datos en las celdillas, ya sean títulos, números o fórmulas. Aplicaremos formato a esos datos, copiaremos y moveremos celdillas y, posiblemente, generaremos gráficos a partir de ellos. El próximo capítulo está dedicado, precisamente, a la edición de datos en Excel, tratándose temas como los tipos de datos, la creación de referencias relativas y absolutas, la validación de datos o su presentación.

Se asume que sabe cómo se selecciona una celdilla, qué es el foco de entrada y qué es un rango de celdillas. Para introducir un nuevo dato basta con seleccionar la celdilla de destino y, usando el teclado, escribirlo, ya sea un título, un número o una fórmula. La edición de un dato existente es igualmente simple, pudiendo optar entre hacerlo en la Barra de fórmulas o en la propia celdilla. La pulsación de la tecla **F2** activa la edición en la celdilla que tenga en ese momento el foco de entrada.

Las flechas de desplazamiento del cursor, conjuntamente con teclas como **Control** o **Alt**, le permiten desplazar el foco de entrada a la celdilla que le interese. También puede usar la opción Edición>Ir a para, como se desprende de la figura 0.3, indicar la celdilla concreta a la que desea desplazarse en un solo paso, sin necesidad de ir moviéndose celdilla a celdilla.

Si le resulta más cómodo, puede asignar nombres a las celdillas y rangos para hacer referencia a ellos en lugar de usar la habitual denominación compuesta de letras y números. El Cuadro de nombres puede ser utilizado tanto para asignar un nombre a la selección actual, simplemente escribiéndolo, como para seleccionar uno de los nombres ya existentes.

Figura 0.3. Ventana Ir a

Establecimiento de formato

La información introducida en una hoja de cálculo tiene como objetivo, generalmente, obtener unos resultados.

La visualización de los propios datos, no obstante, ya es un factor importante, especialmente si, con posterioridad, vamos a publicarla, ya sea de forma impresa o electrónica. La información alojada en las celdillas está compuesta de caracteres, cada uno de los cuales puede tener asociado una serie de atributos.

Tenemos disponible una paleta de botones, conocida como Formato (véase figura 0.4), que pone a nuestro alcance las operaciones más habituales. Es posible establecer el tipo y tamaño de los caracteres, su estilo, ajuste y color, el color de fondo de la celdilla o la existencia de bordes en ella. También podemos ver un grupo de botones que afectan al número de posiciones decimales y otros ajustes relativos a la presentación de datos numéricos.

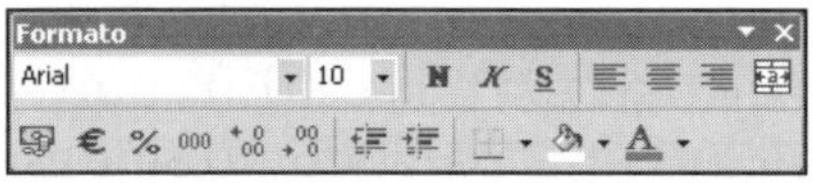

Figura 0.4. Paleta de botones Formato

Si necesita un mayor control sobre los atributos de la celdilla o el dato contenido en ella, siempre puede recurrir a la ventana Formato de celdas mostrada en la figura 0.5.

Para abrirla recurra a la opción Formato>Celdas o simplemente pulse la combinación de teclas **Control-1**.

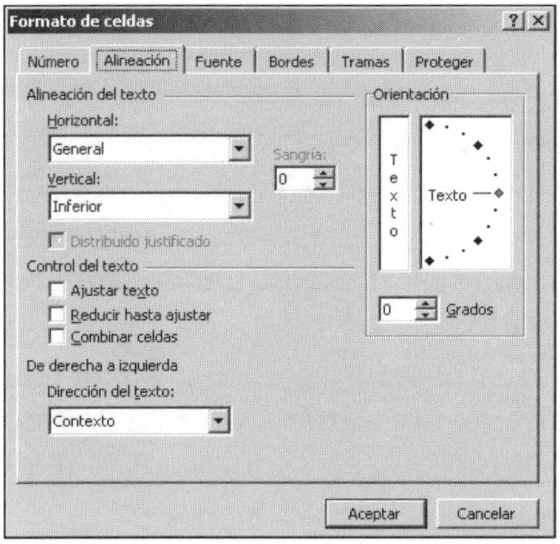

Figura 0.5. Ventana Formato de celdas

Trabajo con múltiples hojas

Cada vez que se crea un nuevo libro de Excel nos encontramos con tres páginas distintas, tres hojas de cálculo, cada una de las cuales puede contener datos distintos aunque, por lógica, relacionados. Puede usar una hoja para introducir datos de población de Europa, otra para los de América, África, Asia y Oceanía.

Cada hoja tendría un nombre distinto y, si lo deseamos, también un color distintivo.

Para añadir, modificar atributos o eliminar hojas tendrá que recurrir al menú emergente asociado a las pestañas de las hojas, situadas en la parte inferior.

Pulse el botón secundario del ratón sobre cualquiera de las pestañas y use opciones como Insertar o Eliminar para realizar la operación que necesite en cada caso concreto.

El cambio de nombre puede efectuarlo simplemente haciendo doble clic sobre la pestaña e introduciendo el nuevo título. También puede cambiar el orden de las páginas en el libro, arrastrando y soltando con el botón principal del ratón.

En el próximo capítulo aprenderá a componer referencias que posibilitan la obtención de datos de una hoja desde otra, ya estén en el mismo libro o en libros distintos. Es lo que se conoce como referencias bidimensionales y tridimensionales.

Creación de gráficos

Siempre se ha dicho que una imagen vale más que mil palabras, lo cual es muy apropiado cuando se trabaja exclusivamente con datos numéricos. Una representación gráfica de dichos datos puede hacer su interpretación mucho más rápida y fácil, de ahí que los gráficos, generalmente, formen siempre parte de una hoja de cálculo.

En Excel la creación de gráficos es una tarea bastante sencilla. Basta con seleccionar el rango de celdillas que contiene los datos a usar, así como los títulos si es que existen, y pulsar un botón que se explica por sí mismo ya que el icono asociado es un gráfico de barras.

Al seleccionar un gráfico cualquiera automáticamente aparecerá la paleta de herramientas correspondiente, como puede verse en la figura 0.6. Con ella podemos acceder a las propiedades de cada uno de los elementos que forman parte del gráfico: series de datos, ejes de coordenadas, títulos, tabla de datos, etc. También es fácil cambiar el tipo de gráfico que deseamos.

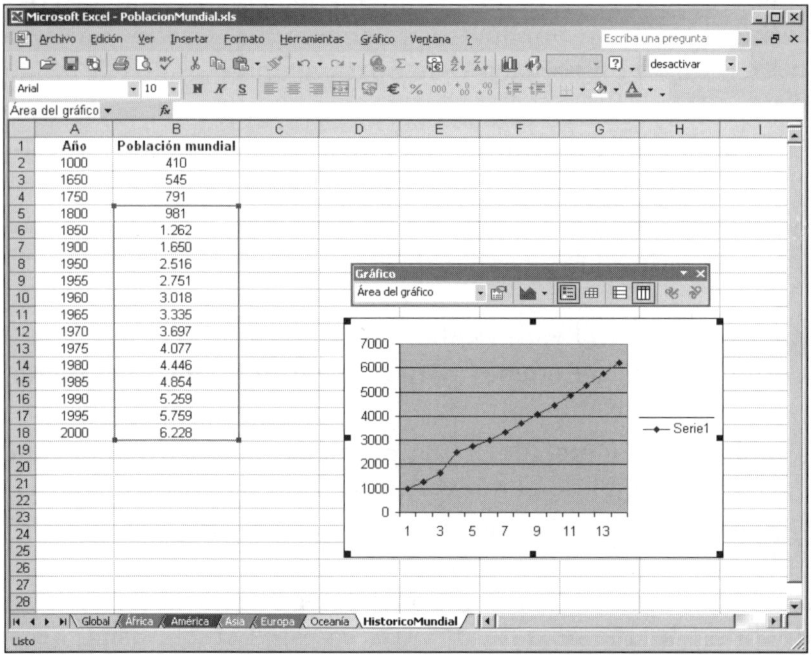

Figura 0.6. Una hoja de cálculo conteniendo un gráfico y la paleta de herramientas sobre él

Al igual que en otros temas, se asume que el lector conoce los fundamentos básicos de la creación y diseño de gráficos. En este libro se cubrirán temas más avanzados, a partir de un nivel medio.

Personalización

La interfaz de usuario de Excel es muy flexible, pudiendo adaptarse a las preferencias, gustos y necesidades de cada usuario. Las barras de herramientas y el propio menú de opciones pueden ser dispuestos en cualquier margen de la ventana de aplicación, tanto horizontal como verticalmente. También pueden separarse de esa ventana, quedando como paletas flotantes.

Tanto los botones existentes en cada paleta como las opciones de los menús pueden cambiarse de posición, añadirse y eliminarse. Incluso podemos crear nuevos menús y opciones, así como paletas de botones o herramientas que no existen inicialmente en Excel. Conocerá los aspectos más interesantes de la personalización de Excel y sus posibilidades en uno de los últimos capítulos de este libro.

Más allá de botones y opciones de menú, existen muchos otros aspectos de Excel que podemos adaptar según nuestros intereses. Para ello utilizaremos las distintas fichas con que cuenta la ventana mostrada en la figura 0.7, a la que accederemos mediante la opción Herramientas>Opciones. ¿Qué elementos deben estar visibles? ¿Cuándo deben recalcularse las fórmulas? ¿Cuáles serán los parámetros internacionales? Estos son algunos de los parámetros que podremos modificar.

La ayuda, un recurso importante

Un usuario experto no es aquel que conoce de memoria todas las opciones, funciones y parámetros con que cuenta Excel, algo difícilmente alcanzable, sino el que sabe dónde recurrir para conseguir lo que necesita. Un ejemplo habitual: necesitamos efectuar un cálculo y sabemos que Excel dispone de una función o comando para realizarlo, pero no recordamos, en ese momento, cuál es. La experiencia es la que nos dice qué pasos debemos dar. Puesto que sabemos que la función existe, podemos recurrir a la ayuda de Excel, directamente o a través de su asistente, para conocer su nombre, parámetros y funcionamiento.

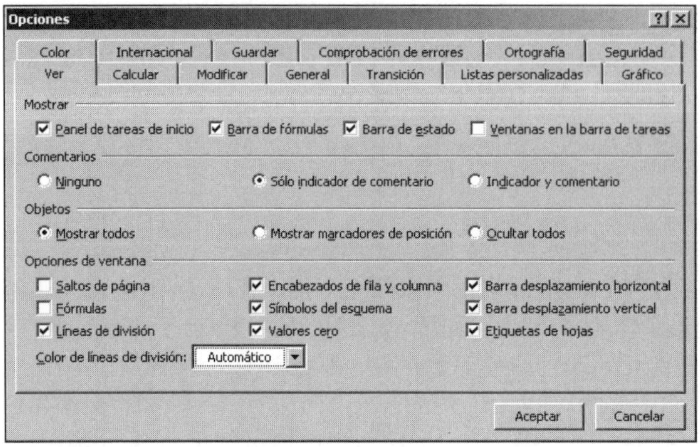

Figura 0.7. La ventana Opciones cuenta con una docena de fichas repletas de opciones

Como ya sabe, la ayuda que incorpora Excel es contextual. Esto significa que al solicitarla, por ejemplo pulsando la tecla **F1**, obtendremos una información u otra según el contexto en el que nos encontremos en ese momento. Puede tanto acceder directamente a la ventana de ayuda como activar cualquiera de los asistentes que incorpora Excel. En el menú ? encontrará una opción que le permite activar y desactivar el asistente, así como otras opciones relacionadas con la ayuda.

Resumen

Este capítulo, breve y conciso, nos ha servido para recordar algunos de los conceptos y operaciones más básicas de Excel. Si tiene problemas o desconoce alguna de las tareas mencionadas, posiblemente antes de proseguir la lectura de este libro deba recurrir a otro más básico. Si utiliza Excel de manera más o menos habitual, por el contrario, ya sabrá cómo almacenar y recuperar libros, introducir datos, darles formato y crear gráficos, operaciones todas ellas bastante simples.

A partir del próximo capítulo, primero en el que entraremos realmente en materia, comenzará a conocer algunas de las características más útiles y avanzadas de Excel, mejorando la introducción de información, su análisis, representación, etc.

Capítulo 1

Edición de datos y fórmulas

En este capítulo aprenderá a:

- Utilizar distintos tipos de datos.
- Servirse de técnicas de introducción de datos.
- Crear referencias a celdillas.
- Mejorar la presentación.

Una hoja de cálculo, entendiendo como tal el documento sobre el que trabaja Microsoft Excel, es, ante todo, un recipiente para almacenar información, básicamente datos y fórmulas.

Es fundamental, consecuentemente, saber cómo introducir, manipular y presentar esa información de la mejor manera y con el menor esfuerzo posible. Este será el primer paso en la confección y explotación de la hoja de cálculo puesto que, una vez que dispongamos de los datos, podremos usar diversas herramientas para estudiarlos y analizarlos.

El objetivo de este capítulo es hacer un recorrido descriptivo por las tareas más importantes o más destacables relativas a la edición de datos y fórmulas.

Se asume que el lector ya sabe cómo introducir y modificar datos en las celdillas, componer fórmulas simples, guardar y recuperar los libros de Excel. Éstas son las operaciones básicas que cualquier usuario de Excel conoce, aunque lleve poco tiempo trabajando con él.

Tipos de datos

A la hora de introducir información en una hoja de cálculo usamos, habitualmente, dos tipos o categorías de datos: números, que son los datos sobre los que realmente vamos a operar, y textos en forma de títulos o rótulos, útiles para identificar los datos numéricos. También es posible la inclusión de fechas, horas, valores lógicos y fórmulas. Éstas, al ser evaluadas por Excel, pueden generar un valor numérico, lógico, una fecha o un error.

Nota:

Los valores lógicos en Excel son `VERDADERO` *y* `FALSO`. *Aunque podemos introducirlos manualmente, como cualquier otro valor, lo habitual es obtenerlos como resultado de la evaluación de alguna fórmula.*

Dependiendo del tipo de un dato, las operaciones posibles sobre él serán unas u otras. Un número, por ejemplo, puede ser utilizado en una fórmula donde se realicen operaciones aritméticas, mientras que un texto no se podrá usar en ella.

Asignación del tipo de un dato

Excel asigna un tipo a cada dato facilitado en el mismo momento en que comenzamos a introducirlo en una celdilla. Por regla general, el primer carácter introducido es el que determina el tipo de dato, aunque un análisis posterior del contenido podría resultar en un cambio. Lo habitual es que:

- Si el primer carácter introducido no es un dígito numérico, Excel interprete el dato como un texto.
- Si el primer carácter introducido es un dígito numérico, Excel interprete el dato como un número.
- Si el primer carácter es el símbolo = o +, Excel interprete el dato como una fórmula.

Como se ha dicho, hay excepciones a estas reglas. Si introducimos un dígito numérico y, a continuación, un carácter o símbolo cualquiera, no numérico, Excel asumirá que el dato facilitado es un texto. También puede ocurrir que dicho dato sea interpretado como una fecha, por ejemplo si introducimos dos números separados por el carácter / o el carácter -.

Obtención del tipo de un dato

Una simple observación del contenido de una celdilla es, casi siempre, suficiente para conocer el tipo del dato que almacena. En la figura 1.1, por ejemplo, es fácil distinguir el tipo de casi todas las celdillas, aunque hay algunas excepciones.

En la primera fila podemos ver dos celdillas con sendos datos numéricos, es decir, dos números. Uno de ellos es entero, mientras que el otro tiene una parte fraccionaria. Fíjese en que el separador de decimales usado es la coma. Si introdujésemos un punto para efectuar esa separación, Excel habría interpretado el dato como un texto y no como un número.

Advertencia:

Excel utiliza la configuración local establecida por Windows, configuración que afecta, entre otros parámetros, al carácter usado como separador de miles. Por ello, dependiendo de la configuración de su sistema es posible que dicho separador sea precisamente el punto y no la coma.

Si no desea depender de la configuración del sistema operativo, puede indicar a Excel qué caracteres actuarán como separadores de decimales y de miles. Para ello elija la opción **Herramientas>Opciones**, *abra la ficha* ***Internacional*** *de la ventana que aparece (véase figura 1.2) y desmarque la opción* ***Usar separadores del sistema****. A continuación, establezca los separadores que desee utilizar.*

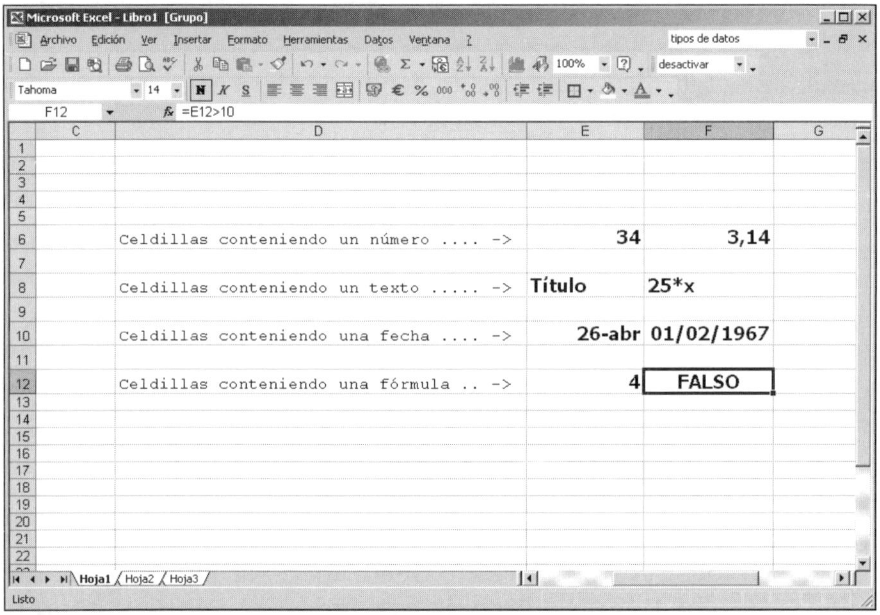

Figura 1.1. Celdillas conteniendo datos de distintos tipos

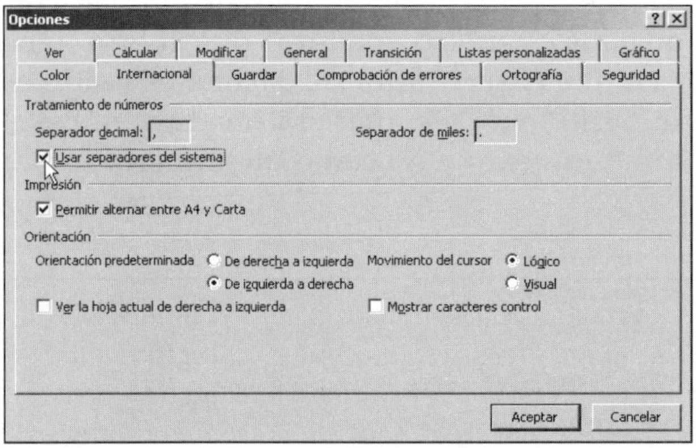

Figura 1.2. Configuración internacional de Excel

En la fila de más abajo encontramos dos celdillas conteniendo dos textos. Observe que el segundo está compuesto por un número, un símbolo y un carácter alfabético. Al iniciar la introducción Excel interpretaría el dato como un número, pero en el momento en que encuentra caracteres no numéricos y, además, no se está componiendo una fórmula, el dato pasa a ser un texto.

Por último tenemos dos fechas, una en formato corto y otra completa, y dos fórmulas en la última de las filas. Ya que lo que se ve en las celdillas es el resultado de las fórmulas, el tipo de dato dependerá de ese resultado.

Si necesita determinar cuál es el tipo de dato que contiene una cierta celdilla pero no visualmente, sino como una información más en la propia hoja, puede utilizar la función `TIPO`. Ésta toma como parámetro un dato o una referencia, devolviendo uno de los índices que están enumerados en la tabla 1.1. En la figura 1.3 puede ver cómo, tras realizar algunos cambios en la fórmulas para generar un error, se han obtenido los tipos de todas las celdillas usadas anteriormente como ejemplo.

Tabla 1.1. Índices que identifican el tipo de un dato

Índice	Tipo del dato
1	Número
2	Texto
4	Lógico
16	Error

Introducción de datos

Ya conocemos los tipos de datos que es posible introducir en las celdillas de una hoja de Excel pero, ¿sabemos cómo introducir esos datos? Lógicamente, podríamos pensar que es tan sencillo como seleccionar la celdilla adecuada y, a continuación, comenzar a teclear. Éste es el método más corriente, pero hay también maneras de ahorrar trabajo a la hora de introducir esos datos.

Para introducir un título o un cierto dato numérico, siendo informaciones que, hasta ese momento, no existían en la hoja, el único método que hay disponible es la introducción directa por teclado. Existen casos, no obstante, en los que el dato o datos a introducir pueden ser generados automáticamente por Excel u obtenidos desde el portapapeles.

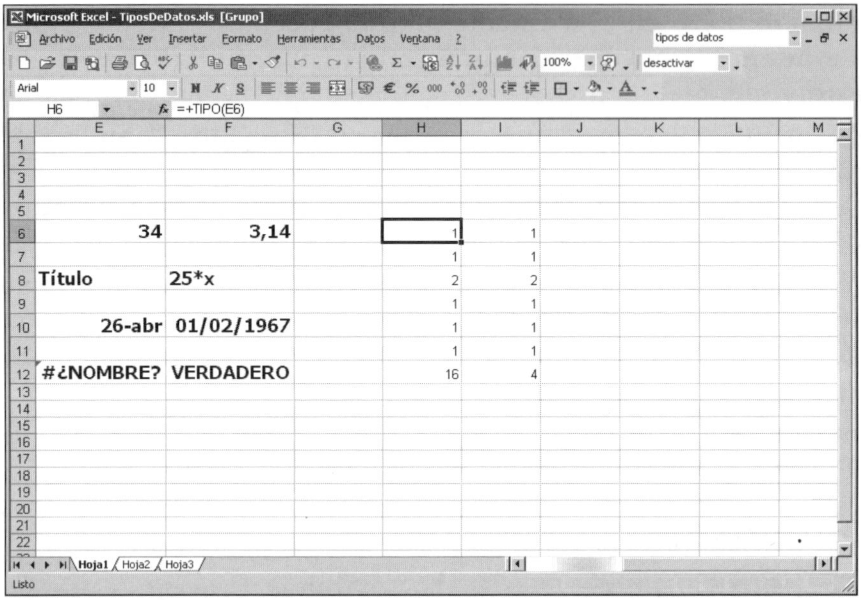

Figura 1.3. Recuperamos el índice de tipo de cada dato mediante la función `TIPO`

Nota:

Además del teclado, los datos también podrían introducirse mediante un sistema de reconocimiento de voz o escritura. Microsoft Office XP cuenta, en algunos idiomas, con un mecanismo de reconocimiento del habla que permitiría introducir datos sin necesidad de usar el teclado, pero dicha posibilidad no existe para nuestra lengua.

Introducción de textos y números

Como ya se ha dicho, Excel interpretará un dato como un número siempre que esté compuesto exclusivamente de dígitos numéricos, pudiendo incluir, además, el separador decimal y un signo, positivo o negativo, como primer carácter. Cualquier otro elemento en el dato hará que éste se interprete como un texto. Por defecto, Excel alinea automáticamente los datos numéricos a la derecha por lo que, tras introducir una información, es fácil comprobar si ha sido interpretada o no como un número.

Teóricamente, cualquier dato que no sea una fórmula, un número o una fecha debe interpretarse como un texto. En ocasiones, sin embargo, puede ocurrir que Excel haga una interpretación diferente. Suponga, por ejemplo, que está colocando unos títulos en la hoja, entre ellos unos rangos expresados como `1-5` y `6-10`. Quizá no le sorprenda ver cómo Excel interpreta esos rangos, que deberían ser unos simples títulos, como si fueran fechas, convirtiéndolos en `01-may` y `06-oct`. Lo mismo ocurriría si introdujese los rangos en el formato `1:5` y `6:10`, caso en el cual Excel interpretaría los datos como si fuesen horas.

Utilizando la ventana Formato de celdas, mostrada en la figura 1.4, es posible modificar la interpretación que Excel hace sobre los datos introducidos. Basta con seleccionar la opción Texto para que cualquier dato facilitado se interprete como un texto.

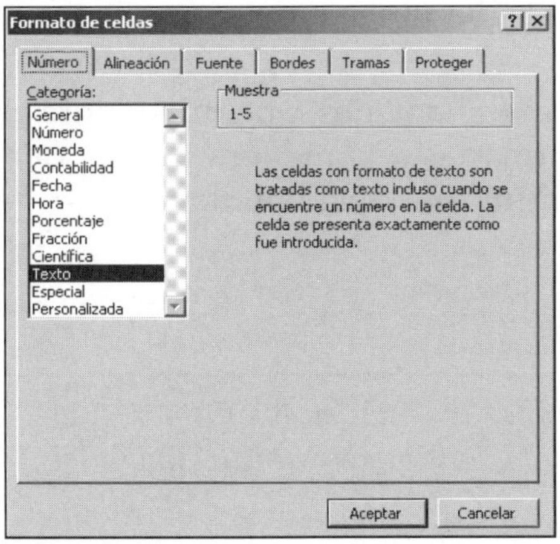

Figura 1.4. Ventana Formato de celdas

Nota:

Puede acceder a la ventana Formato de celdas *en cualquier momento abriendo el menú contextual de una celdilla y seleccionando la opción del mismo nombre. Un camino más corto consiste en pulsar* ***Control-1***.

Truco:

Si de antemano sabe que va a introducir un texto que Excel podría interpretar de manera distinta, como una fecha, hora o número, puede ahorrarse el paso de modificar el formato de la celda si introduce como primer carácter `'`*. Introduciendo* `'1-5` *en lugar de* `1-5`*, por ejemplo, conseguiremos que Excel interprete el dato como un texto. El carácter* `'` *no aparece en la celdilla, simplemente es un indicador.*

Introducción de fechas y horas

Para nosotros la fecha y hora son dos datos fundamentales a la hora de establecer referencias, determinando así el momento o periodo al que pertenecen los datos.

Para Excel, por el contrario, la fecha y hora son, simplemente, números, y como tales se almacenan aunque externamente sean representados correctamente según nosotros esperamos. Si usa la función `TIPO`, comentada antes, para obtener el tipo de una celdilla que contiene una fecha o una hora, verá que el índice devuelto es `1`.

Para introducir una fecha hay que facilitar el día y mes, opcionalmente el año, separados por guiones o barras inclinadas. De manera análoga, la hora se introduce entregando horas y minutos, opcionalmente segundos, separados por dos puntos.

Nota:

Al igual que ocurre con el separador decimal en los números, el formato de la fecha dependerá de la configuración internacional del sistema.

Puede introducir manualmente cualquier fecha y hora que desee. Existen, no obstante, atajos si la fecha y/u hora que quiere escribir es la actual. La combinación de teclas **Control-;** introduce automáticamente la fecha actual, mientras que **Control-:** hace lo propio con la hora. Observe que tiene que pulsar simultáneamente la tecla **Control** y la tecla **Mayús**, ya que los caracteres **;** y **:** así lo exigen por la configuración del teclado particular de nuestro idioma.

Truco:

En una misma celdilla también puede introducir la fecha y hora conjuntamente, separando ambos con un espacio.

Las fechas y horas se almacenan en las celdillas, tal y como se ha dicho, en forma de números. Son datos, por tanto, totalmente estáticos y que no se actualizarán para reflejar la fecha y hora actuales. En muchas ocasiones será precisamente esto lo que necesitemos: introducir una fecha, actual o del pasado, que establece una referencia temporal para los datos y que, como tal, no debe ser modificada.

En otros casos, sin embargo, lo que buscaremos será mantener en la hoja la fecha y/u hora actuales, siempre actualizadas. En lugar de introducir la fecha, ya sea manualmente o con la combinación **Control-;**, lo que haremos será componer una fórmula en la que tan sólo existirá una llamada a una función: HOY, para obtener la fecha actual, o AHORA para la fecha y hora. Externamente, en la celdilla, seguiremos viendo una fecha o una hora, si bien estos datos se mantendrán siempre actualizados.

Truco:

El contenido de la hoja de cálculo se recalcula y actualiza automáticamente cada vez que se edita una celdilla. Puede, no obstante, actualizarla manualmente, sin necesidad de efectuar edición alguna, pulsando la tecla ***F9****.*

Debe tener en cuenta que una vez se ha introducido una fecha en una celdilla ésta habrá tomado ese tipo, tipo que permanecerá a pesar de que, a posteriori, edite la celdilla e introduzca un dato numérico. Puede comprobarlo insertando una fecha en una celdilla y, a continuación, borrándola y facilitando un número. Lo que se obtiene es una nueva fecha, concretamente la correspondiente al número entregado contado como días transcurridos desde el 1 de enero de 1.900. Para devolver a la celdilla cualquier otro formato sírvase de la ventana Formato de celdas mencionada previamente.

Introducción de fórmulas

Para que Excel interprete un dato como fórmula basta con que el primer carácter introducido sea = o +, siendo más habitual el primero. En una fórmula pueden utilizarse datos numéricos, referencias a celdillas que contienen esos datos y funciones, conjuntamente con los operadores adecuados para crear una expresión correcta. Ésta, generalmente, devolverá un valor numérico o lógico.

Como ya sabe, Excel evalúa las fórmulas que se introduzcan en la hoja de cálculo y muestra luego en la celdilla el resultado obtenido. En cualquier momento, no obstante, es posible ver y editar la fórmula gracias a la Barra de fórmulas que hay justo encima del área de celdillas de la hoja de cálculo.

En la mencionada Barra de fórmulas encontramos un botón que, al ser pulsado, hace aparecer la ventana Insertar función (véase figura 1.5), desde la cual es posible buscar una función mediante una palabra clave o bien por categoría. La función seleccionada se incluye en la fórmula con un simple doble clic, apareciendo una nueva ventana, como la de la figura 1.6, que le ayudará a facilitar los parámetros correctos para la función y observar el resultado que se obtendría antes de dar la fórmula por finalizada.

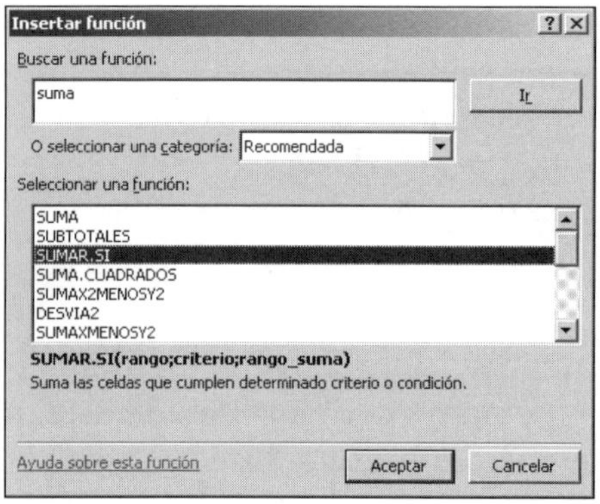

Figura 1.5. Buscamos la función que necesitamos

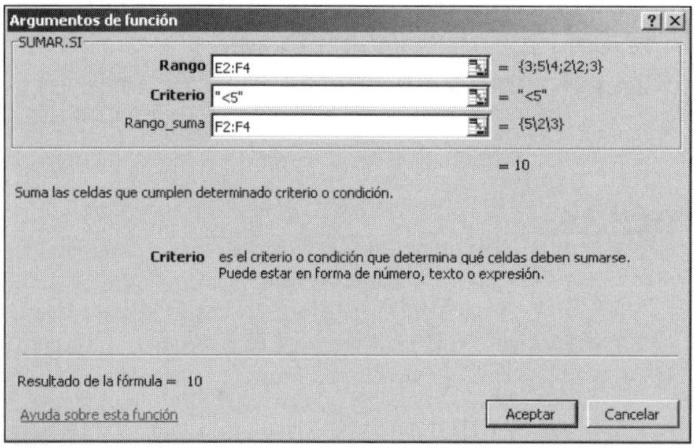

Figura 1.6. Ventana para introducir los parámetros de la función y obtener el resultado

Truco:

Puede utilizar la combinación de teclas ***Alt-º*** *para cambiar el modo de visualización de las celdillas, consiguiendo que aparezcan en ellas las fórmulas en lugar de sus resultados. Una nueva pulsación de las mismas teclas devolverá la hoja a su modo de visualización por defecto.*

Introducción repetitiva de un mismo dato

No son pocas las veces en que es necesario introducir un mismo dato en múltiples celdillas, ya formen éstas un rango bien delimitado o no. También nos podemos encontrar en la necesidad de repetir los datos en varias hojas de un mismo libro. Lógicamente, puede efectuar todo ese trabajo manualmente: introducir un dato en una celdilla, moverse a la siguiente celdilla u hoja del libro y repetir la operación una y otra vez.

Antes de recurrir al portapapeles, que siempre es una opción muy socorrida, podemos optar por otros mecanismos que, posiblemente, nos ahorren algo de trabajo. Suponga que está diseñando una hoja como la de la figura 1.7. En ella tiene como títulos los nombres de los cinco continentes, tras los que hay unas celdillas para introducir, repetitivamente, otros títulos.

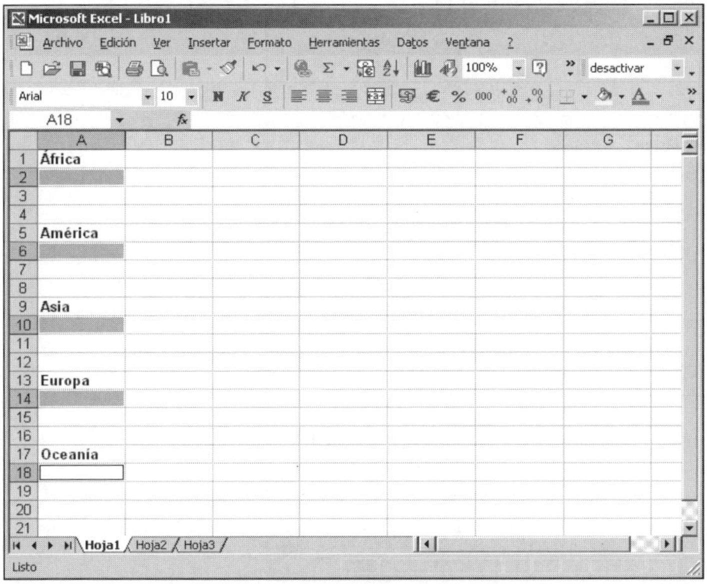

Figura 1.7. Aspecto de la hoja antes de introducir los títulos repetitivos

Seleccione las cinco celdillas que hay debajo de los cinco títulos actuales, introduzca un título, por ejemplo `Población`, y pulse la combinación de teclas **Control-Intro**. Verá que inmediatamente ese titulo aparece en todas las celdillas seleccionadas. Lo mismo ocurrirá si, en lugar de unas celdillas dispersas, selecciona un rango bien delimitado.

Nota:

*Para seleccionar múltiples celdillas no adyacentes mantenga pulsada la tecla **Control** mientras, con el puntero del ratón, va marcándolas.*

En caso de que los datos deban repetirse en varias hojas del libro, el mecanismo a utilizar es parecido. Observe el libro mostrado en la figura 1.8, concretamente las pestañas que corresponden a sus diferentes hojas. Hemos creado una hoja para los datos de cada continente. Dado que vamos a introducir una estructura de títulos común a todas ellas, lo que hacemos es seleccionarlas conjuntamente. Tras esto, los datos introducidos en cualquiera de ellas serán automáticamente y de manera inmediata copiados a las demás. No cabe duda de que nos ahorramos mucho trabajo.

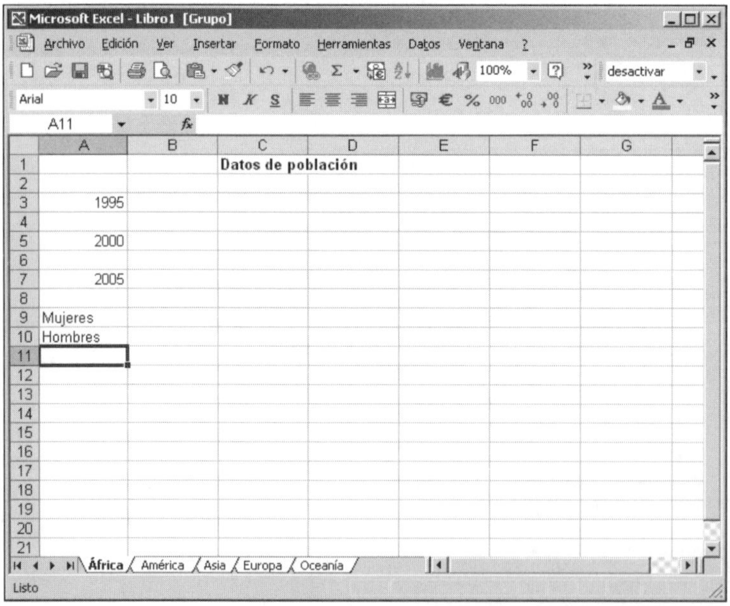

Figura 1.8. Introducimos los mismos títulos en varias hojas de un mismo libro

Nota:

Para seleccionar varias hojas de un libro utilice la misma técnica indicada antes para las celdillas, manteniendo pulsada la tecla ***Control*** *mientras pulsa en las pestañas con el puntero del ratón.*

Truco:

Si los datos que desea introducir en varias hojas ya se encuentran en una de ellas, selecciónelos, marque a continuación las hojas donde desea copiarlos y use la opción Edición>Rellenar>Otras hojas. *Ésta mostrará una pequeña ventana en la que podrá elegir la información que desea copiar.*

Generación de secuencias

La copia automática de información en múltiples celdillas y hojas no es el único caso en que Excel puede ahorrarnos trabajo durante la introducción de datos. Existen otras situaciones y, en particular, una muy concreta: la generación de secuencias o sucesiones de datos. En este caso es factible el uso de la capacidad de *autollenado* de Excel.

Siempre que se selecciona una celdilla, o un rango de ellas, en la esquina inferior izquierda aparece un recuadro o pequeño bloque. Situando el puntero del ratón sobre él, el cursor cambia de aspecto. En ese momento es posible pulsar el botón principal del ratón y arrastrar seleccionando el rango de celdillas a rellenar, como se ha hecho en la figura 1.9.

En este caso concreto, la primera celdilla seleccionada contenía el número `1995`. Por defecto, Excel se ha limitado a copiar ese dato en las demás celdillas. Desplegando el menú asociado a la ficha inteligente podemos elegir la opción Rellenar serie, obteniendo de esta forma una secuencia de años desde `1995` a `2002`.

Nota:

Las fichas inteligentes son unas pequeñas etiquetas flotantes que aparecen automáticamente en determinadas situaciones, por ejemplo al rellenar un rango de celdas, pegar datos del portapapeles o encontrar un error en una fórmula. Situando el puntero del ratón sobre ellas aparece un botón que, al ser pulsado, despliega un menú de opciones relacionadas con el contexto actual. Al pegar un dato, por ejemplo, encontraremos opciones para pegar el valor, sólo el formato, ambos elementos, etc.

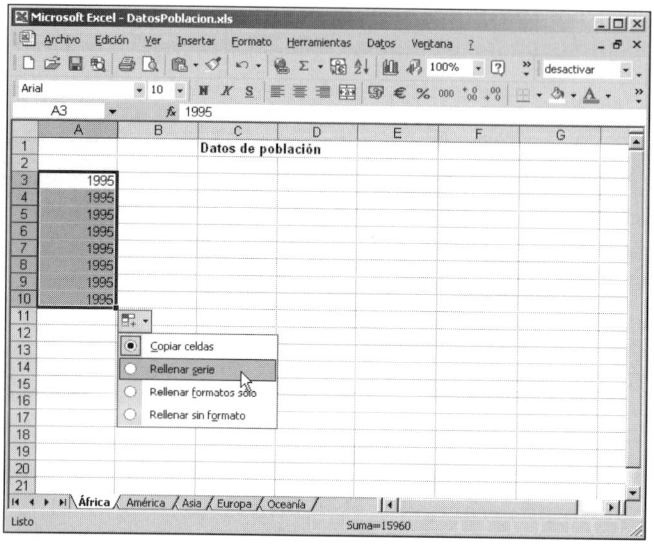

Figura 1.9. Rellenamos una serie de celdillas con una serie de datos

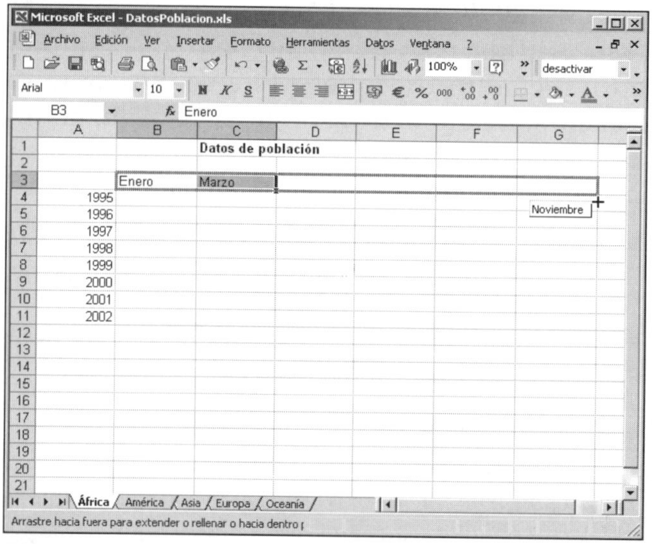

Figura 1.10. Generamos una secuencia de meses del año alternos

Usando este mismo sistema es posible crear distintas secuencias. Intente, por ejemplo, introducir en una celdilla el valor `Lunes` o `Enero` y luego, rellenar las celdillas adyacentes. Si la serie que interesa no debe incrementar sus valores en una unidad cada vez, sino en cualquier otra magnitud, sólo tenemos que rellenar las dos celdillas iniciales de la serie, seleccionarlas y, por último, usar el marcador de autollenado para completarla.

El portapapeles mejorado de Office XP

Una de las novedades de Office XP, entre otras muchas, es su renovado portapapeles y la interfaz de usuario para utilizarlo. Este nuevo portapapeles es capaz de mantener hasta 24 elementos distintos, cada uno de los cuales puede ser copiado individualmente donde nos interese. También podemos pegar todo el contenido del portapapeles de una sola vez.

Para utilizar la nueva interfaz del portapapeles seleccione la opción Ver>Panel de tareas y, a continuación, despliegue la lista que hay en la cabecera de dicho panel para seleccionar el portapapeles, como se ha hecho en la figura 1.11. Podrá ver una lista en la que aparecen representaciones en miniatura de los distintos elementos que hay en el portapapeles. Un simple clic sobre ellos los pegará en la posición en que se encuentre la selección en la hoja de cálculo.

Obviamente, puede olvidarse de este nuevo portapapeles y, simplemente, seguir utilizando las clásicas combinaciones **Control-C**, **Control-X** y **Control-V** para copiar, cortar y pegar, respectivamente, datos al y desde el portapapeles. En cualquier caso, siempre que pegue una información verá aparecer una ficha inteligente con opciones que le permitirán modificar la operación por defecto.

Ejemplo:

Para seguir las indicaciones dadas relativas a la introducción de datos y composición de referencias abra `DatosPoblacion.xls` *de la carpeta de ejemplos correspondiente a este capítulo.*

Referencias a celdillas

Los datos introducidos en las celdillas de una hoja de cálculo no son anotaciones en una simple hoja de papel, sino información que puede ser utilizada posteriormente en otros puntos de la misma hoja, otra hoja o, incluso, otro libro. Para obtener el dato alojado en una cierta celdilla es necesario componer una referencia, algo que en ocasiones puede ser realmente sencillo, como cuando los datos y la referencia se encuentran en la misma hoja, y en otros no tanto, por ejemplo cuando las referencias son entre libros.

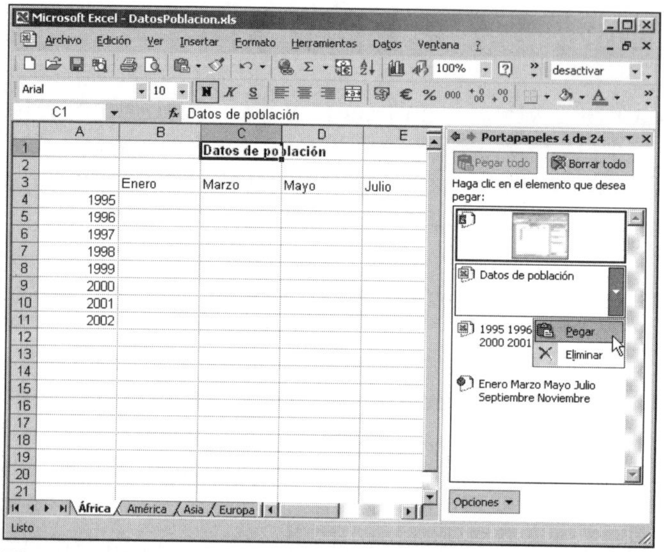

Figura 1.11. El nuevo portapapeles de Microsoft Office XP en el Panel de tareas de Excel

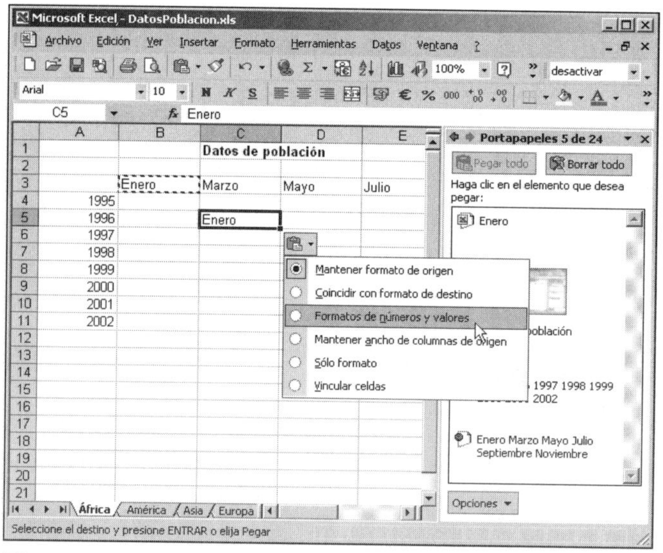

Figura 1.12. El menú de la ficha inteligente mostrada al pegar un dato

Ya sabe que las columnas de una hoja se denominan mediante letras, mientras que a las filas se les asigna un número. El cruce entre una columna y una fila determina una referencia completa. La referencia `C7`, por ejemplo, hace referencia a la celdilla correspondiente al cruce entre la columna `C` y la fila `7`.

Cuando en una fórmula se utilizan referencias a celdillas debe tener en cuenta si desea introducir dichas referencias como relativas, de tal manera que se actualicen adecuadamente en caso de copiar la fórmula a otro lugar, o bien como absolutas, si se hace referencia a una columna o fila, o ambas, que deben permanecer siempre fijas. Para indicar que la columna es absoluta se precede la letra con un símbolo `$`, siendo lo mismo aplicable para las filas. Así, la referencia `$C$7` apuntaría a la misma celdilla `C7` pero de manera absoluta.

Referencias múltiples y referencias a rangos

Las referencias utilizadas en las fórmulas y funciones no siempre serán tan simples, teniendo en cuenta que, en ocasiones, necesitaremos obtener datos no sólo de una celdilla, sino de varias de ellas. Esas celdillas pueden ser adyacentes unas a otras, formando lo que se denomina un *rango*, o bien estar dispersas, caso éste en el que hay que componer una referencia múltiple también conocida como *matriz*.

Un rango de celdillas forma siempre un rectángulo. Éste puede estar compuesto por varias líneas de una sola columna, múltiples columnas de una sola fila o varias columnas de varias filas. Una referencia a un rango está compuesta de dos subreferencias: una a la celdilla de una esquina y otra a la celdilla de la esquina opuesta. La referencia `B3:D8`, por ejemplo, señalaría un rectángulo compuesto de las celdillas que pueden verse en la figura 1.13, formado por seis líneas y tres columnas.

Si las celdillas a seleccionar están dispersas, deberemos disponer las referencias individuales una detrás de otras separándolas con puntos y comas. La referencia `B3;B7;C4`, por ejemplo, es múltiple y recupera los datos de tres celdillas.

Advertencia:

Una referencia múltiple o matriz no puede ser introducida sin más en una celdilla, debiendo formar parte siempre de alguna fórmula o emplearse como parámetro a una función.

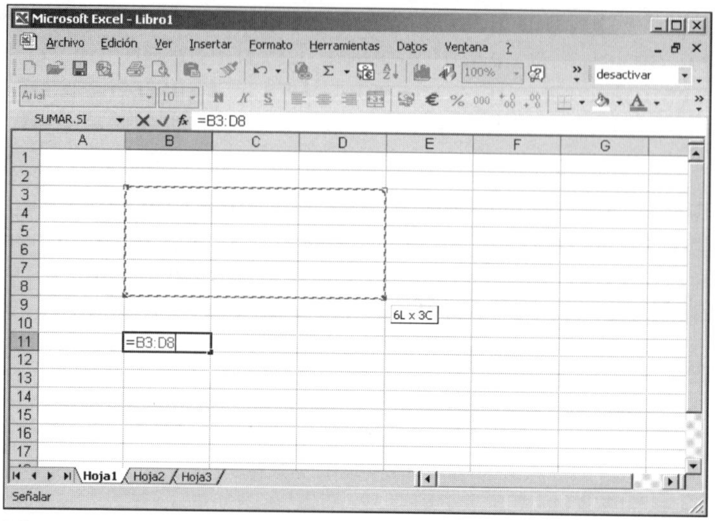

Figura 1.13. Componemos una referencia a un rango de celdillas

Referencias bidimensionales, tridimensionales y más

La mayoría de las fórmulas que componemos en una hoja de Excel contienen referencias a datos que se encuentran en la misma hoja, por lo que tan sólo es necesario indicar la fila y columna de la celdilla o el rango. Esta referencia es bidimensional ya que está compuesta de dos dimensiones: columna y fila.

Suponga que en una hoja de un libro necesita referirse a datos que se encuentran en otra de las hojas. En este caso no basta con indicar tan sólo la columna y fila, ya que el dato se recuperaría de la hoja actual. Es necesario disponer delante el nombre de la hoja, separándolo de la columna mediante el carácter `!`. La referencia `Europa!B7`, por ejemplo, tomaría el dato de la celdilla `B7` de la hoja que tiene por título `Europa`. Tenemos una referencia tridimensional.

Otra posibilidad es que los datos que interesan se encuentren incluso en otro libro, lógicamente guardado en su correspondiente archivo. En este caso necesitamos cuatro dimensiones para componer la referencia: el nombre del libro, dispuesto entre corchetes; el nombre de la hoja, separado con el carácter `!` de la letra de la columna, y por último la letra de columna y número de fila. Una referencia de este tipo sería la siguiente: `[DatosPoblacion.xls]Europa!B4`.

Truco:

Para componer referencias de tres y más dimensiones lo más cómodo es abrir simultáneamente los libros y hojas que vayan a participar en ellas. Use para ello las opciones del menú **Ventana**, *disponiendo las hojas de tal forma que pueda acceder a ellas simplemente moviendo el puntero del ratón de un lugar a otro.*

Referencias y nombres

Introducir manualmente las referencias correspondientes a las celdillas donde están alojados los datos, por ejemplo al introducir una nueva fórmula, no es algo muy habitual. Es mucho más cómodo usar el puntero del ratón o las teclas de desplazamiento del cursor para apuntar a la celdilla o celdillas deseadas, dejando que sea el propio Excel quien introduzca la referencia.

Cuando las celdillas o rangos a usar en las fórmulas no son demasiados y, además, se han estructurado de una manera clara, podemos usar una alternativa: asignar nombres a esas celdillas o rangos, usando posteriormente los nombres en las fórmulas en lugar de las referencias. Para asignar un nombre a una celdilla, o a un rango, primero hay que seleccionarlo. A continuación, pulse sobre el Cuadro de nombres e introduzca el nombre que desea darle, como se ha hecho en la figura 1.14. En ella se han seleccionado los títulos de meses y se les ha asignado un nombre.

Los nombres pueden ser utilizados en cualquier contexto donde sean aplicables las referencias, por ejemplo en las fórmulas.

Validación de datos

Si hay algo completamente humano en el uso de una aplicación informática es, sin duda alguna, la introducción de errores. Errar es de humanos, ya lo sabemos, pero Excel puede ayudarnos a reducir esos errores, especialmente durante la etapa de introducción de datos.

Esto es especialmente útil, e importante, si la hoja de cálculo que estamos preparando va a ser usada por otras personas como modelo o punto de partida.

Gracias al sistema de validación de datos de Excel podremos verificar que un número está comprendido entre dos valores dados, que un título o nombre es uno de una lista dada, que una fecha se encuentra en un cierto espacio temporal, etc. El método de validación seleccionado, así como sus parámetros, deberán establecerse en la ventana mostrada en la figura 1.15, a la que puede acceder mediante la opción Datos>Validación. La validación se asociará a la celdilla o celdillas seleccionadas en ese momento.

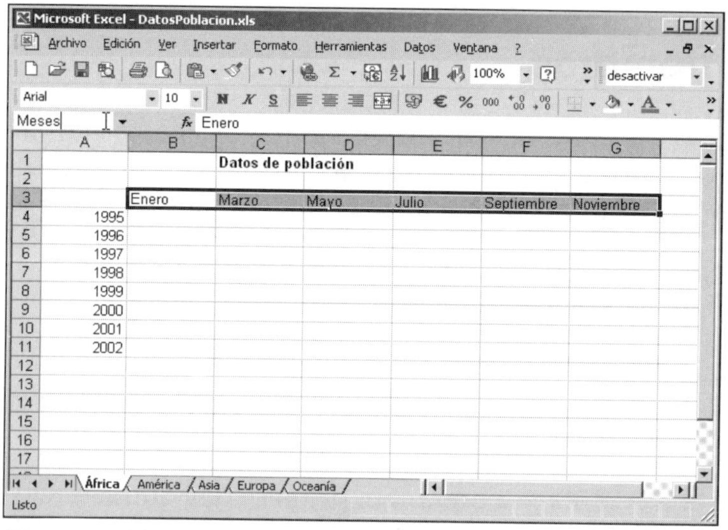

Figura 1.14. Asignación de un nombre a un rango de celdillas

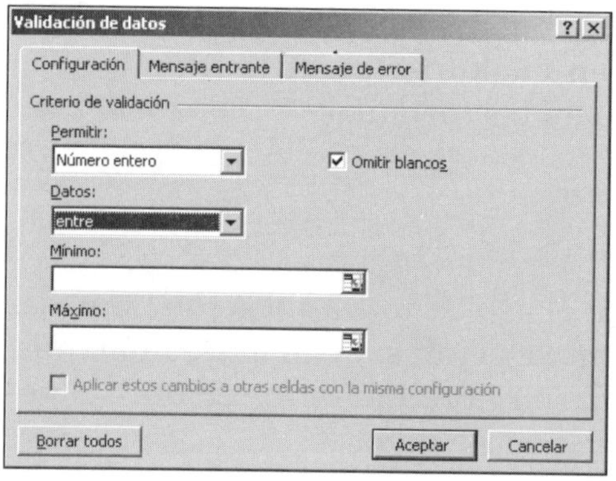

Figura 1.15. Ventana Validación de datos

En la lista desplegable que hay en la parte superior indicaríamos el tipo de dato que puede introducirse, desde cualquier dato hasta sólo números enteros, números decimales, fechas, valores de una lista, etc. Dependiendo del tipo de dato, en la lista que hay debajo seleccionaríamos el tipo de validación: comprobar que el dato esté entre unos ciertos límites, que sea mayor o menor que un dato dado, que no supere una cierta longitud, etc.

Las dos fichas adicionales que existen en la misma ventana (como se puede ver en la figura 1.15) puede utilizarlas para entregar sendos mensajes o avisos: uno que aparecerá cuando vaya a introducirse el dato en la celdilla, o bien como un mensaje del asistente si éste se encuentra visible, y un segundo que será usado sólo en caso de que se produzca un error durante la validación.

Selección de un valor de una lista

Un caso algo especial de validación se da cuando en una celdilla debe introducirse un valor de un grupo bien determinado, grupo que puede ser presentado como una lista. Suponga, por ejemplo, que en unas celdillas de encabezado, bajo las cuales introducirá algunos datos estadísticos, debe indicar si dichos datos son relativos a población, producto interior bruto o renta *per cápita*. Ningún otro valor debería poderse introducir en dichas celdillas.

En lugar de dejar a la suerte que los títulos sean correctamente introducidos, y siempre respetando el mismo orden de palabras, mayúsculas y minúsculas, podemos crear una regla de validación dando los pasos siguientes:

- Introducimos en una sucesión de celdillas de la hoja, bien sea en la misma hoja o en otra distinta, los valores que deberán aparecer en la lista.
- Seleccionamos el rango de celdillas en los que debe introducirse como valor uno de los elementos de esa lista.
- Elegimos la opción Datos>Validación y, tal como se aprecia en la figura 1.16, elegimos en el apartado Permitir la opción Lista, indicando más abajo el rango donde se encuentran los valores de la lista.

Cerrada la ventana, podrá comprobar que en las celdillas a las que se ha aplicado la regla de validación no puede introducir manualmente un valor distinto de los existentes en la lista. Observe que, además, al seleccionar la celdilla aparece un botón que, al ser pulsado, despliega una lista con los posibles valores (véase figura 1.17), facilitando así la introducción rápida del dato.

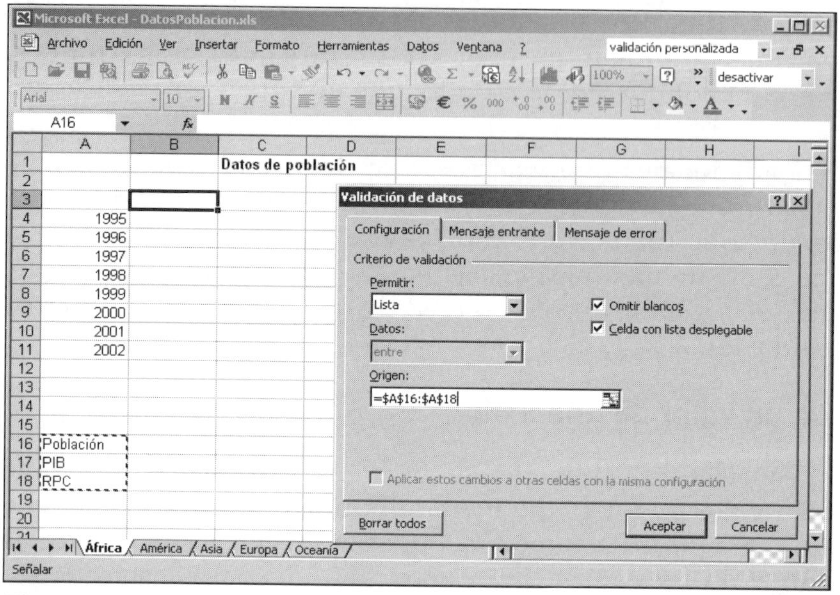

Figura 1.16. Definimos una regla de validación con una lista de valores asociada

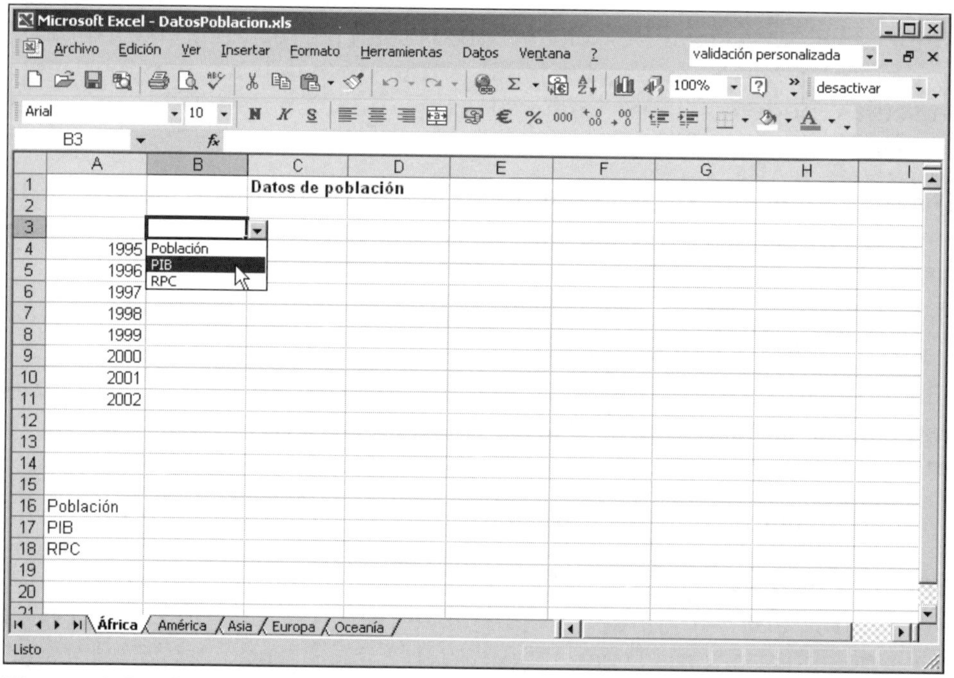

Figura 1.17. Selección del valor directamente desde la lista desplegable

Reglas de validación personalizadas

Otro caso especial de validación, respecto a los demás métodos que establecen rangos o límites, lo encontramos en el uso de una fórmula para decidir si la entrada efectuada es o no válida. Esto nos permite definir cualquier validación a medida, según nuestras necesidades.

Imagine que está solicitando en una de sus hojas los datos de población a nivel global, por una parte el total de población mundial y, por otra, la población de cada continente. Las celdillas donde van a introducirse las poblaciones continentales podrían contar con una validación personalizada como la de la figura 1.18, donde se comprueba que la suma de la población de todos los continentes no sea mayor que la población mundial.

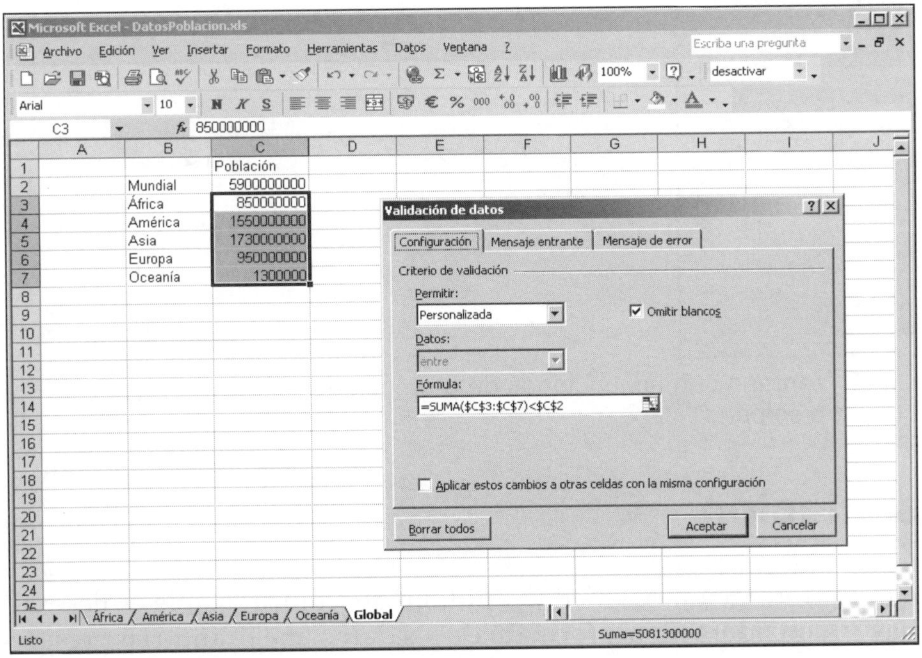

Figura 1.18. Definimos una regla de validación personalizada

Como se aprecia en la mencionada figura, lo único que hemos de hacer es elegir la opción **Personalizada** en la lista **Permitir** e introducir la fórmula en el apartado **Fórmula**. Ésta deberá devolver un valor lógico, es decir, `VERDADERO` o `FALSO`. En este ejemplo indicamos que la suma de los datos introducidos en los continentes nunca debe ser mayor que el entregado en la celdilla de población total.

Truco:

Si además de asociar reglas de validación a las celdillas protege su hoja de cálculo, evitará la posibilidad de cambios indeseados en títulos, fórmulas y otros datos estáticos. Para ello, una vez finalizado el diseño de la hoja, debe dar dos pasos: seleccionar las celdillas donde deben introducirse datos, pulsar **Control-1** *y, en la ficha* **Proteger**, *desmarcar la opción* Bloqueada. *En segundo lugar, elija la opción* Herramientas>Proteger>Proteger hoja. *Aparecerá entonces una ventana en la que, de manera opcional, puede introducir una clave para acceder a la futura desprotección de la hoja.*

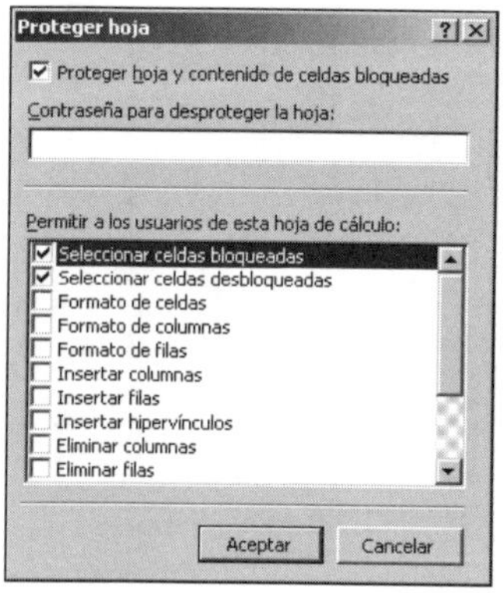

Figura 1.19. Ventana con las opciones de protección de una hoja de cálculo

Presentación

Para que la información sea fácil y rápidamente comprensible es necesario tomar en consideración el formato de los datos, mejorando su presentación. Para ello se usan tipos y tamaños de letra, estilos, colores, bordes, sombras, etc.

Muchos de estos elementos son directamente accesibles desde las barras de botones que, por defecto, aparecen en la parte superior del entorno de Excel. Basta, por tanto, un movimiento de ratón para modificar cualquiera de esos parámetros.

La mayoría de los aspectos de formato de una celdilla pueden establecerse desde la ventana mostrada en la figura 1.20, conocida como Formato de celdas. Basta la pulsación de **Control-1** para hacerla aparecer, modificando el formato de las celdillas que estuviesen seleccionadas en ese momento. La mayoría de las opciones son bastante obvias, por lo que nos ocuparemos sólo de las más interesantes o avanzadas.

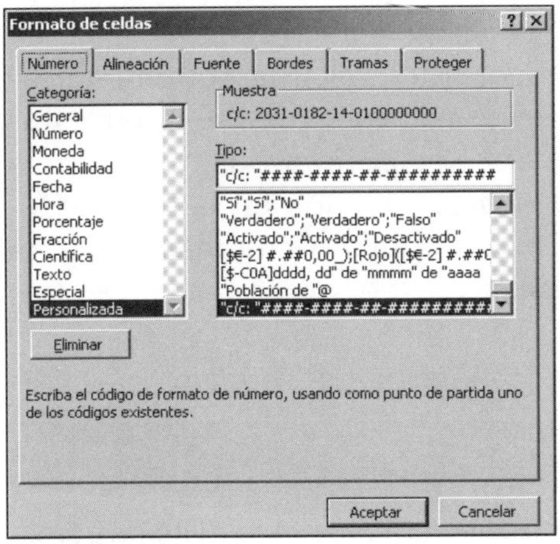

Figura 1.20. Ventana `Formato de celdas`

Truco:

Además de formatos, puede asociar comentarios a las celdillas para aclarar su contenido o indicar el dato que debe introducirse. Elija la opción **Insertar>Comentario** *para asociar un comentario en la celdilla elegida.*

Formatos personalizados

El aspecto con el que aparece un cierto dato en una celdilla es independiente del formato con que se introduce. Un dato económico, por ejemplo, se introduce como una secuencia de dígitos numéricos, al igual que un teléfono o una cuenta bancaria. El aspecto con el que se muestran estos datos, no obstante, puede ser totalmente distinto.

Excel cuenta con una serie de formatos predefinidos para la presentación de datos numéricos, pero nosotros podemos definir cualesquiera otros que necesitáramos en algún momento. Para ello compondríamos una máscara con una cierta estructura, usando para ello un conjunto de caracteres muy específico. Realmente podemos asociar hasta tres máscaras para números por cada celdilla: una a utilizar cuando el contenido de la celdilla fuese positivo, otra segunda para el caso de los negativos y, por último, una tercera para utilizar cuando el número sea cero. Si tan sólo se facilita una máscara ésta se usa en todos los casos, mientras que si se definen dos la primera se utilizará para positivos y cero, mientras que la segunda afectará sólo a números negativos.

En la tabla 1.2 se enumeran algunos de los caracteres que podemos usar en la composición de estas máscaras. Recuerde que para asignar estas máscaras a una o más celdillas primero debe seleccionarlas, pulsando a continuación **Control-1** y seleccionando Personalizada en la lista Categoría. En la figura 1.20, por ejemplo, se ha compuesto una máscara para presentar números de cuentas corrientes.

Tabla 1.2. Caracteres para la composición de máscaras de formato

Carácter	Significado
#	Representa un dígito numérico que será mostrado si no es cero, sustituyéndose por un espacio en caso contrario.
0	Representa un dígito numérico que será mostrado siempre, incluso si es cero.
,	Representa el lugar donde aparecerá el separador de decimales.
.	Representa el lugar donde aparecerá el separador de miles.
[Color]	Establece el color que debe tener el contenido de la celda.
"texto"	Introduce el texto como parte del contenido de la celdilla.
*carácter	Repite el carácter indicado hasta rellenar el ancho de la celdilla.
@	Representa el texto introducido en la celdilla.

Los distintos caracteres pueden combinarse para crear formatos más o menos complejos. Observe la siguiente cadena de formato, pensada para aplicar a celdillas que van a recibir cantidades en euros:

```
[Azul]###.##0,00" Euros";[Rojo]###.##0,00" Euros"
```

Al introducir un número en una celdilla con este formato, se utilizará el color azul para representar cantidades positivas y el rojo para las negativas. Además, se separarán los miles y siempre existirán dos decimales, lo que provocará un redondeo en caso necesario. Por último, se añade la palabra `Euros` tras la cantidad introducido.

Nota:

Existen códigos adicionales para componer máscaras de formato aplicables a números con representación científica o fechas. Utilice la entrada **Códigos de formato** *de la ayuda de Excel para obtener todas las posibilidades.*

Formatos condicionales

Por regla general, los formatos se aplican de forma global a conjuntos de datos con la finalidad de que éstos se presenten de forma homogénea. No obstante, en ocasiones vendría bien que ese formato cambiase ante ciertas situaciones. Es algo que acabamos de ver en la máscara usada en el puntero anterior, que presenta los números positivos en un color y los negativos en otro distinto.

Las condiciones y los formatos a aplicar pueden ser mucho más complejos, no diferenciando tan sólo entre números positivos y negativos y no afectando solamente al color del texto. Imagine que quiere destacar el hecho de que un cierto país supere los cien millones de habitantes, por ejemplo utilizando un tipo distinto de letra o trazando un recuadro alrededor. Son casuísticas que pueden representarse de manera adecuada utilizando formatos condicionales.

Para aplicar un cierto formato condicional seleccione el rango de celdillas y, a continuación, elija la opción Formato>Formato condicional. Aparecerá entonces una ventana con tres o cuatro apartados: el primero selecciona el dato a evaluar, el segundo la condición y el tercero y cuarto, el valor o valores de referencia. El dato a evaluar suele ser el valor de la celda. La lista de condiciones es similar a la vista anteriormente para validar los datos.

Introducida la regla o condición, en la parte inferior hay un botón y una muestra del formato que se aplicaría. Basta con pulsar dicho botón para alterar el formato que actualmente tienen las celdillas. El nuevo formato, no obstante, tan sólo se usaría si la condición es cierta.

En la figura 1.21 puede ver cómo se ha introducido una condición: que el valor de la celda sea mayor que `100.000.000`. En ese caso el dato aparecerá con un borde rojo en la parte inferior. Tras pulsar el botón **Aceptar**, podrá ver que algunos de los datos de la hoja ahora aparecen con ese formato. De esta forma es fácil identificar directamente los países que, por población, destacan sobre los demás.

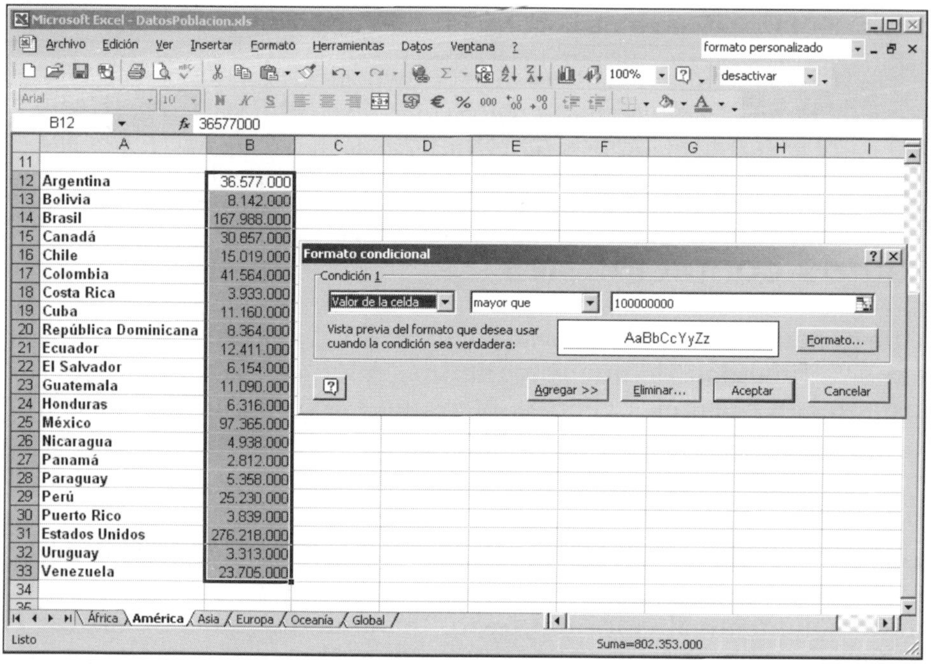

Figura 1.21. La ventana de `Formato condicional`

El formato condicional puede ser múltiple, es decir, pueden existir varias condiciones con varios atributos asociados. Observe, en la figura 1.21, que en la parte inferior de la ventana existe un botón que se titula **Agregar >>**. Al pulsarlo, Excel añadirá un nuevo bloque condicional a la ventana. Podríamos usarlo, como se muestra en la figura 1.22, para mostrar con un fondo gris los datos que destaquen justamente por lo contrario, porque la población sea relativamente pequeña. El resultado, tras aplicar los dos formatos condicionales, será similar al de la figura 1.23.

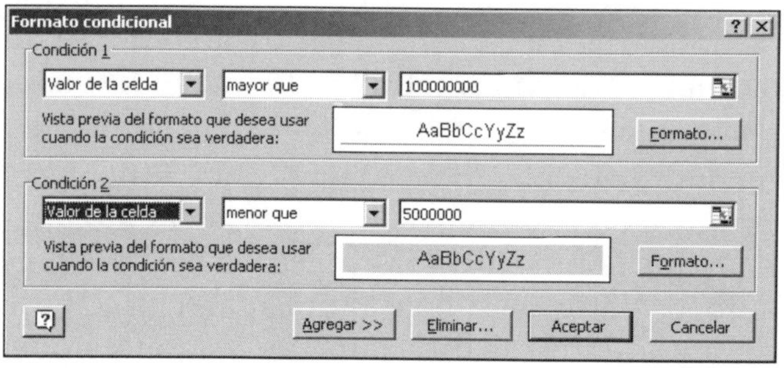

Figura 1.22. Se pueden aplicar varios formatos condicionales

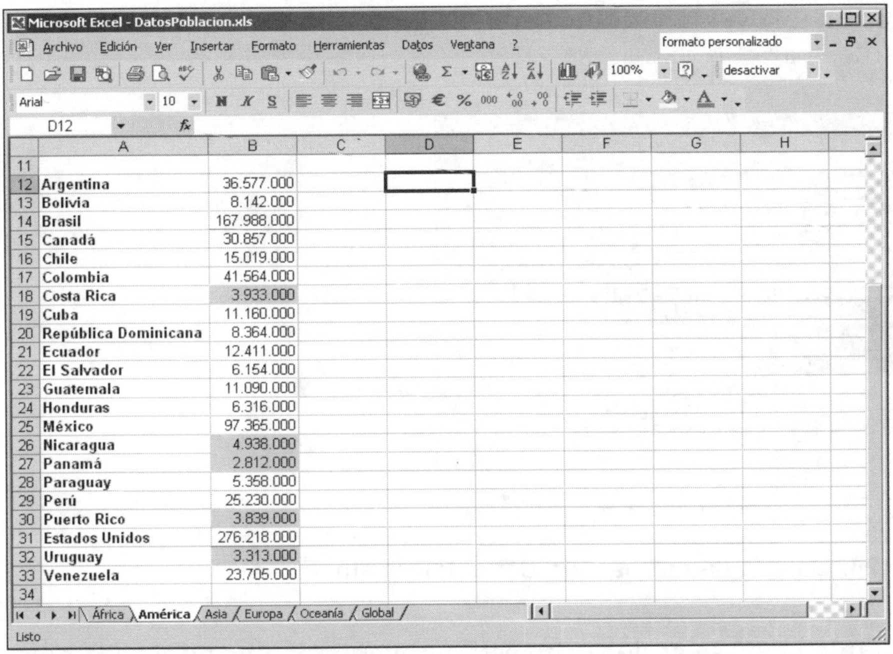

Figura 1.23. Aspecto de los datos aplicados los formatos condicionales

Truco:

Para eliminar cualquier formato condicional basta con abrir la ventana anterior, tras haber seleccionado las celdillas, con la opción Formato>Formato condicional, *y luego pulsar el botón* ***Eliminar.***

Autoformato

Seguramente pensará que es mucho el trabajo a llevar a cabo para mejorar el aspecto de la hoja, dando formato a los datos y a los títulos. Sin embargo, este trabajo, que hasta ahora hemos realizado manualmente paso a paso, puede ser realizado automáticamente, al menos en parte.

En el mismo menú Formato en el que se encuentra la opción Formato condicional, justo encima, existe otra opción llamada Autoformato. Como su propio nombre indica, sirve para aplicar formatos automáticamente. Si elige esta opción, verá que Excel identifica rápidamente la tabla de datos usada como ejemplo en el punto anterior y la selecciona, abriendo a continuación una ventana como la de la figura 1.24. Es una galería de posibles estilos para los datos.

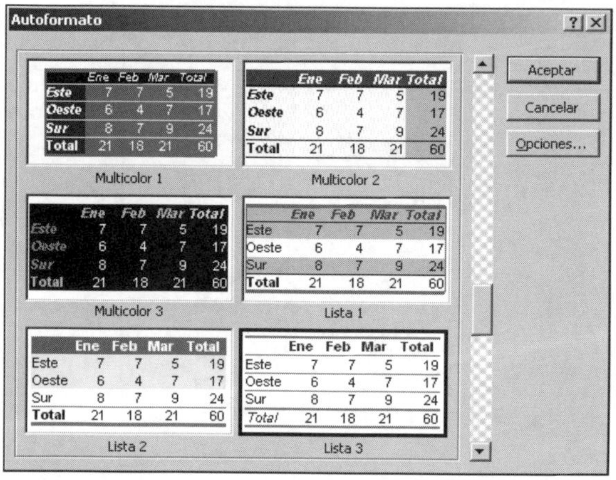

Figura 1.24. Galería de estilos para dar autoformato

Puede simplemente seleccionar un estilo y aceptar, aplicándolo a la hoja, o bien pulsar el botón **Opciones** para desplegar una lista de cajas de selección. Con ellas puede elegir entre aplicar todos los formatos del estilo elegido, que es lo que se hace por defecto, o bien impedir que se modifique el alto y ancho, o el color, etc.

En la figura 1.25 puede observar la hoja de cálculo tras aplicar uno de los estilos.

Truco:

El formato de las celdillas puede ser usado a la hora de realizar búsquedas y sustituciones. Puede, por ejemplo, buscar todos los datos que contengan un cierto dato y asignarles directamente el formato que le interese.

Truco:

Puede diferenciar las distintas hojas de un libro utilizando colores. Para ello pulse con el botón secundario del ratón sobre la pestaña de la hoja que le interese y elija la opción **Color de etiqueta** *para seleccionar cualquier color.*

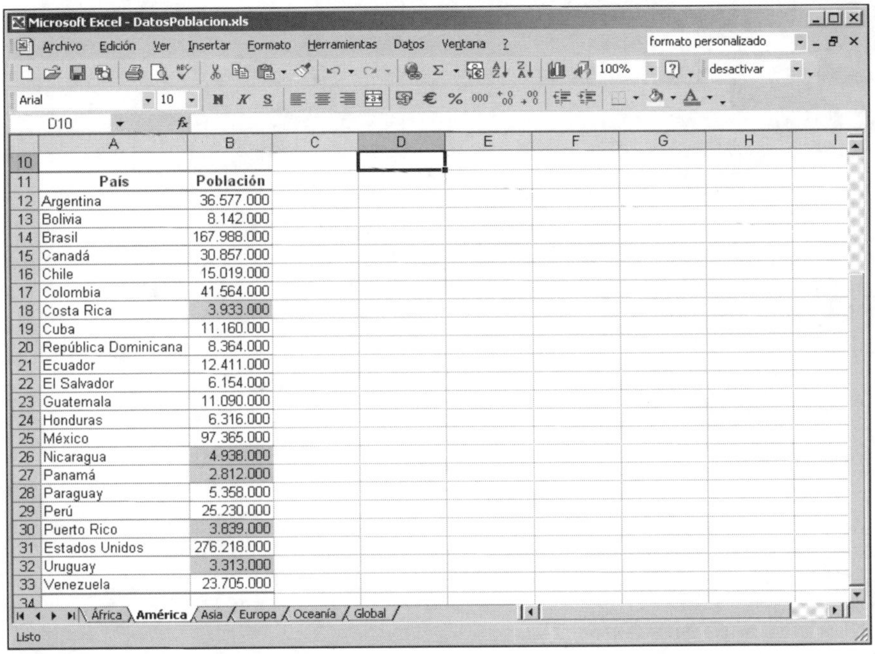

Figura 1.25. Nuestra hoja tras aplicar un autoformato

Resumen

Este capítulo le ha servido para profundizar en las distintas técnicas de introducción y edición de datos en hojas de cálculo de Excel. Ha conocido los distintos tipos de datos que puede contener cada celdilla de una hoja y cómo introducirlos adecuadamente. También ha aprendido a repetir un mismo dato en múltiples celdillas o incluso múltiples páginas de un mismo libro. Es una tarea en la que puede ayudar el nuevo portapapeles mejorado de Office XP.

A continuación se han recordado los diferentes mecanismos para la composición de referencias a celdillas, ya estén en la misma hoja, en otra hoja del mismo libro o en otro libro. Estas referencias, como se ha visto, pueden simplificarse con la asignación de nombres a las celdillas y rangos.

Por último, se ha visto cómo asegurar la corrección de los datos aplicando reglas de validación que, en la medida de lo posible, impidan la introducción de errores, así como los mecanismos disponibles para mejorar la presentación de esos datos.

Capítulo 2

Tablas de datos

En este capítulo aprenderá a:

- Totalizar y resumir los datos.
- Crear filtros y grupos.
- Diseñar tablas dinámicas.

Al trabajar con Excel, en muchas ocasiones los datos sobre los que va a operarse forman *tablas*. Una tabla es una combinación de datos distribuidos en múltiples filas y columnas, almacenando cada una de las celdillas que surge del cruce entre fila y columna un número, título o fórmula. En realidad, la propia hoja de cálculo es una tabla bidimensional.

Las tablas de datos suelen surgir de manera espontánea al diseñar una hoja de cálculo o introducir datos en ella. Es habitual la necesidad de resumir los datos almacenados en una tabla, totalizándolos o aplicándoles diversas operaciones para efectuar algún tipo de análisis o estudio. Excel cuenta con herramientas que nos permiten efectuar este trabajo de manera más cómoda, sin tener que introducir fórmulas, copiar y mover datos de la tabla.

Datos de partida

Continuando con el ejemplo iniciado en el capítulo anterior, en el que teníamos una hoja de cálculo con datos de población, partiremos con un libro como el de la figura 2.1.

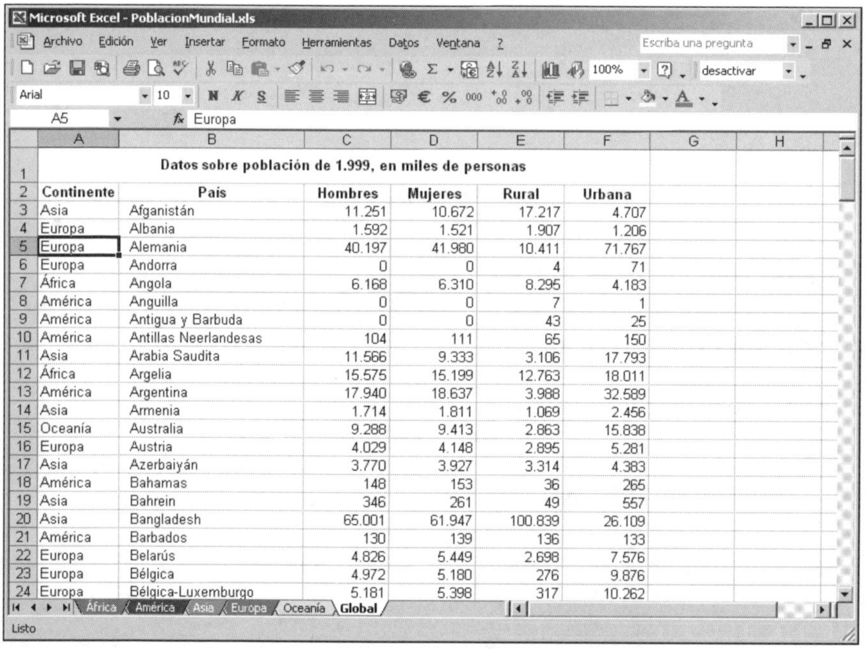

	A	B	C	D	E	F
1	Datos sobre población de 1.999, en miles de personas					
2	Continente	País	Hombres	Mujeres	Rural	Urbana
3	Asia	Afganistán	11.251	10.672	17.217	4.707
4	Europa	Albania	1.592	1.521	1.907	1.206
5	Europa	Alemania	40.197	41.980	10.411	71.767
6	Europa	Andorra	0	0	4	71
7	África	Angola	6.168	6.310	8.295	4.183
8	América	Anguilla	0	0	7	1
9	América	Antigua y Barbuda	0	0	43	25
10	América	Antillas Neerlandesas	104	111	65	150
11	Asia	Arabia Saudita	11.566	9.333	3.106	17.793
12	África	Argelia	15.575	15.199	12.763	18.011
13	América	Argentina	17.940	18.637	3.988	32.589
14	Asia	Armenia	1.714	1.811	1.069	2.456
15	Oceanía	Australia	9.288	9.413	2.863	15.838
16	Europa	Austria	4.029	4.148	2.895	5.281
17	Asia	Azerbaiyán	3.770	3.927	3.314	4.383
18	América	Bahamas	148	153	36	265
19	Asia	Bahrein	346	261	49	557
20	Asia	Bangladesh	65.001	61.947	100.839	26.109
21	América	Barbados	130	139	136	133
22	Europa	Belarús	4.826	5.449	2.698	7.576
23	Europa	Bélgica	4.972	5.180	276	9.876
24	Europa	Bélgica-Luxemburgo	5.181	5.398	317	10.262

Figura 2.1. Tabla con datos relativos a población

En este libro existen cinco páginas, una por continente, además de otra con datos globales. Como se aprecia en dicha figura, tenemos una tabla compuesta de continentes, países y población por país facilitada por sexo y lugar de residencia.

Ejemplo:

En la carpeta `02` de ejemplos del CD-ROM encontrará tres libros: `PoblacionMundial`, `TablaDinamica` y `Filtros`, conteniendo los pasos dados en el ejemplo de este capítulo.

Cada fila indica el continente, país, población masculina y femenina, por una parte, y población rural y urbana, por otra, estando los datos expresados en miles de personas. No existen totales, ni por países, ni por continentes o sexo de los habitantes. Es decir, tenemos simplemente una amplísima tabla de datos con unos cuantos miles de entradas sobre las que operar y que resumir.

Totalizar y resumir

La información que tiene nuestra hoja de cálculo actual puede resultar de cierto interés aisladamente, país por país y dato por dato, pero podría ser mucho más útil si se efectúan algunas operaciones sobre ella. ¿No nos interesaría saber la población total por país o continente, la población rural total o la población global diferenciada por sexos? ¿Sería interesante saber el porcentaje de población rural respecto al total o los países en los que la población vive eminentemente en núcleos urbanos? Son preguntas para las que pueden obtenerse respuestas simplemente totalizando y resumiendo los datos que tenemos.

Totalizado

Para comenzar, podríamos totalizar los datos de todos los países y obtener la población masculina y femenina a nivel mundial, e igual para la población rural y urbana. Para ello seleccionaríamos las celdillas que están justo debajo de las cuatro columnas de datos, como se aprecia en la figura 2.2, pulsando a continuación el botón Autosuma. Automáticamente aparecerán en las celdillas seleccionadas los totales que esperábamos.

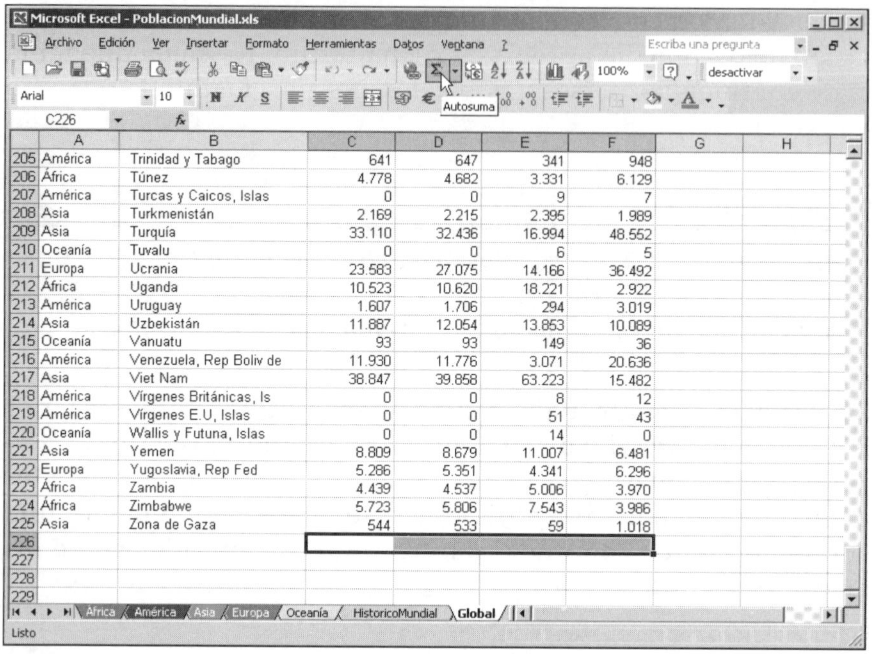

	A	B	C	D	E	F
205	América	Trinidad y Tabago	641	647	341	948
206	África	Túnez	4.778	4.682	3.331	6.129
207	América	Turcas y Caicos, Islas	0	0	9	7
208	Asia	Turkmenistán	2.169	2.215	2.395	1.989
209	Asia	Turquía	33.110	32.436	16.994	48.552
210	Oceanía	Tuvalu	0	0	6	5
211	Europa	Ucrania	23.583	27.075	14.166	36.492
212	África	Uganda	10.523	10.620	18.221	2.922
213	América	Uruguay	1.607	1.706	294	3.019
214	Asia	Uzbekistán	11.887	12.054	13.853	10.089
215	Oceanía	Vanuatu	93	93	149	36
216	América	Venezuela, Rep Boliv de	11.930	11.776	3.071	20.636
217	Asia	Viet Nam	38.847	39.858	63.223	15.482
218	América	Vírgenes Británicas, Is	0	0	8	12
219	América	Vírgenes E.U, Islas	0	0	51	43
220	Oceanía	Wallis y Futuna, Islas	0	0	14	0
221	Asia	Yemen	8.809	8.679	11.007	6.481
222	Europa	Yugoslavia, Rep Fed	5.286	5.351	4.341	6.296
223	África	Zambia	4.439	4.537	5.006	3.970
224	África	Zimbabwe	5.723	5.806	7.543	3.986
225	Asia	Zona de Gaza	544	533	59	1.018

Figura 2.2. Totalizamos los datos de todos los países

Truco:

En caso de que no nos interesase la suma de los datos sino el valor medio, máximo, mínimo o aplicar cualquier otra función al conjunto, en lugar de pulsar el mencionado botón desplegaríamos la lista adjunta y seleccionaríamos la función apropiada.

Para hallar la población total por país deberíamos introducir la fórmula en la primera celdilla manualmente, ya que la suma automática tomaría los datos de las cuatro columnas de cada país, sumando dos veces la población. En su lugar, bastaría con introducir una fórmula como `=E3+F3`, sumando la población rural con la urbana, y después copiarla a todas las demás celdillas.

Ordenación

La tabla de datos sobre la que estamos actuando está ordenada alfabéticamente por nombre de país. Cambiando este orden por defecto, y ordenando por continente, podríamos obtener otra serie de datos interesantes, por ejemplo la población continental. También podríamos utilizar el mecanismo de ordenación de Excel para descubrir ciertos datos, como cuáles son los países con más población o en los que existe una mayor vida rural.

Para ordenar toda la tabla de datos por una cierta columna, por ejemplo el continente, basta con situar el foco de entrada en cualquier celdilla de dicha columna y, a continuación, pulsar el botón sobre el que está el puntero en la figura 2.3, para una ordenación de menor a mayor, o el que está a la derecha si deseamos el orden inverso.

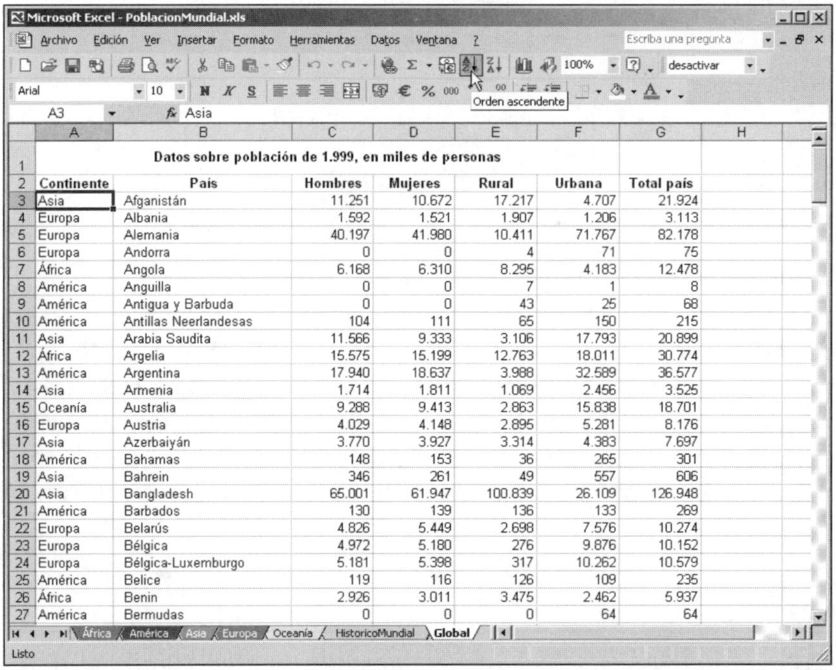
Datos sobre población de 1.999, en miles de personas

Continente	País	Hombres	Mujeres	Rural	Urbana	Total país
Asia	Afganistán	11.251	10.672	17.217	4.707	21.924
Europa	Albania	1.592	1.521	1.907	1.206	3.113
Europa	Alemania	40.197	41.980	10.411	71.767	82.178
Europa	Andorra	0	0	4	71	75
África	Angola	6.168	6.310	8.295	4.183	12.478
América	Anguilla	0	0	7	1	8
América	Antigua y Barbuda	0	0	43	25	68
América	Antillas Neerlandesas	104	111	65	150	215
Asia	Arabia Saudita	11.566	9.333	3.106	17.793	20.899
África	Argelia	15.575	15.199	12.763	18.011	30.774
América	Argentina	17.940	18.637	3.988	32.589	36.577
Asia	Armenia	1.714	1.811	1.069	2.456	3.525
Oceanía	Australia	9.288	9.413	2.863	15.838	18.701
Europa	Austria	4.029	4.148	2.895	5.281	8.176
Asia	Azerbaiyán	3.770	3.927	3.314	4.383	7.697
América	Bahamas	148	153	36	265	301
Asia	Bahrein	346	261	49	557	606
Asia	Bangladesh	65.001	61.947	100.839	26.109	126.948
América	Barbados	130	139	136	133	269
Europa	Belarús	4.826	5.449	2.698	7.576	10.274
Europa	Bélgica	4.972	5.180	276	9.876	10.152
Europa	Bélgica-Luxemburgo	5.181	5.398	317	10.262	10.579
América	Belice	119	116	126	109	235
África	Benin	2.926	3.011	3.475	2.462	5.937
América	Bermudas	0	0	0	64	64

Figura 2.3. Ordenamos la tabla de datos para agruparlos por continentes

Con esta técnica podríamos ordenar toda la tabla según los valores de una columna cada vez, puesto que podemos reordenar todas las veces que sea preciso. Usando la opción Datos>Ordenar obtendríamos más posibilidades, pudiendo, por ejemplo, ordenar toda la tabla por continente y, dentro de cada continente, ordenar los países de mayor a menor población. Esto es, precisamente, lo que se hace en la figura 2.4. Como se aprecia, podríamos establecer hasta tres criterios de ordenación.

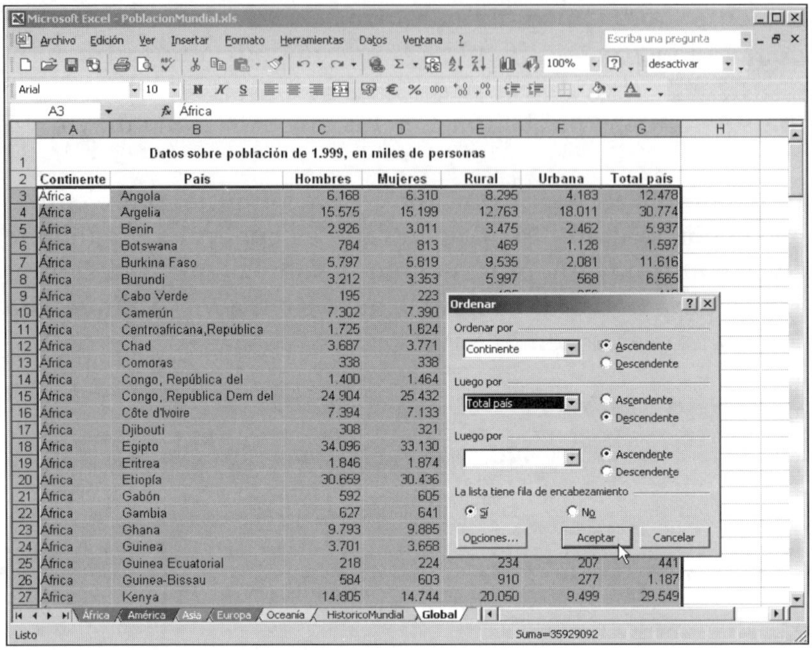

Figura 2.4. Ordenamos nuestra tabla de datos

Una vez ordenados los datos, podríamos totalizar la población de cada uno de los continentes, bien sea insertando filas intermedias en la tabla, para separar cada continente, o mejor aún, pasando los datos de cada continente a una hoja independiente. Esto es lo que hemos hecho en el libro `PoblacionMundial.xls`, al que pertenece la imagen mostrada en la figura 2.5.

Nota:

Puede completar estas hojas introduciendo algunas columnas de fórmulas para, por ejemplo, calcular el porcentaje de población masculina y femenina sobre el total, o la porción de población que vive en entornos rurales.

Filtrar y agrupar los datos

La operación que hemos efectuado manualmente en el punto anterior, separando los datos por continentes y totalizándolos, puede realizarla prácticamente de manera automática Excel para nosotros, gracias a sus capacidades de agrupamiento y subtotalización.

Asimismo, Excel cuenta con las opciones necesarias para efectuar un filtrado de información. Es una forma cómoda de clasificar y encontrar rápidamente los datos que interesan sin, por ello, tener que estar cambiando su orden o duplicándolos en múltiples hojas.

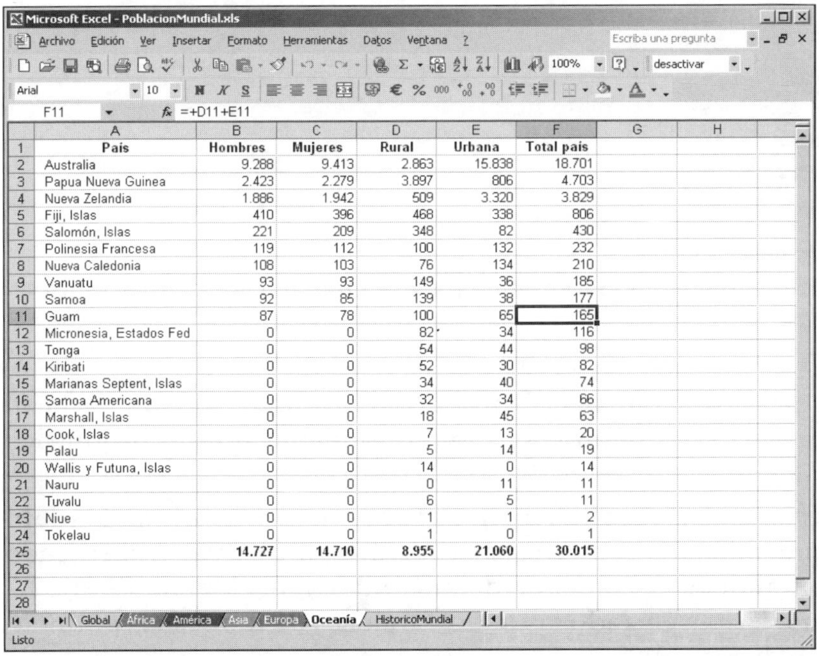

	A	B	C	D	E	F
1	País	Hombres	Mujeres	Rural	Urbana	Total país
2	Australia	9.288	9.413	2.863	15.838	18.701
3	Papua Nueva Guinea	2.423	2.279	3.897	806	4.703
4	Nueva Zelandia	1.886	1.942	509	3.320	3.829
5	Fiji, Islas	410	396	468	338	806
6	Salomón, Islas	221	209	348	82	430
7	Polinesia Francesa	119	112	100	132	232
8	Nueva Caledonia	108	103	76	134	210
9	Vanuatu	93	93	149	36	185
10	Samoa	92	85	139	38	177
11	Guam	87	78	100	65	165
12	Micronesia, Estados Fed	0	0	82	34	116
13	Tonga	0	0	54	44	98
14	Kiribati	0	0	52	30	82
15	Marianas Septent, Islas	0	0	34	40	74
16	Samoa Americana	0	0	32	34	66
17	Marshall, Islas	0	0	18	45	63
18	Cook, Islas	0	0	7	13	20
19	Palau	0	0	5	14	19
20	Wallis y Futuna, Islas	0	0	14	0	14
21	Nauru	0	0	0	11	11
22	Tuvalu	0	0	6	5	11
23	Niue	0	0	1	1	2
24	Tokelau	0	0	1	0	1
25		**14.727**	**14.710**	**8.955**	**21.060**	**30.015**

Figura 2.5. Separamos los datos de cada continente y los totalizamos

Creación de subtotales y grupos

Para agrupar todos los datos por continentes y, además, obtener los correspondientes subtotales, no es necesario copiar o separar los datos manualmente. Tras ordenarlos por la primera columna, lo único que hemos de hacer es seleccionar la opción Datos>Subtotales. Ésta dará paso a una ventana (véase figura 2.6) en la que indicaremos cuándo habrá de efectuarse un subtotal. En este caso indicamos que cada vez que se cambie de continente.

En la lista que hay debajo seleccionaremos la función a aplicar a los datos y, más abajo, marcaremos las columnas a las que debe aplicarse dicha función. Finalmente, ya en la parte inferior, hay varias opciones con las que determinaremos la sustitución o no de los subtotales actuales, la inserción de un salto de página entre cada grupo de datos y, por último, si deseamos la inclusión de un resumen o total global.

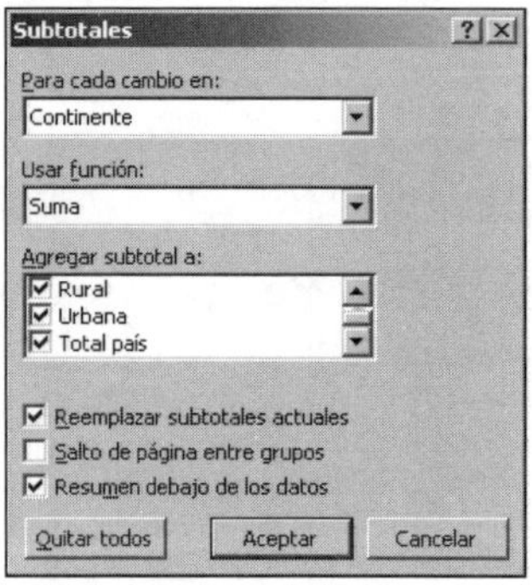

Figura 2.6. Establecemos los parámetros para la creación de los subtotales

Utilizando la configuración de la figura 2.6, el resultado será una lista en la que existirán seis grupos: uno por cada continente y una global que los contiene.

Como se aprecia en la figura 2.7, dichos grupos no sólo facilitan los subtotales sino que, además, pueden ser utilizados para cerrar o abrir cada subgrupo, limitando así el nivel de detalle. En la mencionada figura 2.7 puede ver cómo se han cerrado las listas de países de todos los continentes a excepción de Oceanía.

Truco:

Si desea abrir o cerrar todos los subgrupos creados, en lugar de hacerlo individualmente puede hacerlo utilizando los botones añadidos en la parte superior de la hoja, encima de los números de fila. Cada uno de estos botones tiene un número indicando el nivel que desplegaría o colapsaría.

Para eliminar los subtotales, conjuntamente con los grupos de datos creados, abra la misma ventana y pulse el botón **Quitar todos**. Si tan sólo quiere eliminar la agrupación de algunos datos, o de todos ellos, selecciónelos y utilice la opción Datos>Agrupar y esquema>Desagrupar.

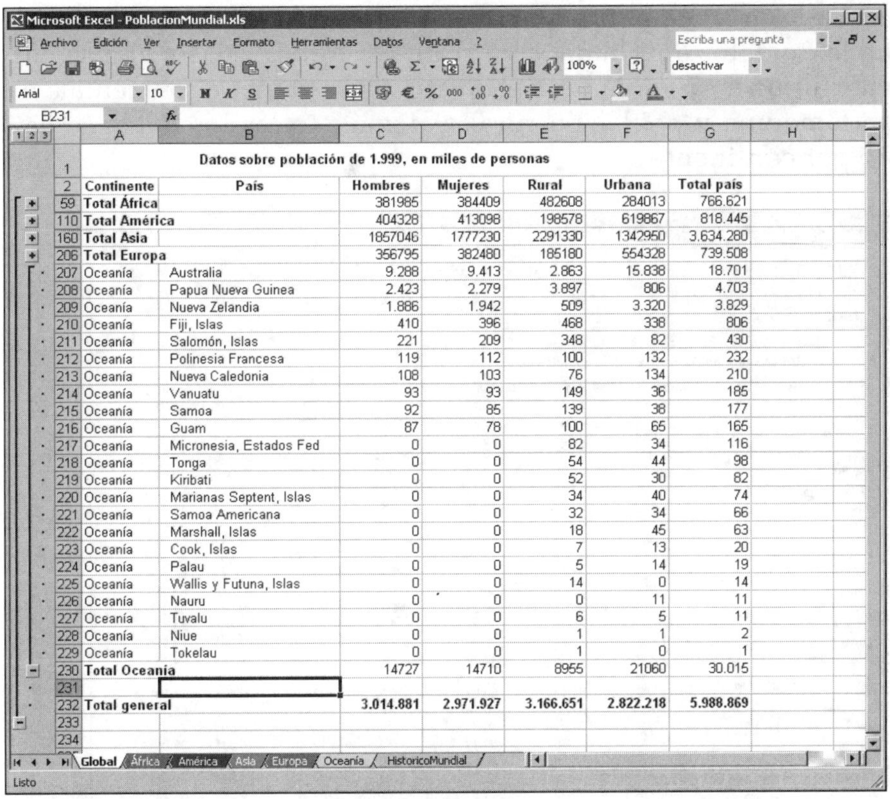

	Continente	País	Hombres	Mujeres	Rural	Urbana	Total país
1	Datos sobre población de 1.999, en miles de personas						
59	Total África		381985	384409	482608	284013	766.621
110	Total América		404328	413098	198578	619867	818.445
160	Total Asia		1857046	1777230	2291330	1342950	3.634.280
206	Total Europa		356795	382480	185180	554328	739.508
207	Oceanía	Australia	9.288	9.413	2.863	15.838	18.701
208	Oceanía	Papua Nueva Guinea	2.423	2.279	3.897	806	4.703
209	Oceanía	Nueva Zelandia	1.886	1.942	509	3.320	3.829
210	Oceanía	Fiji, Islas	410	396	468	338	806
211	Oceanía	Salomón, Islas	221	209	348	82	430
212	Oceanía	Polinesia Francesa	119	112	100	132	232
213	Oceanía	Nueva Caledonia	108	103	76	134	210
214	Oceanía	Vanuatu	93	93	149	36	185
215	Oceanía	Samoa	92	85	139	38	177
216	Oceanía	Guam	87	78	100	65	165
217	Oceanía	Micronesia, Estados Fed	0	0	82	34	116
218	Oceanía	Tonga	0	0	54	44	98
219	Oceanía	Kiribati	0	0	52	30	82
220	Oceanía	Marianas Septent, Islas	0	0	34	40	74
221	Oceanía	Samoa Americana	0	0	32	34	66
222	Oceanía	Marshall, Islas	0	0	18	45	63
223	Oceanía	Cook, Islas	0	0	7	13	20
224	Oceanía	Palau	0	0	5	14	19
225	Oceanía	Wallis y Futuna, Islas	0	0	14	0	14
226	Oceanía	Nauru	0	0	0	11	11
227	Oceanía	Tuvalu	0	0	6	5	11
228	Oceanía	Niue	0	0	1	1	2
229	Oceanía	Tokelau	0	0	1	0	1
230	Total Oceanía		14727	14710	8955	21060	30.015
231							
232	Total general		3.014.881	2.971.927	3.166.651	2.822.218	5.988.869

Figura 2.7. Datos agrupados por continentes y con subtotales

Creación de esquemas

Utilizando las opciones Agrupar y Desagrupar del menú Datos>Agrupar y esquema es posible agrupar la tabla de datos, tanto por filas como por columnas, según nos interese. Esto permite tener visibles en cada momento sólo los datos de más relevancia, como podrían ser los resúmenes por continentes. En caso de que en la tabla de datos hayamos introducido fórmulas para efectuar totales u otras operaciones, la agrupación puede efectuarse automáticamente.

En el mismo menú mencionado, Datos>Agrupar y esquema, tenemos tres opciones que gestionan lo que Excel denomina *esquemas*. Un esquema no es mas que una agrupación lógica de las filas y columnas de la tabla de datos basada en las fórmulas que en ella existan. La opción Autoesquema genera el esquema, mientras que Borrar esquema lo elimina.

Puede ver en la práctica el funcionamiento de estas opciones partiendo de una tabla de datos ampliada, como la de la figura 2.8. En ella se han introducido algunas fórmulas con el objetivo de obtener el porcentaje de población femenina y población rural. Además, todos los datos se han totalizado por continente.

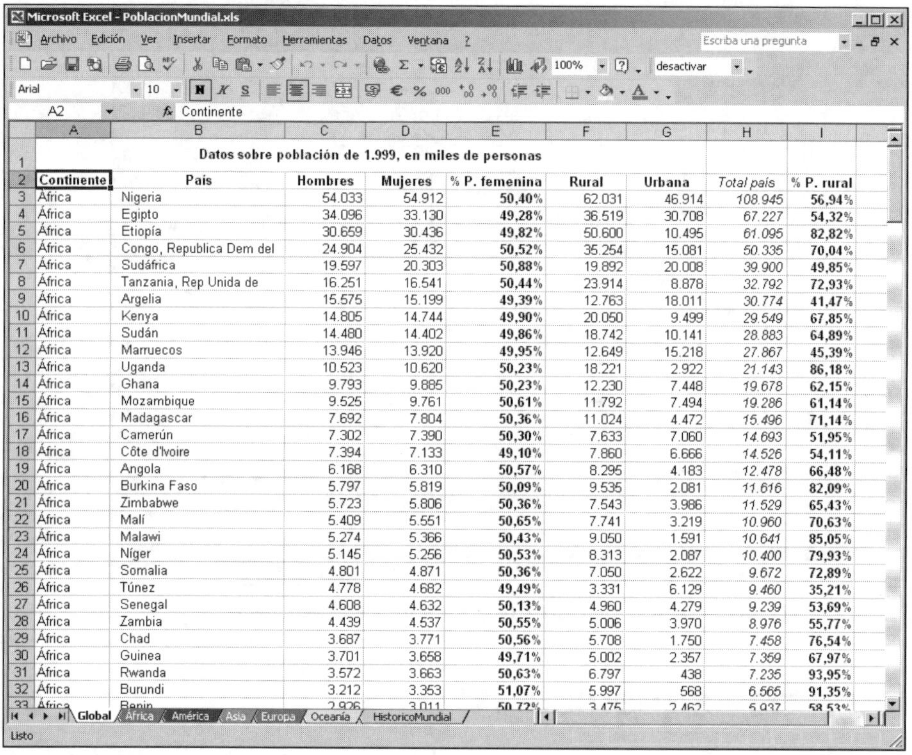

	A	B	C	D	E	F	G	H	I
1		Datos sobre población de 1.999, en miles de personas							
2	Continente	País	Hombres	Mujeres	% P. femenina	Rural	Urbana	*Total país*	% P. rural
3	África	Nigeria	54.033	54.912	**50,40%**	62.031	46.914	*108.945*	**56,94%**
4	África	Egipto	34.096	33.130	**49,28%**	36.519	30.708	*67.227*	**54,32%**
5	África	Etiopía	30.659	30.436	**49,82%**	50.600	10.495	*61.095*	**82,82%**
6	África	Congo, Republica Dem del	24.904	25.432	**50,52%**	35.254	15.081	*50.335*	**70,04%**
7	África	Sudáfrica	19.597	20.303	**50,88%**	19.892	20.008	*39.900*	**49,85%**
8	África	Tanzania, Rep Unida de	16.251	16.541	**50,44%**	23.914	8.878	*32.792*	**72,93%**
9	África	Argelia	15.575	15.199	**49,39%**	12.763	18.011	*30.774*	**41,47%**
10	África	Kenya	14.805	14.744	**49,90%**	20.050	9.499	*29.549*	**67,85%**
11	África	Sudán	14.480	14.402	**49,86%**	18.742	10.141	*28.883*	**64,89%**
12	África	Marruecos	13.946	13.920	**49,95%**	12.649	15.218	*27.867*	**45,39%**
13	África	Uganda	10.523	10.620	**50,23%**	18.221	2.922	*21.143*	**86,18%**
14	África	Ghana	9.793	9.885	**50,23%**	12.230	7.448	*19.678*	**62,15%**
15	África	Mozambique	9.525	9.761	**50,61%**	11.792	7.494	*19.286*	**61,14%**
16	África	Madagascar	7.692	7.804	**50,36%**	11.024	4.472	*15.496*	**71,14%**
17	África	Camerún	7.302	7.390	**50,30%**	7.633	7.060	*14.693*	**51,95%**
18	África	Côte d'Ivoire	7.394	7.133	**49,10%**	7.860	6.666	*14.526*	**54,11%**
19	África	Angola	6.168	6.310	**50,57%**	8.295	4.183	*12.478*	**66,48%**
20	África	Burkina Faso	5.797	5.819	**50,09%**	9.535	2.081	*11.616*	**82,09%**
21	África	Zimbabwe	5.723	5.806	**50,36%**	7.543	3.986	*11.529*	**65,43%**
22	África	Malí	5.409	5.551	**50,65%**	7.741	3.219	*10.960*	**70,63%**
23	África	Malawi	5.274	5.366	**50,43%**	9.050	1.591	*10.641*	**85,05%**
24	África	Níger	5.145	5.256	**50,53%**	8.313	2.087	*10.400*	**79,93%**
25	África	Somalia	4.801	4.871	**50,36%**	7.050	2.622	*9.672*	**72,89%**
26	África	Túnez	4.778	4.682	**49,49%**	3.331	6.129	*9.460*	**35,21%**
27	África	Senegal	4.608	4.632	**50,13%**	4.960	4.279	*9.239*	**53,69%**
28	África	Zambia	4.439	4.537	**50,55%**	5.006	3.970	*8.976*	**55,77%**
29	África	Chad	3.687	3.771	**50,56%**	5.708	1.750	*7.458*	**76,54%**
30	África	Guinea	3.701	3.658	**49,71%**	5.002	2.357	*7.359*	**67,97%**
31	África	Rwanda	3.572	3.663	**50,63%**	6.797	438	*7.235*	**93,95%**
32	África	Burundi	3.212	3.353	**51,07%**	5.997	568	*6.565*	**91,35%**
33	África	Benin	2.926	3.011	**50,72%**	3.475	2.462	*5.937*	**58,53%**

Figura 2.8. Tabla de datos tras añadir algunas columnas con fórmulas y subtotales

Teniendo situado el foco de entrada en cualquiera de las celdillas de la tabla, seleccionaríamos la opción Autoesquema para generar automáticamente los grupos que se aprecian en la figura 2.9. Por una parte, tenemos grupos que nos permiten resumir por continente. Por otra, existen grupos en las columnas para ocultar parte de la información y quedarnos con los resultados de las fórmulas, por ejemplo la población total por país. En la mencionada figura están contraídos todos los continentes menos Oceanía, habiéndose colapsado asimismo los datos relativos a población parcial por sexo o residencia.

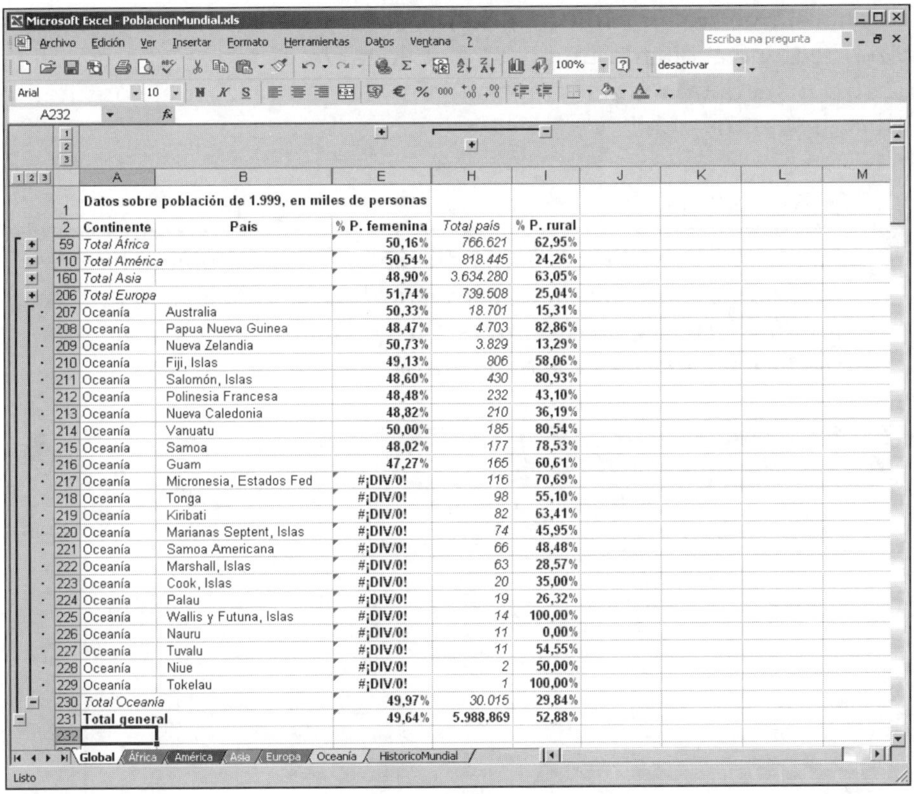

	A	B	E	H	I
1	Datos sobre población de 1.999, en miles de personas				
2	Continente	País	% P. femenina	Total país	% P. rural
59	Total África		50,16%	766.621	62,95%
110	Total América		50,54%	818.445	24,26%
160	Total Asia		48,90%	3.634.280	63,05%
206	Total Europa		51,74%	739.508	25,04%
207	Oceanía	Australia	50,33%	18.701	15,31%
208	Oceanía	Papua Nueva Guinea	48,47%	4.703	82,86%
209	Oceanía	Nueva Zelandia	50,73%	3.829	13,29%
210	Oceanía	Fiji, Islas	49,13%	806	58,06%
211	Oceanía	Salomón, Islas	48,60%	430	80,93%
212	Oceanía	Polinesia Francesa	48,48%	232	43,10%
213	Oceanía	Nueva Caledonia	48,82%	210	36,19%
214	Oceanía	Vanuatu	50,00%	185	80,54%
215	Oceanía	Samoa	48,02%	177	78,53%
216	Oceanía	Guam	47,27%	165	60,61%
217	Oceanía	Micronesia, Estados Fed	#¡DIV/0!	116	70,69%
218	Oceanía	Tonga	#¡DIV/0!	98	55,10%
219	Oceanía	Kiribati	#¡DIV/0!	82	63,41%
220	Oceanía	Marianas Septent, Islas	#¡DIV/0!	74	45,95%
221	Oceanía	Samoa Americana	#¡DIV/0!	66	48,48%
222	Oceanía	Marshall, Islas	#¡DIV/0!	63	28,57%
223	Oceanía	Cook, Islas	#¡DIV/0!	20	35,00%
224	Oceanía	Palau	#¡DIV/0!	19	26,32%
225	Oceanía	Wallis y Futuna, Islas	#¡DIV/0!	14	100,00%
226	Oceanía	Nauru	#¡DIV/0!	11	0,00%
227	Oceanía	Tuvalu	#¡DIV/0!	11	54,55%
228	Oceanía	Niue	#¡DIV/0!	2	50,00%
229	Oceanía	Tokelau	#¡DIV/0!	1	100,00%
230	Total Oceanía		49,97%	30.015	29,84%
231	Total general		49,64%	5.988.869	52,88%
232					

Figura 2.9. Esquema de datos generado automáticamente por Excel

Filtrado de datos

Otra posibilidad a la hora de resumir datos, alternativa a los esquemas que acabamos de ver aunque con diferencias de funcionalidad, consiste en filtrar los datos por los criterios que interesen en cada momento. Al igual que ocurre con los esquemas, Excel es capaz tanto de generar filtros automáticos como de ajustarlos a las opciones que indiquemos.

Nuevamente partiríamos de la tabla de datos en la que se encuentran todos los países de los cinco continentes. Para el caso que nos ocupa es indiferente la existencia o no de las columnas adicionales con cálculos de porcentajes, aunque en los ejemplos siguientes dichas columnas permanecen tras la demostración del punto previo.

Habiendo dispuesto el foco de entrada en una de las celdillas de la tabla, seleccione la opción Datos>Filtro>Autofiltro. Verá aparecer en la fila de títulos, concretamente en cada una de las columnas que tiene un título, un botón que tiene asociada una lista desplegable, como se aprecia en la figura 2.10. Dicha lista nos servirá, por ejemplo, para elegir el continente cuyas filas deseamos ver.

Advertencia:

Las opciones de filtrado hacen desaparecer momentáneamente filas de datos sin, por ello, mostrar junto a los números indicador alguno. Las filas, no obstante, siguen estando ahí, aunque no sean visibles mientras esté activo el filtro.

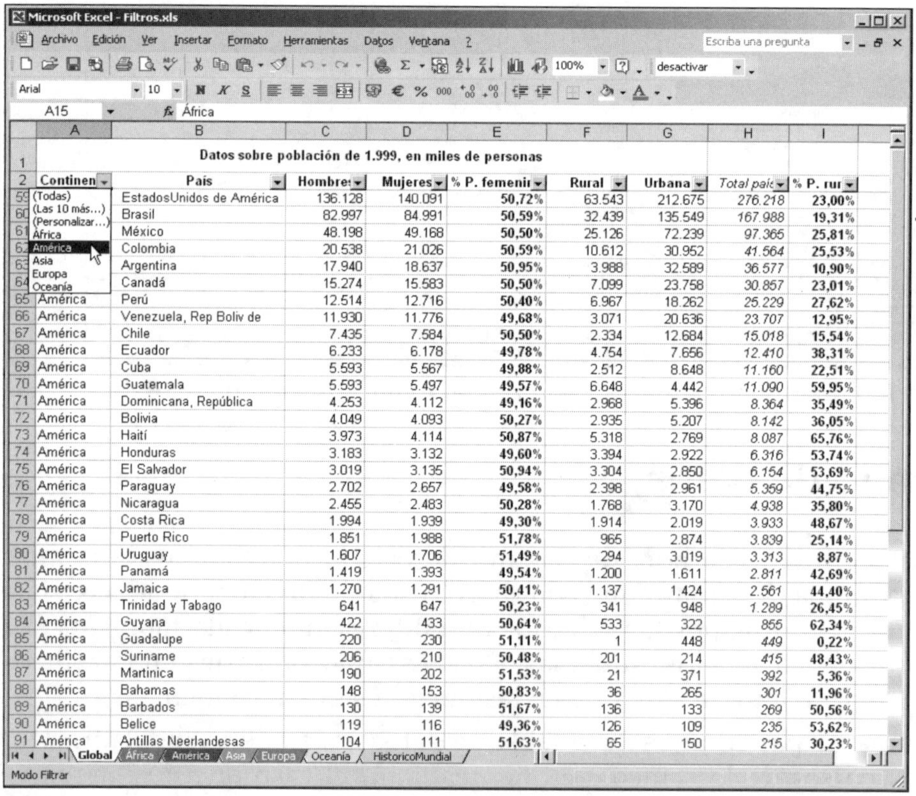

Datos sobre población de 1.999, en miles de personas

	Continen	País	Hombres	Mujeres	% P. femenin	Rural	Urbana	Total país	% P. rur
59		EstadosUnidos de América	136.128	140.091	50,72%	63.543	212.675	276.218	23,00%
60		Brasil	82.997	84.991	50,59%	32.439	135.549	167.988	19,31%
61		México	48.198	49.168	50,50%	25.126	72.239	97.365	25,81%
62		Colombia	20.538	21.026	50,59%	10.612	30.952	41.564	25,53%
63		Argentina	17.940	18.637	50,95%	3.988	32.589	36.577	10,90%
64		Canadá	15.274	15.583	50,50%	7.099	23.758	30.857	23,01%
65	América	Perú	12.514	12.716	50,40%	6.967	18.262	25.229	27,62%
66	América	Venezuela, Rep Boliv de	11.930	11.776	49,68%	3.071	20.636	23.707	12,95%
67	América	Chile	7.435	7.584	50,50%	2.334	12.684	15.018	15,54%
68	América	Ecuador	6.233	6.178	49,78%	4.754	7.656	12.410	38,31%
69	América	Cuba	5.593	5.567	49,88%	2.512	8.648	11.160	22,51%
70	América	Guatemala	5.593	5.497	49,57%	6.648	4.442	11.090	59,95%
71	América	Dominicana, República	4.253	4.112	49,16%	2.968	5.396	8.364	35,49%
72	América	Bolivia	4.049	4.093	50,27%	2.935	5.207	8.142	36,05%
73	América	Haití	3.973	4.114	50,87%	5.318	2.769	8.087	65,76%
74	América	Honduras	3.183	3.132	49,60%	3.394	2.922	6.316	53,74%
75	América	El Salvador	3.019	3.135	50,94%	3.304	2.850	6.154	53,69%
76	América	Paraguay	2.702	2.657	49,58%	2.398	2.961	5.359	44,75%
77	América	Nicaragua	2.455	2.483	50,28%	1.768	3.170	4.938	35,80%
78	América	Costa Rica	1.994	1.939	49,30%	1.914	2.019	3.933	48,67%
79	América	Puerto Rico	1.851	1.988	51,78%	965	2.874	3.839	25,14%
80	América	Uruguay	1.607	1.706	51,49%	294	3.019	3.313	8,87%
81	América	Panamá	1.419	1.393	49,54%	1.200	1.611	2.811	42,69%
82	América	Jamaica	1.270	1.291	50,41%	1.137	1.424	2.561	44,40%
83	América	Trinidad y Tabago	641	647	50,23%	341	948	1.289	26,45%
84	América	Guyana	422	433	50,64%	533	322	855	62,34%
85	América	Guadalupe	220	230	51,11%	1	448	449	0,22%
86	América	Suriname	206	210	50,48%	201	214	415	48,43%
87	América	Martinica	190	202	51,53%	21	371	392	5,36%
88	América	Bahamas	148	153	50,83%	36	265	301	11,96%
89	América	Barbados	130	139	51,67%	136	133	269	50,56%
90	América	Belice	119	116	49,36%	126	109	235	53,62%
91	América	Antillas Neerlandesas	104	111	51,63%	65	150	215	30,23%

Figura 2.10. La tabla de datos con un filtro automático activado

Las opciones existentes en las listas del autofiltro nos permiten no solo seleccionar un cierto elemento, sino también establecer criterios más complejos. Podemos, por ejemplo, seleccionar las 15 entradas que son superiores o inferiores al resto, o establecer un criterio personalizado como el de la figura 2.11. Con él quieren obtenerse las filas de datos correspondientes a aquellos países en los cuales la población femenina supera el 52% del total. El resultado puede verse en la hoja de cálculo, en segundo plano.

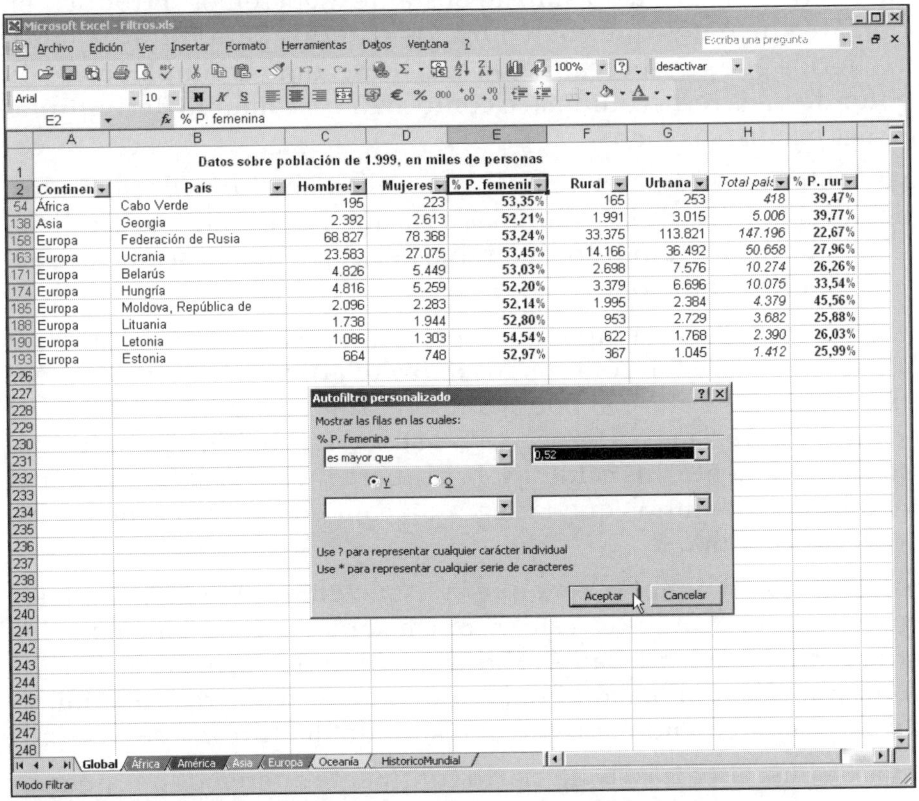

Figura 2.11. Establecemos un criterio de filtrado personalizado

Nota:

Para desactivar un filtro automático no tiene mas que seleccionar la misma opción con que lo activó.

Filtros avanzados

El filtro automático de Excel es muy útil y, sobre todo, rápido de usar, pero cuenta con ciertas limitaciones. Es posible seleccionar distintos valores o aplicar criterios en las distintas columnas pero, aún así, los criterios no pueden ser demasiado complejos. Cuando nuestras necesidades no se vean cubiertas por este tipo de filtro, siempre podemos recurrir al Filtro avanzado que está más abajo en el mismo menú.

Antes de seleccionar dicha opción, no obstante, deberemos introducir en la hoja un área de datos que contendrá los criterios para filtrar la tabla. Dichos criterios pueden ser realmente sencillos, como la simple selección de un valor de una cierta columna, o conformar un conjunto de múltiples condiciones exclusivas o no.

El área de criterios es también una tabla. En ella habrá una fila de títulos, conteniendo el nombre de las columnas a las que van a aplicarse condiciones. Debajo de cada título introduciremos el valor que deseamos seleccionar o bien una condición.

Puede comenzar con un ejemplo muy sencillo. Suponga que desea filtrar la tabla para quedarse tan sólo con los datos relativos a Europa. Primero introduciríamos los criterios, por ejemplo al final de la propia tabla de datos, como se aprecia en la figura 2.12. Estos criterios, en este caso concreto, son simplemente dos celdillas: la primera indica la columna por la que va a filtrarse, mientras que la segunda contiene el valor que buscamos en dicha columna.

Tras pulsar el botón **Aceptar** verá que la lista contiene tan sólo los datos relativos a Europa. Aunque en este caso se ha optado por mantener la lista filtrada sobre la tabla de datos original, ocultando parte de las filas de ésta, podríamos usar la opción Copiar a otro lugar para crear una nueva tabla de datos conteniendo tan sólo el resultado del filtro.

Si además de buscar países de un cierto continente queremos que aparezcan sólo los que superen los 50 millones de habitantes, la tabla de criterios sería la de la figura 2.13. En este caso tenemos dos condiciones exclusivas, dado que deben cumplirse ambas para que una fila aparezca seleccionada: que sea un país de Europa y, además, que la población sea superior a un cierto número de habitantes. Las opciones son exclusivas porque aparecen en la misma fila del rango de criterios.

En caso de que deseásemos aplicar alguna condición no exclusiva, tan sólo tendríamos que disponerla en una fila distinta. Modificando el criterio anterior, y dejándolo como se ve en la parte inferior de la figura 2.14, obtenemos los países europeos que tienen más de 50 millones de habitantes y todos aquellos países, sin importar continente, que tienen menos de 10.000 habitantes.

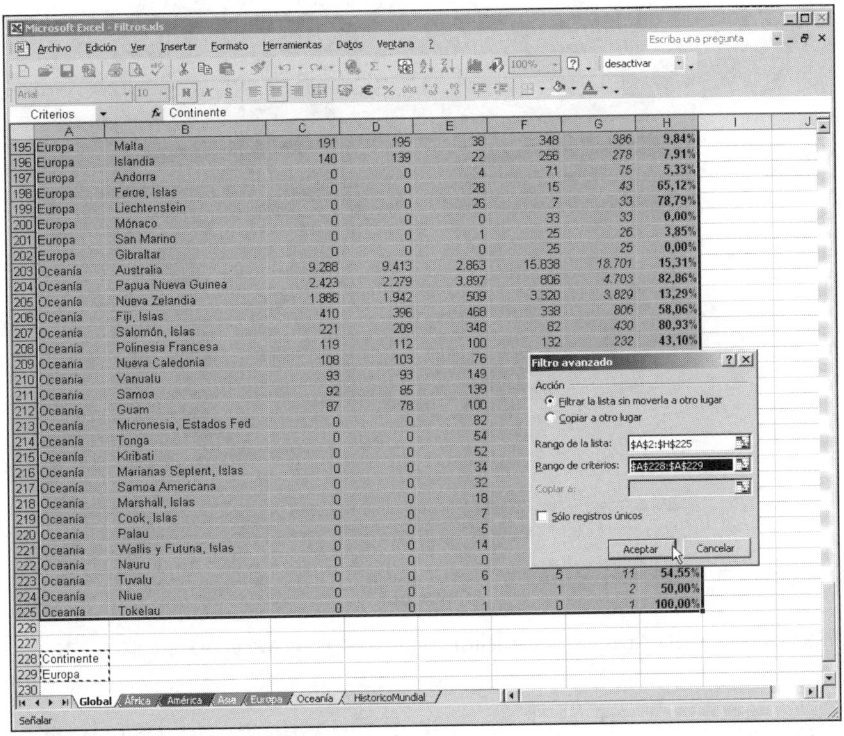

Figura 2.12. Definimos el área de la tabla de datos y el rango donde se encuentran los criterios

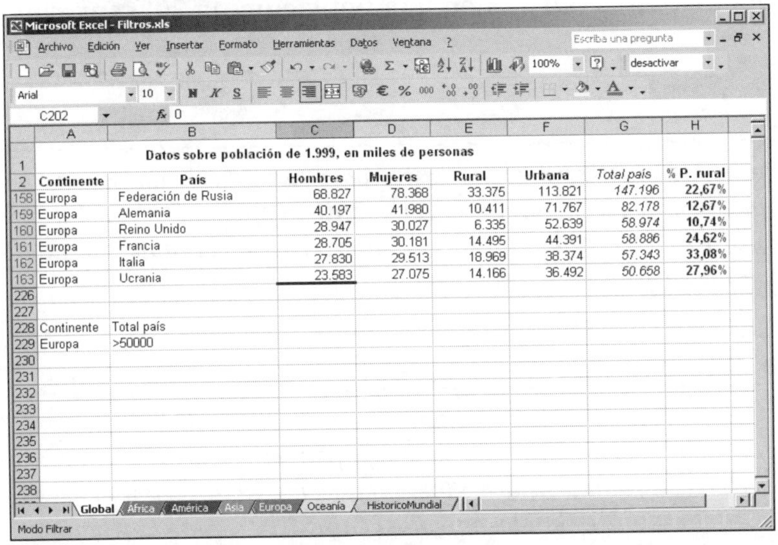

Figura 2.13. Nuevo criterio de selección y tabla de datos resultante

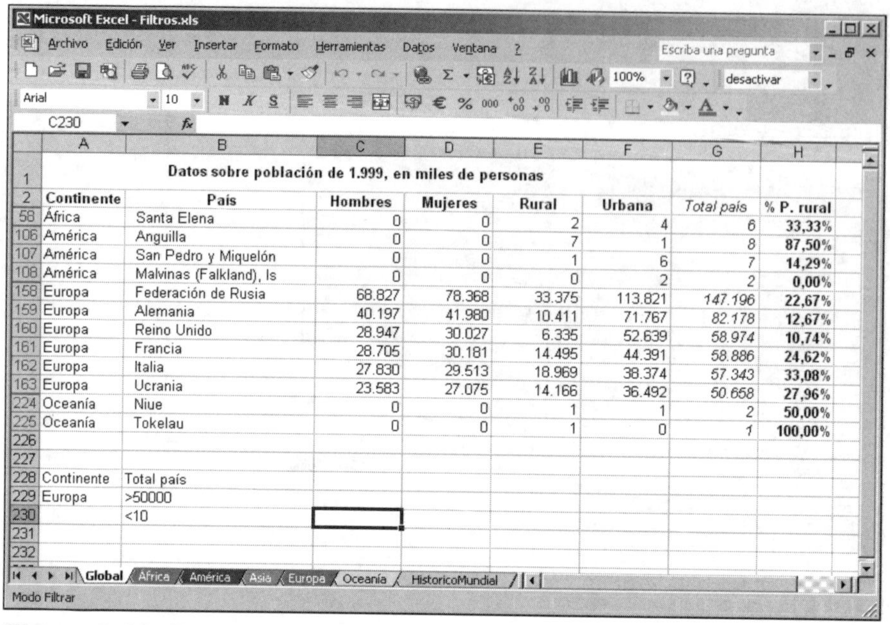

	A	B	C	D	E	F	G	H
1		Datos sobre población de 1.999, en miles de personas						
2	Continente	País	Hombres	Mujeres	Rural	Urbana	Total país	% P. rural
58	África	Santa Elena	0	0	2	4	6	33,33%
106	América	Anguilla	0	0	7	1	8	87,50%
107	América	San Pedro y Miquelón	0	0	1	6	7	14,29%
108	América	Malvinas (Falkland), Is	0	0	0	2	2	0,00%
158	Europa	Federación de Rusia	68.827	78.368	33.375	113.821	147.196	22,67%
159	Europa	Alemania	40.197	41.980	10.411	71.767	82.178	12,67%
160	Europa	Reino Unido	28.947	30.027	6.335	52.639	58.974	10,74%
161	Europa	Francia	28.705	30.181	14.495	44.391	58.886	24,62%
162	Europa	Italia	27.830	29.513	18.969	38.374	57.343	33,08%
163	Europa	Ucrania	23.583	27.075	14.166	36.492	50.658	27,96%
224	Oceanía	Niue	0	0	1	1	2	50,00%
225	Oceanía	Tokelau	0	0	1	0	1	100,00%
226								
227								
228	Continente	Total país						
229	Europa	>50000						
230		<10						
231								
232								

Figura 2.14. Rango de criterios con condiciones exclusivas y no exclusivas

Aunque en estos ejemplos estamos usando como valores de los criterios números introducidos de manera constante, en realidad nada nos impide hacer referencia a otras celdillas o utilizar fórmulas. Intente, por ejemplo, obtener la lista de países que tienen una población un 20% superior a la media.

Nota:

Si ha aplicado el filtro directamente sobre la tabla de datos original, puede utilizar en cualquier momento la opción Datos>Filtro>Mostrar todo *para desactivar el filtro y dejar la tabla con la información original.*

Truco:

*Los filtros también pueden utilizarse para buscar títulos que se ajustan a un cierto patrón. Con este fin, podemos usar los caracteres ? y * para representar a un carácter cualquiera o a una secuencia de caracteres. Son los mismos* comodines *que se utilizan para buscar archivos que se ajustan a un cierto patrón.*

Las búsquedas de patrones de texto se especifican en el rango de criterios como si fuesen fórmulas. Por ejemplo, mediante la fórmula = `"=*nia"`*, obtendríamos la lista de datos cuyos títulos finaliza con los caracteres* `nia`*, como se aprecia en la figura 2.15.*

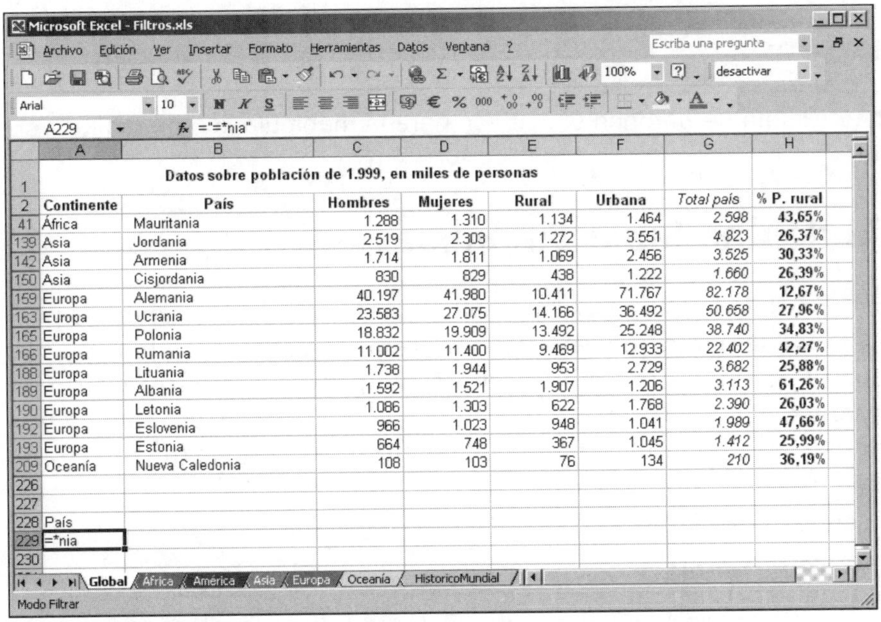

	A	B	C	D	E	F	G	H
1		Datos sobre población de 1.999, en miles de personas						
2	Continente	País	Hombres	Mujeres	Rural	Urbana	Total país	% P. rural
41	África	Mauritania	1.288	1.310	1.134	1.464	2.598	43,65%
139	Asia	Jordania	2.519	2.303	1.272	3.551	4.823	26,37%
142	Asia	Armenia	1.714	1.811	1.069	2.456	3.525	30,33%
150	Asia	Cisjordania	830	829	438	1.222	1.660	26,39%
159	Europa	Alemania	40.197	41.980	10.411	71.767	82.178	12,67%
163	Europa	Ucrania	23.583	27.075	14.166	36.492	50.658	27,96%
165	Europa	Polonia	18.832	19.909	13.492	25.248	38.740	34,83%
166	Europa	Rumania	11.002	11.400	9.469	12.933	22.402	42,27%
188	Europa	Lituania	1.738	1.944	953	2.729	3.682	25,88%
189	Europa	Albania	1.592	1.521	1.907	1.206	3.113	61,26%
190	Europa	Letonia	1.086	1.303	622	1.768	2.390	26,03%
192	Europa	Eslovenia	966	1.023	948	1.041	1.989	47,66%
193	Europa	Estonia	664	748	367	1.045	1.412	25,99%
209	Oceanía	Nueva Caledonia	108	103	76	134	210	36,19%
226								
227								
228	País							
229	=*nia							
230								

Figura 2.15. Criterio para buscar los países cuyo nombre termina con los caracteres `nia`

Tablas dinámicas

Con las opciones vistas hasta ahora podemos crear automáticamente totales o subtotales, agrupar la información o filtrarla. Excel cuenta con un tipo de tabla, llamada tabla dinámica, que combina toda esa funcionalidad. Las tablas dinámicas pueden actuar, además, como origen para la creación de informes y gráficos dinámicos, en los que es posible seleccionar la información que desea verse en cada momento.

Para crear una tabla dinámica tomaremos como punto de partida una tabla de datos como la que ya hemos usado en ejemplos previos. La tabla dinámica puede alojarse en otro lugar de la misma hoja o en una distinta añadida al libro a tal efecto. Debe tener en cuenta que una tabla dinámica no sólo resume y filtra los datos, sino que también altera su disposición.

La creación de una tabla dinámica, o un informe de tabla dinámica, se efectúa mediante la opción Datos>Informe de tablas y gráficos dinámicos, gestionándose posteriormente mediante una barra de botones específica (véase figura 2.16) y las opciones de los menús emergentes asociados a las celdillas.

Figura 2.16. Paleta de botones específica para la manipulación de tablas dinámicas

Diseño de una tabla dinámica

Como en todos los demás casos expuestos en este capítulo, debemos partir de una tabla de datos que, en este caso, será la misma de población por países, con el dato añadido del idioma principal o secundario usado en ellos. Situamos el foco de entrada en cualquier celdilla de esa tabla y nos disponemos a crear la tabla dinámica, eligiendo para ello la opción citada anteriormente.

Advertencia:

Los datos sobre idiomas introducidos en la hoja de cálculo de ejemplo no son reales, simplemente se ha asignado un idioma de manera aleatoria.

Nos encontraremos con una asistente en tres pasos, cada uno de los cuales tiene lugar en una ventana. La primera de ellas, como se aprecia en la figura 2.17, nos permite seleccionar el origen de los datos, así como indicar si vamos a crear una tabla dinámica o un gráfico dinámico. Dejaremos las opciones que hay seleccionadas por defecto, pues los datos están en una hoja de Excel y lo que deseamos crear es una tabla dinámica.

Tras pulsar el botón **Siguiente >** deberemos indicar dónde se encuentran los datos. Si teníamos el foco de entrada adecuadamente situado, será el propio asistente quien efectúe la selección de la tabla de datos y nos la ofrezca como propuesta. Por último, ya en el tercer paso del asistente, indicaremos si la tabla dinámica debe alojarse en una hoja nueva o en una de las existentes. Como en los casos anteriores, dejaremos los valores por defecto y pulsaremos el botón **Finalizar** para crear la tabla dinámica.

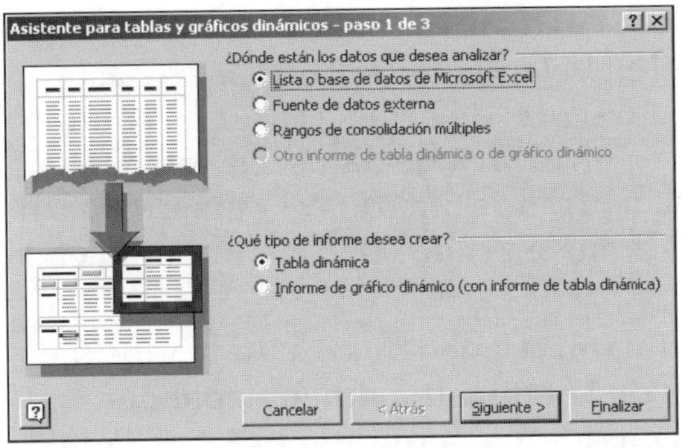

Figura 2.17. Primer paso del asistente para la creación de una tabla dinámica

En la nueva hoja encontraremos (véase figura 2.18) la tabla dinámica, inicialmente vacía, y una ventana flotante conteniendo la lista de campos o elementos que es posible añadirle. Mediante la técnica de arrastrar y soltar podremos diseñar la tabla y modificarla.

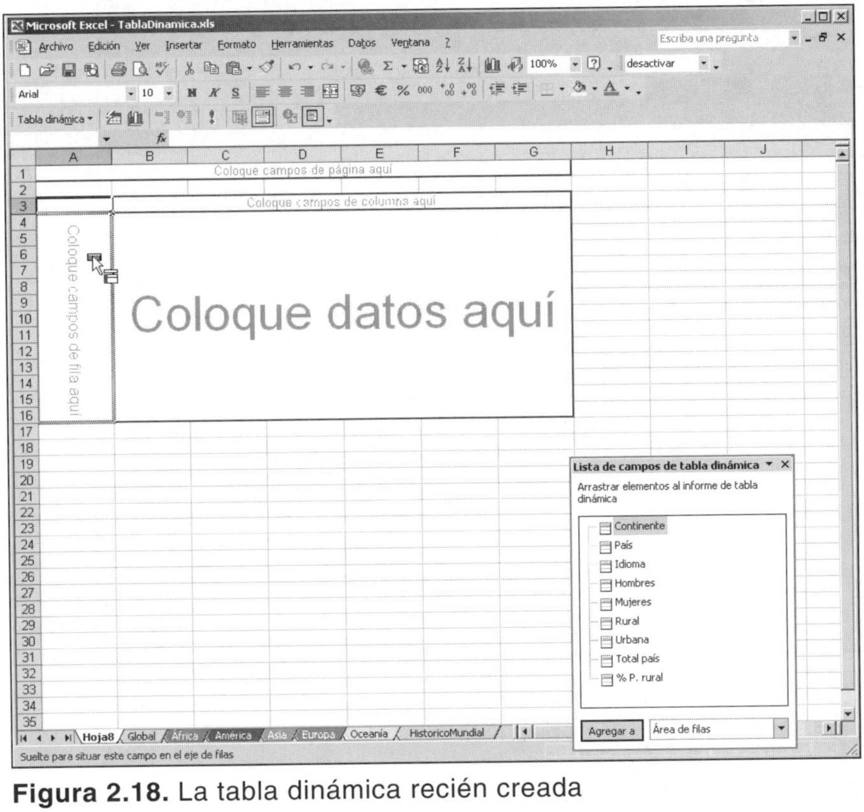

Figura 2.18. La tabla dinámica recién creada

En la tabla, según puede verse, existen cuatro áreas bien diferenciadas: página, columna, fila y datos. Arrastre el elemento `Continente` hasta situarlo en el área de fila, el elemento `Idioma` déjelo en el área de columna y los elementos `País` y `Total país` en el área de datos. De esta manera obtendrá una tabla en la que se encuentran resumidos el número de países y habitantes que hablan cada idioma en cada continente, como en la figura 2.19.

Los campos incluidos en la tabla dinámica pueden ser eliminados fácilmente, basta con arrastrarlos fuera de la tabla. Igualmente, pueden ir de un área a otra de la tabla. Esta facilidad nos permite reordenar la tabla tantas veces como necesitemos hasta obtener el resultado que buscamos. En la figura 2.20, por ejemplo, puede ver cómo hemos modificado la tabla original para obtener otra en la que, seleccionando un cierto continente como campo de página, obtenemos la lista de países y, por cada uno de ellos, la población urbana y rural clasificada por idioma.

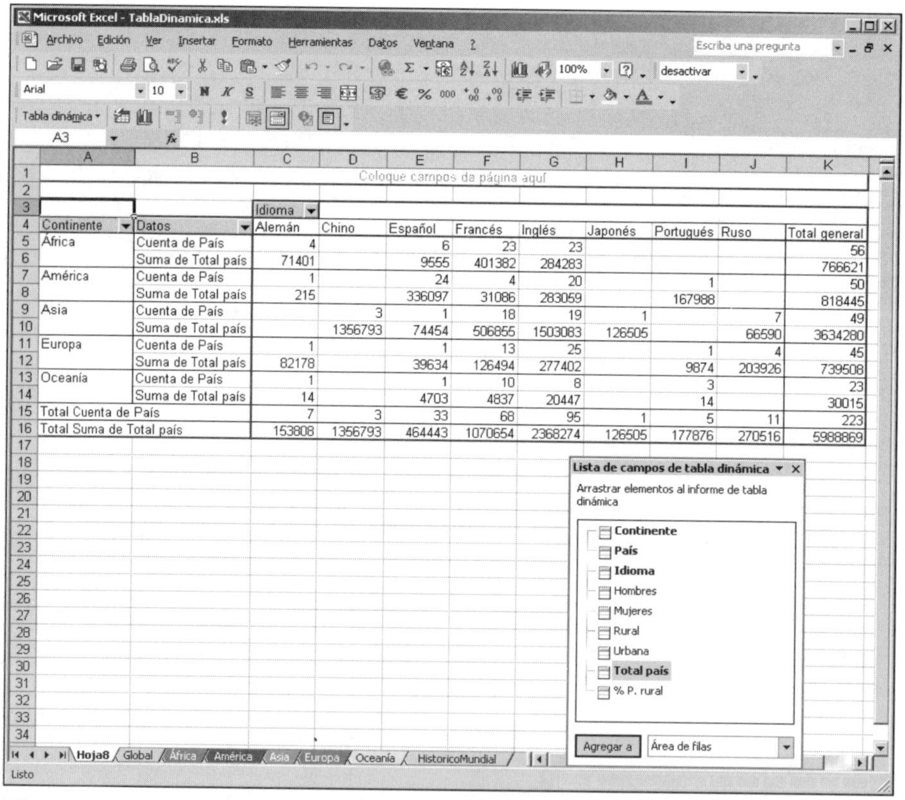

Figura 2.19. Nuestra primera tabla dinámica

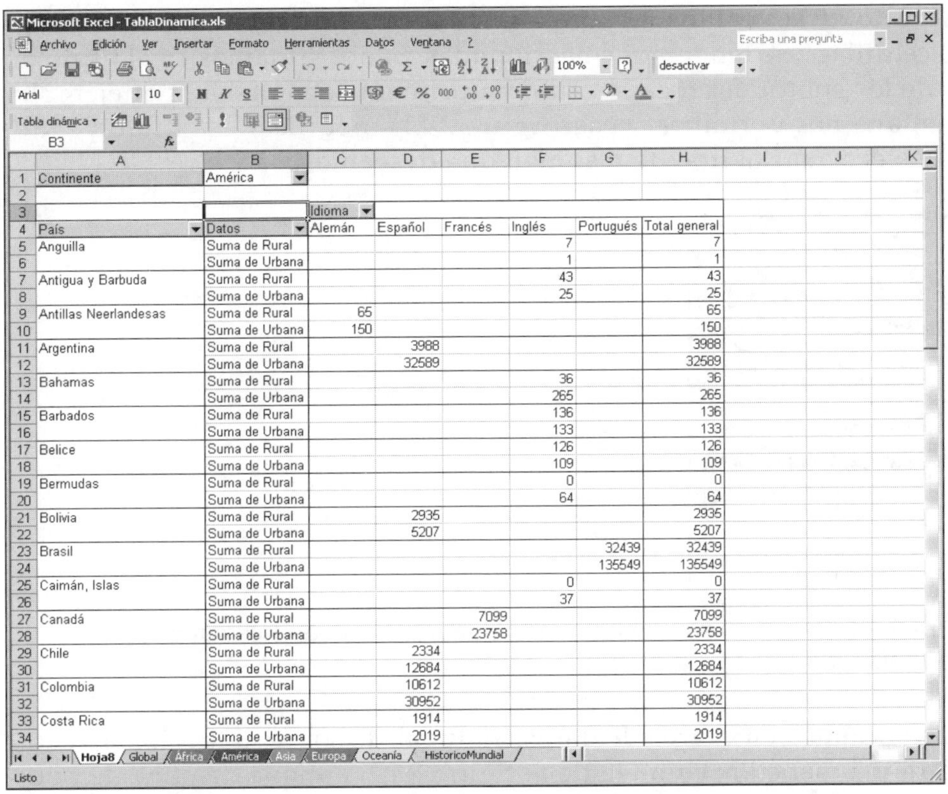

Continente: América

País	Datos	Idioma: Alemán	Español	Francés	Inglés	Portugués	Total general
Anguilla	Suma de Rural				7		7
	Suma de Urbana				1		1
Antigua y Barbuda	Suma de Rural				43		43
	Suma de Urbana				25		25
Antillas Neerlandesas	Suma de Rural	65					65
	Suma de Urbana	150					150
Argentina	Suma de Rural		3988				3988
	Suma de Urbana		32589				32589
Bahamas	Suma de Rural				36		36
	Suma de Urbana				265		265
Barbados	Suma de Rural				136		136
	Suma de Urbana				133		133
Belice	Suma de Rural				126		126
	Suma de Urbana				109		109
Bermudas	Suma de Rural				0		0
	Suma de Urbana				64		64
Bolivia	Suma de Rural		2935				2935
	Suma de Urbana		5207				5207
Brasil	Suma de Rural					32439	32439
	Suma de Urbana					135549	135549
Caimán, Islas	Suma de Rural				0		0
	Suma de Urbana				37		37
Canadá	Suma de Rural			7099			7099
	Suma de Urbana			23758			23758
Chile	Suma de Rural		2334				2334
	Suma de Urbana		12684				12684
Colombia	Suma de Rural		10612				10612
	Suma de Urbana		30952				30952
Costa Rica	Suma de Rural		1914				1914
	Suma de Urbana		2019				2019

Figura 2.20. Una nueva versión de la tabla con distintos resúmenes y agrupamientos

Nota:

En cualquier momento puede eliminar la hoja que contiene la tabla dinámica y volver a generarla. Puesto que los datos originales se mantienen intactos, puede repetir la operación tantas veces como necesite.

Personalización de elementos

Al generar la tabla dinámica Excel utiliza unos títulos y formatos por defecto, además de generar unos totales que él cree apropiados según el contenido de la tabla. Éstos son parámetros que nosotros podemos modificar *a posteriori* gracias a la opción **Configuración de campo** que encontramos en la barra de botones o en el menú emergente de las celdillas.

El aspecto de la ventana mostrada por esa opción dependerá de la celdilla o celdillas que tengamos seleccionadas. Si nos situamos en el título de uno de los subtotales creados automáticamente en la tabla, por ejemplo, la ventana nos permitirá (véase figura 2.21) modificar ese título y, además, seleccionar el tipo de resumen que deseamos.

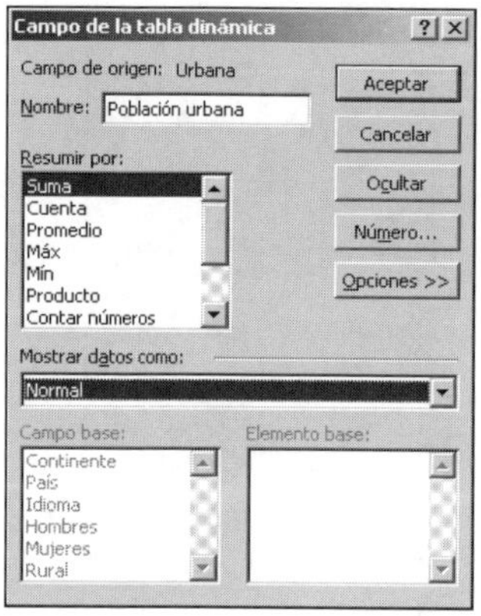

Figura 2.21. Personalizamos las propiedades de uno de los campos de la tabla

Si nos situamos en el área de datos, en lugar de sobre un título, la ventana será más sencilla, como la de la figura 2.22, aunque dispone de botones que dan paso a otras opciones avanzadas. Con ellas es posible, por ejemplo, determinar el orden de los datos en la tabla. En la figura 2.23 vemos cómo se indica que deseamos ordenar los datos por población rural.

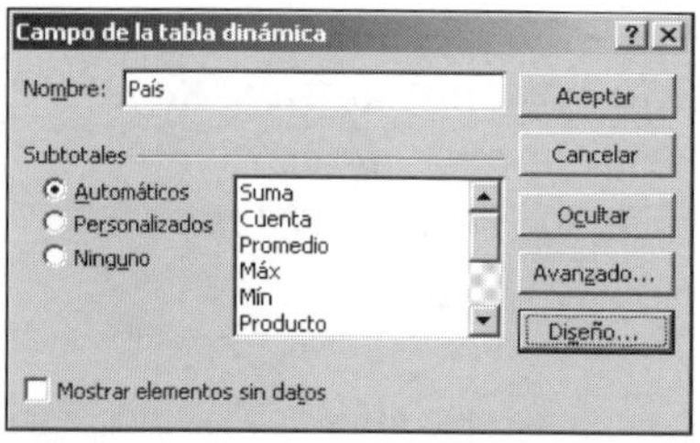

Figura 2.22. Opciones de una celdilla del área de datos

Advertencia:

Los atributos de un campo afectan no sólo a la celdilla seleccionada en ese momento en la tabla, sino a todas aquellas que pertenecen a la misma categoría. Si altera el título de un subtotal, por

poner un ejemplo, realmente se alteran los títulos de todos los subtotales que pertenecen al mismo grupo.

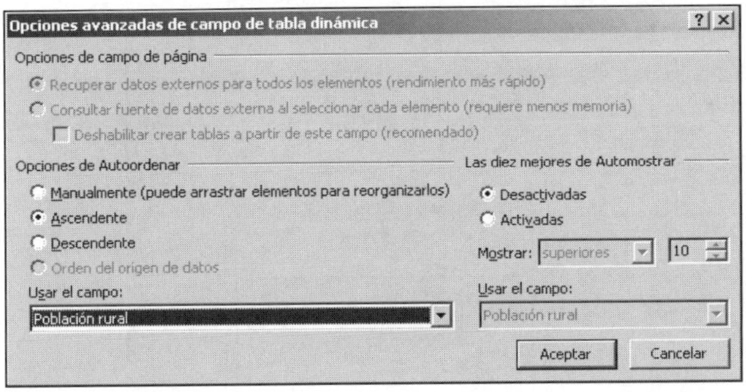

Figura 2.23. Ventana de configuración avanzada de un campo de la tabla

Inclusión de campos adicionales

Además de los campos tomados de la tabla original de datos, en una tabla dinámica podemos incluir también otros campos adicionales con información obtenida, por ejemplo, a partir de una fórmula creada a tal efecto. En la barra de botones específica para la tabla dinámica existe un menú, llamado precisamente Tabla dinámica, con múltiples opciones.

Con Fórmulas>Campo calculado y Fórmulas>Elemento calculado podemos añadir a la tabla un dato cualquiera, calculado a partir de una fórmula en la que usaríamos los campos que originalmente había en la tabla.

Partiendo de una tabla dinámica tan simple como la que muestra la figura 2.24, en la que hemos incluido el campo `Continente` en el área de filas y `Total país` en el área de datos, suponga que desea mostrar también una previsión de la población que existirá en un determinado plazo. Éste es un dato que no existe en la tabla de datos original, por lo que debe calcularse.

Situando el foco de entrada en el interior de la tabla, usamos la opción Fórmulas>Campo calculado para añadir un nuevo dato. En la ventana (véase figura 2.25) introducimos el título del nuevo dato y la fórmula para obtenerlo. En este caso, por ejemplo, prevemos que la población se incrementará en un 8% hasta el año 2.005.

El resultado puede verse en la figura 2.26, tras haber hecho algunos ajustes en formato y títulos.

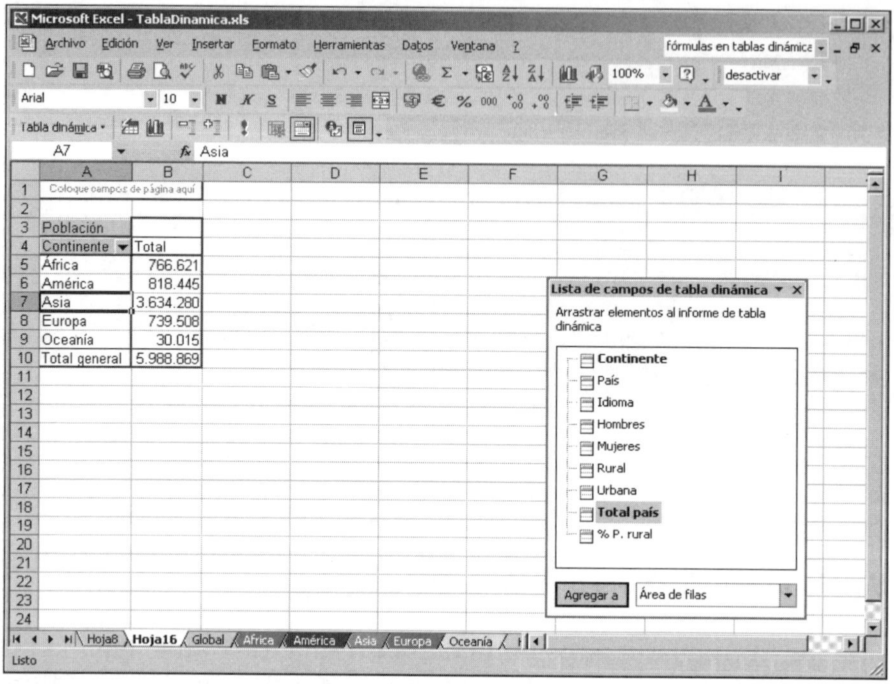

Figura 2.24. Tabla dinámica con un resumen continental de la población

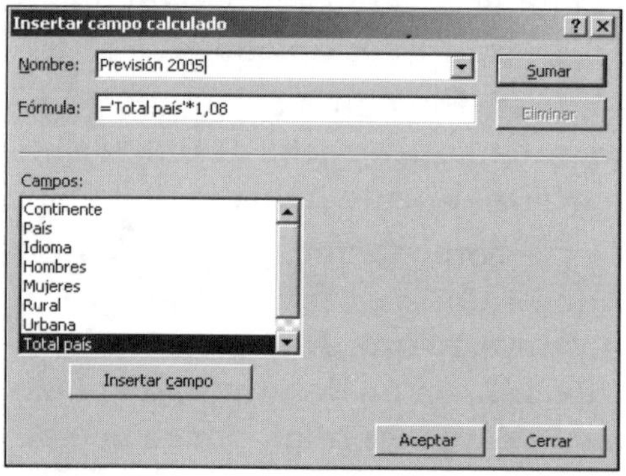

Figura 2.25. Parámetros para crear un nuevo campo

Truco:

Una vez creado el campo calculado, es añadido a la lista de campos y puede ser arrastrado y soltado para modificar el diseño de la tabla dinámica o en la creación de otra nueva que éste basada en ésta.

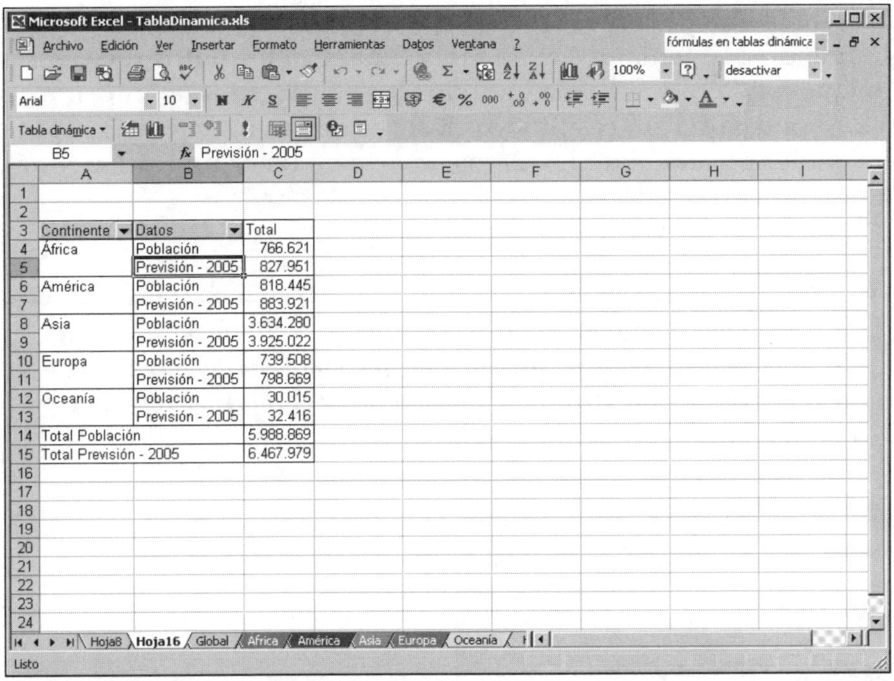

Figura 2.26. Tabla dinámica tras añadir el nuevo campo

Recuerde que usando las opciones que existen en el menú específico para tablas dinámicas, al principio de la barra de botones, podrá alterar el orden en que son mostrados los datos, los títulos, formatos, etc. Algunas de estas opciones, no obstante, no son necesarias puesto que pueden ser efectuadas automáticamente al generar un informe a partir de la tabla dinámica.

Informes de tabla dinámica

Las tablas dinámicas son estructuras de datos que, como su propio nombre indica, pueden modificarse dinámicamente para obtenerse diversos datos, resúmenes, etc. No son, sin embargo, el formato más adecuado para presentar la información. Una vez que en la tabla disponemos de los datos que deseamos mostrar, lo mejor es usarlos para crear un informe de tabla dinámica.

Partiendo de la tabla dinámica que contiene los datos, pulsaríamos el botón para dar formato al informe. Aparece una galería de estilos (véase figura 2.27) de la que podemos seleccionar el tipo de informe que deseamos. Asumiendo que teníamos en la tabla dinámica los datos relativos a población que habla cada idioma en todos los continentes, el informe de la figura 2.28 podría ser un resultado. Observe que es mucho más rápida y cómoda la identificación de los datos, aparte de tener un formato más apropiado para la impresión.

Nota:

En realidad, la misma tabla dinámica es ya el informe, lo único que haremos será darle un formato que simplifique la visualización y permita identificar con más rapidez la información importante.

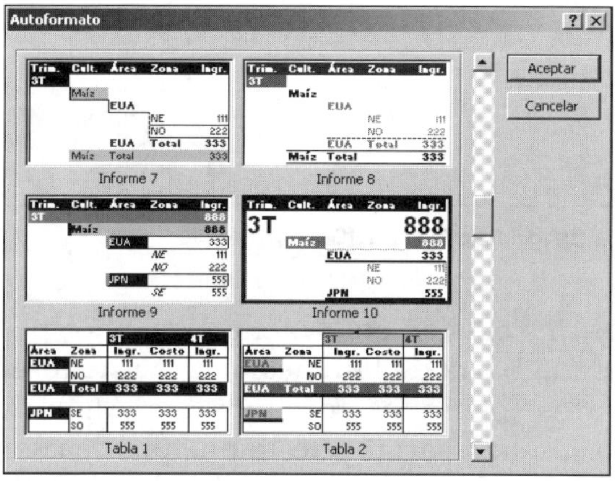

Figura 2.27. Galería de estilos para modificar el formato del informe de tabla dinámica

El estilo de informe que seleccionemos afecta no sólo al formato del los datos, sino también a los datos que se muestran. Unos estilos resumen la información usando el campo a nivel de página, mientras que otros, como el de la figura 2.29, muestran todo el nivel de detalle.

Gráficos de tabla dinámica

Como suele decirse, una imagen vale más que mil palabras, algo que es aplicable también a la hora de interpretar datos numéricos como los que estamos usando. Los datos numéricos son la base, pero una representación gráfica puede hacer mucho más atractiva su presentación y más sencilla su interpretación. Al tratarse de un gráfico de tabla dinámica, además, es posible rediseñarlo y reconfigurarlo tantas veces como necesitemos.

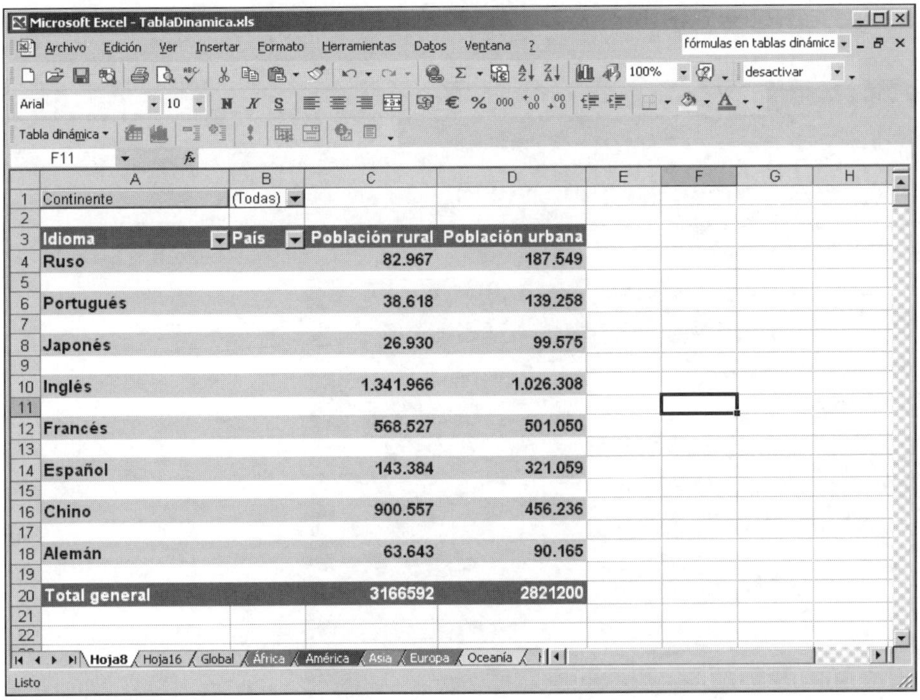

Figura 2.28. Aspecto del informe de tabla dinámica tras cambiar el formato

En la barra de botones de la tabla dinámica encontrará un botón que, sin ningún paso adicional, genera automáticamente un gráfico a partir de los datos de la tabla.

Mostrando la lista de campos, podemos añadir elementos de página, series de datos, etc., al gráfico, así como moverlos de un punto a otro. Por supuesto, podemos usar las habituales opciones de gráficos para seleccionar el tipo, aspecto, leyendas, etc.

Cualquier dato o modificación que efectuemos en el gráfico tendrán un reflejo inmediato en la tabla dinámica, y viceversa. Esto significa que podemos, por ejemplo, añadir un nuevo campo a la tabla dinámica y ver como aparece de manera inmediata en el gráfico. El gráfico en sí es dinámico. En la figura 2.30, por ejemplo, puede ver un gráfico que muestra la población que habla cada idioma, clasificada por sexos y ámbito (rural o urbano). En ese gráfico concreto se ha elegido, en la lista que hay en el área de página, representar los datos correspondientes a un cierto idioma. Podemos seleccionar cualquier otro y ver como inmediatamente el gráfico se actualiza. Lo mismo es aplicable para las series de datos que, en este caso, son los continentes.

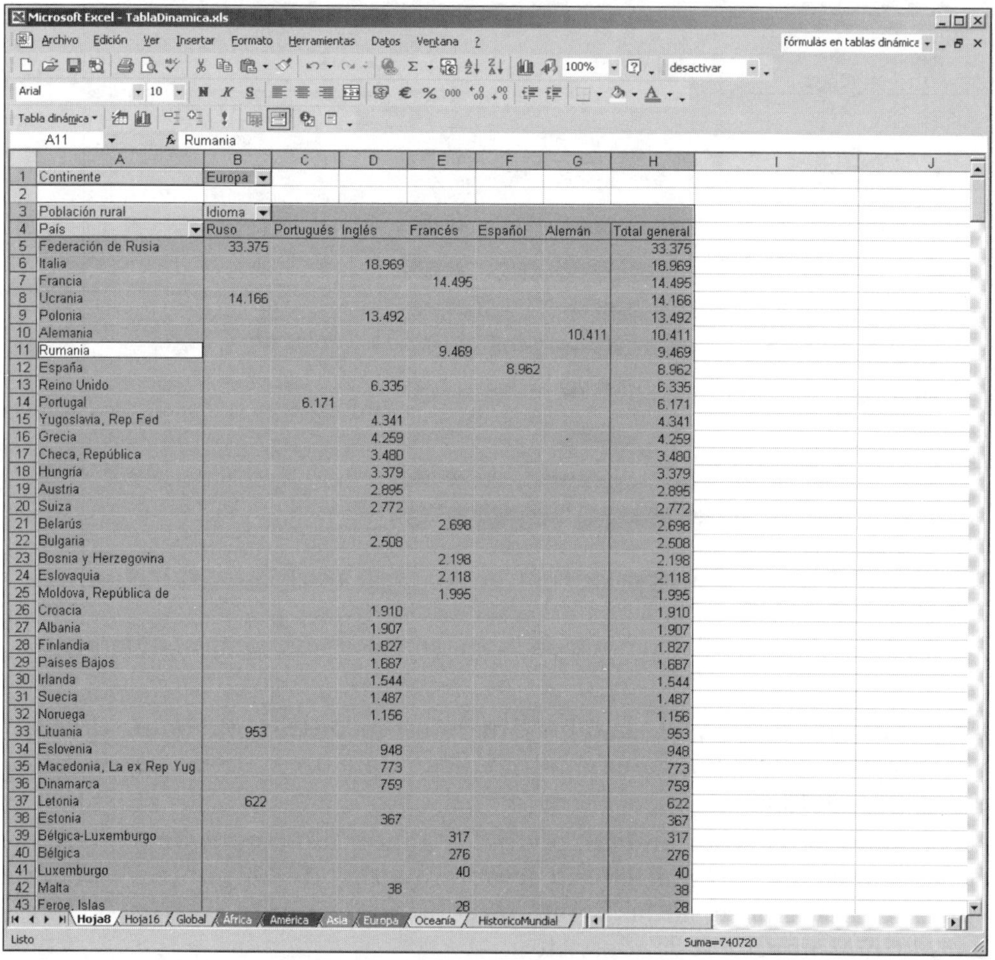

	A	B	C	D	E	F	G	H
1	Continente	Europa						
2								
3	Población rural	Idioma						
4	País	Ruso	Portugués	Inglés	Francés	Español	Alemán	Total general
5	Federación de Rusia	33.375						33.375
6	Italia			18.969				18.969
7	Francia				14.495			14.495
8	Ucrania	14.166						14.166
9	Polonia			13.492				13.492
10	Alemania						10.411	10.411
11	Rumania				9.469			9.469
12	España					8.962		8.962
13	Reino Unido			6.335				6.335
14	Portugal		6.171					6.171
15	Yugoslavia, Rep Fed			4.341				4.341
16	Grecia			4.259				4.259
17	Checa, República			3.480				3.480
18	Hungría			3.379				3.379
19	Austria			2.895				2.895
20	Suiza			2.772				2.772
21	Belarús				2.698			2.698
22	Bulgaria			2.508				2.508
23	Bosnia y Herzegovina				2.198			2.198
24	Eslovaquia				2.118			2.118
25	Moldova, República de				1.995			1.995
26	Croacia			1.910				1.910
27	Albania			1.907				1.907
28	Finlandia			1.827				1.827
29	Países Bajos			1.687				1.687
30	Irlanda			1.544				1.544
31	Suecia			1.487				1.487
32	Noruega			1.156				1.156
33	Lituania	953						953
34	Eslovenia			948				948
35	Macedonia, La ex Rep Yug			773				773
36	Dinamarca			759				759
37	Letonia	622						622
38	Estonia			367				367
39	Bélgica-Luxemburgo				317			317
40	Bélgica				276			276
41	Luxemburgo				40			40
42	Malta			38				38
43	Feroe, Islas				28			28

Figura 2.29. El mismo informe de tabla dinámica con un formato distinto

Lógicamente, los gráficos dinámicos son dinámicos mientras están en pantalla. Una vez impresos son gráficos corrientes y no es posible efectuar ninguna de las operaciones de selección de datos y configuración.

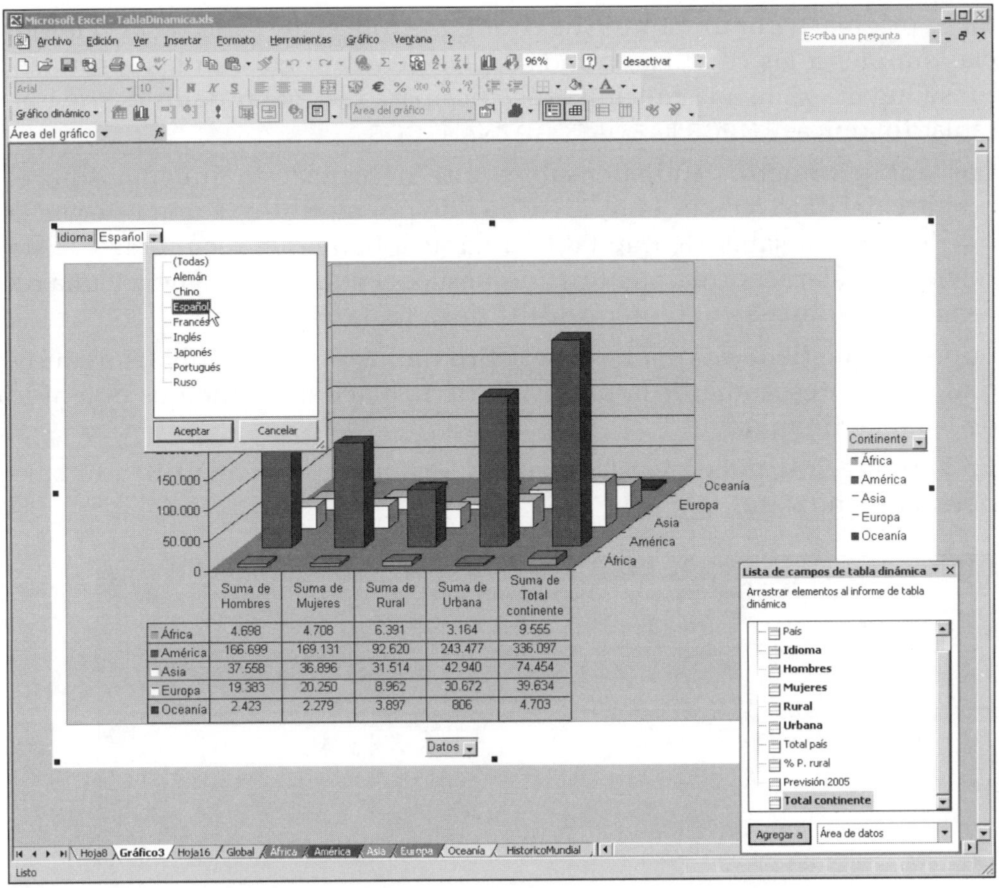

Figura 2.30. Un gráfico dinámico con datos de población clasificados por idiomas

Usar datos de tabla dinámica en fórmulas

La información que contiene una tabla dinámica está, en realidad, tomada de otra tabla de datos, que haya sido introducida previamente por nosotros. Podríamos referenciar a dichos datos originales en las fórmulas donde lo necesitemos, pero también puede ser útil componer fórmulas a partir de los datos representados en cada momento en la tabla dinámica. Lógicamente, dichas fórmulas se verían afectadas cada vez que se manipulase la tabla dinámica.

Puesto que la disposición de los datos en la tabla dinámica puede verse alterada en cualquier momento, ya sea por modificaciones en la lista de datos original o por un cambio de configuración, no es lógico usar referencias simples a las celdillas, como se hace generalmente en las fórmulas. En su lugar, existe una función específica para recuperar datos desde una tabla dinámica: `IMPORTARDATOSDINAMICOS`.

Los dos parámetros indispensables que necesita esta función son: el nombre del dato a recuperar, identificado por su título, y una referencia que le permita saber de qué tabla dinámica tiene que recuperarse. Esta referencia estará, normalmente, compuesta del nombre de la hoja y una referencia absoluta a cualquier celdilla de la tabla dinámica.

Suponga que tiene en una hoja del libro un histórico de población mundial, al que desea añadir la previsión de población que hemos obtenido de la tabla dinámica.

En la figura 2.31 puede ver la hoja y la fórmula que se ha utilizado para obtener dicho dato.

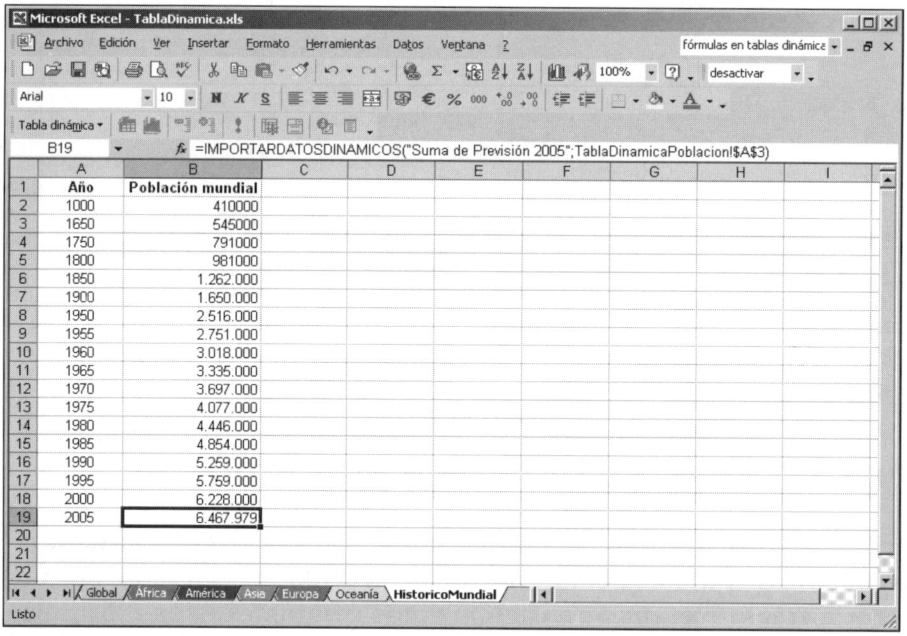

Año	Población mundial
1000	410000
1650	545000
1750	791000
1800	981000
1850	1.262.000
1900	1.650.000
1950	2.516.000
1955	2.751.000
1960	3.018.000
1965	3.335.000
1970	3.697.000
1975	4.077.000
1980	4.446.000
1985	4.854.000
1990	5.259.000
1995	5.759.000
2000	6.228.000
2005	6.467.979

Figura 2.31. Recuperamos un dato de tabla dinámica para usarlo en una fórmula

La figura 2.32 corresponde a la hoja que contiene la tabla dinámica. Fíjese en que la celdilla `A3` es una de las que forman parte de la tabla, simplemente.

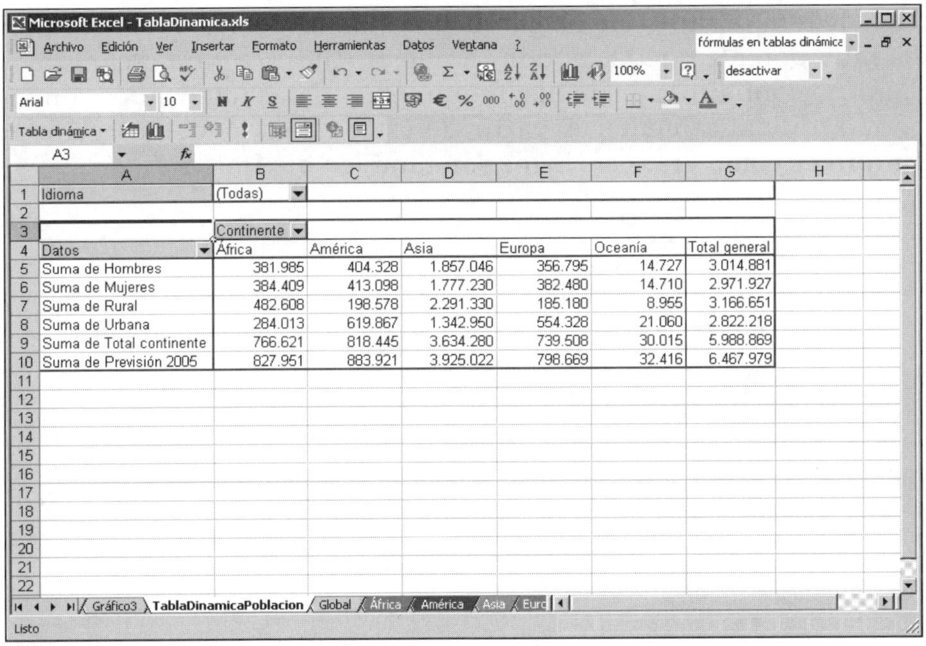

	A	B	C	D	E	F	G
1	Idioma	(Todas)					
2							
3		Continente					
4	Datos	África	América	Asia	Europa	Oceanía	Total general
5	Suma de Hombres	381.985	404.328	1.857.046	356.795	14.727	3.014.881
6	Suma de Mujeres	384.409	413.098	1.777.230	382.480	14.710	2.971.927
7	Suma de Rural	482.608	198.578	2.291.330	185.180	8.955	3.166.651
8	Suma de Urbana	284.013	619.867	1.342.950	554.328	21.060	2.822.218
9	Suma de Total continente	766.621	818.445	3.634.280	739.508	30.015	5.988.869
10	Suma de Previsión 2005	827.951	883.921	3.925.022	798.669	32.416	6.467.979

Figura 2.32. Hoja que contiene la tabla dinámica con la previsión de población

Nota:

La función `IMPORTARDATOSDINAMICOS` *puede tomar parámetros adicionales para recuperar datos de la tabla dinámica. Dichos parámetros se entregan en parejas, indicando la fila y columna a recuperar. La referencia* `=IMPORTARDATOSDINAMICOS("Suma de Urbana"; $A$3; "Continente"; "Asia")`*, por ejemplo, recuperaría la suma de población urbana de Asia.*

Resumen

Como ha podido ver a lo largo de este capítulo, Excel dispone de múltiples mecanismos para la gestión de tablas de datos. Los procesos más simples son los de totalización y ordenación de las celdillas que, en ocasiones, pueden efectuarse con un simple clic sobre el botón apropiado. Los datos pueden también agruparse por filas y columnas, creando esquemas, así como filtrarse.

El núcleo de este capítulo, no obstante, han sido las tablas dinámicas, un sistema muy potente que Excel pone a nuestro alcance para crear tablas cambiando la configuración de filas, columnas y datos totalizados con total libertad, dinámicamente. A partir de estas tablas podemos generar tanto informes como gráficos. Éstos son también dinámicos.

Capítulo 3

Análisis de datos

En este capítulo aprenderá a:

- Crear tablas con una y dos variables y utilizar funciones de pronóstico.
- Simular distintos escenarios.
- Perseguir objetivos para determinar valores.
- Usar la herramienta Solver y otras de análisis de datos.

Microsoft Excel es una aplicación capaz de hacer mucho más que resolver fórmulas más o menos complejas. En el capítulo previo, por ejemplo, hemos conocido una herramienta potentísima que nos permite clasificar, resumir y, en consecuencia, analizar los datos existentes en las hojas: las tablas dinámicas.

Las tablas dinámicas, no obstante, no son el único recurso existente en Excel a la hora de analizar información y buscarle la mayor utilidad a los datos que introduzcamos.

Existen herramientas para crear tablas con una o más variables, resolver situaciones de persecución de objetivos o representar múltiples escenarios con datos alternativos.

En este capítulo va a conocer algunas de estas herramientas, usándolas sobre datos similares a los usados en capítulos previos relativos a población mundial y su evolución. Analizaremos el crecimiento histórico de la población para determinar una previsión de futuro, creando múltiples escenarios y cuáles serían los parámetros a usar para la consecución de un cierto objetivo.

Instalación de herramientas de análisis

Algunas de las herramientas para el análisis de datos, como Solver, no están instaladas por defecto a menos que hayamos efectuado una instalación personalizada. Tendríamos, por tanto, que recurrir de nuevo al programa de instalación para añadir estos complementos.

Tras introducir nuestro CD-ROM de Microsoft Office, normalmente nos encontraremos con tres opciones. Elegimos la que nos permite instalar y desinstalar elementos de Office, desplegamos el elemento Excel y en el apartado Complementos (véase figura 3.1) seleccionamos Ejecutar desde mi PC en las opciones Herramientas para análisis y Solver. La pulsación del botón **Actualizar** pondría en marcha el proceso de instalación de esos elementos.

El paso siguiente será iniciar Excel y activar los complementos instalados. Para ello seleccionaríamos la opción Herramientas>Complementos y luego en la ventana que aparece, similar a la de la figura 3.2, marcamos los complementos que deseamos tener disponibles. Al cerrar la ventana encontraremos algunas opciones adicionales en el menú Herramientas, como las que dan paso a las herramientas de análisis.

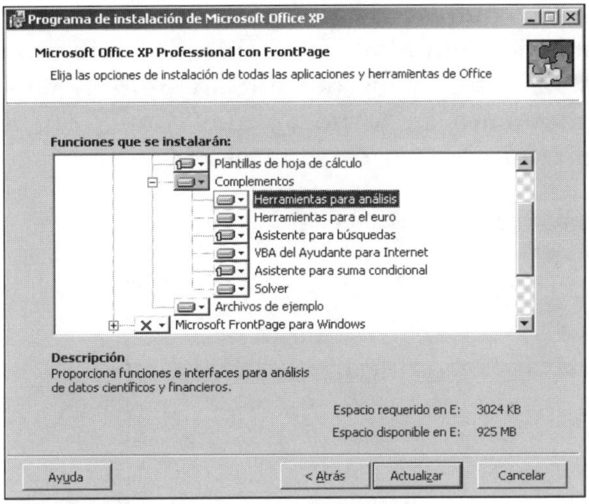

Figura 3.1. Instalación de algunos complementos de Excel

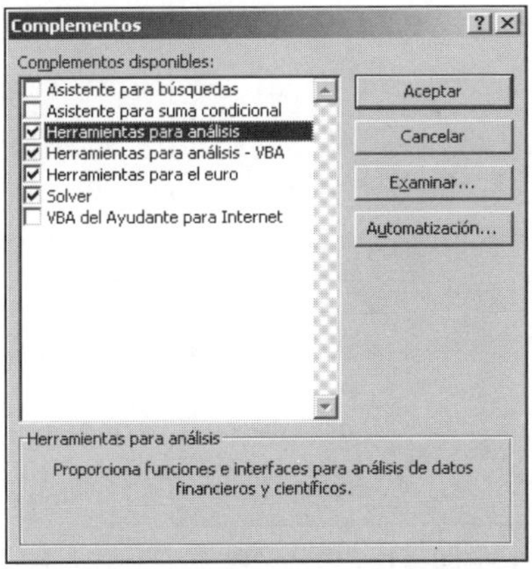

Figura 3.2. Activamos los complementos recién instalados

Tablas con variables

Uno de los métodos de análisis de datos consiste en hacer suposiciones para obtener respuestas, planteando la típica pregunta "*qué pasaría si ...*". Vamos a ver cómo Excel puede generar automáticamente tablas de datos a partir de una referencia a una fórmula y una o más variables. Nuestro objetivo será hacer una previsión de la población mundial en los próximos años.

Partiremos de una hoja de datos como la de la figura 3.3, en la que conta-mos con datos de la población mundial de los últimos mil años aunque, lógicamente, los más fiables son los del último siglo y, más concretamente, desde 1.950, momento en torno al cual comienzan a utilizarse medios informáticos para efectuar estas tareas.

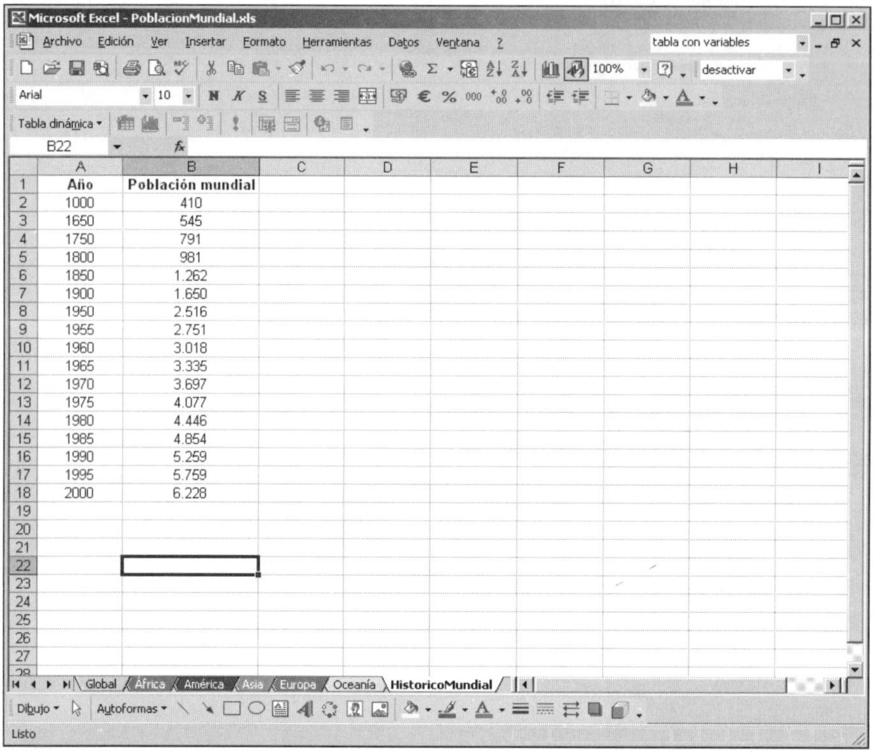

Año	Población mundial
1000	410
1650	545
1750	791
1800	981
1850	1.262
1900	1.650
1950	2.516
1955	2.751
1960	3.018
1965	3.335
1970	3.697
1975	4.077
1980	4.446
1985	4.854
1990	5.259
1995	5.759
2000	6.228

Figura 3.3. Hoja de cálculo con los datos iniciales sobre población

Lo primero que haremos será calcular el promedio de crecimiento anual de la población en los últimos veinte años. Para ello introduciremos en una columna más a la derecha el tanto por ciento de crecimiento anual, con una fórmula como `=(B3/B2-1)/(A3-A2)`, donde `B3` es la población en un cierto instante y `B2` en el periodo anterior, mientras que `A3-A2` es la diferencia entre ambos periodos contada en años.

Al final de la nueva columna de datos introduciremos una nueva fórmula, en este caso para hallar la media de crecimiento en los últimos veinte años. Con este fin usamos la función `PROMEDIO` (véase figura 3.4) haciendo referencia sólo a los datos desde 1.980.

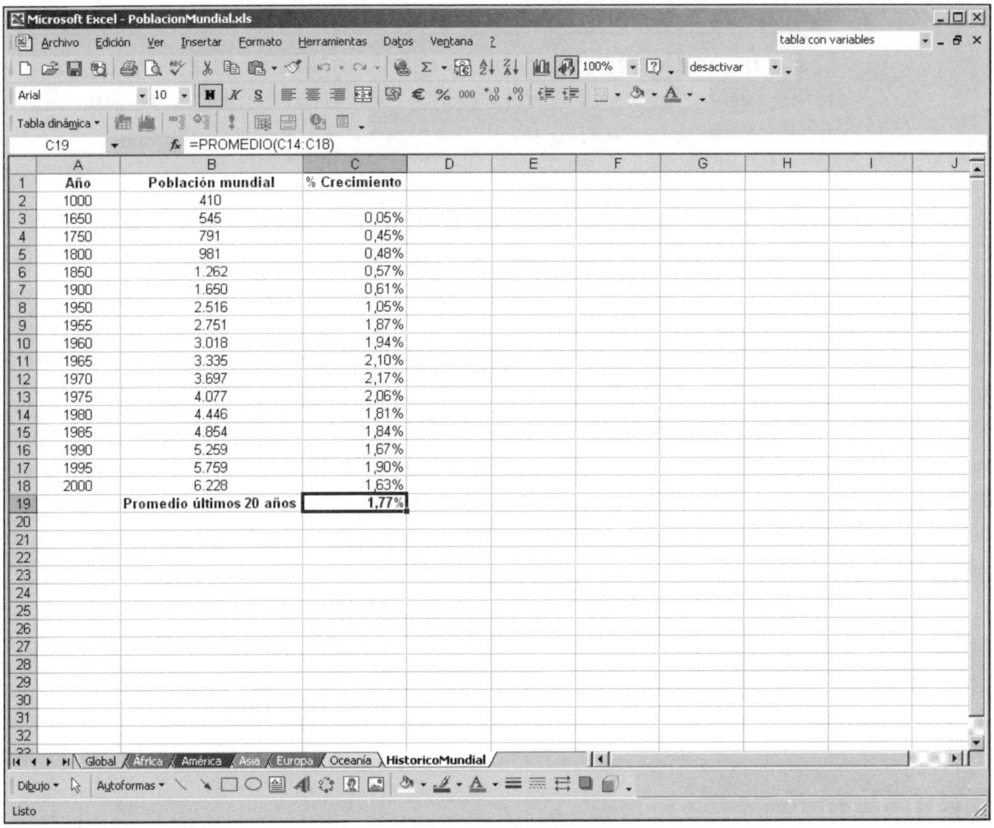

Figura 3.4. Obtenemos el promedio de crecimiento en los últimos años

El siguiente paso consistirá en prever la población que tendremos, por ejemplo, al año siguiente aplicando ese promedio de porcentaje. La fórmula a introducir sería `=B18*C19+B18` siendo `B18` la población del año 2.000 y `C19` la celdilla que contiene el promedio de crecimiento. Tenemos un dato inmediato que será cercano a la realidad, ya que nos estamos basando en datos reales.

Tabla con una variable

En la fórmula que hemos usado para calcular la previsión de población existen dos variables: la población actual y el tanto por ciento de incremento que prevemos. Suponga que desea comprobar qué ocurriría si este último dato, el porcentaje de crecimiento, fuese algo menor o algo mayor a ese promedio de los últimos veinte años previamente calculado.

Ejemplo:

Todos las indicaciones dadas en este capítulo como ejemplo puede encontrarlas en el libro `PoblacionMundial.xls`*, alojado en la carpeta de ejemplos correspondiente a este capítulo.*

Comenzaríamos insertando en una columna, por ejemplo a la izquierda de donde hemos situado la última fórmula, los distintos porcentajes que deseamos aplicar. A continuación seleccionaríamos la tabla que forma la celdilla que contiene la fórmula y las que almacenan los porcentajes (véase figura 3.5), ejecutando la opción Datos>Tabla. En este caso la tabla que vamos a crear tendrá un solo dato variable: el porcentaje de crecimiento. Los valores que debe tomar dicha variable están dispuestos en una columna, por lo que seleccionamos el apartado Celda de entrada (columna) en la ventana Tabla. La referencia que necesitamos es el porcentaje que interviene en la fórmula, que no es otro que el citado promedio calculado anteriormente.

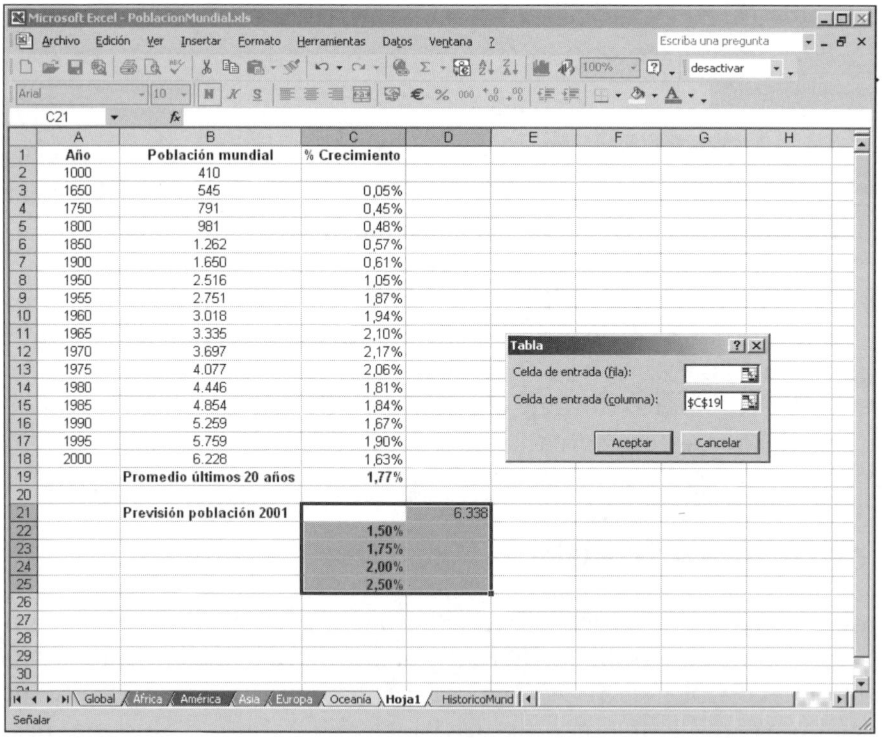

Figura 3.5. Establecemos los parámetros para la creación de la tabla

Al pulsar el botón **Aceptar** verá aparecer debajo del cálculo que usted ya había efectuado la previsión de población para los distintos porcentajes entregados. Como puede ver, es una manera rápida y cómoda de modificar una fórmula sin tener que copiarla manualmente.

Nota:

En este sencillo ejemplo posiblemente habría sido más rápido copiar la fórmula a las cuatro celdillas aplicando los distintos porcentajes, pero en la práctica, con fórmulas más complejas y más datos a tratar, las tablas con variables son un recurso muy útil.

Tabla con dos variables

En la tabla anterior, como se ha dicho, existe una variable que toma diferentes valores. El otro dato usado en la fórmula, la población actual, es constante. Imagine, sin embargo, que desea efectuar esa previsión de crecimiento independientemente para cada continente. En la fórmula habría entonces una segunda variable, ya que la población debería tomar distintos valores también.

Tomando como referencia la fórmula original en la que calculábamos el crecimiento para el año siguiente utilizando el promedio de porcentaje, dispondríamos debajo los porcentajes a calcular y a la derecha la población de cada continente. Opcionalmente, podemos disponer unos títulos sobre la población de cada continente.

Seleccionando la tabla completa, como se ve en la figura 3.6, elegimos de nuevo la opción Tabla>Datos. En este caso las variables a facilitar son dos: dispuesta en filas está la población, por lo que introducimos la referencia correspondiente a la población que hemos usado en la fórmula. En la columna usamos la misma referencia del ejemplo anterior. El resultado, mostrado en la figura 3.7, es la población por cada continente según distintas previsiones de crecimiento.

Funciones para hacer pronósticos

Aunque en los puntos anteriores nos hemos servido de algunos cálculos simples para efectuar un pronóstico de cuál será la población mundial, lo cierto es que Excel ya cuenta con diversas funciones que nos permiten realizar esa operación de manera más cómoda y exacta. Imagine, por ejemplo, cómo podría pronosticar la población no para un año después, sino para cinco o diez años. El cálculo ya no sería tan sencillo, a menos que usemos funciones como CRECIMIENTO o PRONOSTICO.

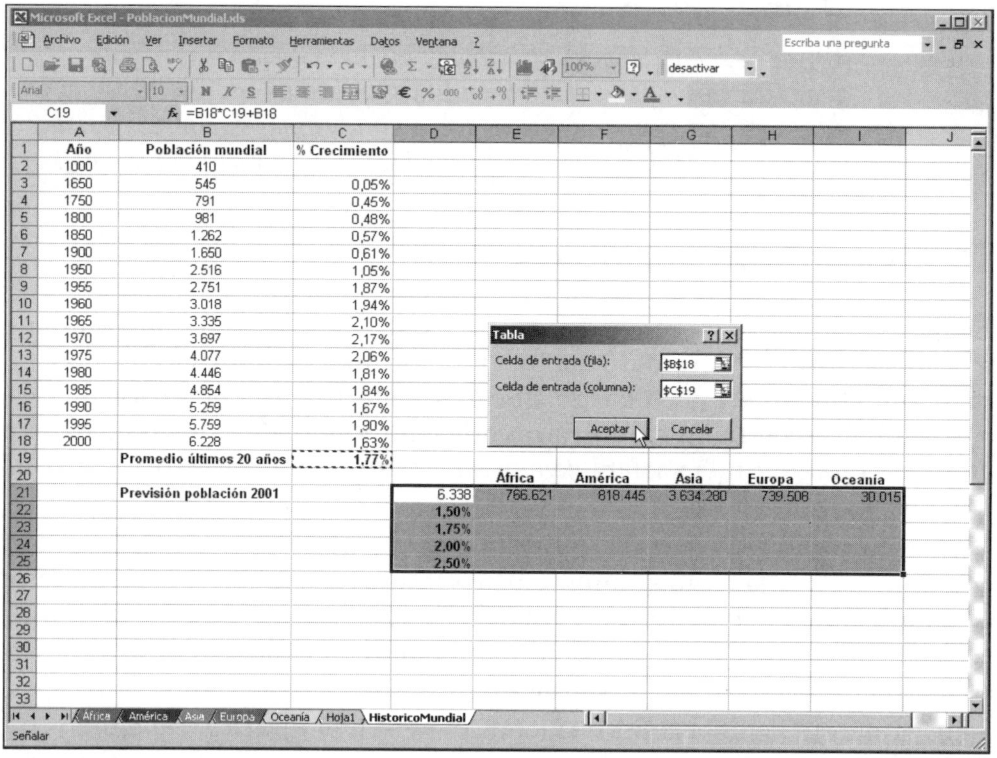

Figura 3.6. En este caso la tabla se basa en una fórmula con dos variables

La función PRONOSTICO se basa en dos series de datos dependientes, por ejemplo años y población, para calcular un pronóstico de un cierto valor respecto a otro, por ejemplo la población para un futuro. El sistema que utiliza esta función es el de la regresión lineal, siendo precisos los siguientes parámetros:

- X – Es el punto para el cual desea efectuarse el pronóstico.
- Conocido_y – Lista de los valores que ha tenido la medida en cada punto de Conocido_x.
- Conocido_x – Lista de los puntos asociados a los valores anteriores.

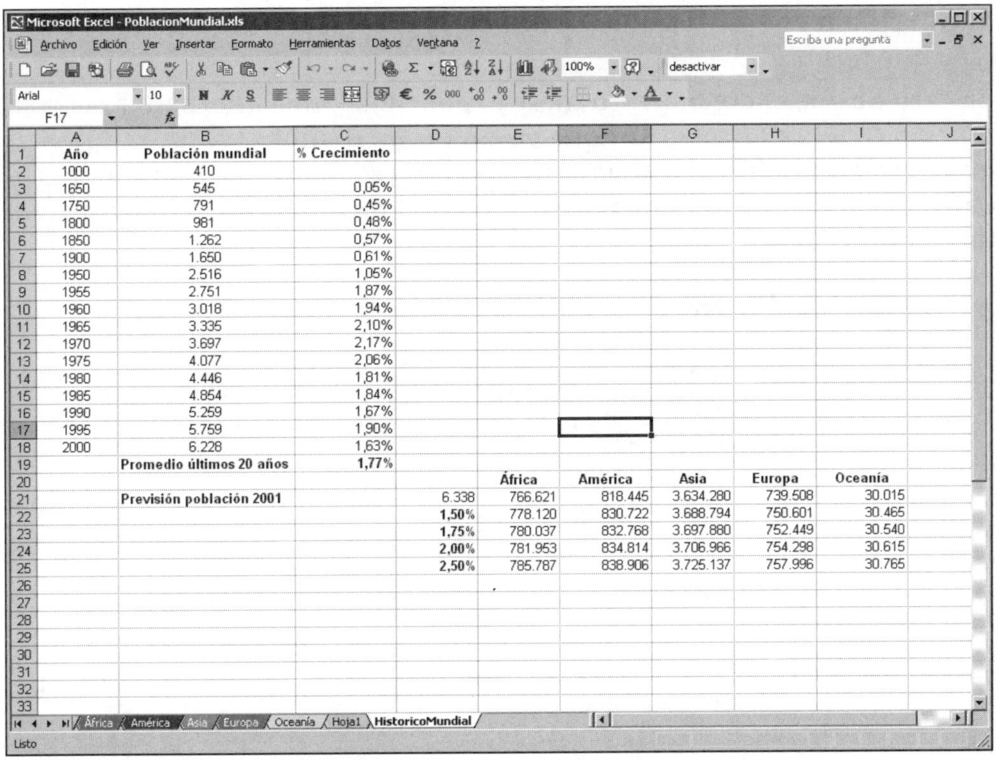

	A	B	C	D	E	F	G	H	I
1	Año	Población mundial	% Crecimiento						
2	1000	410							
3	1650	545	0,05%						
4	1750	791	0,45%						
5	1800	981	0,48%						
6	1850	1.262	0,57%						
7	1900	1.650	0,61%						
8	1950	2.516	1,05%						
9	1955	2.751	1,87%						
10	1960	3.018	1,94%						
11	1965	3.335	2,10%						
12	1970	3.697	2,17%						
13	1975	4.077	2,06%						
14	1980	4.446	1,81%						
15	1985	4.854	1,84%						
16	1990	5.259	1,67%						
17	1995	5.759	1,90%						
18	2000	6.228	1,63%						
19		Promedio últimos 20 años	1,77%						
20					África	América	Asia	Europa	Oceanía
21		Previsión población 2001		6.338	766.621	818.445	3.634.280	739.508	30.015
22				1,50%	778.120	830.722	3.688.794	750.601	30.465
23				1,75%	780.037	832.768	3.697.880	752.449	30.540
24				2,00%	781.953	834.814	3.706.966	754.298	30.615
25				2,50%	785.787	838.906	3.725.137	757.996	30.765

Figura 3.7. Aspecto de la tabla ya con los resultados

Advertencia:

La exactitud de las funciones comentadas depende directamente de la cantidad de datos facilitados como entrada. En el caso de la función `PRONOSTICO`*, cuantas más entradas haya en* `Conocido_x` *y* `Conocido_y` *más acertada será la previsión.*

Observe la figura 3.8, concretamente la fórmula que hay en la parte inferior y las celdillas que hay marcadas con recuadros, que son las usadas como parámetros. Usamos como parámetro `X`, en primer lugar, una celdilla que contiene el punto para el cual deseamos hacer el pronóstico, en este caso el año 2.005. El parámetro `Conocido_y` es la lista de datos sobre población en los años 1.955 a 2.000, mientras que `Conocido_x` es la lista que contiene dichos años.

En este caso, tras ver los crecimientos porcentuales de cada año, está bastante claro que, al menos en los últimos, la evolución de la población es lineal. De ahí que la función `PRONOSTICO` sea bastante adecuada para el caso que nos ocupa.

En caso de que el crecimiento fuese exponencial, una alternativa sería la función `CRECIMIENTO`. Aunque en un orden distinto (véase figura 3.9) los parámetros a facilitar son los mismos. El resultado, aplicado sobre los datos que tenemos, será bien distinto por el método utilizado para efectuar la previsión.

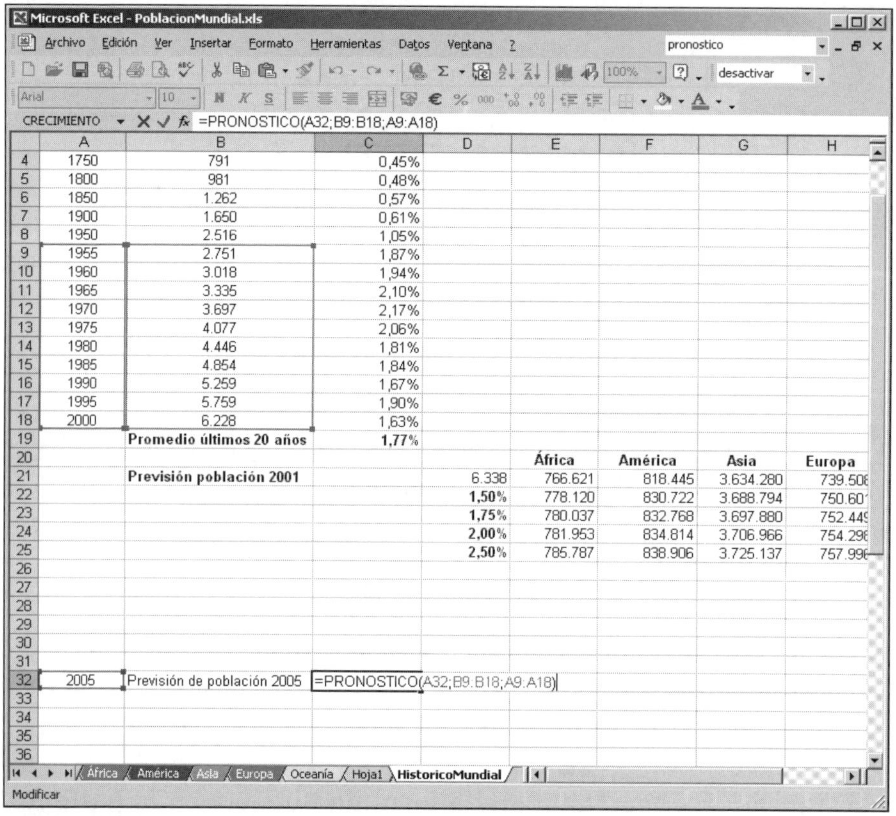

Figura 3.8. Usamos la función `PRONOSTICO` para prever la población mundial en el 2.005

Simulación de escenarios

Que un grupo de datos tome unos valores u otros, dependiendo de ciertos parámetros, nos permite simular distintos escenarios que podrían darse en el futuro. Para ello, no obstante, hasta ahora hemos introducido dichos parámetros en la hoja y duplicado fórmulas, de tal manera que todos esos escenarios están visibles de manera simultánea y, en ocasiones, esto no contribuye a clarificar la información.

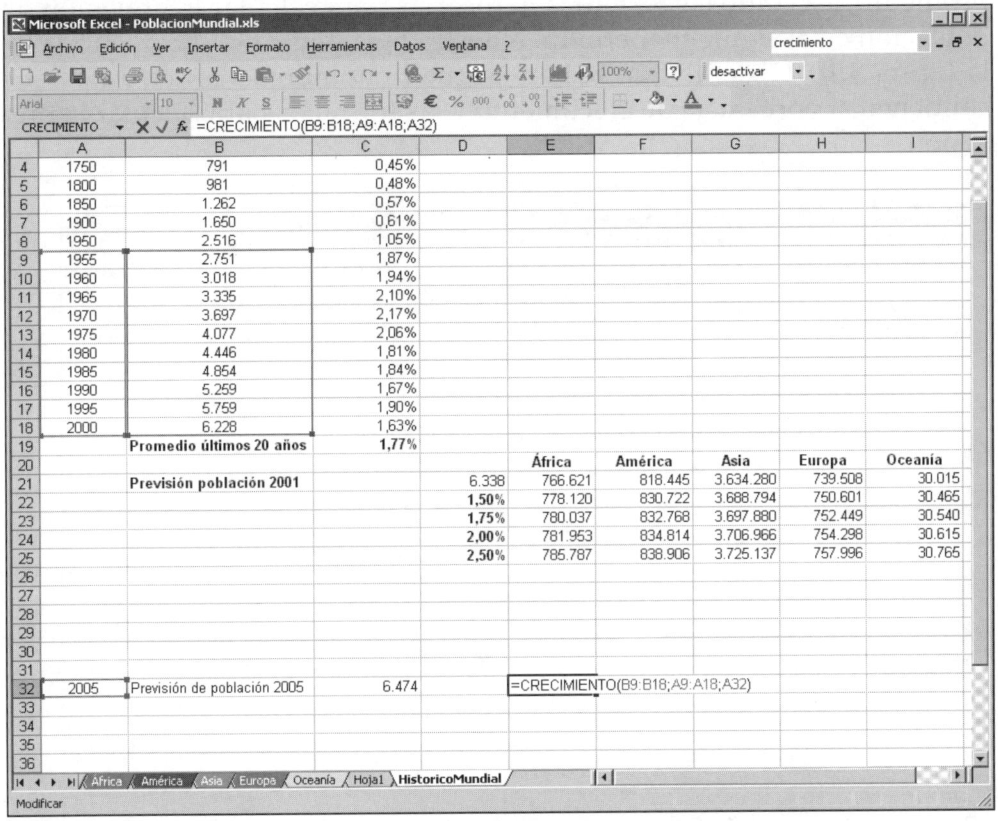

Figura 3.9. La función `CRECIMIENTO` utiliza los mismos parámetros que `PRONOSTICO` pero usa un método distinto para hacer el cálculo

Excel cuenta con una herramienta que nos permite denominar cada uno de los escenarios que deseemos representar, asignando a las distintas variables los valores apropiados. Con un simple clic de ratón es posible alternar entre un escenario y otro, sin necesidad de tenerlos todos ellos visibles simultáneamente.

No obstante, es posible la generación de un informe que facilite el establecimiento de comparaciones, así como la creación de una tabla dinámica que haga más cómodo el cambio de escenario.

Creación de escenarios

Para crear nuestro primer escenario necesitaremos algunos datos de partida, por ejemplo la población actual de cada continente y un crecimiento promedio, así como las fórmulas necesarias para calcular la previsión de población en el siguiente periodo. Nuestra hoja podría ser la mostrada en la figura 3.10. Observe que se han asignado nombres a las celdillas que contienen el porcentaje de crecimiento y las fórmulas para calcular la previsión.

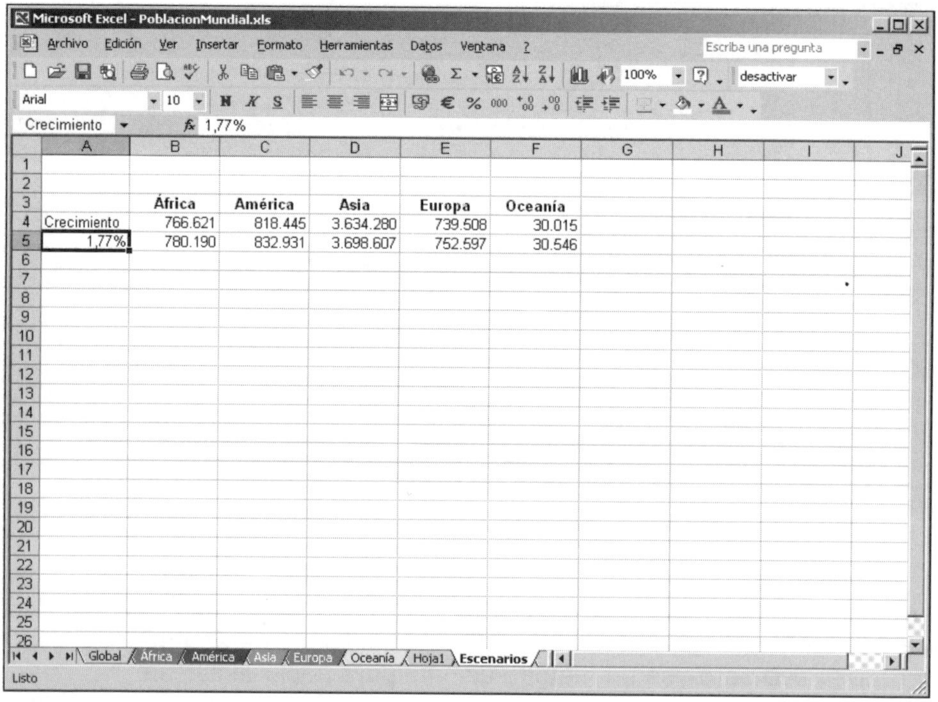

Figura 3.10. Hoja con los datos para preparar los escenarios

Seleccione la opción Herramientas>Escenarios y, en el cuadro de diálogo que aparece, pulse el botón **Agregar**. Deberá introducir un nombre para este escenario, normalmente un título indicativo de lo que se representa en él.

También debe facilitar (véase figura 3.11) las referencias a las celdas cambiantes en el escenario que, en este caso concreto, tan sólo es la que contiene el porcentaje de crecimiento.

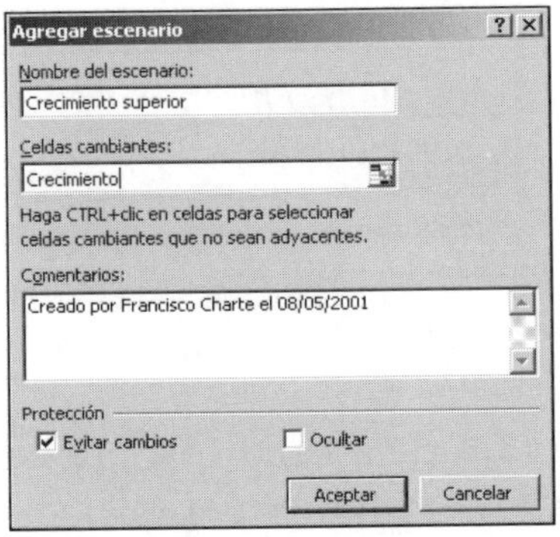

Figura 3.11. Parámetros para crear nuestro primer escenario

Tras cerrar la ventana anterior aparecerá otra, como la de la figura 3.12, en la que deberemos introducir los valores que tomaría cada uno de los valores cambiantes en este escenario concreto. En este caso ese valor, como se ha dicho, es sólo uno: el porcentaje de crecimiento. Suponiendo que deseásemos plantear tres escenarios distintos de crecimiento, repetiríamos los pasos anteriores para crear los escenarios de la figura 3.13, cada uno con un porcentaje de crecimiento distinto. Desde esa misma ventana puede efectuar modificaciones, eliminar escenarios, activarlos, etc.

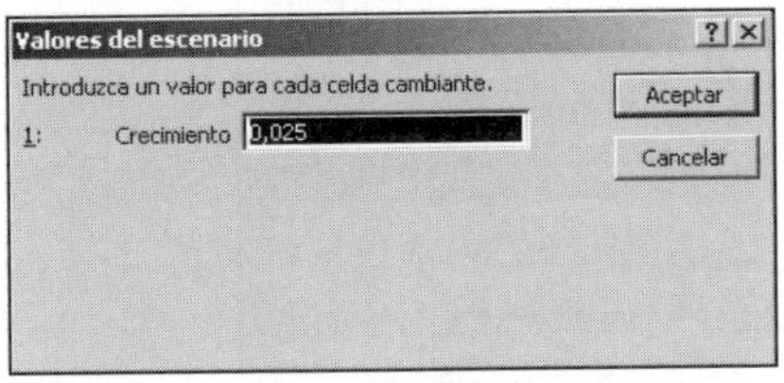

Figura 3.12. Introducimos el valor del factor cambiante para cada escenario

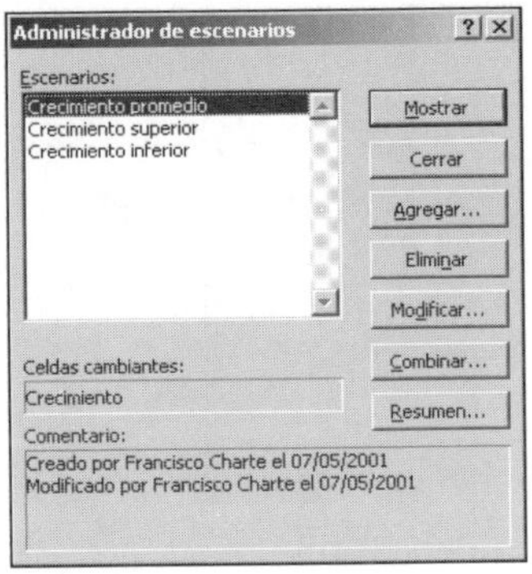

Figura 3.13. Ventana del administrador de escenarios

Advertencia:

Tenga en cuenta que los valores que debe introducir, en este ejemplo concreto, son porcentajes. Un `2,5%`*, por ejemplo, se expresaría como* `0,025`*.*

Uso de los escenarios

Manteniendo abierta la ventana del administrador de escenarios, puede hacer doble clic sobre cualquiera de los escenarios existentes para ver como, de manera inmediata, los datos existentes en la hoja de cálculo se adaptan a los valores indicados en dicho escenario. Imagine un caso mucho más complejo, con múltiples fórmulas y parámetros cambiantes. Entonces el cambio de un escenario a otro nos ahorraría muchos pasos y no la modificación de una sola celdilla, como en éste.

Si desea hacer más cómoda la visualización de los distintos escenarios, puede pulsar el botón **Resumen** para generar una tabla dinámica como la de la figura 3.14.

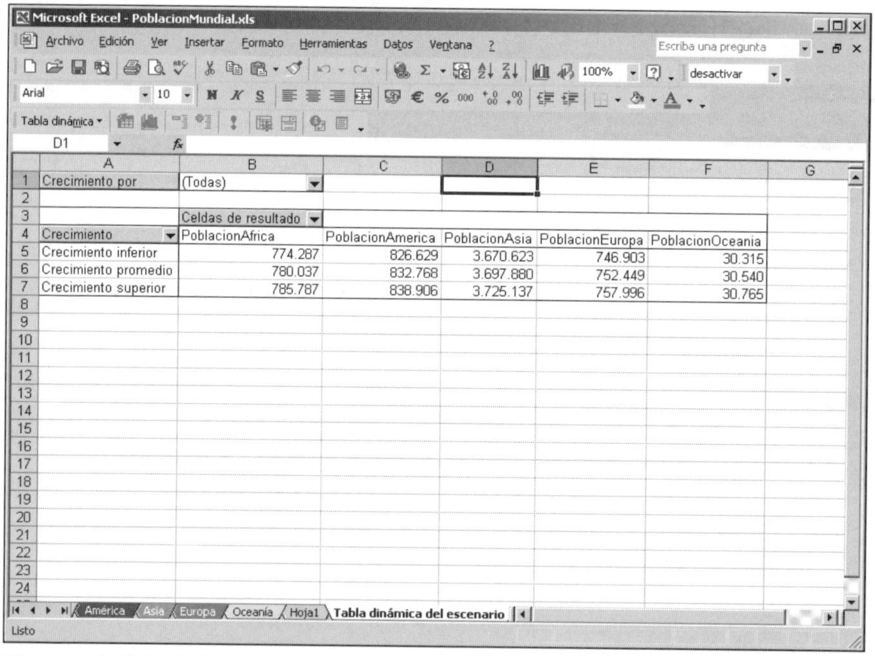

Figura 3.14. Tabla dinámica generada a partir de los escenarios previamente definidos

Gracias a las listas desplegables de la tabla, puede en cualquier momento seleccionar qué crecimiento desea ver o qué continentes mostrar. El único paso previo es indicar en una ventana (véase la figura 3.15) qué tipo de informe deseamos y qué celdas contienen los resultados. Normalmente, esas celdillas se seleccionan automáticamente.

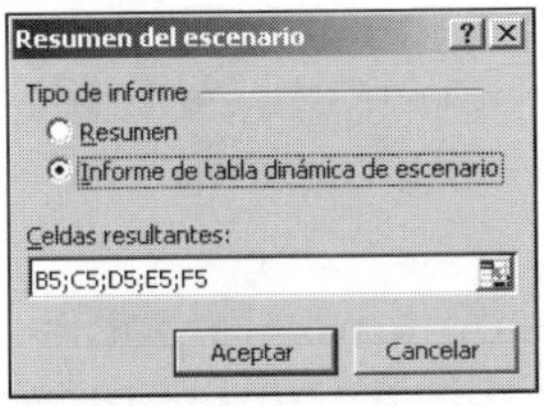

Figura 3.15. Podemos elegir entre generar una tabla dinámica o un informe resumen

Si en lugar de una tabla dinámica elegimos la opción **Resumen**, en la ventana de la figura 3.15, entonces obtendremos un informe similar al de la figura 3.16, con sus títulos, datos y formatos, muy apropiado para impresión y comparación directa de los datos.

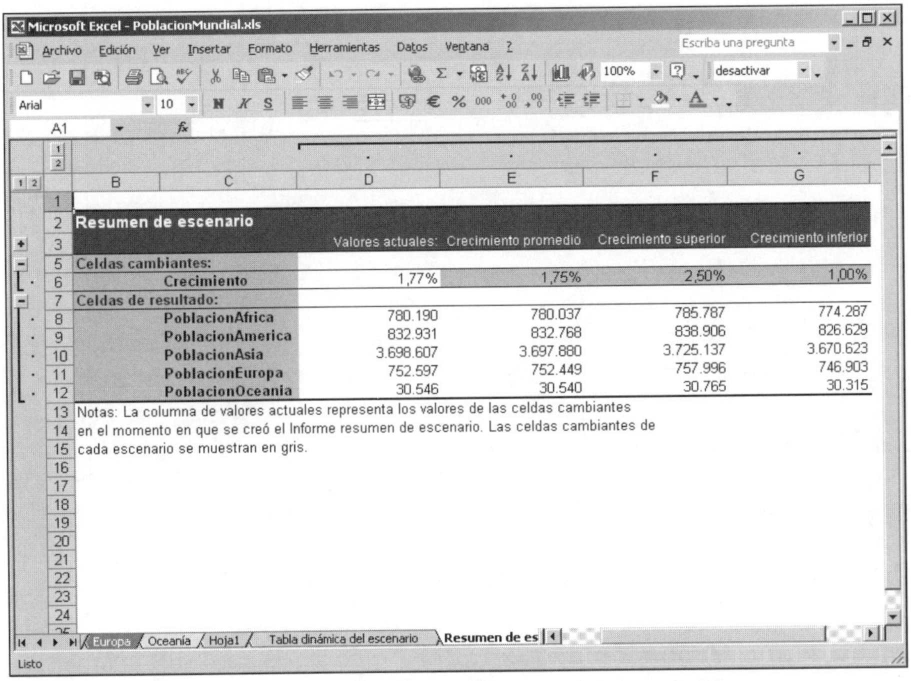

Figura 3.16. Resumen obtenido a partir de los escenarios

Persecución de objetivos

En ocasiones puede planteársenos la cuestión de qué hay que hacer o modificar en una fórmula para conseguir un cierto objetivo. Por ejemplo: ¿cuál debería ser el crecimiento anual de la población para limitarla a una cierta medida? Lógicamente podemos usar el método de prueba y fallo, modificando el porcentaje de forma manual hasta encontrar el resultado apropiado, o bien plantear el problema de manera distinta creando una fórmula que halle dicho porcentaje.

Partamos nuevamente de la hoja de cálculo en la que teníamos la población por continente, un porcentaje de crecimiento y unas fórmulas para hallar la previsión de población en el futuro. Vamos a añadir, como se ve en la figura 3.17, una suma que nos permita obtener la población total a partir de la de los continentes.

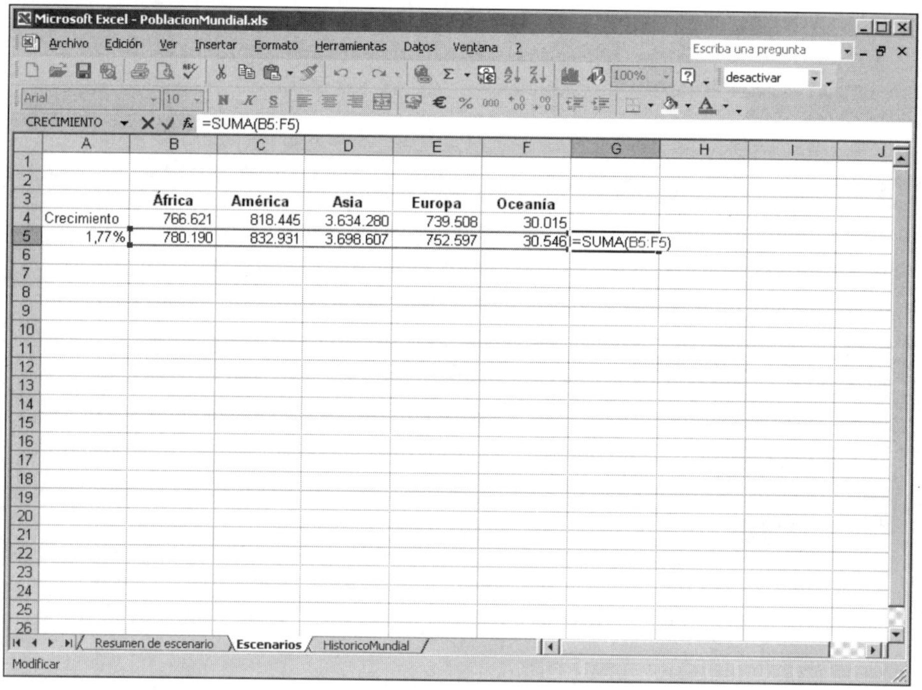

Figura 3.17. Hoja de cálculo con los datos de población

A fin de controlar la explosión demográfica, buscamos cuál debería ser el porcentaje de crecimiento global para no superar los seis mil millones de habitantes. Este último dato no está calculado directamente a partir del porcentaje de crecimiento, sino como la suma de otras fórmulas.

Elegimos la opción Herramientas>Buscar objetivo e introducimos tres valores: la referencia a la celdilla donde buscamos un valor objetivo, en este caso la que contiene la suma total; el valor objetivo y, por último, una referencia a la celdilla que debe cambiar, que es el porcentaje.

Al aceptar los parámetros aparecerá entonces una nueva ventana, véase figura 3.18, en la que se indicará cuál era el valor objetivo y cuál el que se ha alcanzado.

Observe también que en la hoja de cálculo se ha modificado la celdilla del porcentaje y, consecuentemente, todas las fórmulas que se veían afectadas por dicho parámetro.

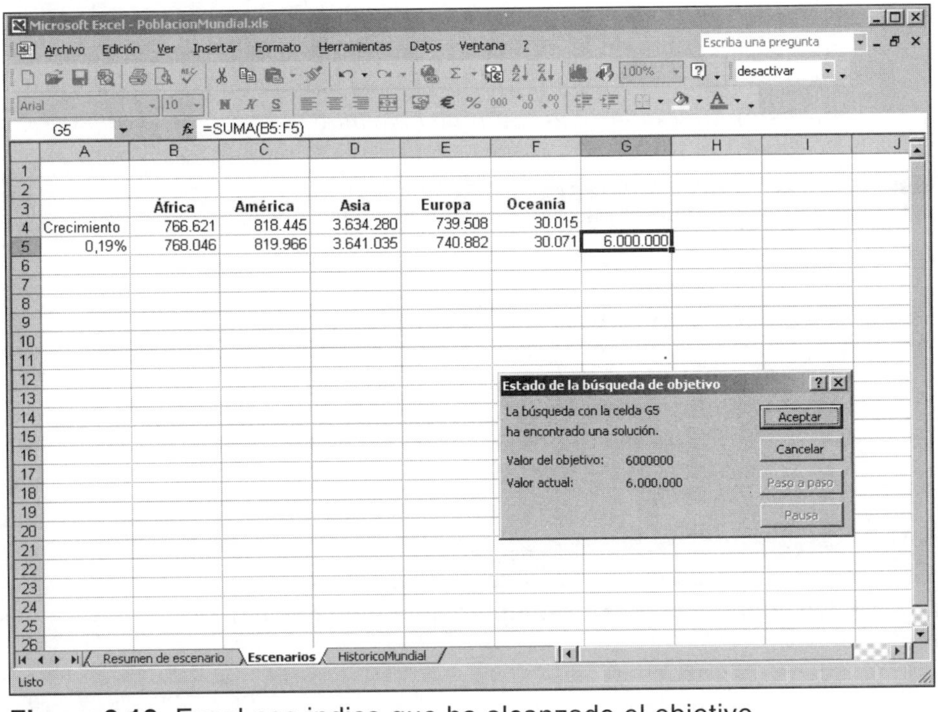

Figura 3.18. Excel nos indica que ha alcanzado el objetivo que perseguíamos

Si pulsa el botón **Aceptar** las celdillas de la hoja de cálculo quedarán modificadas según los valores que permiten alcanzar el objetivo, mientras que si pulsa **Cancelar** se les devolverá su valor original.

Truco:

La herramienta **Buscar objetivo** *puede ser usada en casos mucho más complejos, como en la resolución de ecuaciones de primer grado con una incógnita. Tan sólo hay que expresar* X *como un valor cualquiera en una celdilla, y la propia ecuación como una fórmula en otra. Luego, indicaríamos cuál es el resultado de la ecuación para obtener el de* X.

Nota:

Las opciones de la ficha ***Calcular****, en la ventana* Opciones *de Excel (véase figura 3.19), afectan al funcionamiento de* Buscar objetivo. *Concretamente, los apartados* Nº máximo de iteraciones *y* Cambio máximo *determinan el máximo número de ciclos que se emplearán en la búsqueda del objetivo y la diferencia máxima permitida. Si se busca un objetivo exacto, por ejemplo, habría que asignar el valor 0 al segundo apartado.*

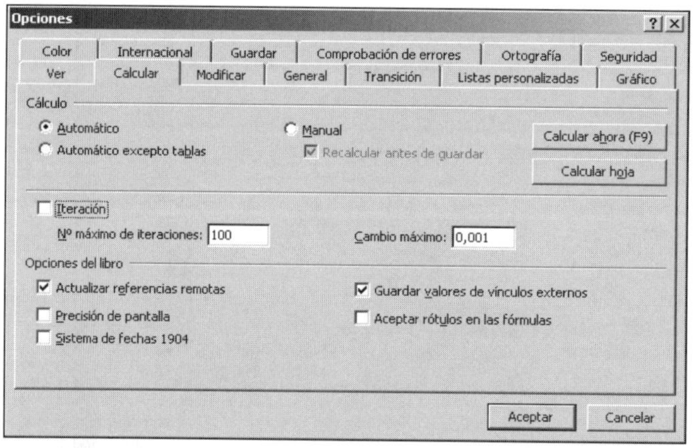

Figura 3.19. Opciones relativas a las operaciones de cálculo de Excel

La herramienta Solver

La persecución de objetivos efectuada mediante la opción Herramientas> Buscar objetivo es limitada, ya que siempre se intenta conseguir el valor establecido como objetivo modificando las celdillas indicadas al valor que se considere oportuno, sin restricción alguna. El valor objetivo, además, debe indicarse explícitamente.

Una alternativa, mucho más elaborada, es la herramienta Solver. Ésta, al igual que Buscar objetivo, se encuentra en el menú Herramientas. Con ella podemos buscar no sólo un valor concreto, sino también el valor máximo o mínimo que sea posible conseguir modificando unos ciertos datos y siempre ateniéndose a unas restricciones. Lógicamente, esta herramienta es algo más compleja de utilizar que Buscar objetivo.

Advertencia:

Recuerde que Solver es una de las herramientas que no tendrá disponibles sin instalar las opciones de Excel citadas al principio de este mismo capítulo.

Como se aprecia en la figura 3.20, el cuadro de diálogo Parámetros de Solver dispone de múltiples apartados y botones.

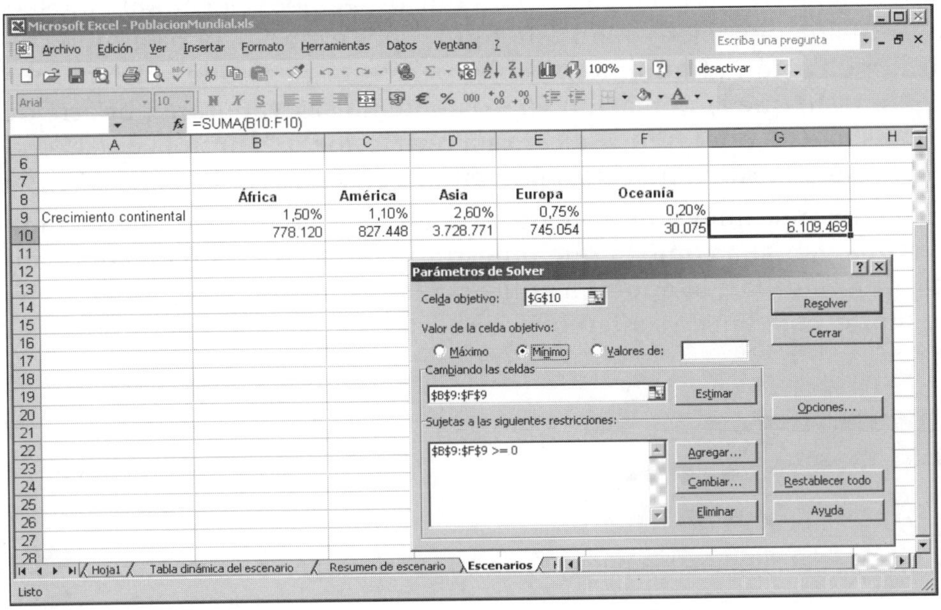

Figura 3.20. Cuadro de diálogo de la herramienta Solver

Lo primero que debemos introducir, en la parte superior, es una referencia a la celdilla para la que perseguimos un cierto objetivo. Éste puede ser un valor específico, que introduciríamos en la caja de texto que hay debajo, o bien el máximo o mínimo posible. El siguiente paso sería especificar la celdilla o celdillas que deben modificarse para alcanzar el objetivo.

Truco:

En lugar de introducir manualmente la referencia a la celdilla o celdillas cambiantes, puede pulsar el botón **Estimar** *para dejar que sea el propio Excel quien las seleccione basándose en la fórmula que contiene la celdilla objetivo.*

Aplicando restricciones

Facilitando sólo los tres parámetros mencionados: la celdilla objetivo, el valor a perseguir y las celdillas cambiantes, prácticamente no habría diferencia alguna entre Solver y Buscar objetivo. Las diferencias las encontramos en la lista que hay en la parte inferior de la ventana, lista que puede contener todas las restricciones que deseemos aplicar para ajustar la consecución del objetivo. En esta figura, por ejemplo, perseguimos reducir la población al mínimo posible, pero está claro que existen unos límites puesto que la población ya existente no se evaporará por arte de magia. Es lógico, por tanto, aplicar una restricción que impida que el crecimiento sea inferior a un cierto porcentaje.

Para añadir una nueva restricción pulsamos el botón **Agregar**, dando paso a una ventana como la que muestra la figura 3.21. En ella debe introducir la celdilla a la que va a aplicarse la restricción, un operador y el valor límite. Éste puede ser también una referencia a una celdilla que contenga ese valor.

Figura 3.21. Facilitamos los parámetros de la restricción a aplicar

Mediante este mecanismo podríamos, por ejemplo, indicar que la población en Asia no puede tener un crecimiento inferior al 1% o bien que en Europa se está experimentando un crecimiento negativo. Fijadas todas las restricciones, bastará un clic sobre el botón **Resolver** para poner en marcha el proceso de búsqueda de objetivos. Éste funciona de manera similar al visto previamente para **Buscar objetivo**, en el sentido de que se muestran los resultados y éstos pueden ser aceptados, modificando los valores de las celdillas cambiantes, o rechazados.

Nota:

Puede cancelar los cambios propuestos por Solver *simplemente pulsando la tecla* **Esc**. *Al seleccionar de nuevo la opción* Herramientas>Solver *encontrará en la ventana los mismos parámetros que había definido previamente.*

Informes y escenarios

Aparte de darnos opción a aceptar o rechazar los cambios efectuados en la hoja de cálculo, la ventana que aparece al pulsar el botón **Resolver** (véase figura 3.22) también nos permite efectuar otras operaciones, por ejemplo guardar el resultado obtenido como si fuese un escenario u obtener múltiples informes sobre el trabajo realizado.

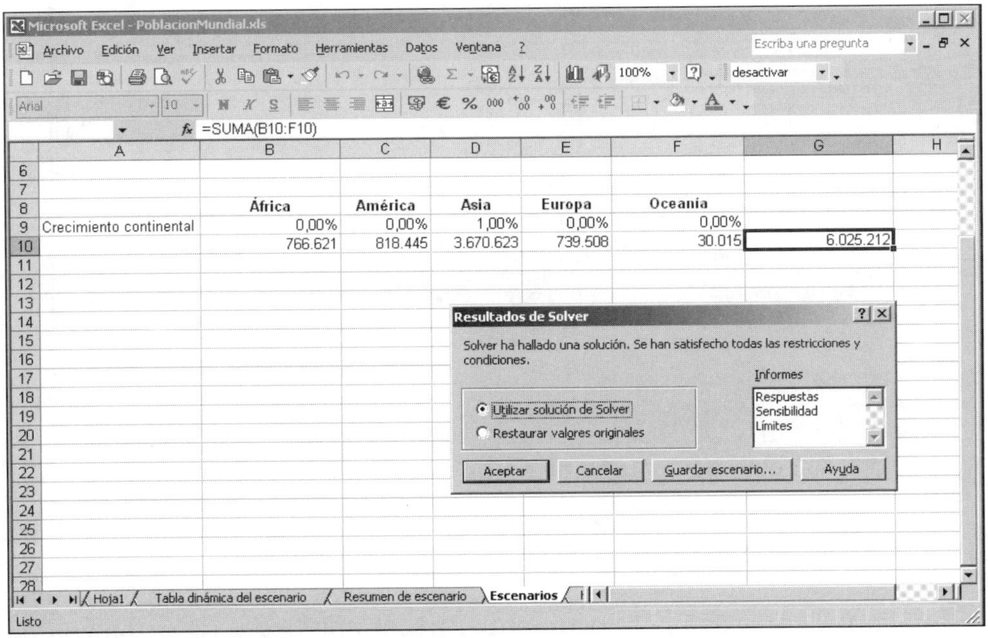

Figura 3.22. Cuadros de diálogo Resultados de Solver

Ya sabe qué es un escenario y cómo usarlos. Pulsando el botón **Guardar escenario** de esta ventana podrá guardar la solución resultante como si fuese un escenario, asignando el nombre que desee. Tras efectuar esa operación volverá de nuevo al mismo cuadro de diálogo de la figura 3.22, pudiendo, por tanto, aceptar o rechazar los cambios.

De la lista de informes que aparece a la derecha puede elegir los que desee antes de pulsar el botón **Aceptar**. Cada uno de ellos generará una nueva hoja en el libro actual. El informe de respuestas reflejará cuáles eran los datos originales y cuáles los valores finales, así como las celdillas cambiantes que se han visto afectadas. El informe de límites, como su propio nombre indica, comunica los límites, inferior y superior, que afectaban a las celdas cambiantes, mientras que el tercero de los informes analiza los cambios hechos en esas celdillas.

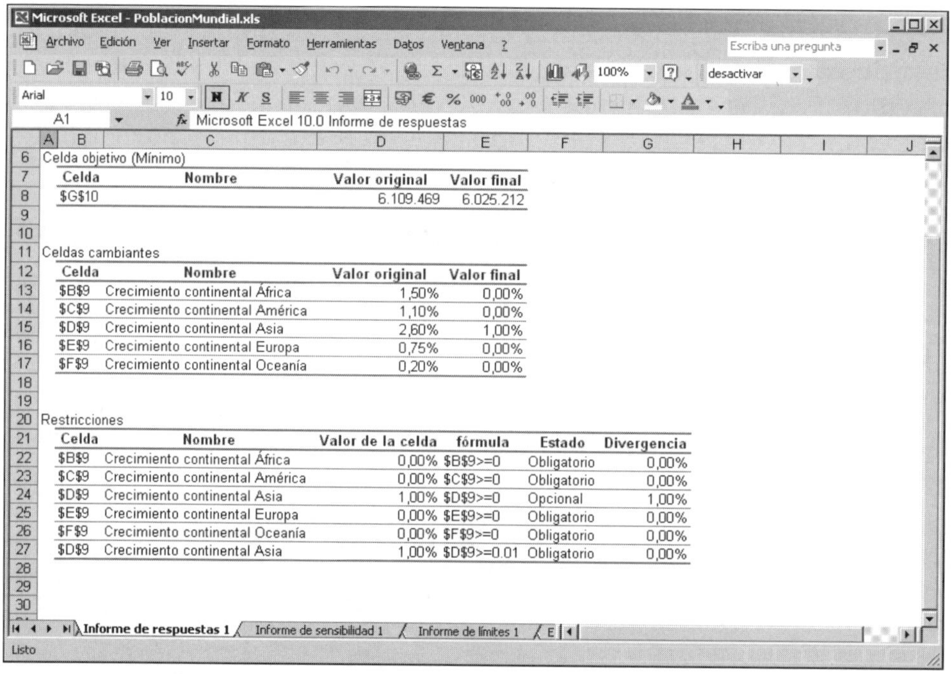

Figura 3.23. Aspecto del informe de respuestas de la herramienta Solver

Opciones de resolución

Al igual que ocurre con la herramienta Buscar objetivo, existe una ventana de opciones cuya finalidad es modificar el funcionamiento por defecto de Solver. Puede abrir dicha ventana, mostrada en la figura 3.24, pulsando el botón **Opciones** de la ventana Parámetros de Solver. Las opciones que establezcamos para la resolución pueden almacenarse generando un modelo. Éste puede, posteriormente, ser recuperado cuando nos interese.

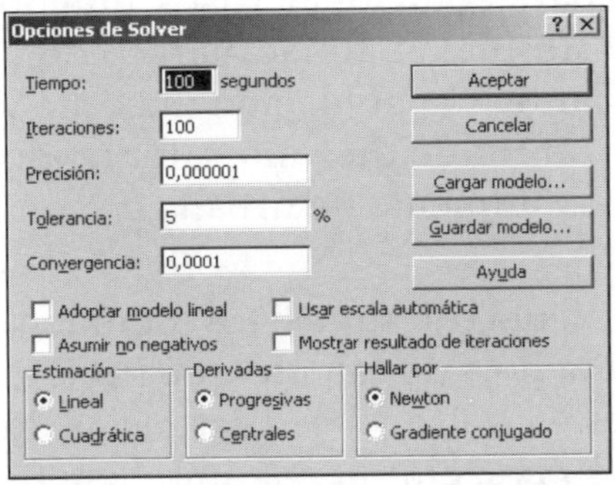

Figura 3.24. Opciones que afectan a la herramienta Solver

Como se aprecia en la figura 3.24, el número de opciones es importante. En dicha figura aparecen los valores adoptados por defecto, sin ninguna modificación. Los apartados Tiempo e Iteraciones limitan, en cierta medida, el tiempo empleado en la búsqueda de los objetivos. El primero especifica el tiempo máximo, en segundos, que puede tardarse, mientras que el segundo limita el número de cálculos a usar.

Los apartados Precisión, Tolerancia y Convergencia también influyen en el número de cálculos y, consecuentemente, en el tiempo que se tardará en alcanzar la solución. Con Tolerancia estableceremos un porcentaje que, aplicado a la celda para la cual se persigue un objetivo, establece el margen de valores considerado aceptable. El valor por defecto, 5%, indica que cuando el resultado de los cálculos sólo tenga una diferencia del 5 por ciento, o menos, respecto al objetivo, se dará el proceso por terminado. Los valores de Precisión y Convergencia, un decimal en el rango de 0 a 1, establecen el nivel de precisión que debe utilizarse al comparar los resultados con los objetivos y límites. Cuando más decimales tengan mejor precisión se obtendrá pero, a cambio, se alargará el proceso.

Por último, en la parte inferior, tenemos varios grupos de opciones que afectan a la metodología que Solver utilizará para alcanzar el objetivo fijado. Por defecto se usa un mecanismo lineal, más rápido en la búsqueda de soluciones, que es adecuado siempre que los valores tengan ese tipo de progresión. Cuando los valores no se ajusten a ese modelo, podemos elegir la opción Cuadrática para obtener un mejor resultado.

Aplicaciones de Solver

El caso propuesto como ejemplo al inicio de este punto, con el que buscábamos la población mínima con unas restricciones muy simples, es muy básico. Realmente Solver está preparada para solucionar casos mucho más complejos. Gracias a que cada supuesto puede almacenarse como un escenario, podría utilizar Solver para plantear la población máxima y mínima con que podríamos encontrarnos dentro de diez años, teniendo en cuenta la disminución de población rural y aumento de urbana en continentes como Europa o América.

Lógicamente, puede usar esta misma herramienta con supuestos totalmente distintos. Por ejemplo, basándonos en una hoja de cálculo que tuviese datos sobre nuestras supuestas inversiones en bolsa y las diferencias de cotización en un cierto periodo, podríamos perseguir el máximo beneficio modificando el número de acciones que tenemos de unas u otras empresas, lo cual se traduciría en operaciones de venta y compra.

Otras herramientas de análisis de datos

Aparte de las ya mencionadas, al efectuar el proceso de instalación descrito al inicio de este capítulo encontrará que al menú Herramientas se ha añadido otra opción, llamada precisamente Análisis de datos, que al ser seleccionada da paso a la ventana que puede verse en la figura 3.25. En ella aparece una lista con distintas funciones que tenemos disponibles para efectuar operaciones de análisis de datos.

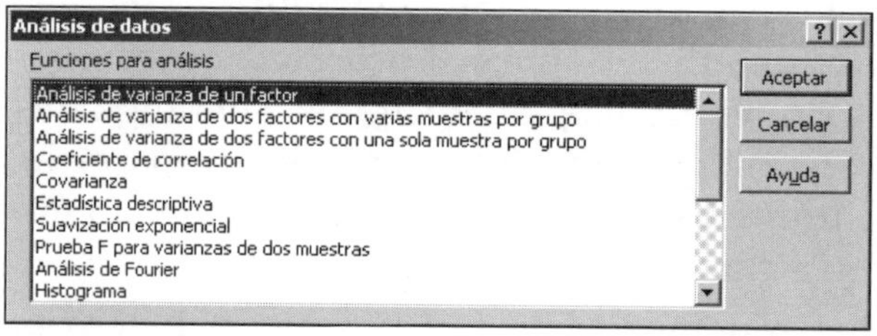

Figura 3.25. Lista de funciones para análisis de datos

Cada una de estas funciones cuenta con un cuadro de diálogo específico para la entrada de datos y, en general, generan una nueva página en la que almacenan los resultados. El propio título de la función es, en ocasiones, autoexplicativa, como el análisis de la varianza o el coeficiente de correlación entre los datos.

Nota:

La ayuda de Excel describe el uso de estas funciones, algunas de las cuales vamos a conocer a continuación. Los conceptos matemáticos, no obstante, se dan por sabidos.

Estadística descriptiva

Excel dispone de múltiples funciones estadísticas mediante las cuales podemos calcular individualmente el valor máximo de una lista, el mínimo, la media, mediana, varianza, etc. Puede insertar cualquiera de estas funciones en una fórmula usando la conocida ventana Insertar función que aparece en la figura 3.26. Obviamente, también puede escribir directamente el nombre de la función y la lista de parámetros.

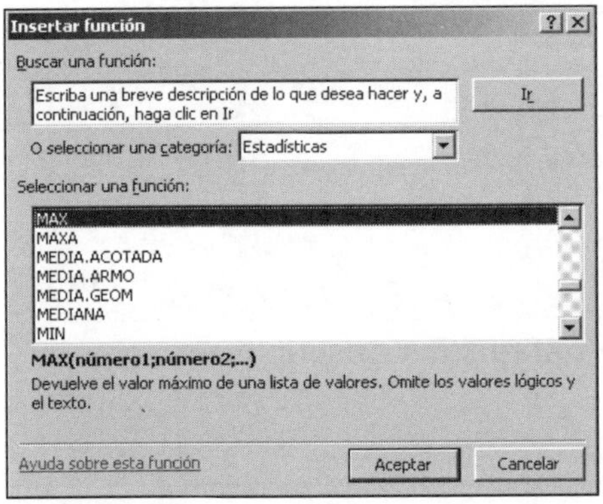

Figura 3.26. Ventana con la lista de funciones estadísticas de Excel

Con la herramienta Estadística descriptiva, una de las primeras en la lista de la figura 3.25, podemos obtener un análisis estadístico general sobre la lista de datos que seleccionemos. Al elegir esta opción nos encontraremos con una ventana como la de la figura 3.27. El dato más importante es el Rango de entrada, es decir, la lista de datos sobre la que deseamos aplicar las funciones estadísticas. El resto de apartados son opcionales.

Como se ve en la parte central de la ventana, el informe estadístico puede generarse en la misma hoja, en otra cuyo nombre podemos facilitar o incluso en un nuevo libro. Al pulsar el botón **Aceptar** se encontrará con un resumen como el de la figura 3.28. En él, de un solo vistazo, podemos ver cuáles son los valores límite, la media, mediana y moda, la desviación y varianza, etc.

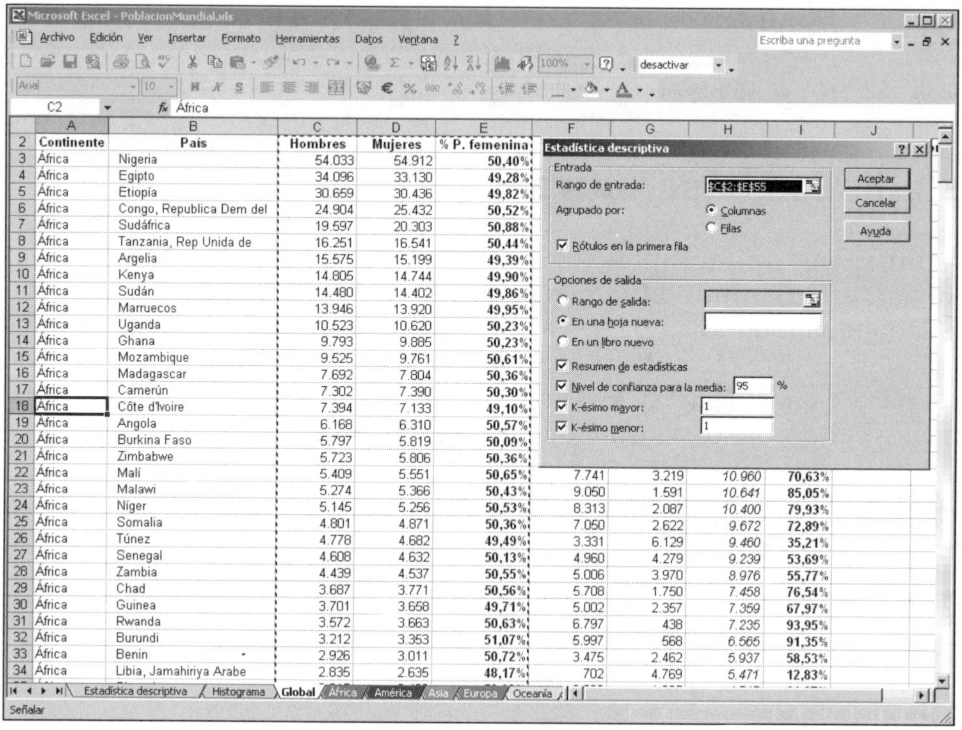

Figura 3.27. Parámetros de la herramienta Estadística descriptiva

Advertencia:

Aunque todos los datos producidos por esta herramienta pueden ser obtenidos individualmente mediante cálculos y las mencionadas funciones estadísticas, lo que se obtiene en el resumen de la figura 3.28 sólo son valores, es decir, no hay fórmulas que nos permitan ver cómo se ha obtenido cada dato.

Creación de un histograma

Otra de las herramientas que tenemos disponibles en la lista anteriormente mencionada es Histograma que, lógicamente, genera un histograma de una lista de datos ajustándolos a unas ciertas clases. Básicamente, nos permite analizar la distribución de una lista de datos, si lo deseamos incluso generando un gráfico.

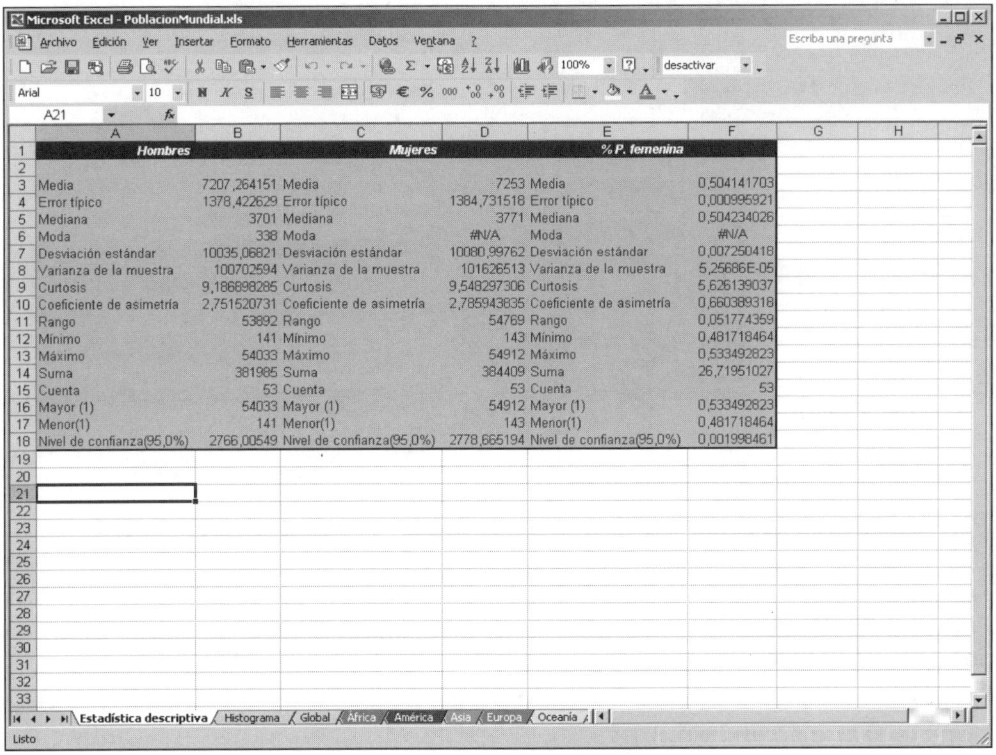

Hombres		Mujeres		% P. femenina	
Media	7207,264151	Media	7253	Media	0,504141703
Error típico	1378,422629	Error típico	1384,731518	Error típico	0,000995921
Mediana	3701	Mediana	3771	Mediana	0,504234026
Moda	338	Moda	#N/A	Moda	#N/A
Desviación estándar	10035,06821	Desviación estándar	10080,99762	Desviación estándar	0,007250418
Varianza de la muestra	100702594	Varianza de la muestra	101626513	Varianza de la muestra	5,25686E-05
Curtosis	9,186898285	Curtosis	9,548297306	Curtosis	5,626139037
Coeficiente de asimetría	2,751520731	Coeficiente de asimetría	2,785943835	Coeficiente de asimetría	0,660389318
Rango	53892	Rango	54769	Rango	0,051774359
Mínimo	141	Mínimo	143	Mínimo	0,481718464
Máximo	54033	Máximo	54912	Máximo	0,533492823
Suma	381985	Suma	384409	Suma	26,71951027
Cuenta	53	Cuenta	53	Cuenta	53
Mayor (1)	54033	Mayor (1)	54912	Mayor (1)	0,533492823
Menor(1)	141	Menor(1)	143	Menor(1)	0,481718464
Nivel de confianza(95,0%)	2766,00549	Nivel de confianza(95,0%)	2778,665194	Nivel de confianza(95,0%)	0,001998461

Figura 3.28. Resumen generado con datos estadísticos

Antes de usar esta herramienta debemos crear la tabla o lista de clases. Supongamos que nos interesa crear un histograma que nos permita ver en cuantos países el porcentaje de mujeres es superior o inferior al 50 por ciento, definiendo varios escalones. Introduciríamos en una columna el valor `49%` y, con pasos de medio punto, llegaríamos hasta `51%`.

Con esta lista de clases creada seleccionaríamos la opción Histograma de la lista de funciones de análisis. Esto da paso a la ventana que puede ver en primer plano en la figura 3.29. Introducimos como rango de entrada la lista correspondiente al porcentaje de población femenina, y como rango de clases la lista que acabábamos de crear en el párrafo anterior. Marcamos la opción Crear gráfico y, opcionalmente, podemos elegir que el histograma aparezca ordenado.

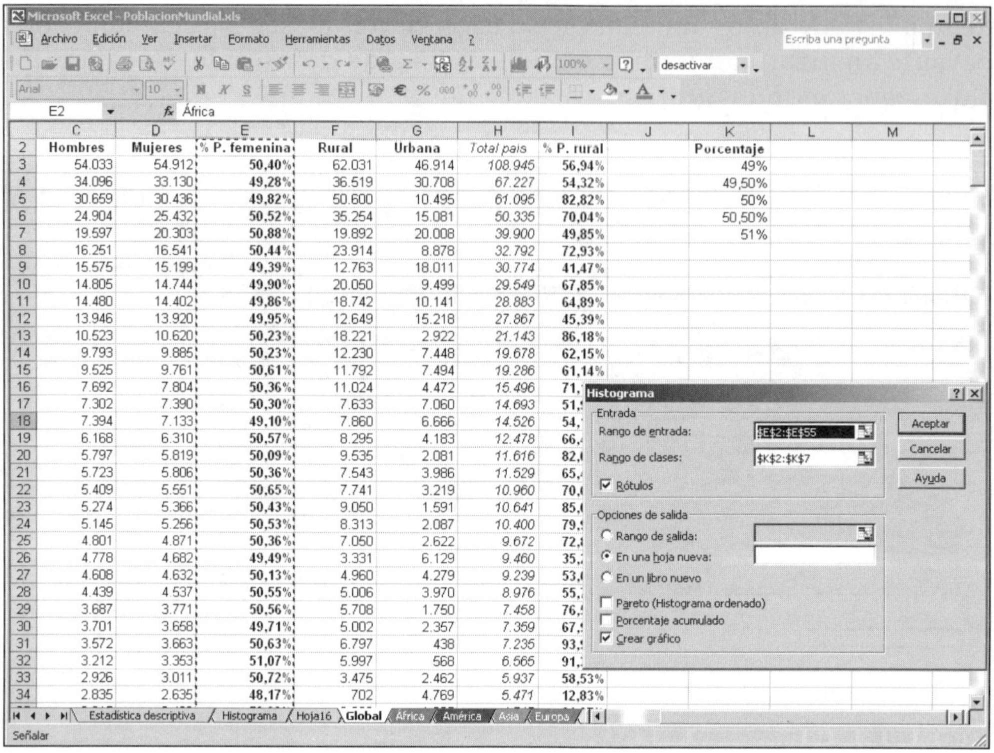

Figura 3.29. Creamos un histograma para analizar la distribución de población femenina

Como se aprecia en la figura 3.30, el histograma generado, especialmente el gráfico, nos permite ver rápidamente que en la mayoría de los países el porcentaje de mujeres es superior al cincuenta por ciento y que, incluso, hay una gran parte donde se supera el 51 por ciento. Puede utilizar esta herramienta siempre que necesite examinar la frecuencia o distribución de una serie de datos agrupados en unas clases.

Resumen

Al finalizar este capítulo conoce múltiples formas de analizar la información alojada en sus hojas de cálculo usando para ello distintas herramientas de Excel. Ha aprendido a crear tablas en las que una fórmula modifica automáticamente una o dos variables, a plantear pronósticos con algunas funciones, simular escenarios hipotéticos y cuáles serían sus resultados.

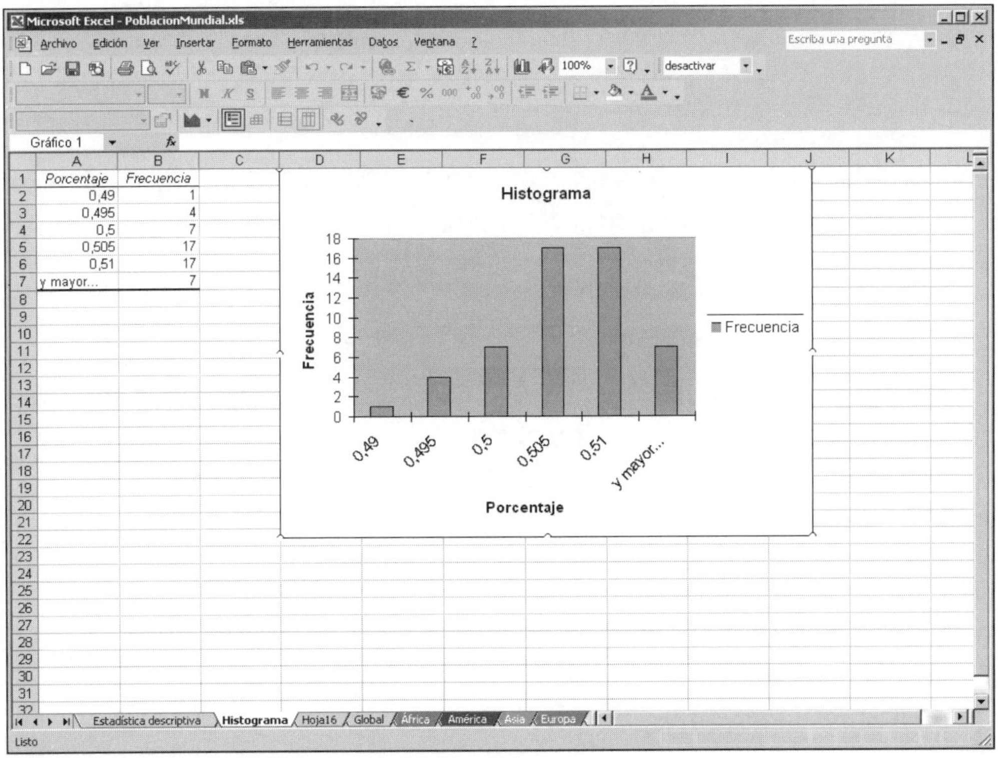

Figura 3.30. Aspecto del histograma y el gráfico asociado

Utilizando opciones como Buscar objetivo y Solver se consigue que Excel efectúe todos los cálculos necesarios sobre uno o más datos para alcanzar un cierto objetivo. Como ha visto, Solver es una opción mucho más flexible aunque, a cambio, también algo más compleja.

Finalmente, y tras instalar algunos complementos de Excel, se ha descrito el uso de dos de las funciones de análisis: Estadística descriptiva e Histograma.

Capítulo 4

Bases de datos

En este capítulo aprenderá a:

- Obtener datos externos a Excel.
- Editar bases de datos.
- Usar diversas funciones de bases de datos.

Seguramente se preguntará qué hace un capítulo sobre bases de datos en un libro dedicado a una hoja de cálculo como es Excel. No hay que olvidar, sin embargo, que Excel es una aplicación para el tratamiento de datos y que éstos pueden obtenerse de diversas fuentes. Además, en Excel una base de datos es simplemente una lista o tabla con entradas, como las que hemos estado usando en los capítulos previos. No hemos conocido, sin embargo, las funciones específicas que nos permiten operar sobre dichas bases de datos.

Además de crear bases de datos en una hoja, Excel también es capaz de importar información almacenada en archivos de datos, tablas de diversas bases de datos o desde Internet. Es ésta una capacidad importante ya que los datos a analizar o tratar con Excel pueden existir previamente y, mediante este proceso de importación, evitaríamos tener que volver a introducirlos manualmente.

El objetivo de este capítulo es facilitarle toda la información necesaria para que pueda recuperar datos de allí donde se encuentren, simplificar su edición y la realización de operaciones como la búsqueda de datos concretos.

Obtención de datos

Hasta ahora, la información con la que hemos trabajado en ejemplos de capítulos precedentes la hemos introducido de manera manual directamente en una hoja de Excel. Esa información, sin embargo, podría haberse encontrado en una base de datos, un archivo de texto o, incluso, una página web en Internet. Obviamente, no es muy lógico tener que volver a introducir los datos manualmente para poder operar sobre ellos y, por ello, Excel nos ofrece diversas opciones de importación.

Una de las alternativas más simples, y en ocasiones efectiva, es utilizar el portapapeles de Windows como intermediario entre las aplicaciones. Si tiene una tabla de datos en Word, por poner un ejemplo, y desea generar un gráfico a partir de ella en Excel, no tiene mas que seleccionar dicha tabla y copiarla al portapapeles, pegándola después en Excel. En este caso concreto, también puede arrastrar y soltar la información directamente desde una aplicación a otra, sin pasar por el portapapeles.

En ocasiones, sin embargo, el proceso no será tan simple. Suponga que la información que desea analizar esté almacenada en una base de datos en un servidor de su empresa, es decir, en un equipo distinto al suyo. En este caso no hay posibilidad de tomarlos de una aplicación para llevarlos a otra, siendo preciso utilizar otros mecanismos.

Orígenes de datos

Para poder recuperar una determinada información lo primero que debemos tener claro es su origen y la naturaleza de los datos. No es lo mismo solicitar ciertos datos de una base de datos, teniendo que efectuar una consulta más o menos compleja, que importar una tabla desde una página web. Los procesos, lógicamente, son totalmente distintos. Una vez definido el origen de los datos a usar, los parámetros pueden almacenarse para su posterior reutilización en caso de que fuese necesario.

El origen de los datos puede ser local, por ejemplo un archivo en disco en un formato conocido, o bien remoto, por ejemplo en un servidor de datos o un servidor web. La tabla 4.1 enumera algunos de los formatos de archivo que es posible importar desde Excel, algunos de los cuales van a tratarse con más detalle a continuación.

Tabla 4.1. Formato de archivo que puede importar Excel

Formato	Comentario
TXT	Archivos de texto con datos de anchura fija o con separadores.
CSV	Archivos de texto con datos separados por comas.
DB	Archivos de bases de datos Paradox.
DBF	Archivos de bases de datos dBase.
HTM/HTML	Archivos con páginas web.
XML	Archivos con datos en formato XML.
WK?	Archivos de Lotus 1-2-3.
MDB	Archivos de bases de datos Access.

Estos formatos de archivo almacenan la información propiamente dicha, es decir, ellos son el origen de los datos a tratar. En otras ocasiones, sin embargo, lo que archivo contendrá será la información para acceder al origen de los datos y no los datos en sí, por ejemplo el nombre del servidor de datos y una consulta SQL, o bien la referencia a una página web que contiene una tabla.

Archivos de texto

Son muchas las aplicaciones y utilidades que facilitan información, ya sea habitualmente o en momentos puntuales, almacenándola en simples archivos de texto. Éstos podrían abrirse, por ejemplo, con el Bloc de notas de Windows. Excel también puede importar dichos archivos e insertar cada dato en una celdilla, ahorrándonos así el trabajo de hacerlo manualmente.

Los datos en un archivo de texto pueden estar almacenados de diversas formas. Es habitual, por ejemplo, utilizar una longitud fija para cada columna de datos. También es corriente la separación de datos utilizando comas.

Observe la imagen del Bloc de notas de la figura 4.1. Corresponde a un archivo que podrá encontrar en la carpeta de ejemplos de este capítulo y que, como puede verse, contiene datos relativos a cultivos agrarios, concretamente superficies por cultivo en Europa. Fíjese en que las columnas, en este caso sólo dos, tienen una longitud fija. El nombre del cultivo tiene 20 caracteres, y a partir de la posición 21 encontramos las hectáreas cultivadas.

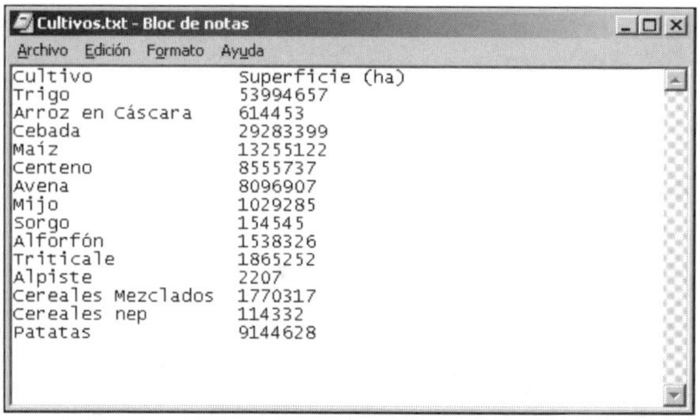

Cultivo	Superficie (ha)
Trigo	53994657
Arroz en Cáscara	614453
Cebada	29283399
Maíz	13255122
Centeno	8555737
Avena	8096907
Mijo	1029285
Sorgo	154545
Alforfón	1538326
Triticale	1865252
Alpiste	2207
Cereales Mezclados	1770317
Cereales nep	114332
Patatas	9144628

Figura 4.1. Un archivo de texto con columnas de longitud fija

Este tipo de archivos, los de longitud fija, son tan habituales como los que utilizan comas, y otro símbolo, para separar un dato de otro. Este sistema hace innecesario que cada columna tenga la misma longitud, ahorrando así algo de espacio, es decir, el archivo contiene los mismos datos pero ocupa menos. Esto es importante ya que tanto el espacio en los soportes magnéticos como el ancho de banda para su transferencia son bienes limitados.

La figura 4.2 muestra un archivo, también en el Bloc de notas, que contiene la misma información que el de la figura 4.1. La diferencia es que los datos de cada columna están separados por comas, en lugar de tener una longitud fija.

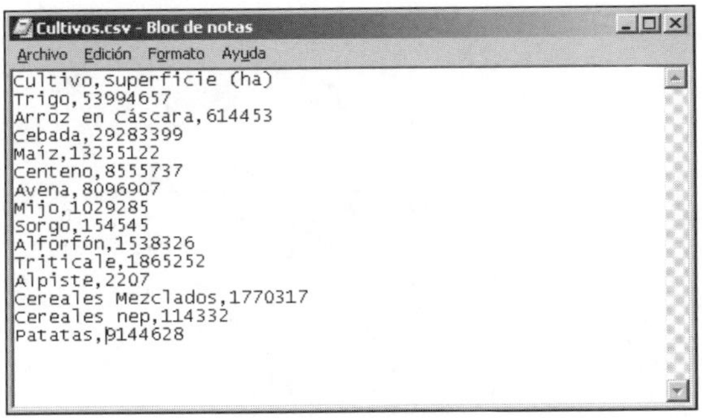


```
Cultivo,Superficie (ha)
Trigo,53994657
Arroz en Cáscara,614453
Cebada,29283399
Maíz,13255122
Centeno,8555737
Avena,8096907
Mijo,1029285
Sorgo,154545
Alforfón,1538326
Triticale,1865252
Alpiste,2207
Cereales Mezclados,1770317
Cereales nep,114332
Patatas,9144628
```

Figura 4.2. Archivo de texto con datos separados por comas

Nota:

Los archivos de texto tienen generalmente como extensión el sufijo TXT. Aquellos que usan la separación de datos mediante comas, sin embargo, suelen usar la extensión CSV.

Proceso de importación

Asumiendo que tenemos uno o más archivos de texto conteniendo datos, los dos archivos mencionados en el punto previo los puede encontrar en el CD-ROM que acompaña a este libro, veamos cuáles serían los pasos que daríamos para importarlos a una hoja de Excel.

Abra un nuevo libro de Excel y, a continuación, seleccione la opción **Datos>Obtener datos externos>Importar datos**. Aparecerá un cuadro de diálogo típico para abrir archivo. Busque su archivo de texto con columnas de longitud fija que, en el CD-ROM, se llama `Cultivos.txt`. Al seleccionarlo, y cerrar el mencionado cuadro de diálogo, aparecerá la primera ficha de un asistente en tres pasos.

El primer paso consiste en indicar si el archivo de texto utiliza algún tipo de separador entre datos, que no es el caso, o bien si éstos son de ancho fijo.

Como se aprecia en la figura 4.4, Excel por defecto ya ha seleccionado la opción apropiada. Puesto que el archivo pudiera contener alguna fila de introducción, comentarios o títulos, debajo, en la misma ventana, indicaremos a partir de qué fila deseamos recuperar datos. Observe que en la parte inferior de la ventana hay una vista parcial del contenido del archivo que hemos abierto.

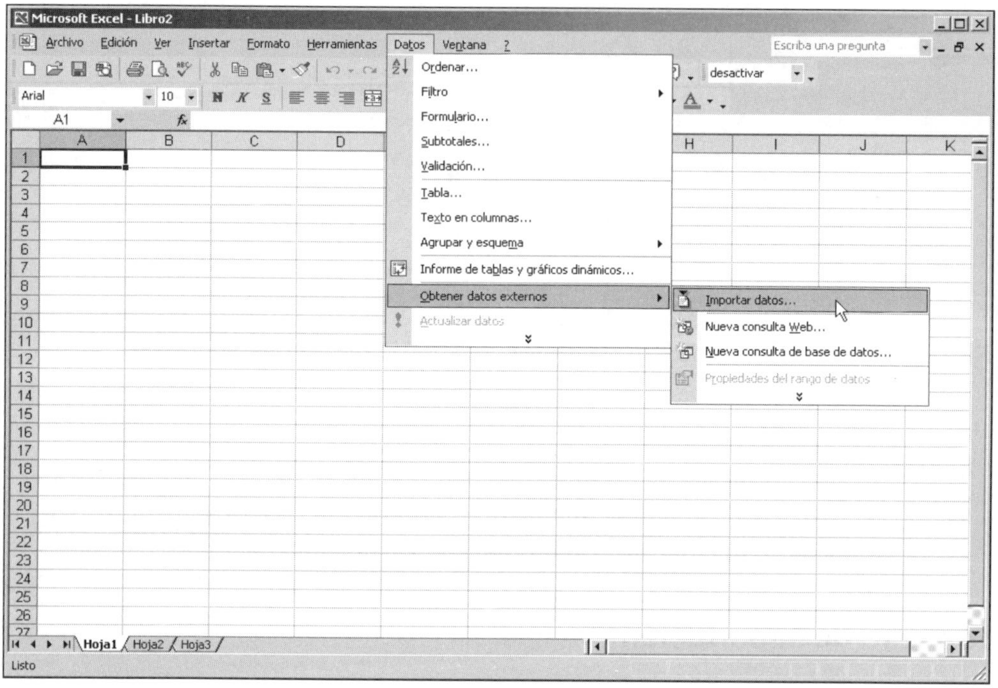

Figura 4.3. Elegimos la opción adecuada para importar el archivo de datos

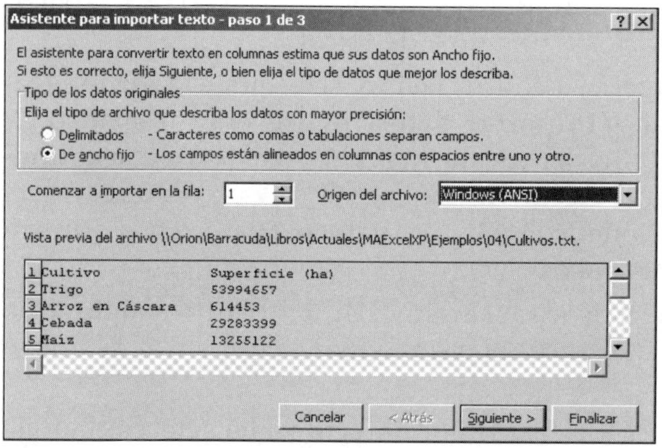

Figura 4.4. Primera ventana de parámetros para la importación de texto

Un elemento importante es el apartado Origen del archivo que, como se ve en la figura, tiene asociado una lista desplegable. En ella seleccionará la codificación del archivo de texto a importar. De ello depende que ciertos caracteres, como las letras acentuadas y otros símbolos, se importen apropiadamente o no. Si el texto lo ha creado desde Windows usando el Bloc de notas, por ejemplo, la codificación será Windows (ANSI).

El siguiente paso será delimitar el ancho de cada uno de los datos, entendiendo como tal la porción de información que va a copiarse en cada celdilla por cada fila existente en el archivo de texto. Inicialmente Excel propone (véase la figura 4.5) un ancho para cada columna que supone ha encontrado. Con simples operaciones de arrastrar y soltar podemos ajustar ese ancho, pudiendo también añadir y eliminar columna.

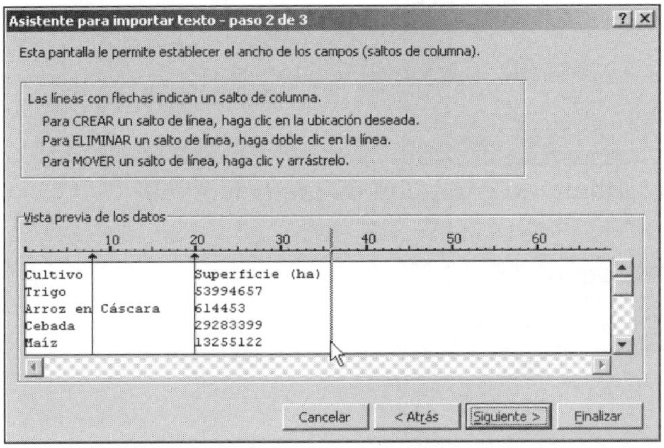

Figura 4.5. Modificamos el ancho de las columnas de datos

Teniendo ya indicadas las columnas, el último paso consistirá en indicar el formato de cada una de ellas. Básicamente, como puede verse en la figura 4.6, tenemos tres alternativas: usar un formato general, importar como texto o como una fecha. También es posible obviar la columna evitando su importación. La opción que elijamos afecta a la columna que, en ese momento, tengamos marcada en la parte inferior de la ventana.

El fin del proceso, al pulsar el botón **Finalizar**, tendrá como resultado la copia de los datos de su ubicación original al destino que seleccionemos: una determinada posición en la hoja actual o una hoja nueva.

En caso de que los datos en el archivo de texto no tengan un ancho fijo sino que estén separados por algún carácter, como puede ser una coma, el segundo paso del asistente será distinto. Esa ventana, ahora con el aspecto de la figura 4.7, nos permite indicar qué caracteres actuarán como separadores. Inicialmente está elegida sólo la opción Tabulación y, consecuentemente, deberíamos activar la opción Coma. Al hacerlo, verá entonces que automáticamente, en la parte inferior de la ventana, se definen las columnas de datos.

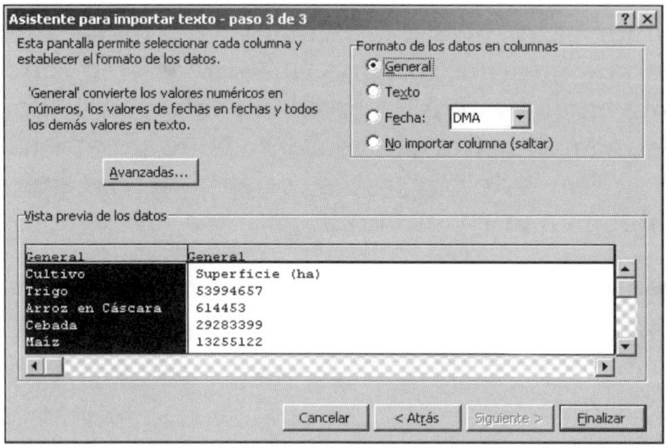

Figura 4.6. Seleccionamos el formato de cada una de las columnas

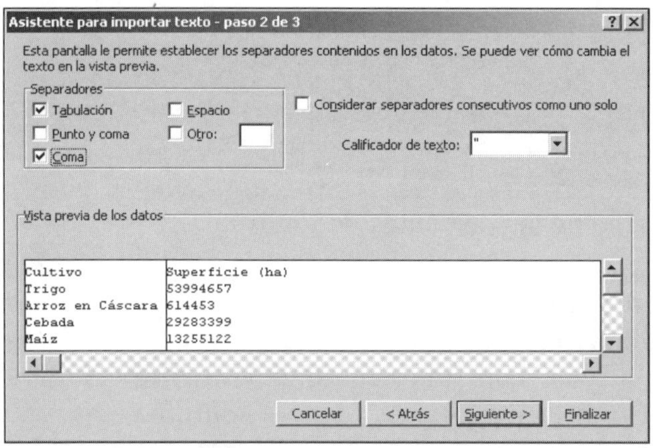

Figura 4.7. Ventana en la que se indican los caracteres que actúan como separadores de datos

Nota:

Puede activar varios separadores simultáneamente en caso de que en el archivo algunos datos estén separados con comas, espacios o puntos y comas.

Tablas de datos

Los archivos de texto representan un caso común a la hora de recuperar, desde Excel, datos de otras aplicaciones. Igualmente habitual es la necesidad de obtener esos datos desde tablas de bases de datos como dBase, aún muy usado por empresas, Paradox, Access, etc. En estos casos el archivo de datos no puede ser editado directamente con el Bloc de notas, siendo preciso usar aplicaciones específicas a tal efecto.

Por regla general, la importación de este tipo de archivos no requiere ningún paso previo salvo la indicación de destino de los datos que, como es habitual, puede ser en la hoja actual o en una nueva hoja. También es posible crear una tabla dinámica a partir de los datos, como se aprecia en la figura 4.8. En la carpeta de ejemplos de este capítulo encontrará un archivo llamado `Cultivos.dbf` que es una tabla de dBase.

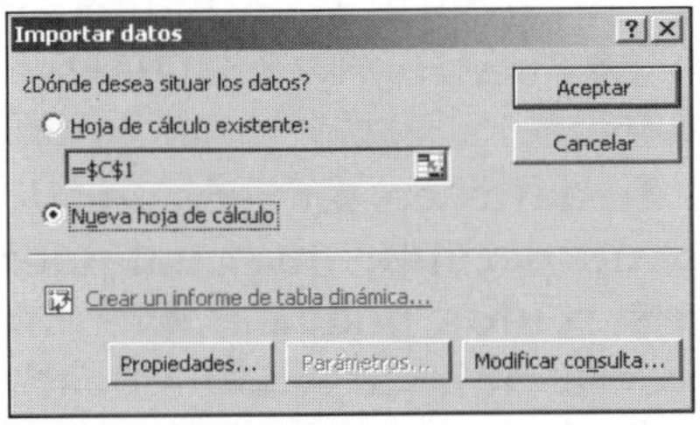

Figura 4.8. Especificamos el destino de los datos recuperados de la tabla

Consultas a bases de datos

Al importar datos como los cubiertos en los dos puntos anteriores, almacenados en un archivo, es Excel quien se preocupa de leer ese archivo y efectuar la conversión necesaria, sin ningún intermediario. Además, se importan todos los datos existentes en el archivo aunque, como se ha visto, es posible indicar una fila a partir de la cual comenzar la extracción de información.

En ocasiones puede ocurrir que los datos se encuentren almacenados en un formato que Excel no pueda leer directamente, teniendo que recurrir a un intermediario que se encargue de facilitarlos en la forma adecuada. Suponga, por ejemplo, que en su empresa hay un servidor utilizando SQL Server para almacenar los datos. Excel no puede leer directamente una base de datos de SQL Server, pero sí puede comunicarse con él para solicitarle los datos que le interesen. Esos datos, además, no tienen por qué ser una tabla completa, ya que podemos construir consultas que extraigan parte de una tabla o datos de múltiples tablas.

Si tenemos algún conocimiento del lenguaje de consulta de bases de datos SQL, no necesitaremos nada más que la opción usada hasta ahora para poder extraer los datos que deseemos. Existe también la alternativa, no obstante, de usar Microsoft Query para diseñar esa consulta sin necesidad de tener conocimientos previos.

Parámetros de conexión

La opción a utilizar para conectar con una base de datos es exactamente la misma usada hasta ahora: Datos>Obtener datos externos>Importar datos. En el cuadro de diálogo que muestra Excel, con una lista central donde aparecen los orígenes de datos ya predefinidos, existe un botón, en la parte inferior, llamado **Nuevo origen**. Al pulsarlo pondremos en marcha el proceso de definición de una nueva conexión, para lo cual deberemos facilitar todos los parámetros necesarios.

Supongamos que disponemos de una base de datos en un servidor de nuestra empresa. Éste ejecuta SQL Server para permitir que cualquier cliente, cualquier ordenador conectado a ese servidor, pueda extraer los datos que interesen. En la figura 4.9 puede ver la tabla `Cultivos` de dicha base de datos. Como se aprecia en el título de la ventana, la base de datos se llama `FAO` y el servidor donde está SQL Server es `Inspiron`.

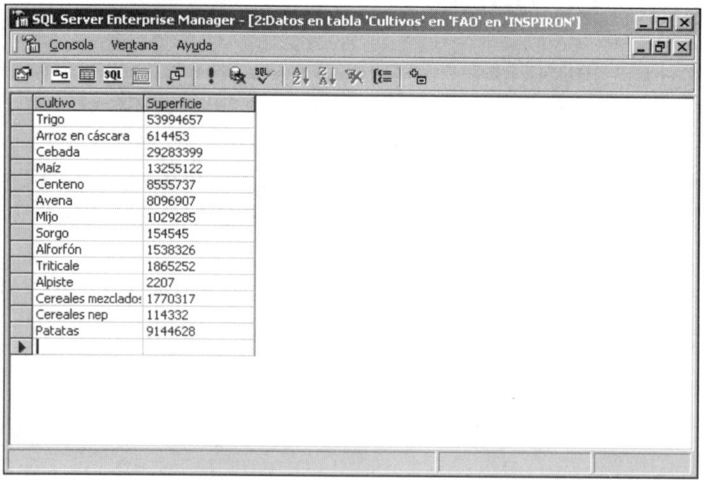

Figura 4.9. Aspecto de la tabla SQL Server con datos sobre cultivos

Ejemplo:

En la carpeta de ejemplos de este capítulo encontrará dos archivos, uno con extensión MDF y otro LDF, que son la base de datos de SQL Server. Debe tener acceso al Administrador corporativo para poder ponerlas en explotación y, así, conectar desde Excel para importar los datos. Posiblemente tenga que consultar con el administrador del sistema de su empresa para poder hacerlo.

Asumiendo que tenemos esta base de datos disponible en un servidor al que estamos conectados, iniciaríamos el proceso de definición de una nueva conexión tal y como acaba de describirse. Lo primero que tendremos que indicar, en la lista que ocupa el centro de la ventana mostrada en la figura 4.10, es el tipo de conexión. Como se puede ver, existen opciones que permiten la conexión directa con SQL Server, Oracle o los servicios OLAP de Microsoft. Usando la opción Otro o avanzado accederemos a una nueva ventana (véase la figura 4.11) que contiene la lista de todos los controladores disponibles en el sistema para conectar a bases de datos. Los controladores Microsoft Jet 3.51 y Microsoft Jet 4.0, por ejemplo, los usaríamos para conectar con Access 95 y 2000.

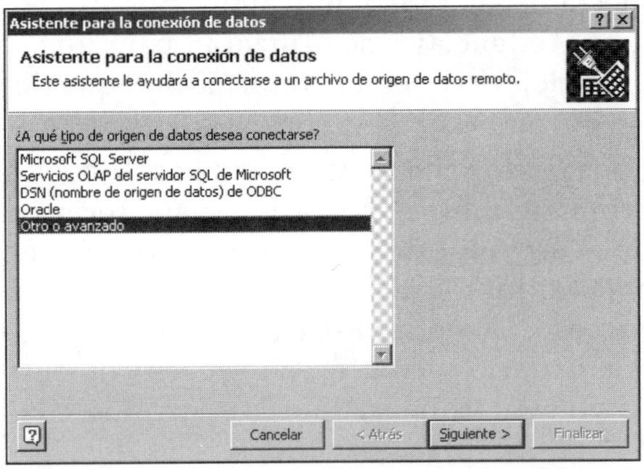

Figura 4.10. Indicamos el tipo de conexión que deseamos definir

Dado que, en nuestro caso, la base de datos a la que vamos a conectar es SQL Server, elegiríamos esa opción directamente en la primera de las ventanas. También podríamos, no obstante, abrir la segunda y utilizar el controlador Microsoft OLE DB Provider for SQL Server. El resultado y los pasos serían idénticos.

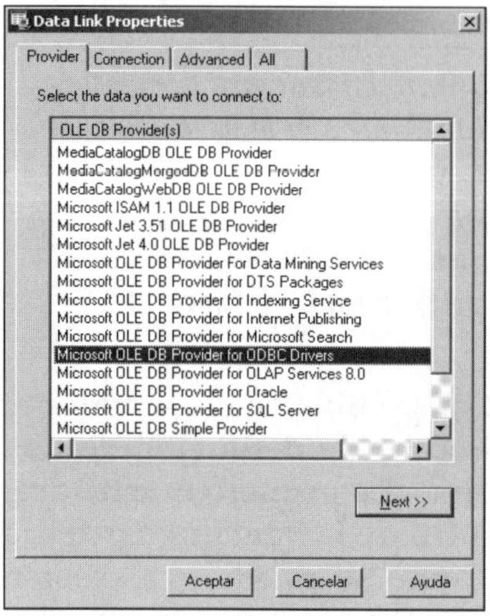

Figura 4.11. Al elegir la opción Otro o avanzado accedemos a la lista completa de posibles conexiones

En el siguiente paso deberemos facilitar el nombre del servidor donde está ejecutándose SQL Server. Éste puede ser el nombre de nuestra propia máquina, aunque lo habitual es que sea un ordenador dedicado a servir a los demás que estarán conectados a él mediante algún tipo de red. Es necesario indicar, además, qué credenciales se utilizarán para que el servidor de datos, SQL Server, nos deje acceder a la información que deseamos recuperar.

Lo habitual es dejar seleccionada la opción Utilizar seguridad de Windows 2000, de manera que nuestro propio nombre de usuario y clave servirán también para presentarnos ante el servidor de datos. Esto será posible, claro está, siempre que el administrador de sistema en la configuración de SQL Server nos permita ese acceso. De no ser así, es posible que necesitemos solicitarle un nombre de usuario y contraseña específicos para acceder a la base de datos, en cuyo caso utilizaríamos la segunda de las opciones.

Si nuestro ordenador puede conectar con el servidor de datos indicado sin problemas, lo próximo que veremos aparecer será una ventana como la de la figura 4.13. En la lista desplegable que hay en la parte superior se enumeran todas las bases de datos que existen en el servidor. Según la base que seleccionemos, debajo podremos ver todas las tablas disponibles. En este ejemplo abrimos la base de datos `FAO` y conectamos con la tabla `Cultivos`.

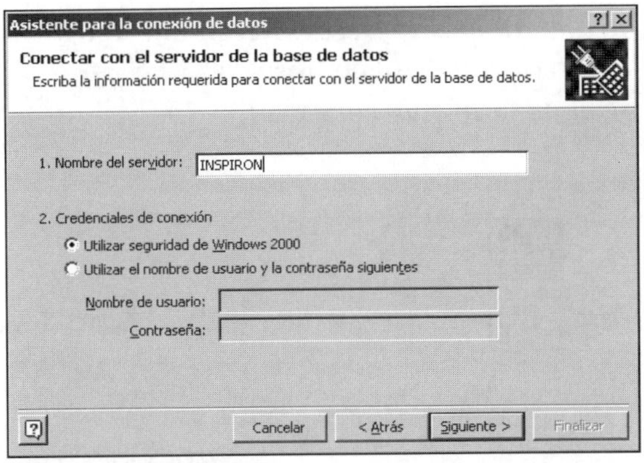

Figura 4.12. Indicamos el nombre del servidor de datos y las credenciales de acceso

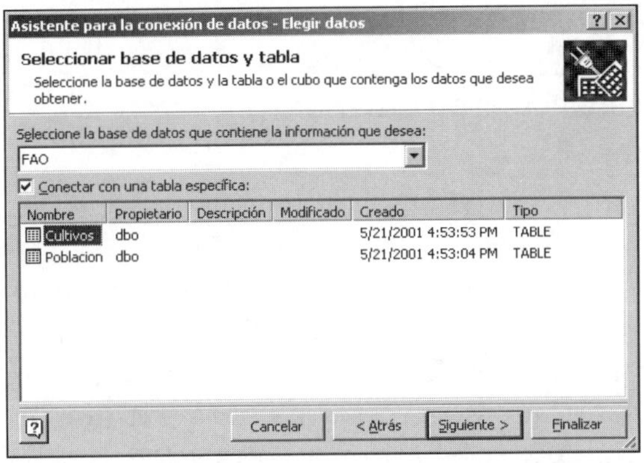

Figura 4.13. Seleccionamos la base de datos y la tabla a importar

Finalmente, en el último paso del asistente, guardaremos toda la información facilitada, los parámetros de conexión, en un archivo. Éste tendrá extensión ODC (*Office Data Connection*) y, opcionalmente, puede contar con una descripción que nos permita identificarlo en el futuro. Al pulsar el botón **Finalizar** de esta ventana se efectuará el proceso de conexión, solicitud de los datos e introducción en el destino que hayamos seleccionado, tal y como ocurría en los casos anteriores.

Truco:

Puede ejecutar los comandos que contiene un archivo ODC e importar los datos directamente en Excel desde el Explorador de Windows. No tiene mas que pulsar el botón secundario del ratón

sobre el archivo ODC y, del menú que aparece, seleccionar la opción Analizar en Excel. Se creará un nuevo libro con una página que tendrá por nombre el de la propia conexión.

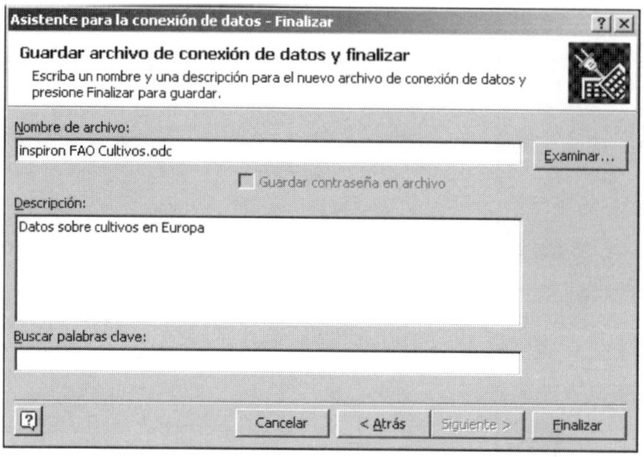

Figura 4.14. Guardamos todos los parámetros de conexión

Consultas web

No es extraño que, como ocurre con los ejemplos de este libro, la información que necesitamos analizar en nuestras hojas de cálculo se encuentre en un servidor web, ya sea en Internet o en una *intranet* interna de la empresa. Excel dispone de las herramientas necesarias para extraer información de páginas web, especialmente si ésta se encuentra estructurada en tablas.

Ya sabe que los datos que está utilizando como ejemplo se han obtenido de la sede web de la FAO, una organización de Naciones Unidas. Veamos cuáles serían los pasos para recuperar, por ejemplo, la superficie dedicada a los cultivos primarios en Europa efectuando una consulta web. Comenzaríamos por seleccionar la opción Datos>Obtener datos>Nueva consulta web. Ésta da paso a una ventana tipo Internet Explorer (véase figura 4.15) en la que introduciríamos la URL o dirección de la sede con la que deseamos conectar.

Observe que en la parte superior de la página mostrada aparecen unos recuadros con una flecha en su interior. Son unos botones que añade Excel para permitirnos seleccionar los apartados que nos interesan. Tras efectuar la consulta en esta página obtenemos, como se aprecia en la figura 4.16, una tabla con todos los datos solicitados. Simplemente pulsando en el botón con la flecha seleccionamos la tabla, efectuando la transferencia de datos al pulsar el botón **Importar**.

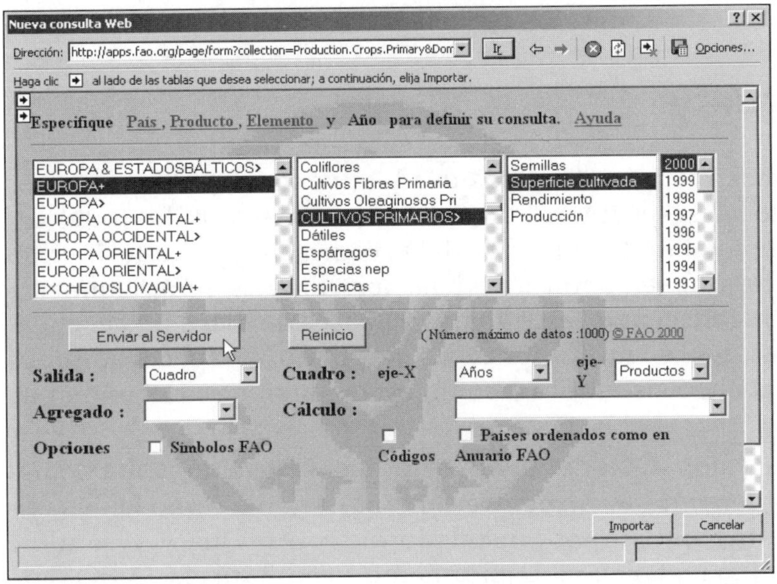

Figura 4.15. Accedemos a la sede donde se encuentran los datos y efectuamos la consulta

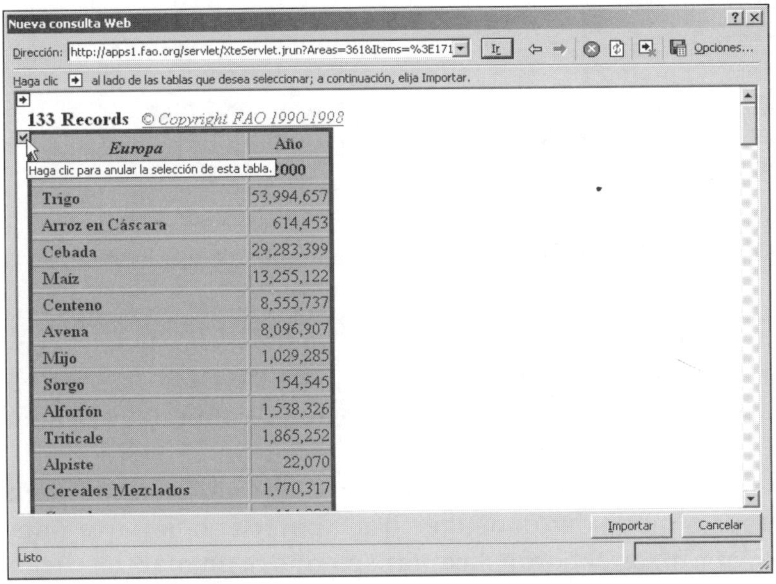

Figura 4.16. Tabla HTML con los datos recuperados a través de Internet

De una forma análoga puede importar cualquier información a Excel desde una página web, como por ejemplo, la clasificación de los equipos de fútbol, la lista de productos de una tienda electrónica o cualquier otra tabla de datos.

Microsoft Query

Hasta ahora hemos recuperado datos desde diversas fuentes: archivos de texto, tablas locales, servidores de datos y páginas web. En todos los casos hemos obtenido tablas o listas de datos completas, sin aplicar criterio alguno de filtrado, selección u ordenación. Esto es completamente posible, especialmente cuando se trabaja con bases de datos. Excel cuenta con un asistente que, en múltiples pasos, nos permite especificar todos los parámetros. Dicho asistente, así como otras funciones, dependen de Microsoft Query.

Si elige la opción Datos>Obtener datos externos>Nueva consulta de base de datos posiblemente se encuentre con una ventana como la de la figura 4.17, indicando que no está instalado Microsoft Query y dándole opción a efectuar esa instalación. Lógicamente, necesitará el CD-ROM de Office para efectuar este proceso.

Figura 4.17. Es necesario instalar Microsoft Query para poder efectuar consultas de bases de datos

Definición de un nuevo origen de datos

Tras la instalación, o si Microsoft Query ya estaba en el sistema, nos encontramos con un cuadro de diálogo en el que aparece una lista de conexiones existentes. Podemos seleccionar cualquiera de ellas o, como en nuestro caso (véase la figura 4.18), elegir la creación de un nuevo origen de datos.

Puesto que, por defecto, está marcada la opción Usar el Asistente para consultas para crear o modificar consultas que aparece en la parte inferior de la ventana, al pulsar el botón **Aceptar** se pondrá en marcha dicho asistente.

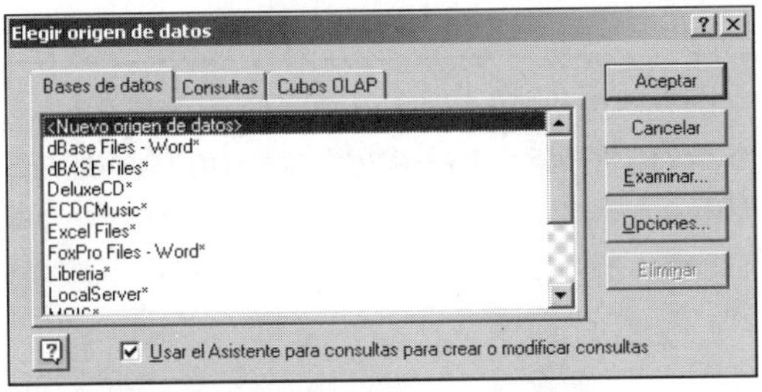

Figura 4.18. Ventana donde podemos elegir un origen de datos ya existente o crear uno nuevo

Selección del origen de los datos

El primer paso de este asistente (véase la figura 4.19) nos servirá para dar un nombre a este nuevo origen de datos, indicando también el tipo de base de datos en la que se encuentra la información. En la lista desplegable encontrará una serie de controladores para trabajar con las bases de datos más habituales. Tras esto, deberá pulsar el botón **Conectar** e introducir los parámetros que sean necesarios para, finalmente, indicar en la lista que hay debajo la tabla que nos interesa de esa base de datos.

Nota:

El nombre del origen de datos será utilizado como nombre de un archivo, con extensión DSN, en el cual se almacenarán todos los parámetros facilitados. Este nombre aparecerá posteriormente en la ventana de la figura 4.17, permitiéndonos así importar nuevamente la misma información siempre que lo necesitemos.

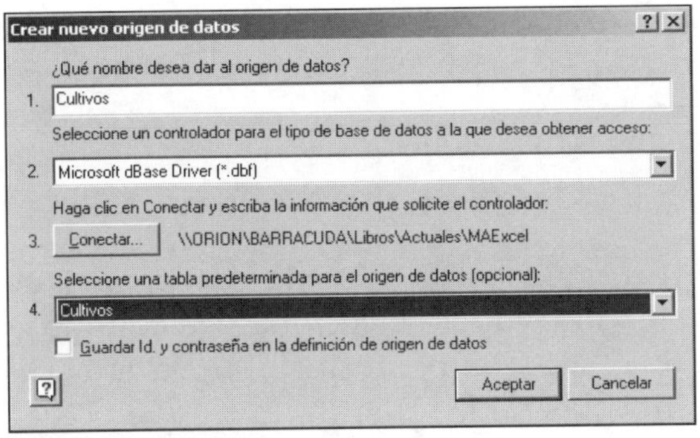

Figura 4.19. Seleccionamos el tipo de base de datos y la tabla que nos interese

Nota:

La selección de una tabla predeterminada para la conexión es opcional, dado que en los pasos siguientes será donde se establezcan los parámetros de la consulta.

Tablas y columnas

A continuación, en el segundo paso del asistente, encontraremos una ventana con dos listas: una a la izquierda, con las tablas que hay disponibles en la base de datos y las columnas de cada una de ellas, y otra a la derecha.

Usando los botones que hay en la parte central, según puede verse en la figura 4.20, trasvasaríamos a la lista de la derecha las columnas que nos interesen de cada tabla.

En nuestro caso concreto, hemos elegido las dos columnas de la única tabla y las hemos añadido a la lista Columnas en la consulta, incluyéndolas así en los campos de datos de la consulta. Pulsando el botón **Vista previa ahora** aparecerá en la parte inferior de la ventana una lista de los datos que contiene la columna seleccionada en ese momento.

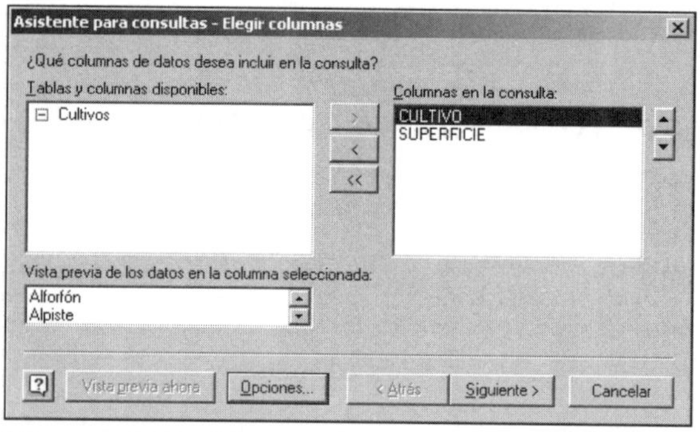

Figura 4.20. Elegimos las columnas que formarán parte de la consulta

Si tuviéramos disponibles múltiples tablas en la base de datos, aunque no es éste el caso en nuestro ejemplo, podríamos seleccionar las columnas que nos interesaran de cada una de ellas. Con posterioridad, sería necesario establecer alguna relación entre las tablas que permitiese efectuar la extracción de información de manera consistente, de tal forma que cada fila de una tabla equivaliese a una o más filas de la otra tabla.

Condiciones y orden

Con los pasos dados hasta ahora tendríamos seleccionada una tabla de una base de datos, como en ejemplos de puntos anteriores. Es a partir de ahora cuando comenzarán las diferencias. La ventana siguiente del asistente, similar a la de la figura 4.21, nos servirá para establecer condiciones que nos permitan filtrar los datos.

En la lista de la izquierda aparecen las columnas que habíamos seleccionado en el paso previo. Para establecer una condición comenzaremos por elegir una de esas columnas. A continuación seleccionaremos el tipo de condicional e introduciremos un valor de referencia. Como puede ver, en este caso solicitamos los cultivos a cuya superficie se hayan dedicado más de 50.000 hectáreas.

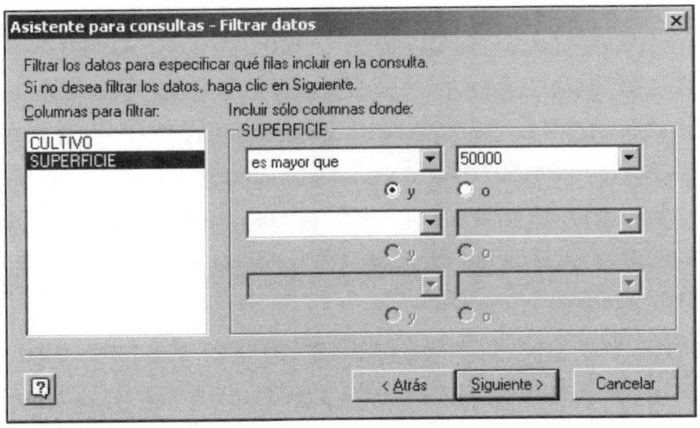

Figura 4.21. Ventana para definir los condicionales de filtración de datos

Podemos establecer varios condicionales y combinarlos con los operadores y u o que hay debajo de cada pareja de listas.

Si usamos el operador y deberán cumplirse las dos condiciones a las que está asociado, mientras que con el operador o basta con que cualquiera de las dos se cumpla.

Al pulsar el botón **Siguiente >** accederemos al penúltimo paso del asistente. Como se aprecia en la figura 4.22, el proceso es bastante simple. Basta con elegir la columna por la que deseemos ordenar y, a continuación, indicar si deseamos que dicho orden sea de menor a mayor o viceversa. Es posible especificar varias columnas para ordenar.

Finalmente, tras una nueva pulsación del botón **Siguiente >**, podrá optar entre ejecutar la consulta y retornar los datos a Excel, guardar la consulta o ver los datos y modificar la consulta utilizando Microsoft Query.

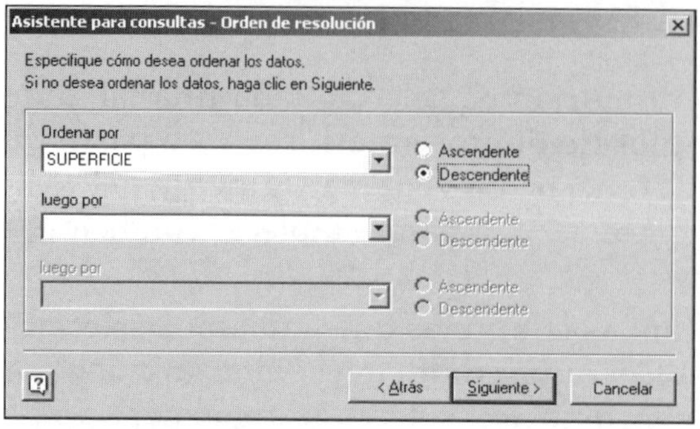

Figura 4.22. Es posible ordenar los datos por una o más de las columnas de datos

Modificar la consulta

Aunque, como verá en un momento, en cualquier momento podemos volver al asistente que acabamos de utilizar para efectuar cambios en la consulta, esta tarea también puede efectuarse directamente desde Microsoft Query. Esta aplicación es una herramienta externa capaz de comunicarse muy estrechamente con Excel. Aunque podemos ejecutarla por separado, crear una consulta y almacenar ésta en un archivo, es mucho más cómodo usarla directamente desde Excel.

Desde la última ventana del asistente anterior puede acceder a Microsoft Query para modificar la consulta. Si cerró el asistente, sitúese sobre cualquiera de las celdillas de datos obtenidos tras la consulta, abra el menú emergente y seleccione la opción Modificar consulta y, cuando aparezca la primera ventana del asistente, pulse la tecla **Esc**, respondiendo afirmativamente a la pregunta de si desea continuar la modificación en Microsoft Query. En cualquier caso, y puesto que estamos modificando una consulta que ya habíamos definido mediante el asistente, se encontrará con una ventana como la de la figura 4.23. En ella podemos ver tres paneles que, de arriba a abajo muestran: las tablas que intervienen en la consulta, los criterios de filtrado y el resultado que se obtendría.

Utilizando los botones que aparecen en la parte superior es posible añadir nuevas tablas a la consulta, acceder directamente a la sentencia SQL de consulta o modificar el orden en que aparecen los datos resultantes. En el panel de criterios es posible tanto la modificación de la condición existente como la adición de otras nuevas. Tan sólo hay que seleccionar la columna de una lista desplegable y, a continuación, introducir el operador y el valor de referencia.

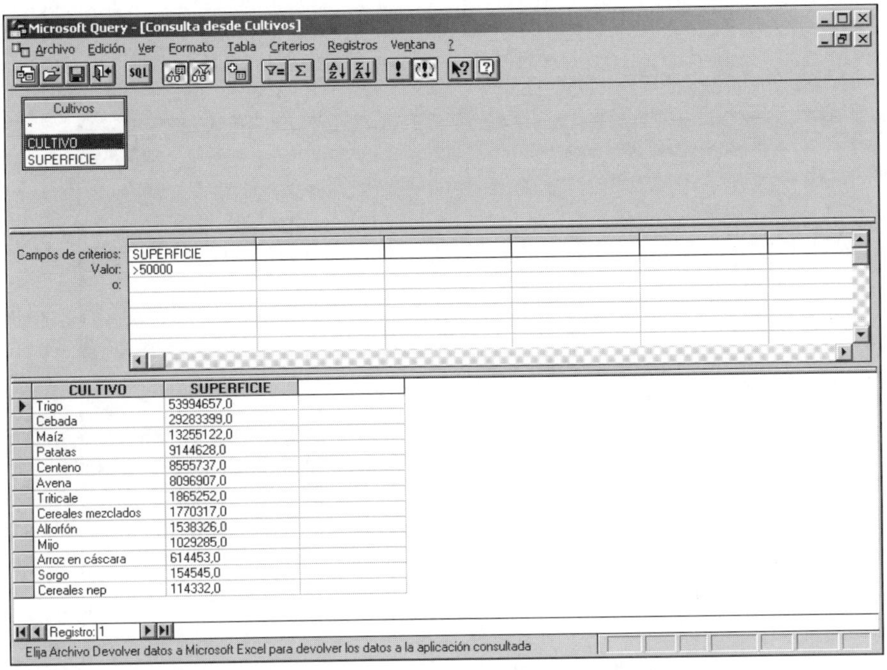

Figura 4.23. Aspecto de la herramienta Microsoft Query modificando una consulta

Lo más interesante es que, a medida que efectuemos cambios, podremos ir viendo de manera inmediata los datos que obtendríamos en Excel. La simple pulsación de un botón cerrará Microsoft Query y devolverá esos resultados a nuestra hoja.

Propiedades de los datos

Siguiente los pasos explicados en los puntos previos puede importar datos prácticamente desde cualquier fuente disponible, desde un simple archivo de texto hasta un servidor de bases de datos, pasando por páginas web o tablas de datos locales. Todos los parámetros de la conexión o consulta suelen almacenarse en un archivo pero, además, existen una serie de propiedades adicionales que también afectan a la consulta.

Al seleccionar datos obtenidos a través de una consulta aparece automáticamente una paleta de botones específica para su manipulación. Uno de estos botones, resaltado en la figura 4.24, da acceso a la ventana de propiedades. En ella encontrará todas las opciones necesarias para controlar el modo de actualización de los datos, el formato a aplicar o el método para la inserción/eliminación de filas al actualizar los datos.

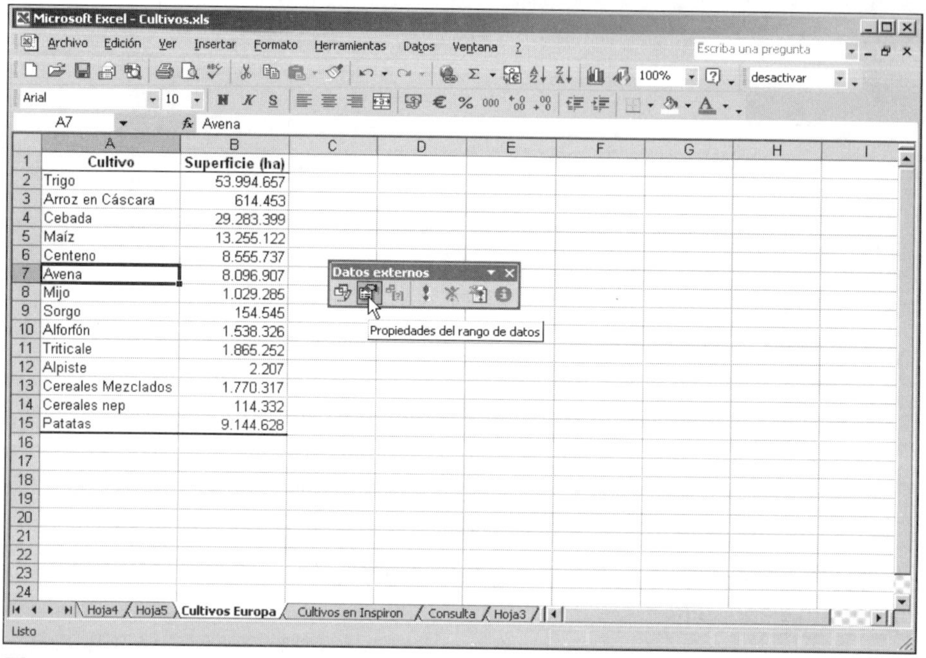

Figura 4.24. Paleta de botones para actuar sobre datos obtenidos de una consulta

El botón que aparece a la izquierda del anterior nos permite modificar la consulta. Si ésta fue creada con Microsoft Query aparecerá el asistente cuyos pasos se han recorrido antes. Si se trata de una consulta web, aparecerá la misma ventana tipo explorador. Otras opciones pueden permitirnos seleccionar un nuevo archivo de texto o, incluso, acceder a la cadena de conexión usada para la importación de datos.

Actualización de los datos

Aunque aparentemente los datos que hemos importado aparecen en la hoja de cálculo como otros datos cualquiera, lo cierto es que tienen asociada la información necesaria para poder actualizarse cuando esto sea necesario, automática o manualmente según nuestras preferencias. La actualización manual se realiza simplemente pulsando el botón . Según el tipo de consulta, Excel intentará recuperar de nuevo el archivo de texto, conectar con el servidor de datos o con la página web de la que procedían los datos originales.

Si lo deseamos, podemos usar las opciones de la ventana de propiedades de la consulta para definir los métodos de actualización que deseamos. Como se observa en la figura 4.25, existe un apartado llamado Control de actualizaciones en el que existen varias opciones. Con ellas puede, por ejemplo, programar la actualización de los datos cada cierto periodo de tiempo o cada vez que se abra el libro.

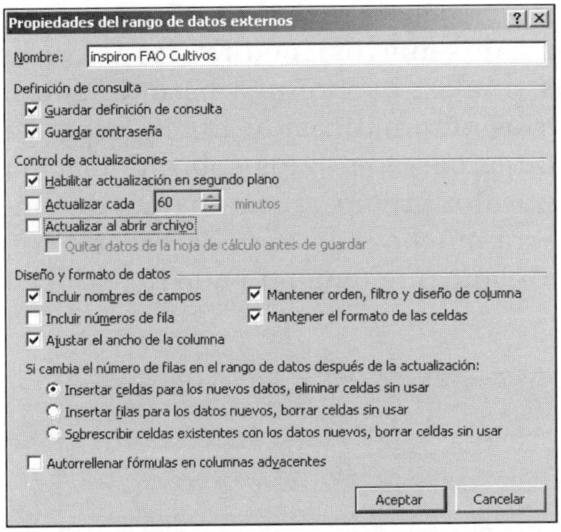

Figura 4.25. Ventana de propiedades que contiene las opciones de actualización

Advertencia:

Debe tener en cuenta que la actualización de los datos puede resultar imposible en caso de que no se disponga de una conexión con el servidor de datos o una conexión a Internet. Normalmente aparecerá una ventana con un mensaje de error notificándole cuál es el problema.

Como cualquier otra información alojada en una hoja de Excel, los datos importados podemos modificarlos siempre que deseemos. Una actualización posterior, sin embargo, restauraría los valores que, en dicho momento, existiesen en la base de datos, página web o cualquier otro origen seleccionado.

Edición de bases de datos

Las bases de datos, ya estén compuestas por datos importados mediante cualquiera de los métodos citados o bien creadas directamente en una hoja de Excel, tienen la particularidad de estar formadas por filas o registros, cada una de las cuales está constituida siempre por las mismas columnas o campos. Al fin y al cabo, cada cruce entre fila y columna es una celdilla y, como tal, podemos editarla, ya sea *in situ* o bien en la Barra de fórmulas.

Cuando van a introducirse muchos datos nuevos, modificarse los existentes, efectuar búsquedas y tareas similares sobre una base de datos, podemos servirnos de los formularios automáticos de Excel. Suponga que tiene que editar información de la base de datos sobre población mundial utilizada en ejemplos de capítulos previos y que aparece de fondo en la figura 4.26. Lógicamente, será mucho más cómodo hacerlo con el formulario que aparece en primer plano que teniendo que ir celdilla a celdilla.

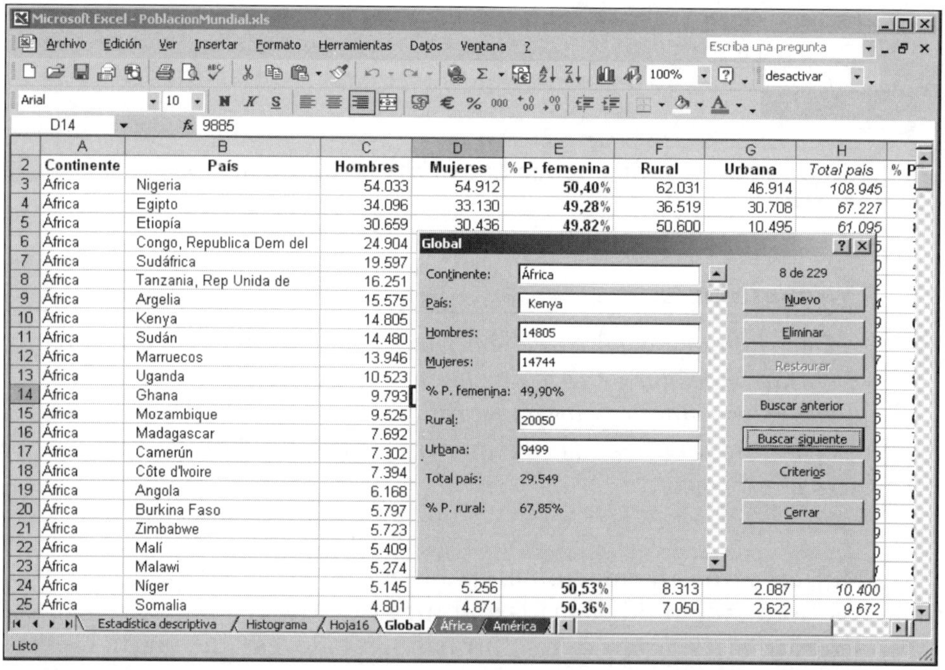

Figura 4.26. Un formulario automático para editar la base de datos de población

Para hacer aparecer este formulario lo único que tiene que hacer es situarse en cualquier punto de la base de datos, es decir, en cualquier celdilla de la tabla formada por las filas y columnas de datos, y, a continuación, elegir la opción Datos>Formulario. No es necesario hacer nada más, verá que automáticamente Excel genera el formulario y éste muestra ya la primera fila de datos.

Usando los dos primeros botones del formulario, contando de arriba a abajo, podremos insertar nuevas filas o eliminar la que en ese momento hay visible.

Los botones **Buscar anterior** y **Buscar siguiente** se utilizan para ir recorriendo las filas de la base de datos. Puesto que, en principio, no hay ningún criterio de filtrado, esos botones irán fila a fila. Pulsando el botón **Criterios** puede introducir en el propio formulario una o más condiciones, de tal manera que los botones de búsqueda recorran sólo aquellas filas que se ajusten a esos criterios.

Nota:

Observe que en el formulario, los datos que se han obtenido a partir de fórmulas aparecen, pero no pueden editarse, lo cual es totalmente lógico. Al introducir nuevas filas sólo será necesario escribir los datos que no son fórmulas, ya que éstas serán copiadas y calculadas automáticamente.

Funciones de bases de datos

Sobre la información de una base de datos podemos operar utilizando cualquiera de las funciones estadísticas y matemáticas que ya conocemos. Es posible así, por ejemplo, contar el número de entradas que existen, hallar los valores máximo, mínimo y medio, etc.

De igual forma, pueden utilizarse opciones que han sido descritas en capítulos previos para filtrar los datos y hacer más fácil la búsqueda e interpretación.

Excel, no obstante, dispone de un conjunto de funciones específicas para el trabajo con bases de datos. Éstas se caracterizan por comenzar siempre su nombre con los caracteres BD, siendo su finalidad la resumida en la tabla 4.2. Los parámetros necesarios son casi siempre los mismos.

Tabla 4.2. Funciones para operar sobre bases de datos en Excel

Función	Finalidad
BDCONTAR	Cuenta el número de celdillas que contienen datos numéricos.
BDCONTARA	Cuenta el número de celdillas que no están vacías.
BDDESVEST	Calcula la desviación estándar basándose en una muestra.
BDDESVESTP	Calcula la desviación estándar basándose en todos los datos de la base.
BDEXTRAER	Recupera un cierto dato de la base.
BDMAX	Devuelve el máximo valor.
BDMIN	Devuelve el mínimo valor.
BDPRODUCTO	Multiplica los valores indicados.
BDPROMEDIO	Devuelve el valor promedio.
BDSUMA	Devuelve la suma de los valores.
BDVAR	Calcula la varianza basándose en una muestra.
BDVARP	Calcula la varianza basándose en todos los datos de la base.

Los parámetros que necesitan estas funciones para poder efectuar su trabajo son tres:

- Una referencia al rango de celdas que contiene la base de datos. Se asume que la primera fila contiene los títulos de cada columna. Lógicamente, podemos utilizar un nombre previamente asignado a la base de datos.
- Nombre de la columna sobre la que va a operarse. Dicho nombre deberá ser el título que exista en dicha columna, aunque también pueden utilizarse números para referirse a ellas por orden.
- Referencia a un rango de celdillas que contenga los criterios de selección de los datos. La sintaxis es similar a la descrita en un capítulo previo para la creación de filtros avanzados.

Para ver un ejemplo de uso de estas funciones volvamos a abrir la hoja de cálculo con datos de población que usábamos en capítulos previos. Nos interesa, concretamente, la hoja de datos global con población de todos los continentes y los porcentajes de población rural y femenina.

Ejemplo:

Puede encontrar este ejemplo en la hoja `DatosPoblacion.xls` *de la carpeta de ejemplos correspondiente a este capítulo.*

Lo primero que haríamos sería copiar la fila que contiene todos los títulos en otro lugar, por ejemplo debajo de la tabla de datos, para usarlos como encabezados del área de criterios. Justo debajo introducimos dichos criterios, por ejemplo países europeos que cuenten con una población rural superior al 50 por ciento, como se aprecia en la figura 4.27. Tan sólo resta introducir las fórmulas con las funciones de bases de datos. En la misma figura puede ver cómo se utiliza la función `BDPROMEDIO` para calcular la población media de los países que cumplen esos criterios.

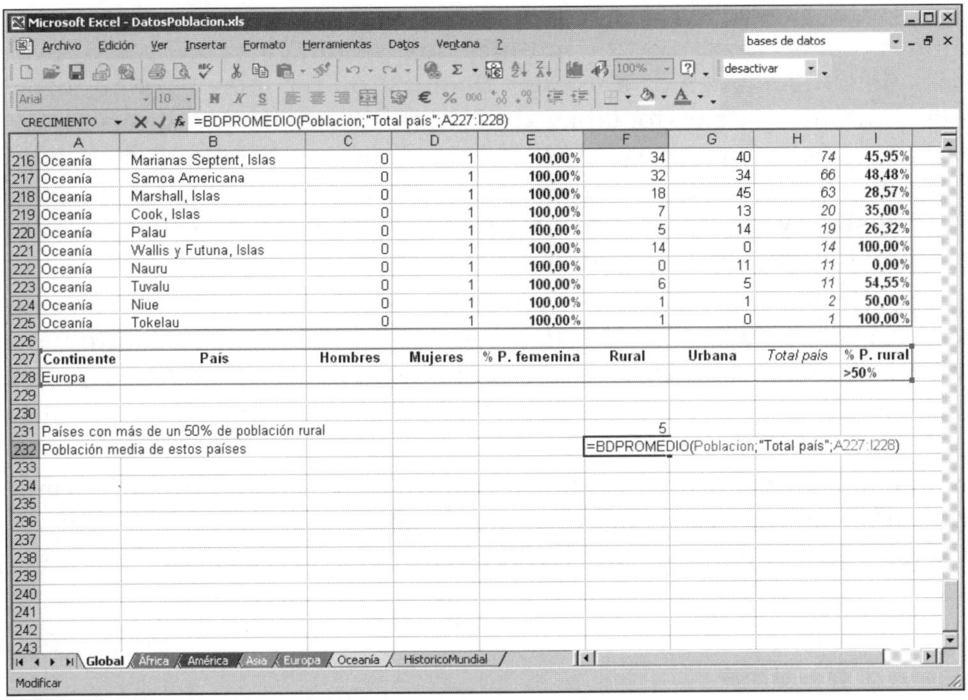

Microsoft Excel - DatosPoblacion.xls

CRECIMIENTO =BDPROMEDIO(Poblacion;"Total país";A227:I228)

	A	B	C	D	E	F	G	H	I
216	Oceanía	Marianas Septent, Islas	0	1	100,00%	34	40	74	45,95%
217	Oceanía	Samoa Americana	0	1	100,00%	32	34	66	48,48%
218	Oceanía	Marshall, Islas	0	1	100,00%	18	45	63	28,57%
219	Oceanía	Cook, Islas	0	1	100,00%	7	13	20	35,00%
220	Oceanía	Palau	0	1	100,00%	5	14	19	26,32%
221	Oceanía	Wallis y Futuna, Islas	0	1	100,00%	14	0	14	100,00%
222	Oceanía	Nauru	0	1	100,00%	0	11	11	0,00%
223	Oceanía	Tuvalu	0	1	100,00%	6	5	11	54,55%
224	Oceanía	Niue	0	1	100,00%	1	1	2	50,00%
225	Oceanía	Tokelau	0	1	100,00%	1	0	1	100,00%
226									
227	Continente	País	Hombres	Mujeres	% P. femenina	Rural	Urbana	Total país	% P. rural
228	Europa								>50%
231	Países con más de un 50% de población rural					5			
232	Población media de estos países					=BDPROMEDIO(Poblacion;"Total país";A227:I228)			

Global / África / América / Asia / Europa / Oceanía / HistoricoMundial

Modificar

Figura 4.27. Usamos las funciones de bases de datos para extraer información

De una manera análoga podríamos obtener el porcentaje máximo de población urbana de las filas que cumplen los criterios, la desviación o la varianza. Observe que el cálculo es dinámico y basta la modificación de cualquier parámetro en el área de criterios para que los resultados se actualicen en consecuencia. De esta forma, puede ver los datos relativos a cada continente simplemente cambiando su nombre en los criterios. Si elimina el nombre del continente la función analizará toda la base de datos sin tener en cuenta ese criterio.

Resumen

Como ha podido ver en este capítulo, Excel es una herramienta que podemos utilizar para analizar información que no tiene por qué ser necesariamente introducida de forma manual, ya que es posible importarla desde muy diversas fuentes.

Más allá de las operaciones de copiar y pegar o arrastrar y soltar, mediante las cuales Excel puede comunicarse directamente con otras aplicaciones de Office, tenemos a nuestra disposición recursos para importar datos de archivos de texto, tablas de distintas bases de datos, servidores de bases de datos y páginas HTML. Los parámetros de importación, además, pueden definir filtros, relaciones y secuencias de ordenación, convirtiéndose en verdaderas consultas de bases de datos. En este apartado, Microsoft Query será la herramienta más efectiva.

Los datos importados mantienen en la hoja de cálculo toda la información necesaria para poder actualizarse, ya sea a demanda nuestra o automáticamente. Todos los parámetros de consultas, además, son almacenados en archivos que pueden utilizarse con posterioridad para importar nuevamente los mismos datos.

Finalmente, en los últimos puntos del capítulo, se han descrito los formularios, que simplifican las operaciones de edición de datos, y las funciones específicas con que cuenta Excel para operar sobre bases de datos.

Capítulo 5

Gráficos y diagramas

En este capítulo aprenderá a:

- Diseñar gráficos a partir de los datos numéricos.
- Utilizar imágenes y otros elementos gráficos.
- Crear diagramas y organigramas.

Las primeras hojas de cálculo tan sólo eran capaces de realizar operaciones sobre los datos numéricos, ofreciendo resultados que, sin ellas, requerían mucho más trabajo. Su función terminaba, básicamente, ahí. Microsoft Excel, por el contrario, puede usarse como una herramienta para presentar esos datos y resultados, generando para ello gráficos que pueden ser complementados con imágenes, elementos visuales diversos y diagramas.

El objetivo es que, al finalizar la lectura del capítulo, esté en condiciones de presentar la información alojada en sus hojas de cálculo de la manera más clara y atractiva posible. Una correcta presentación puede hacerle ganar muchos puntos sobre otra mediocre, a pesar de que los datos y resultados sean los mismos en ambos casos.

Generación de gráficos

El proceso a seguir para la definición e inserción de un gráfico, ya sea en la misma hoja donde están los datos o en otra hoja del mismo libro, es bastante sencillo. Esto es así gracias a la existencia de un asistente que, en unos cuantos pasos, solicita toda la información necesaria: datos de entrada, títulos, estilo del gráfico, atributos para todos los elementos, etc. Para activar dicho asistente basta con pulsar un botón, habiendo previamente situado el foco de entrada en la tabla que contiene los datos.

Los gráficos aparecen, en la hoja de cálculo, como objetos compuestos de múltiples partes, cada una de las cuales cuenta con un grupo de propiedades y atributos. Tras la generación del gráfico es posible modificar cualquiera de esas propiedades, existiendo para ello una barra de botones específica que da paso a una importante cantidad de ventanas y fichas.

Veamos en este punto los pasos necesarios para crear un gráfico bastante sencillo. Éste nos servirá, a continuación, para conocer muchas de las posibilidades gráficas de Excel.

Creación del gráfico

Lógicamente, para crear un gráfico necesitamos previamente disponer de unos datos. Éstos serán los usados en un capítulo previo relativos a la evolución de la población mundial en el último milenio. Teniendo abierta la hoja correspondiente a estos datos, que puede ver en la figura 5.1, pulsamos el botón Asistente para gráficos que encontramos en la paleta de botones estándar. Con ello accedemos al primer paso, de un total de cuatro, del asistente.

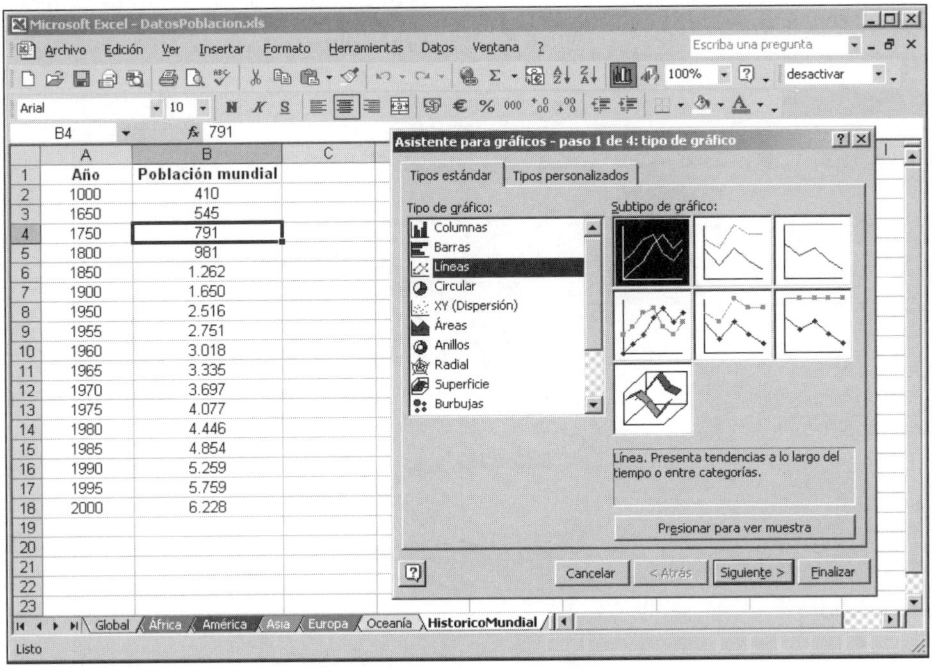

Figura 5.1. Inicio del asistente para creación de un gráfico

Como puede ver en la mencionada figura, elegiremos crear un gráfico de línea, especialmente indicado cuando lo que se quiere representar, como en este caso, es una tendencia a lo largo del tiempo. Al pulsar el botón **Siguiente >** verá que el asistente automáticamente selecciona toda la tabla de datos, generando dos series al entender que la información está dividida en dos columnas.

Dado que la primera columna lo que contiene son títulos, concretamente los años a que pertenecen los datos, modificaremos ese rango seleccionando tan sólo la columna en la que están los datos de población, incluyendo el título.

Antes de ir al paso siguiente active la ficha **Serie** y, seleccionando el apartado Rótulos del eje de categorías (X), marque el rango de celdillas que contiene los años a que pertenecen los datos, en este caso sin incluir el título, como se aprecia en la figura 5.2. Ahora puede pulsar el botón **Siguiente >** para acceder al tercer paso del asistente.

Ejemplo:

Este ejemplo, con el gráfico ya creado, puede encontrarlo en el libro `DatosPoblacion.xls` *que se encuentra en la carpeta de ejemplos correspondiente a este capítulo.*

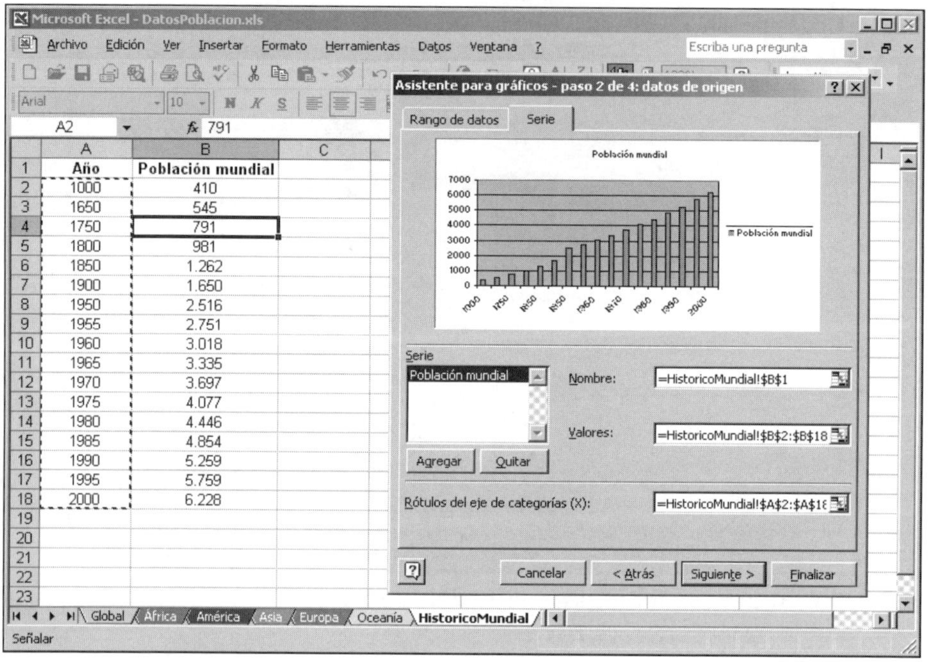

Figura 5.2. Definimos el rango de celdillas que contiene los títulos asociados a los puntos de datos

En este tercer paso estableceremos los títulos para ambos ejes, el vertical y el horizontal, pudiendo además, si lo deseamos, efectuar otros cambios como la inserción de líneas divisorias en los ejes, modificar la posición de la leyenda o eliminarla si no aclara nada en especial, etc. En el panel derecho de esta ventana (véase figura 5.3) puede ir viendo cómo quedará el gráfico.

Finalmente, en el que sería último paso del asistente, simplemente indicaremos cuál será el destino del gráfico: una hoja nueva o la actual. Al pulsar el botón **Finalizar** verá aparecer un recuadro con el gráfico. Puede modificar sus dimensiones y posición, colocando el gráfico con el tamaño y en el lugar que le interese. La figura 5.4 muestra el gráfico en la misma hoja donde estaban los datos, concretamente a la derecha de éstos.

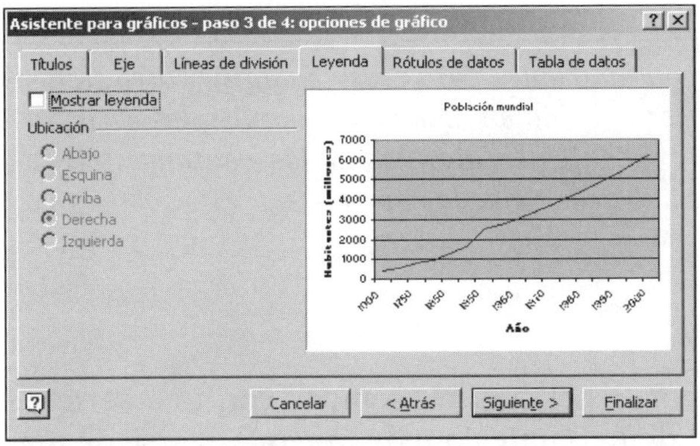

Figura 5.3. Establecemos títulos y otras propiedades del gráfico

Observe que en la parte superior de la imagen, sobre el gráfico, aparece la paleta de herramientas específica para gráficos. Ésta puede, lógicamente, alojarse en cualquier otra posición, por ejemplo junto a las demás paletas de botones y herramientas.

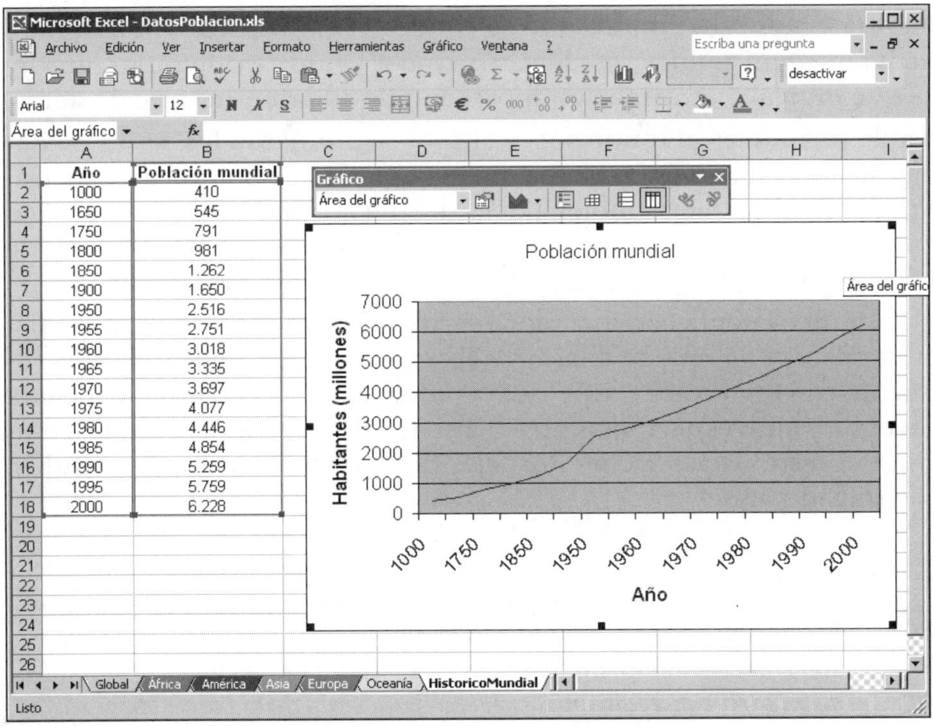

Figura 5.4. Hoja de cálculo con el gráfico ya terminado

Nota:

Los pasos descritos son aplicables para crear cualquier otro tipo de gráfico, con una serie, como en este caso, o múltiples series. Las distintas fichas existentes en algunas de las ventanas pueden utilizarse para establecer todas las opciones.

Áreas del gráfico

Cualquier gráfico generado por Excel cuenta siempre con una serie de elementos comunes, cada uno de los cuales puede personalizarse de manera individual. Esos elementos aparecen todos en el interior de lo que se denomina *área del gráfico*, que es la zona delimitada por el recuadro más exterior, separando el propio gráfico de los datos de la hoja de cálculo.

La figura 5.5 muestra una versión modificada del gráfico utilizado en el ejemplo anterior, indicando la denominación con la que suele conocerse a todos sus elementos. Dentro del área del gráfico hay tres títulos: uno general, asociado al gráfico, y dos correspondientes a los ejes de valores y categorías, nombres con los que se conoce al eje vertical y horizontal, respectivamente. También puede verse, bajo el título de categorías, una leyenda que indica la información representada en la única serie de datos.

El área de trazado es el fondo sobre el cual se dibujarán las series de datos, en este caso concreto en forma de línea. En el interior del área de trazado podemos disponer también líneas de división, tanto verticales como horizontales y en dos niveles distintos. Por último, debajo del área de trazado y el eje de categorías, podemos ver una tabla de datos.

Nuestro gráfico cuenta con una única serie de datos, pero podríamos disponer varias y cada una de ellas aparecería como una línea distinta, posiblemente con otro color o tipo de trazado. Cada serie tendría asociada una leyenda y sus respectivas entradas en la tabla de datos, aunque compartirían el resto de los elementos: ejes de valores y categorías, títulos, área de trazado, etc.

Nota:

Puede seleccionar cualquier área del gráfico haciendo clic sobre ella con el botón principal del ratón. También puede usar la lista desplegable que hay en el extremo izquierdo de la paleta de herramientas asociada al gráfico.

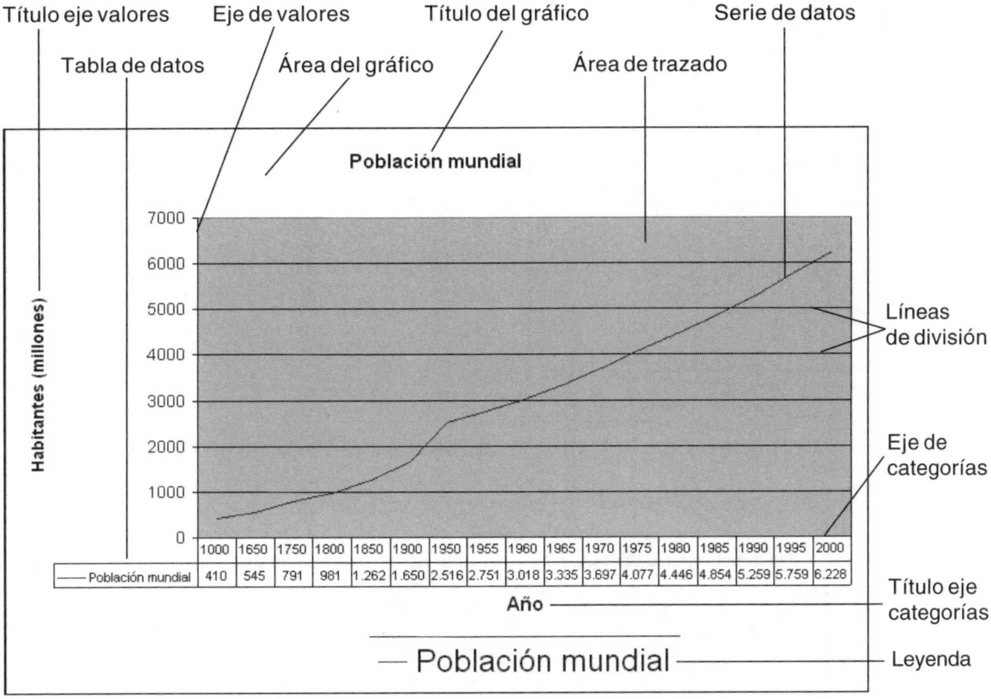

Figura 5.5. Elementos que componen un gráfico en Excel

Personalización de los elementos

Cada uno de los elementos que acaban de mencionarse en el punto anterior dispone de una serie de propiedades. Podemos acceder a ellas desde una ventana que abriremos con el botón Formato de ... que aparece en la barra de herramientas para gráficos, existiendo también la alternativa de pulsar el botón secundario del ratón y, del menú emergente, seleccionar la primera opción.

Lógicamente, la ventana de propiedades de cada uno de los elementos contará con opciones exclusivas o específicas. Existen, no obstante, algunos grupos que podríamos denominar generales: tipo y atributos de letra, colores y rellenos, formato de datos y alineación son algunas de esas propiedades. Con estas opciones de personalización puede establecer imágenes como fondo del área de trazado, modificar la orientación de los títulos, el color de los datos, etc. La figura 5.6 corresponde a la ventana de propiedades de la tabla de datos, mientras que la 5.7 muestra el gráfico tras haber efectuado algunos cambios.

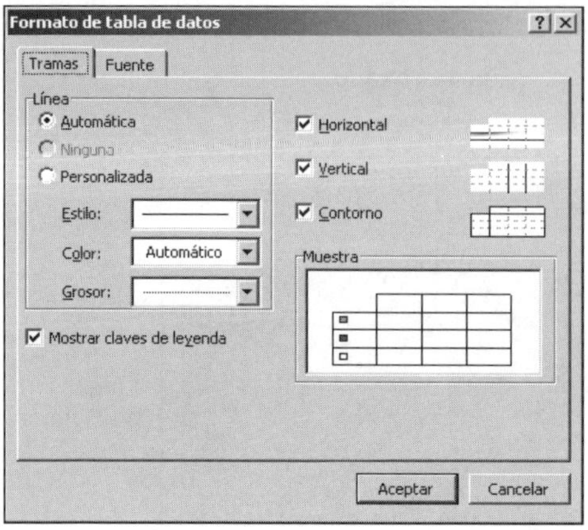

Figura 5.6. Propiedades de la tabla de datos asociada al gráfico

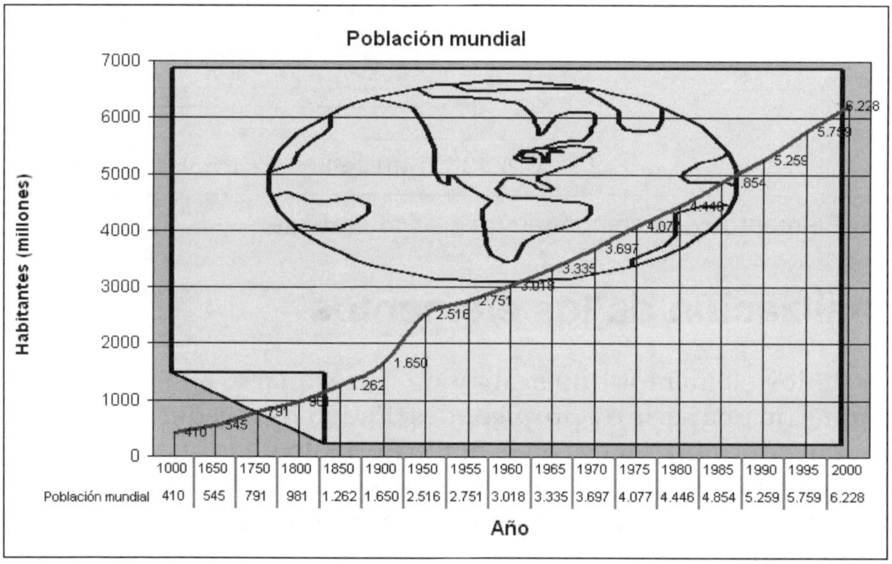

Figura 5.7. Nuestro gráfico tras algunas adaptaciones

El menú emergente del área de gráfico cuenta con algunas opciones adicionales, como Tipo de gráfico o Datos de origen, mediante las cuales podremos acceder a todas las propiedades que se establecieron durante la creación, utilizando el asistente.

La personalización del gráfico, por lo tanto, se reduce a la selección de opciones en el menú emergente de cada uno de los elementos, es así de sencillo.

Inserción de autoformas

Los gráficos generados a partir de los datos existentes en las celdillas no son los únicos elementos visuales que podemos incluir en una hoja de cálculo.

De igual forma podemos trazar líneas, incluir recuadros de texto, imágenes, diagramas y organigramas. Son éstos objetos que, a pesar de no surgir a partir de los datos, pueden ayudar a su interpretación y presentación.

Es obvio pensar que entre los menús de Excel encontraremos las opciones adecuadas para efectuar todas estas tareas. Es más cómodo, no obstante, activar las paletas de herramientas Dibujo e Imagen.

En la figura 5.8 puede ver dichas paletas en la parte inferior de la ventana de Excel. En éste y los puntos siguientes aprenderá a utilizar las opciones más relevantes.

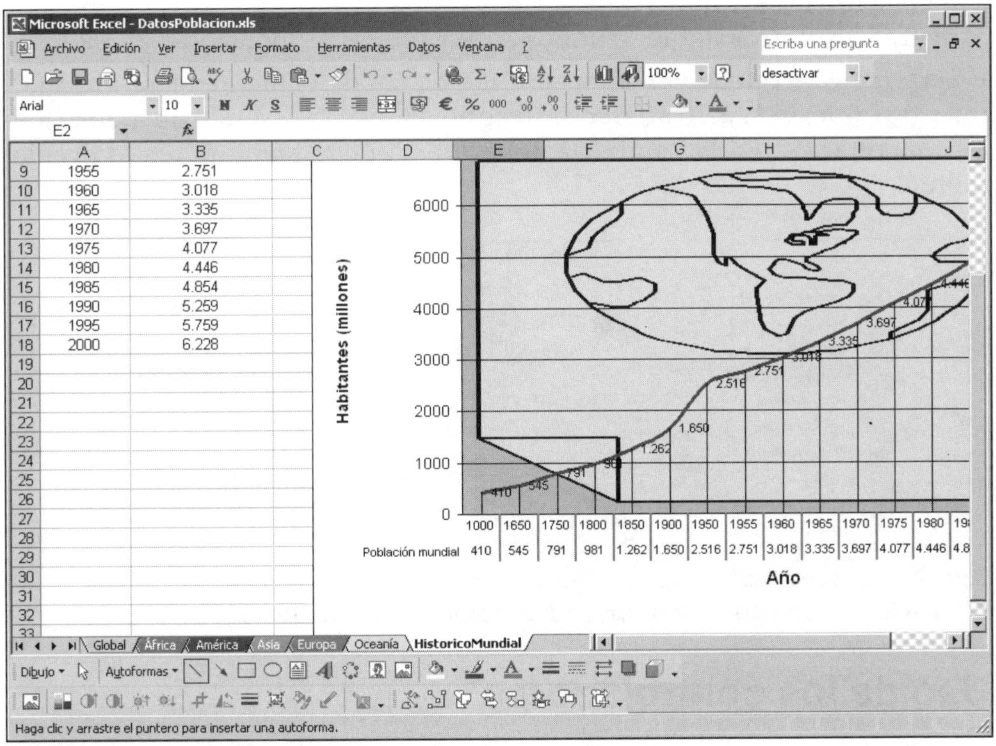

Figura 5.8. Las barras de herramientas para trabajo con elementos gráficos e imágenes

Nota:

A pesar de sus posibilidades gráficas, debe tener en cuenta que Excel no es una aplicación pensada para el diseño de presentaciones. Si es ésta su necesidad, puede recurrir a PowerPoint 2002, otras de las aplicaciones de Microsoft Office XP.

Las *autoformas* son elementos gráficos de uso común. Pueden insertarse por igual en la zona de trabajo de la hoja de cálculo y en el interior de un gráfico. Cada uno de estos elementos puede ser considerado como un objeto que consta de una serie de propiedades: posición horizontal, vertical y de profundidad, color, efecto tridimensional, sombras, etc.

Para insertar cualquier autoforma tan sólo hay que desplegar la lista del menú Autoformas, en la barra de herramientas citada antes, desplegar la categoría deseada y luego seleccionar el objeto que interese. A continuación, tras cerrarse la lista de entidades gráficas, desplazaríamos el cursor a la posición donde queramos dibujar el objeto y, utilizando la técnica de arrastrar y soltar, estableceríamos su posición y dimensiones iniciales.

En la figura 5.9 puede ver cómo se elige un cubo del menú de autoformas, mientras que en la 5.10 aparece ese cubo ya insertado en la hoja de cálculo, concretamente a la izquierda del gráfico que habíamos creado previamente.

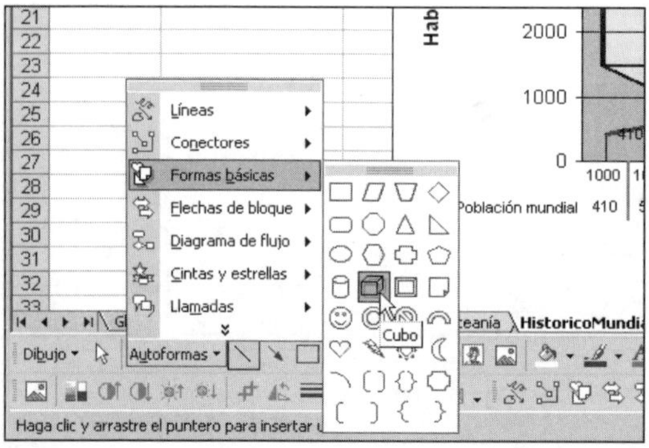

Figura 5.9. Menú con los grupos de autoformas disponibles

Uso de los controladores

Siempre que seleccione una entidad gráfica, para lo cual basta con hacer clic sobre ella, verá que alrededor de ella aparecen varios controladores.

Ése es el nombre con el que se conoce a los puntos con diversas formas y colores que hay en el contorno de la figura. Unos se utilizan para controlar el tamaño, son los controladores de tamaño, existiendo un controlador de forma y un controlador de giro. En la figura 5.11 aparecen indicados cada uno de estos controladores.

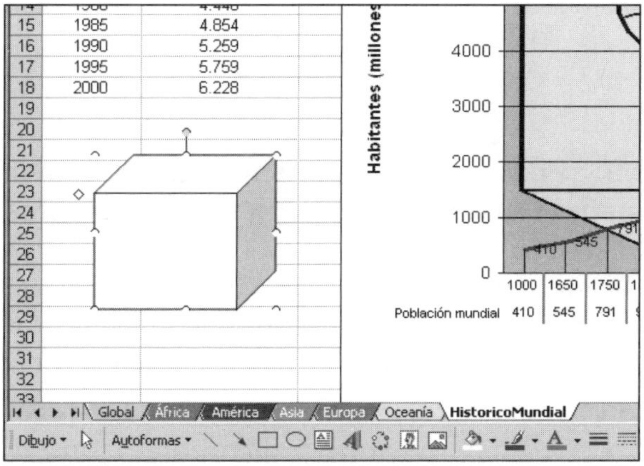

Figura 5.10. Hoja de cálculo tras insertar un cubo

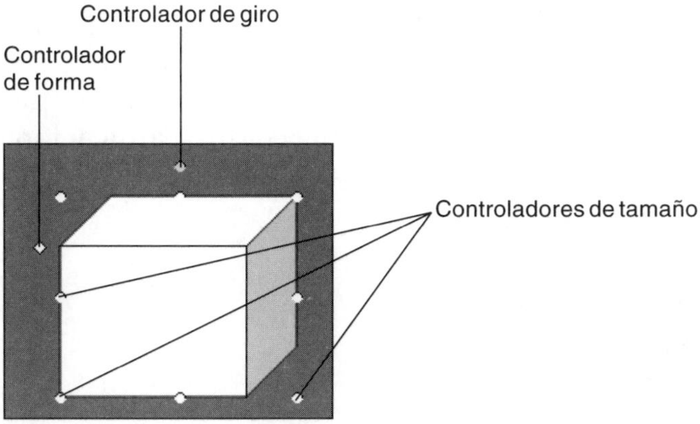

Figura 5.11. Una entidad con sus controladores de tamaño, forma y giro

Usando cualquiera de los controladores de tamaño puede modificar las dimensiones de la entidad, estirándola y encogiéndola. Mediante el controlador de forma, en este caso concreto, alteraríamos la profundidad del cubo. Con el controlador de giro, finalmente, podemos girar libremente la entidad.

Nota:

El controlador de forma le servirá, con otras entidades, para modificar la punta de una flecha, modificar los lados de un polígono o abrir y cerrar los extremos de unas llaves. Algunas de las entidades cuentan con más de un controlador de forma, cada uno de ellos para un aspecto concreto.

Recuadros de texto

Como si fuese un elemento gráfico más, es posible incluir en cualquier punto de la hoja de cálculo recuadros de texto. Éstos son independientes de las celdillas, pudiendo colocarse donde interese. El recuadro cuenta con una serie de características generales, como el resto de las entidades, siendo su atributo diferenciador la existencia de un texto y, consecuentemente, una serie de propiedades para seleccionar el tipo de letra, tamaño, estilo, etc.

Para insertar un recuadro de texto no hay más que pulsar en el icono que, como el menú Autoformas, aparece en la barra de herramientas de dibujo. Después se incluiría en la hoja como cualquier otra entidad.

La ventana de formato de los recuadros de texto cuenta, como se puede apreciar en la figura 5.12, con ocho fichas. Utilizando sus propiedades obtendrá un control sobre el texto, y el propio recuadro, superior al que tendría sobre un texto insertado directamente en una celdilla: alineación, orientación, márgenes, etc.

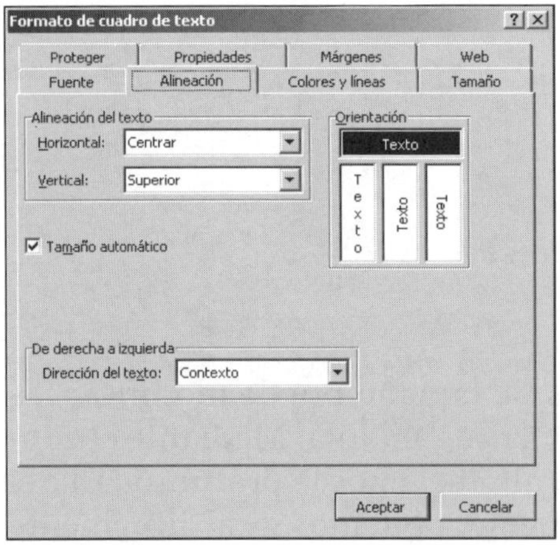

Figura 5.12. Ventana de propiedades de un recuadro de texto

Observe que los recuadros de texto tan sólo cuentan con controladores de tamaño, pero no de forma o giro ya que éstas son características del texto que se administran con otras propiedades.

Contornos y rellenos

La mayoría de las entidades o autoformas, así como los recuadros de texto, cuentan con un contorno y un espacio interior. La línea que actúa como contorno puede tener los atributos que nos interesen: más o menos grosor, el color, tipo de trazo, etc. Lo mismo ocurre con el relleno que deseemos aplicar al espacio interior.

En la barra de herramientas Dibujo encontrará botones para establecer el color de fondo, color del contorno, grosor de la línea y tipo de trazo. Las paletas de color disponen de opciones que, como en el caso del color de fondo, dan paso a ventanas con opciones relativas a los efectos de relleno. Como fondo de un recuadro de texto o una autoforma es posible usar un solo color o dos colores, creando efectos de degradado en diferentes direcciones. También es posible usar una textura compleja, que por ejemplo haga que un cubo parezca que es de mármol, o una trama más simple. También existe la posibilidad de usar imágenes como fondo.

La figura 5.13 corresponde a la ficha **Degradado** de la ventana de efectos de relleno. En ella está definiéndose un degradado entre dos colores con una cierta orientación.

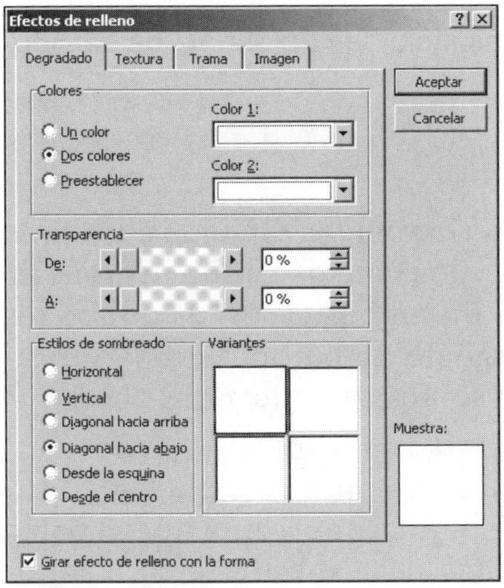

Figura 5.13. Controles para definir un efecto de degradado

En la figura 5.14 puede ver la hoja de cálculo con el cubo, y su apariencia de mármol, y el recuadro de texto tras modificar el color de relleno, el tipo de borde y su grosor.

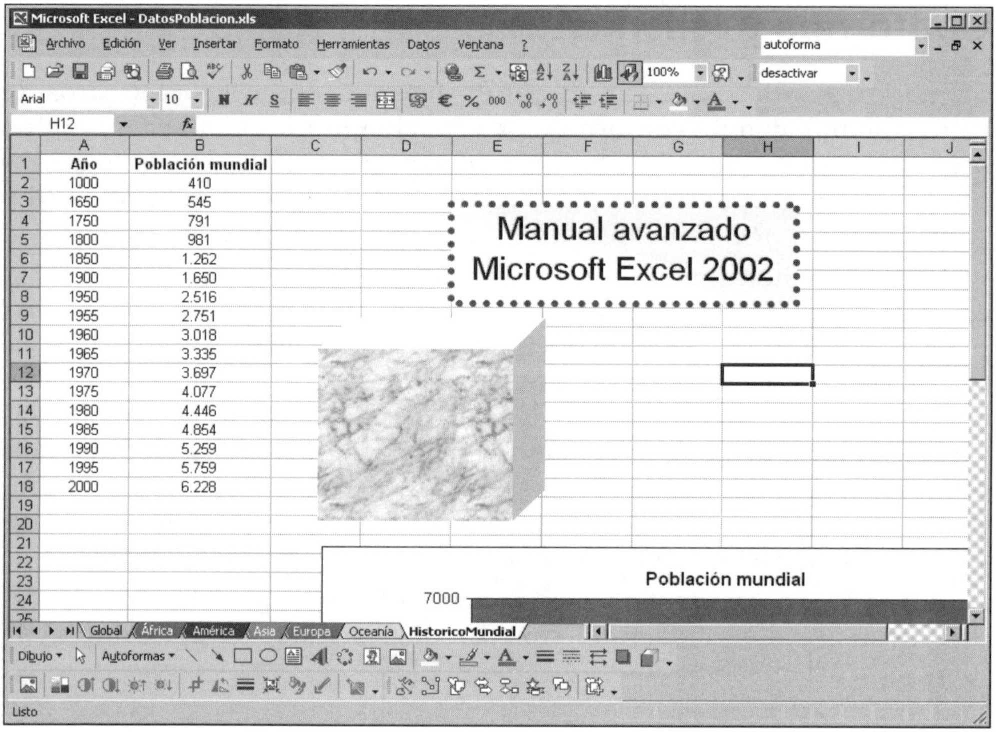

Figura 5.14. Aspecto de las entidades gráficas incluidas en la hoja de cálculo

Sombras y efectos 3D

Los dos últimos botones de la barra de herramientas Dibujo se utilizan para controlar la sombra de las entidades y los efectos tridimensionales, o 3D para abreviar, que deben aplicarse. En ambos casos, al pulsar los botones se encontrará con una lista emergente de botones que, gráficamente, le permitirán seleccionar el tipo de sombra a aplicar o el efecto 3D que le interese.

En la lista de opciones 3D existe una, en la parte inferior de la lista, titulada Configuración 3D. Al seleccionarla verá que se abre una nueva barra de herramientas (véase figura 5.16) con opciones específicas para configurar el efecto tridimensional. Gracias a éstas puede orientar el fondo 3D girándolo vertical y horizontalmente, incrementar o disminuir la profundidad o establecer el punto desde el que parte la luz que ilumina la entidad.

Figura 5.15. Opciones asociadas a los botones para aplicar sombras y efectos 3D

Figura 5.16. Barra de herramientas de configuración 3D

La figura 5.17 muestra el cubo que habíamos insertado previamente con una sombra proyectada como si la luz se encontrara detrás de la entidad, mientras que el recuadro de texto cuenta con un efecto tridimensional de bastante profundidad y que parece perderse en el horizonte. La mejor manera de conocer cada uno de los efectos y sombras es probarlos.

Composiciones

Utilizando múltiples autoformas y recuadros de texto es posible crear composiciones gráficas. Seguiríamos teniendo, no obstante, múltiples objetos independientes, circunstancia que dificultaría, por ejemplo, la modificación del tamaño de la composición de manera global. Excel nos permite, no obstante, agrupar múltiples objetos para crear uno sólo, es decir, tratar la composición completa de manera única.

Para crear un objeto uniendo varios primero debe seleccionarlos todos de manera conjunta, marcándolos uno a uno mientras mantiene pulsada la tecla **Mayús**. A continuación despliegue el menú emergente, haciendo clic con el botón secundario del ratón sobre cualquiera de los objetos seleccionados, y elija la opción Agrupar>Agrupar.

Al seleccionar una composición, una entidad formada por otras más básicas, no aparecerán todos los controladores descritos en un punto previo.

Podremos, por ejemplo, alterar las dimensiones o el giro pero, generalmente, no tendremos un controlador de forma. En la figura 5.18 puede ver cómo se arrastra una composición formada por tres entidades: dos trapecios y una estrella.

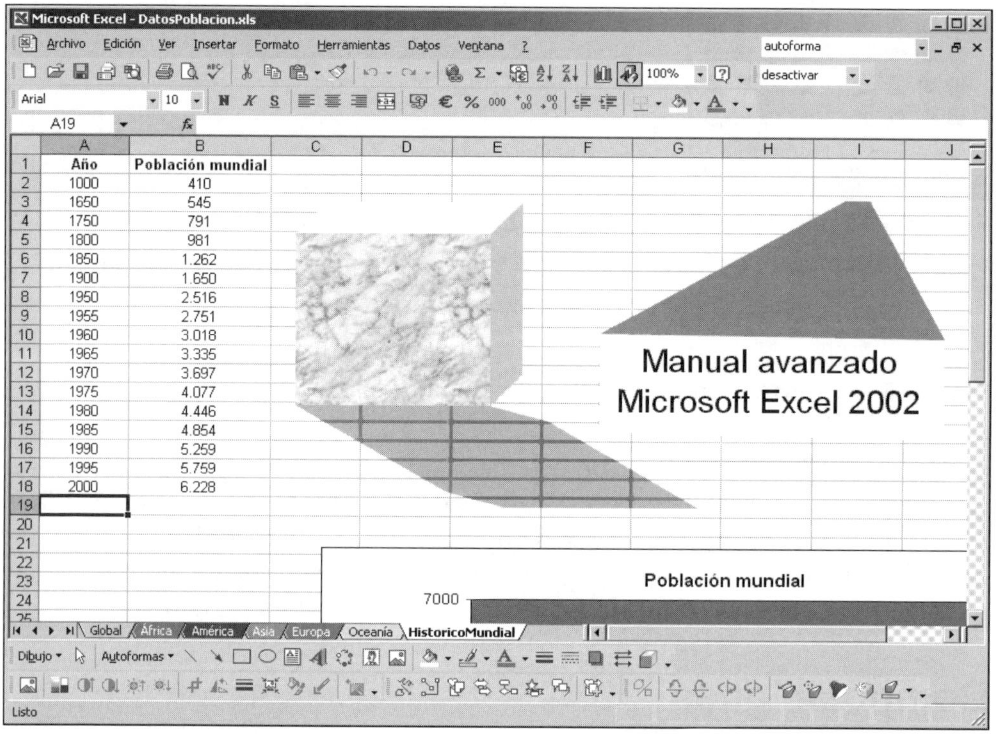

Figura 5.17. Aspecto del cubo y el recuadro de texto con una sombra y un efecto tridimensional

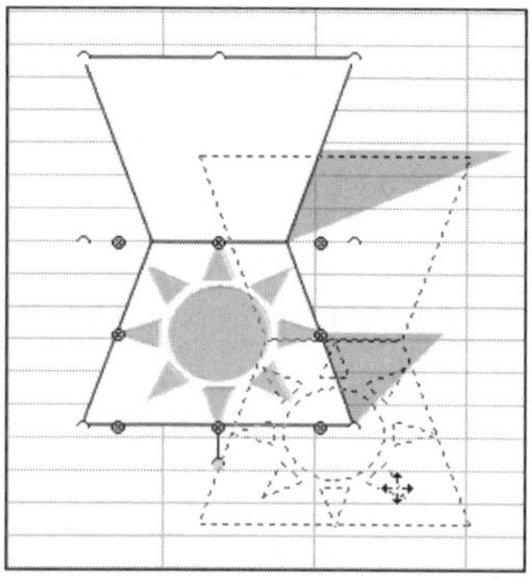

Figura 5.18. Composición obtenida tras agrupar varias entidades simples

Lógicamente, también existe la operación que es complementaria: Desagrupar. La podrá encontrar en el mismo menú que se ha visto anteriormente. De esta forma podría volver a tratar de manera individual cada una de las entidades.

También puede desagrupar cualquier figura prediseñada que pudiera haber importado.

Truco:

En el menú Agrupar *existe una opción llamada* Reagrupar. *Puede utilizarla, tras seleccionar cualquier entidad de una composición previamente desagrupada, para volver a crear de nuevo dicha composición sin necesidad de seleccionar de manera individual cada objeto.*

Imágenes

Además de elementos gráficos simples, como las autoformas, recuadros de texto, líneas y similares, en Excel también es posible incluir imágenes, ya sea como fondo de una hoja, fondo de un gráfico o, simplemente, como elementos independientes. Estas imágenes pueden ser de distintos formatos, tanto vectoriales como de mapas de bits.

Excel incorpora un paquete de imágenes, denominadas imágenes prediseñadas, alojadas en un catálogo que simplifica su búsqueda. También es posible, no obstante, seleccionar cualquier imagen externa desde el archivo en que se encuentre almacenada.

En la barra de herramientas Dibujo encontrará dos botones relacionados con la inserción de imágenes. Uno de ellos sirve para insertar una imagen prediseñada, mientras que el otro muestra el típico cuadro de diálogo de apertura de archivo con unas vistas en miniatura de las imágenes existentes en la carpeta que se seleccione.

Nota:

Si cuenta con una conexión a Internet, también podrá obtener imágenes directamente desde la red gracias a la galería multimedia en línea mantenida por Microsoft. Esto le permite acceder a un mayor número de imágenes.

Búsquedas en el catálogo

Las imágenes prediseñadas se encuentran registradas en un catálogo que nos permite efectuar búsquedas a partir de palabras clave. Esto simplifica la tarea de encontrar una imagen adecuada entre cientos o miles de ellas. Para abrir el Panel de tareas de inserción de imagen prediseñada tan sólo tiene que pulsar el botón anteriormente citado o, en su lugar, elegir la opción Insertar>Imagen>Imágenes prediseñadas. En cualquier caso, verá que en el margen derecho de la ventana de Excel se abre un panel como el mostrado en la figura 5.19.

En el recuadro que hay en la parte superior del Panel de tareas introduciríamos una o varias palabras clave relacionadas con la imagen buscada. Si lo deseamos, con las dos listas desplegables que hay más abajo podemos limitar esa búsqueda especificando en qué colecciones se buscará y qué tipo de medio se busca. Las colecciones inicialmente son tres: Mis colecciones, Colecciones de Office y Colecciones Web. Si no contamos con una conexión a Internet ni hemos creado colecciones propias, podemos marcar tan sólo la opción intermedia.

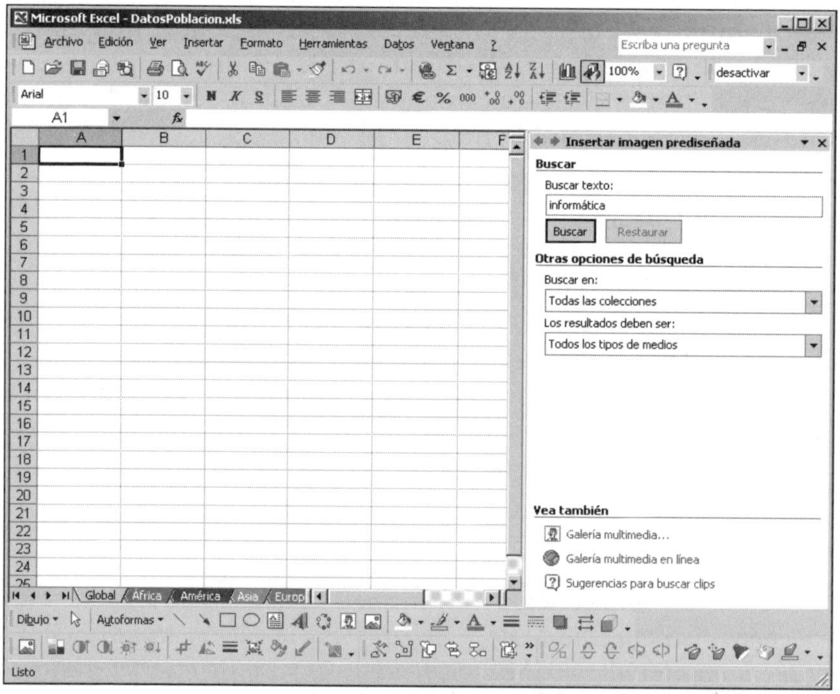

Figura 5.19. Aspecto del Panel de tareas para insertar imágenes prediseñadas

En cuanto a los tipos de medios, es necesario tener en cuenta que no sólo podemos incluir imágenes en las hojas de cálculo, aunque es lo más habitual, pudiendo utilizar también vídeos y sonidos. Marcando tan sólo los elementos que nos interesen, por ejemplo imágenes y fotografías, aceleraremos la búsqueda.

Tras pulsar el botón **Buscar** veremos que las opciones citadas desaparecen del Panel de tareas y, en su lugar, aparecen unas vistas en miniatura de las imágenes encontradas. Basta con hacer clic sobre la que nos interese para insertarla de inmediato en la hoja. También puede pulsar en el botón que aparece a la derecha de cada recuadro para desplegar un menú de opciones como el de la figura 5.20.

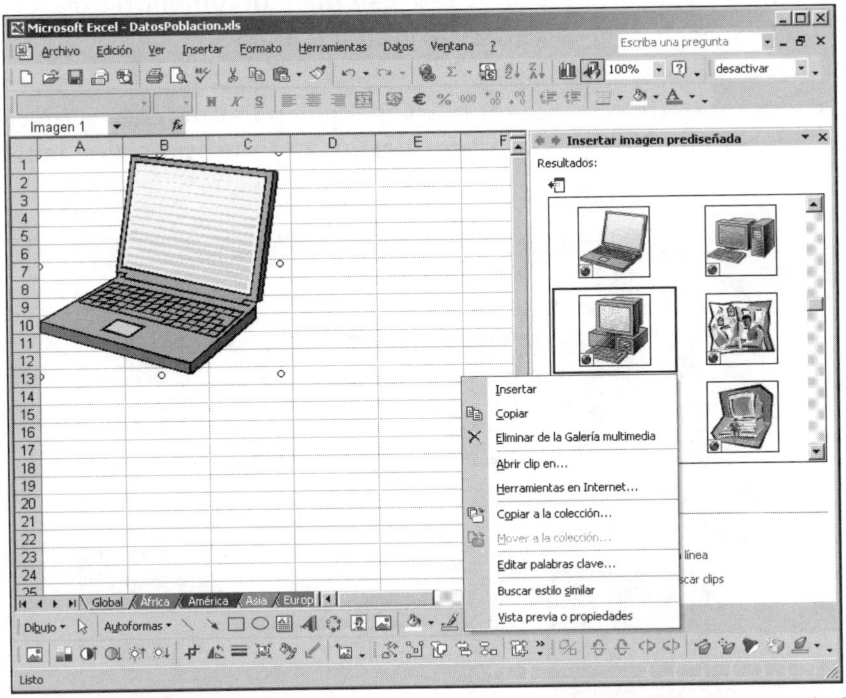

Figura 5.20. Resultados de la búsqueda y menú asociado a cada imagen

Truco:

En los resultados de búsqueda, es fácil distinguir los elementos que proceden de la Web de los locales porque los primeros muestran en la esquina inferior izquierda del recuadro una pequeña bola terrestre.

Gestión de la Galería multimedia

En la parte inferior del Panel de tareas para la inserción de imágenes prediseñadas aparece una opción, titulada Galería multimedia, que da paso a una ventana desde la cual podemos explorar todas las colecciones de medios existentes, así como crear otras nuevas, clasificar los medios, asociarles palabras clave, etc.

En principio encontrará tres grupos de colecciones, los tres citados anteriormente. En el grupo Mis colecciones puede crear las colecciones o categorías que desee. Para ello utilice la opción Archivo>Nueva colección, introduzca el nombre de la nueva colección y seleccione un destino o rama para colocarla. Después, explorando su sistema u obteniendo directamente las imágenes desde una cámara o un escáner, almacenaría imágenes en dicha colección.

Utilizando las opciones de cada imagen le asociaría palabras clave con el fin de que facilitasen una búsqueda posterior, tal como se aprecia en la figura 5.21.

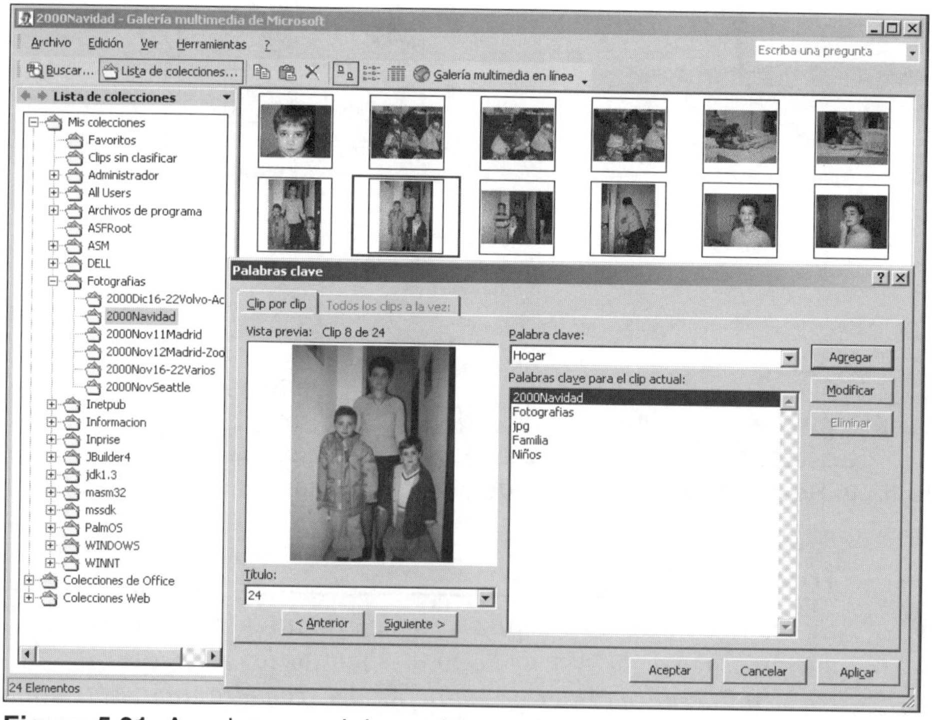

Figura 5.21. Asociamos palabras clave a una imagen de una colección propia

Si trabaja habitualmente con imágenes de empresa o figuras relacionadas con su actividad, la posibilidad de crear colecciones y clasificarlas le ahorrará trabajo con posterioridad.

Truco:

Puede compactar la Galería multimedia para reducir el espacio utilizado y agilizar las búsquedas. Para ello seleccione la opción Herramientas>Compactar *del menú de la Galería multimedia. Esta acción también solucionará diversos problemas que pudieran haber surgido durante la edición.*

Edición de imágenes

Microsoft Excel es una aplicación de hoja de cálculo, no de edición de imágenes, pero, a pesar de ello, cuenta con algunas opciones que pueden sernos útiles tras haber recuperado una fotografía o imagen que necesitemos incluir adjunta a los datos de un documento. Las opciones de la barra de herramientas Dibujo nos permiten convertir una imagen en color a escala de grises o blanco y negro, alterar el nivel de contraste y brillo. Podemos recortar el área de imagen que nos interese, y rotarla. La imagen puede contar con un marco alrededor, como otras entidades gráficas, y un color transparente bajo el que sean visibles los datos de la hoja de cálculo.

Aunque puedan contribuir a dar vistosidad a nuestras hojas de cálculo, y los informes generados a partir de ellas, lo que está claro es que las imágenes tipo fotografía incrementan de manera notable la ocupación de los documentos donde han sido insertadas. Para reducir, en la medida de lo posible, esa mayor ocupación, Excel es capaz de comprimir las imágenes ajustándolas a una determinada resolución. Al pulsar el botón Comprimir imágenes se encontrará con una ventana como la de la figura 5.23. En ella puede seleccionar una reducción de las imágenes a una determinada resolución, para pantalla o para impresora, que permita adaptarlas lo mejor posible para el medio de destino.

Nota:

En cualquier momento puede restablecer la imagen original, deshaciendo todos los cambios que se hubiesen efectuado, pulsando el último de los botones que hay en la barra de herramientas.

Figura 5.22. Convertimos una imagen en color a escala de grises

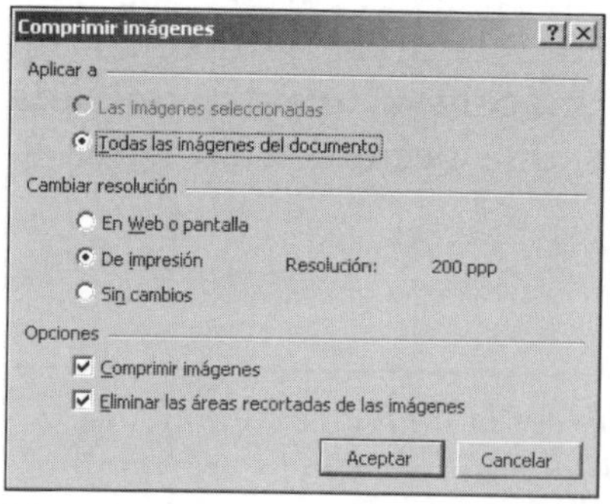

Figura 5.23. Opciones de compresión de imágenes

Elementos gráficos e interactividad

Aparte de resaltar el aspecto de los documentos e informes o facilitar la interpretación de los datos, las imágenes prediseñadas y fotografías pueden tener funciones adicionales como el desencadenamiento de la ejecución de una macro, la apertura de una página web o la selección de una cierta celdilla de un libro. Es decir, son elementos que pueden aportar una cierta interactividad al documento.

Las opciones para asociar la ejecución de una macro o un hipervínculo a una figura las encontraremos, como todas las demás, en el menú emergente. Sus propios títulos describen su función: Asignar macro e Hipervínculo. La primera abrirá una ventana conteniendo los nombres de todas las macros que haya disponibles, dándole también opción a grabar la macro en ese mismo momento.

En la ventana de la opción Hipervínculo encontrará, en el margen izquierdo, una serie de botones con diversas opciones. Puede enlazar el objeto con una página web o un archivo local, un cierto punto del propio documento que contiene la imagen o una dirección de correo electrónico. Dependiendo de la opción que elijamos, en la columna que hay a la derecha aparecerán unas opciones u otras. En la figura 5.24 puede ver cómo se asocia una entidad gráfica con una página web introduciendo directamente el URL.

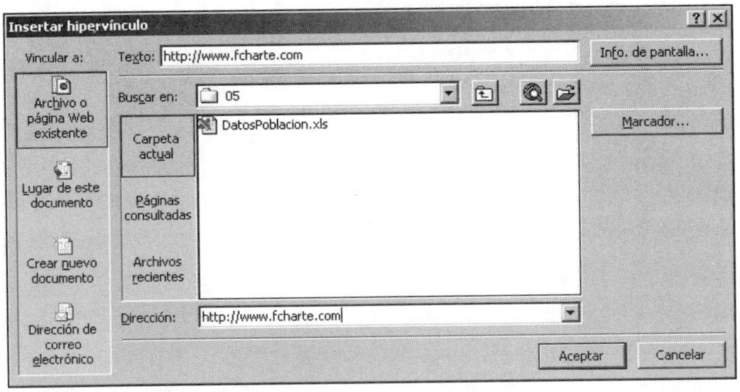

Figura 5.24. Cuadro de diálogo para asociar un hipervínculo a una entidad gráfica

Una vez asociada la macro o el hipervínculo, al situar el cursor del ratón sobre la entidad verá que la típica flecha o puntero cambia de forma y aparece como una mano, indicando así que podemos hacer clic para ejecutar la macro, acceder al documento o la página web.

Organigramas y diagramas

Entre las múltiples novedades que incorpora Excel 2002, respecto a versiones previas de la misma aplicación, se encuentran los organigramas y diagramas. En realidad, son elementos comunes a otras aplicaciones de Office XP, como PowerPoint 2002 o Word 2002.

Utilizando las entidades o autoformas descritas previamente es posible diseñar organigramas, diagramas y otro tipo de esquemas. La tarea, sin embargo, no es fácil, ni para establecer la apariencia inicial ni cuando, con posterioridad, es preciso modificar la composición. Gracias a la Galería de diagramas del nuevo Office XP, crear cualquiera de esas composiciones será mucho más sencillo.

Puede iniciar la inserción de un diagrama pulsando el botón correspondiente, en la barra de herramientas Dibujo, o bien seleccionando la opción Insertar>Diagrama. De inmediato aparecerá la Galería de diagramas (véase figura 5.25) ofreciéndonos seis opciones posibles: organigrama, diagrama de ciclo, diagrama radial, diagrama piramidal, diagrama de Venn y diagrama de círculos concéntricos. Cada uno de ellos está pensado con un objetivo particular: mostrar el ciclo de un cierto proceso, la relación entre un núcleo y sus componentes, etc.

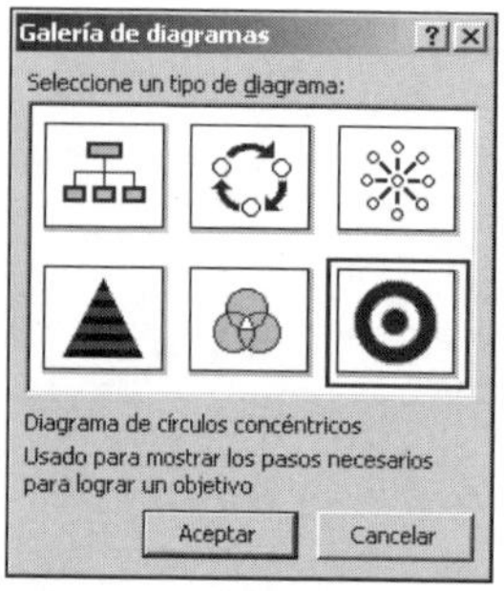

Figura 5.25. La Galería de diagramas con sus seis opciones

Tras insertar un diagrama cualquiera verá que aparece una nueva barra de herramientas. En ella encontrará botones y opciones específicas para configurar el diagrama, insertar o eliminar elementos, cambiar la apariencia, etc. Esta barra de herramientas es la que puede ver en la figura 5.26. Las opciones Diseño y Cambiar a son dos menús desplegables.

Figura 5.26. Barra de herramientas para la configuración de diagramas

Configuración de un organigrama

De los seis tipos de diagramas citados, el más complejo es, sin duda alguna, el organigrama. En él pueden existir múltiples nodos con dependencias jerárquicas. Siempre se parte de un nodo raíz del cual *cuelgan* uno o varios subordinados. Éstos son compañeros entre sí y, al igual que el nodo raíz, también pueden tener subordinados, existiendo, además, la posibilidad de añadir nodos *ayudantes*, los cuales se caracterizan por no ser subordinados pero tampoco compañeros. En la figura 5.27 puede ver un organigrama con las tres categorías de nodos.

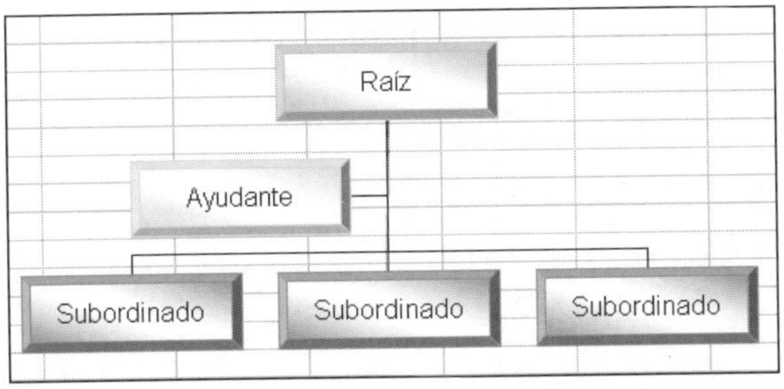

Figura 5.27. Tipos de nodo existentes en un organigrama

Si desea insertar un nuevo nodo asociado a uno de los ya existentes, haga clic con el botón secundario del ratón sobre el nodo asistente y, del menú emergente, elija la opción Subordinado, Compañero de trabajo o Ayudante, según el tipo de nodo que desee añadir. Para eliminar un nodo, no tiene más que seleccionarlo y pulsar la tecla **Supr** o elegir la opción Eliminar del mismo menú emergente.

Los demás tipos de diagrama cuentan con una distribución estática aunque, lógicamente, pueden añadirse nuevos nodos en caso de que sean necesarios. Estos pasan automáticamente a formar parte de la composición según corresponda, como una nueva capa en el diagrama piramidal, un paso en el diagrama de ciclo, etc.

Nota:

En la barra de herramientas para diagramas hay un menú, titulado Insertar forma, *con opciones para añadir cualquiera de los tres nodos que se acaban de mencionar.*

Formato del diagrama

Al insertar un diagrama éste tiene un aspecto o formato por defecto. Los nodos suelen aparecer con aspecto plano y un mismo color, aunque hay diagramas, como el piramidal, donde se usan diferentes tonos. En cualquier caso, podemos modificar el formato seleccionando otro de una galería como la de la figura 5.28. Para abrirla pulse el botón Autoformato de la barra de herramientas del diagrama.

Lógicamente, puede usar los habituales controles de la barra de herramientas Formato para modificar el color de relleno de un nodo, el grosor del trazo que hay alrededor, la existencia o no de sombra, etc. La opción Autoformato establece todos esos parámetros en un solo paso, no hay más que seleccionar el estilo que más nos guste y pulsar un botón.

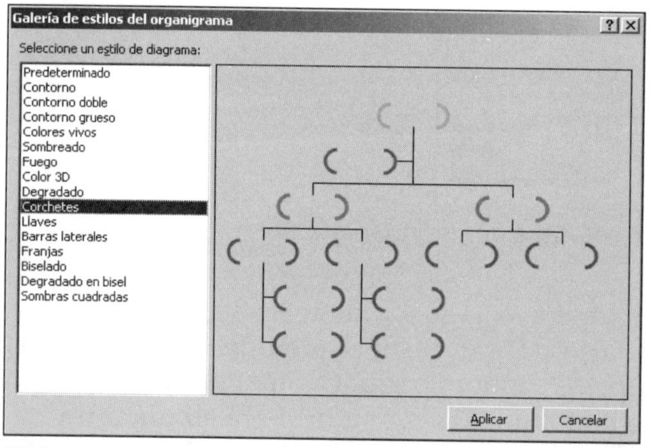

Figura 5.28. Galería de formatos para un diagrama de estilo organigrama

Truco:

Utilizando las opciones de color de fondo puede, incluso, introducir imágenes y fotografías en el interior de los nodos, haciendo aún más inmediata la interpretación de los datos representados.

Resumen

Como ha podido ver en este capítulo, las capacidades gráficas de Excel van bastante más allá de la creación de gráficos a partir de los datos que, en la mayoría de las ocasiones, es lo único que se espera de una aplicación de hoja de cálculo. Gracias a las autoformas, imágenes y diagramas, con Excel es posible preparar presentaciones mucho más elaboradas de los datos.

Tras describir los pasos básicos para crear un gráfico y, posteriormente, personalizarlo, ha aprendido a insertar diversas entidades gráficas y recuadros de texto, utilizando sus propiedades para establecer contornos, sombras, efectos tridimensionales, etc. También se ha visto cómo agrupar y desagrupar múltiples entidades con el fin de crear composiciones.

El siguiente paso que hemos dado ha sido estudiar el uso de imágenes y fotografías, así como su edición básica. Todos estos son elementos que pueden tener asociada una macro o un hipervínculo, convirtiendo las entidades gráficas en algo más que simples elementos decorativos al aportar interactividad.

Finalmente se ha acometido una novedad de Excel 2002: los diagramas. Existen seis tipos distintos mediante los cuales puede crear organigramas jerárquicos, diagramas de ciclo, piramidales, radiales, de Venn y de círculos concéntricos.

Capítulo 6

Publicación de datos

En este capítulo aprenderá a:

- Imprimir los datos de las hojas de cálculo.
- Enviar sus libros por correo electrónico.
- Generar páginas web a partir de las hojas.
- Exportar la información en formato XML.

La información con la que se trabaja en Excel, en el sentido más amplio y englobando tanto datos discretos como gráficos y otros elementos visuales, en la mayoría de los casos no está preparada sólo para una persona, la que ha efectuado el trabajo de edición.

Esa información puede que deba ser interpretada por un superior, facilitada a un consejo de administración o bien presentada a un público mucho más extenso. En cualquiera de estos casos necesitaremos publicar esos datos.

Al finalizar el capítulo sabrá cómo publicar sus hojas de cálculo en el medio adecuado para llegar de la mejor manera al público destinatario de los datos.

Impresión de hojas

Uno de los métodos de publicación más habituales es la impresión de la información en papel, hasta tal punto que el consumo de papel, con el advenimiento de la tecnología digital, no ha disminuido sino que, al contrario, ha aumentado.

Excel cuenta con todas las opciones necesarias a la hora de imprimir los datos alojados en las celdillas y los gráficos que pudiéramos haber creado. Es posible imprimir tanto hojas completas como parte de ellas, definiendo, lógicamente, parámetros como los saltos de página, un factor de aumento o reducción, el número de copias, etc.

Los gráficos pueden imprimirse individualmente o bien como parte de una página, pudiendo seleccionarse la calidad de salida, la impresión en blanco y negro o color o el ajuste del gráfico al espacio disponible en la página.

Selección de los datos a imprimir

Los datos que deseamos imprimir pueden seleccionarse previamente, antes de acceder al cuadro de diálogo de opciones de impresión, o bien en ese mismo cuadro de diálogo, según los casos. Si desea imprimir un cierto rango de celdillas o un gráfico, por ejemplo, efectuaría la selección antes de abrir el citado cuadro de diálogo. Las opciones que encontraremos en él, como se aprecia en los detalles de la figura 6.1, dependerán de la selección hecha con anterioridad.

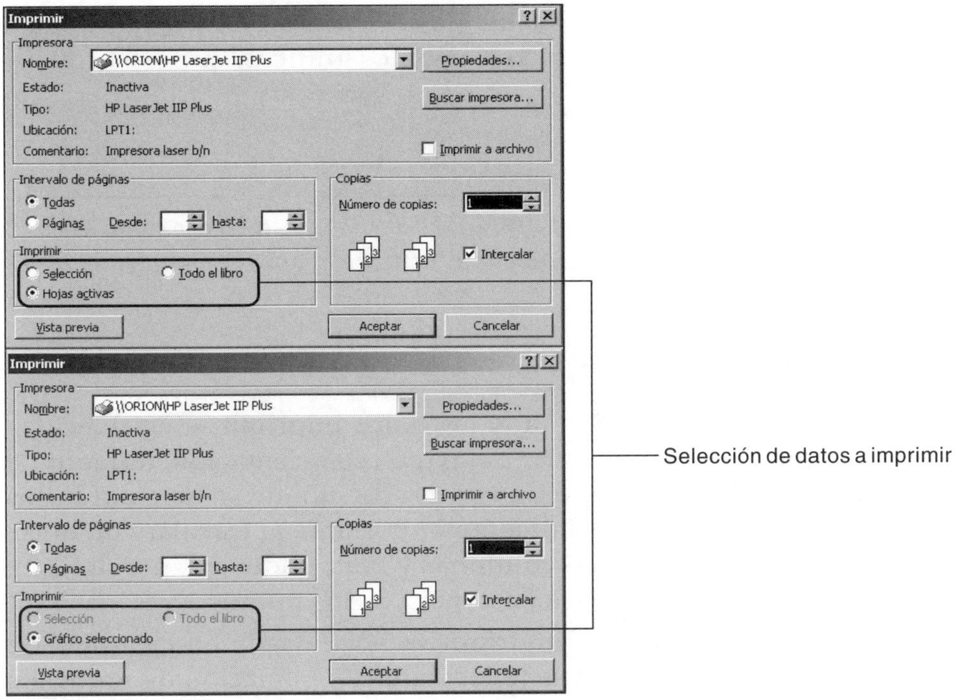

Figura 6.1. Opciones para seleccionar la información a imprimir

En la parte superior de esta figura podemos ver las opciones disponibles cuando en la hoja de cálculo no se ha hecho selección alguna, mientras que la parte inferior corresponde al caso en que se ha seleccionado un gráfico.

Truco:

Para abrir el cuadro de diálogo de impresión tiene que seleccionar la opción Archivo>Imprimir*, ya que si pulsa el botón* Imprimir *la impresión se efectúa de manera inmediata. Puede utilizar, no obstante, la combinación de teclas* **Control-P** *para acceder a dicho cuadro de diálogo sin necesidad de recurrir al menú de opciones.*

Cuando no se ha efectuado una selección, por defecto se imprime todo el contenido de la hoja actual. Utilizando la opción Archivo>Área de impresión>Establecer área de impresión puede definir un cierto rango de celdillas como área a imprimir, de tal manera que tan sólo se dé salida a la información, ya sean datos o bien elementos gráficos, que exista en dicha área.

Nota:

Debe marcar primero el rango de celdillas a establecer como área de impresión y, a continuación, utilizar la opción mencionada.

Saltos de página

Una vez elegida la información que deseamos imprimir, y establecidas las opciones que afectan al tamaño del papel, su orientación, número de copias, etc., llegará el momento de comprobar dónde se efectuarán los saltos de página. Esto es especialmente importante al trabajar con hojas de cálculo grandes, con muchas columnas y filas, dado que, por defecto, Excel podría hacer las divisiones en el peor de los puntos.

Supongamos que es necesario imprimir la hoja, usada en ejemplos de capítulos precedentes, que contiene los datos de población de todos los países del mundo. Ésta es bastante extensa, tanto horizontal como verticalmente, y precisará bastantes páginas, pero queremos saber de antemano dónde se efectuarán las divisiones. Para ello seleccionamos la opción Ver>Vista previa de salto de página. Veremos (figura 6.2) que se reduce el tamaño de los datos y aparecen unas gruesas líneas de división, así como unos letreros que indican el número de página.

Utilizando la técnica de arrastrar y soltar puede mover los saltos de página, diseñando así el contenido que tendrá cada una. De esta forma podríamos conseguir, por ejemplo, que cada página contuviese países sólo de un continente. Cuando desee volver a la vista normal, para continuar trabajando con sus datos, elija la opción Ver>Normal. En esta vista también podrá apreciar el punto donde existe una división de página, ya que aparece como una línea de guiones entre las celdillas.

Advertencia:

Tenga en cuenta que en una hoja no pueden imprimirse más datos de los que físicamente, por las dimensiones de la hoja y el tipo de letra de la información, es posible introducir. Por ello, al ajustar los saltos de página lo más habitual es reducir la información por página, en lugar de intentar ampliarla más allá de los límites posibles.

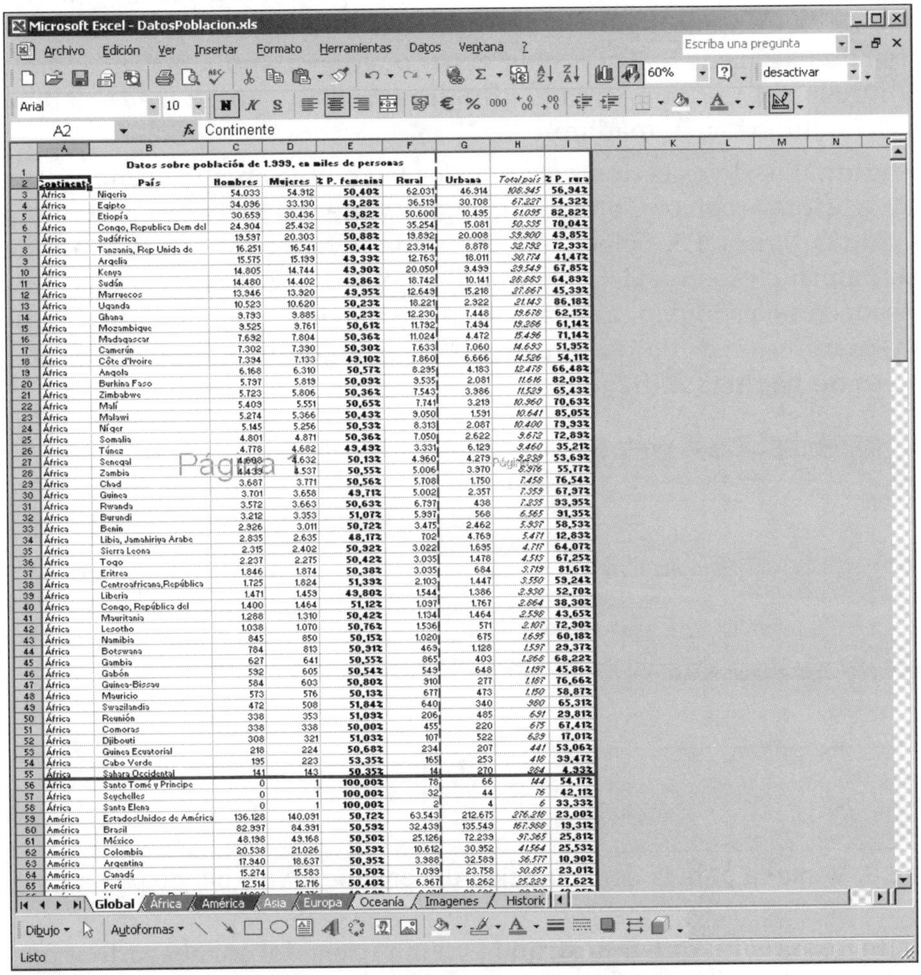

Figura 6.2. Vista previa para ajustar los saltos de página

Truco:

*Utilizando las opciones de la ficha **Hoja** del cuadro de diálogo* Configurar página, *concretamente las del apartado* Imprimir títulos, *puede designar un cierto rango de celdillas, en la parte superior y en la parte izquierda, cuya impresión se repetirá en todas las páginas.*

Encabezados y pies

Aparte de los datos propiamente dichos, en las páginas impresas pueden incluirse otros elementos útiles: un título del informe, la fecha, una numeración de páginas, etc. Estos elementos pueden disponerse en la parte superior de la página, conocida habitualmente como encabezado, o bien en la sección inferior, llamada pie.

La configuración de esas dos secciones es bastante sencilla. Tendrá que elegir la opción Archivo>Configurar página, que da paso a una ventana como la de la figura 6.3. Seleccione en ella la ficha **Encabezado y pie de página**. En principio no existe contenido alguno en esas secciones. Al introducirlo, como es lógico, quedará algo menos de espacio en cada página para la impresión de datos lo cual podría, en algunos casos, incrementar el número de páginas utilizadas.

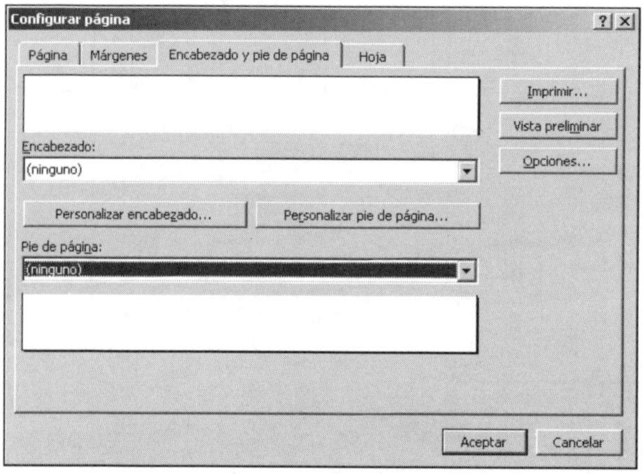

Figura 6.3. Ventana para la configuración del encabezado y pie de página

Debajo de los paneles que muestran la vista previa del encabezado y pie, en la ficha **Encabezado y pie de página**, existen sendas listas desplegables con algunos modelos predefinidos. Puede abrirlas y seleccionar, por ejemplo, la inclusión de la fecha, título del documento o número de página en el encabezado, y el nombre de quien lo ha preparado en el pie. Existe más de una docena de modelos preparados para usar.

Si ninguno de esos modelos se ajusta a sus preferencias, siempre puede pulsar el botón **Personalizar encabezado** o **Personalizar pie de página** para establecer usted mismo, manualmente, los parámetros que deben imprimirse. La ventana de personalización (figura 6.4) cuenta con una serie de botones y tres apartados diferentes. Éstos contendrán los datos a imprimir en la franja izquierda, central y derecha del encabezado o pie.

Utilizando los botones puede modificar el tipo y atributos del texto a imprimir, incluir datos como el número de páginas total, el número de página actual, la fecha y hora o nombre de archivo. También es factible la inclusión de imágenes. De esta manera tanto el encabezado como el pie tendrán la apariencia que más nos guste.

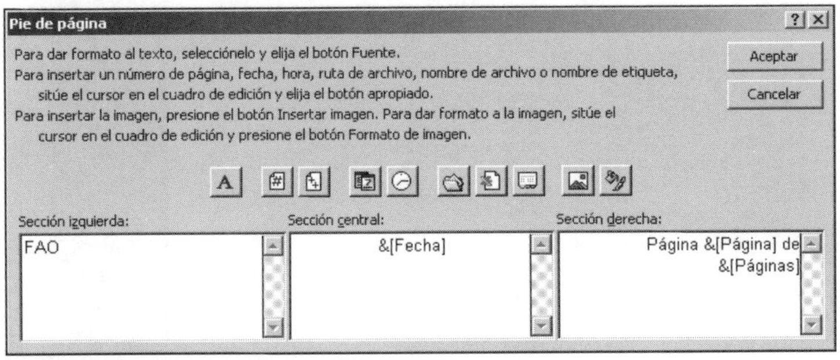

Figura 6.4. Ventana de personalización

Vista previa

Tras dar todos los pasos descritos ya estaríamos en disposición de imprimir los datos seleccionados. Antes, no obstante, podemos ver en pantalla cuál sería el aspecto final de los datos en el papel, lo que nos servirá para corregir cualquier detalle de última hora. Para activar la vista previa seleccione la opción Archivo>Vista preliminar o pulse el botón equivalente de la barra de herramientas estándar. En realidad, para establecer todos los parámetros de impresión puede comenzar abriendo esta vista previa ya que, desde ella, puede acceder a la configuración de página, encabezados y pies o ajuste de saltos de página. Pulsando el botón **Márgenes**, como se ha hecho en la figura 6.5, podrá adecuar los márgenes superior, inferior, izquierdo y derecho de manera visual, con operaciones de arrastrar y soltar en lugar de introduciendo medidas.

Excel e Internet

Los destinatarios de la información en ocasiones no estarán físicamente en la misma localización que nosotros, por lo que difícilmente podremos entregarles una copia impresa de la información que necesitan conocer. En un capítulo previo vimos cómo era posible obtener en Excel datos alojados en la Web, efectuando consultas que podían actualizarse a demanda. Es ésta una comunicación en sentido Internet a Excel, siendo también factible el sentido contrario.

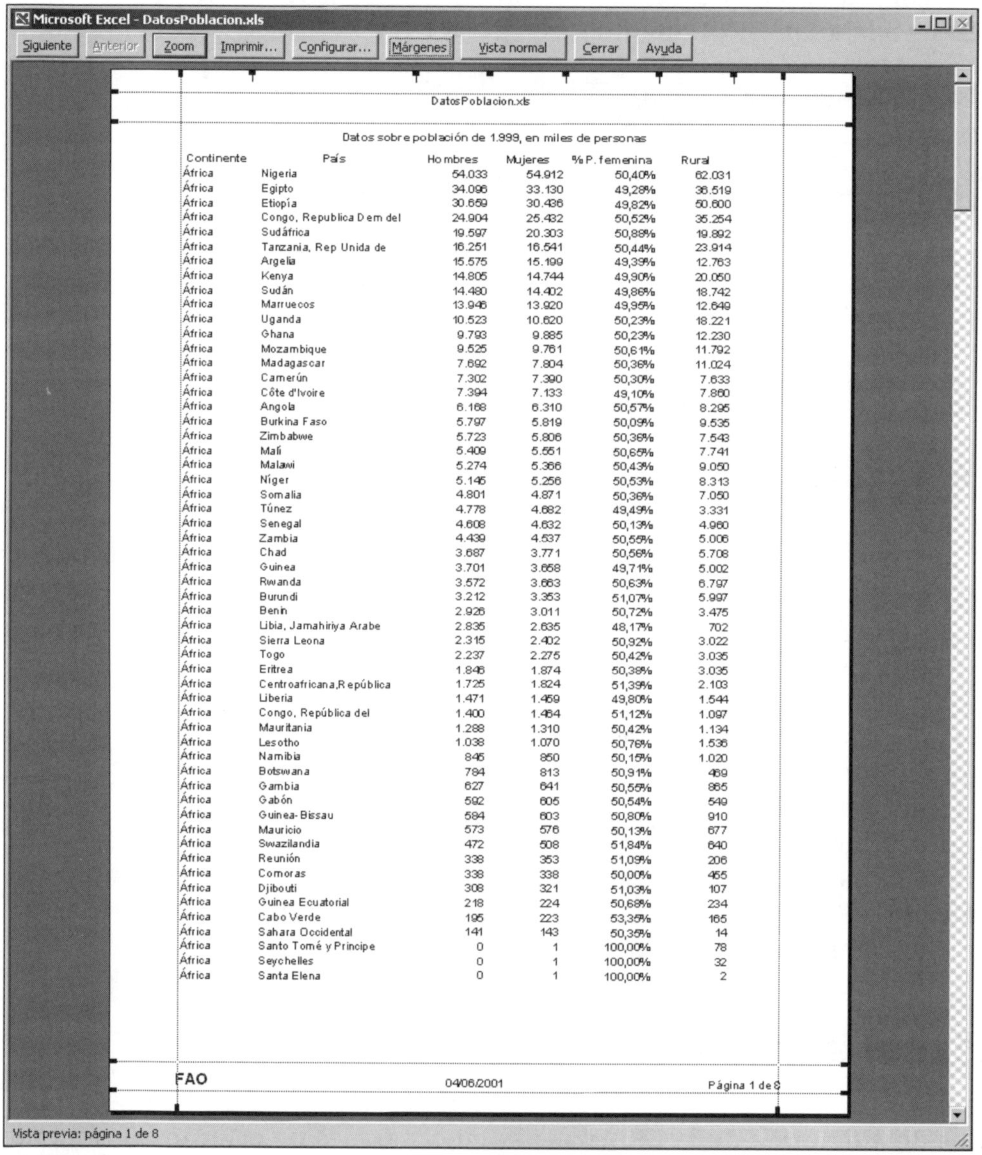

Datos sobre población de 1.999, en miles de personas

Continente	País	Hombres	Mujeres	% P. femenina	Rural
África	Nigeria	54.033	54.912	50,40%	62.031
África	Egipto	34.096	33.130	49,28%	36.519
África	Etiopía	30.659	30.436	49,82%	50.600
África	Congo, Republica Dem del	24.904	25.432	50,52%	35.254
África	Sudáfrica	19.597	20.303	50,88%	19.892
África	Tanzania, Rep Unida de	16.251	16.541	50,44%	23.914
África	Argelia	15.575	15.199	49,39%	12.763
África	Kenya	14.805	14.744	49,90%	20.050
África	Sudán	14.480	14.402	49,86%	18.742
África	Marruecos	13.946	13.920	49,95%	12.649
África	Uganda	10.523	10.620	50,23%	18.221
África	Ghana	9.793	9.885	50,23%	12.230
África	Mozambique	9.525	9.761	50,61%	11.792
África	Madagascar	7.692	7.804	50,36%	11.024
África	Camerún	7.302	7.390	50,30%	7.633
África	Côte d'Ivoire	7.394	7.133	49,10%	7.860
África	Angola	6.168	6.310	50,57%	8.295
África	Burkina Faso	5.797	5.819	50,09%	9.535
África	Zimbabwe	5.723	5.806	50,36%	7.543
África	Malí	5.409	5.551	50,65%	7.741
África	Malawi	5.274	5.366	50,43%	9.050
África	Níger	5.146	5.256	50,53%	8.313
África	Somalia	4.801	4.871	50,36%	7.050
África	Túnez	4.778	4.682	49,49%	3.331
África	Senegal	4.608	4.632	50,13%	4.960
África	Zambia	4.439	4.537	50,55%	5.006
África	Chad	3.687	3.771	50,56%	5.708
África	Guinea	3.701	3.658	49,71%	5.002
África	Rwanda	3.572	3.663	50,63%	6.797
África	Burundi	3.212	3.353	51,07%	5.997
África	Benin	2.926	3.011	50,72%	3.475
África	Libia, Jamahiriya Arabe	2.835	2.635	48,17%	702
África	Sierra Leona	2.315	2.402	50,92%	3.022
África	Togo	2.237	2.275	50,42%	3.035
África	Eritrea	1.846	1.874	50,38%	3.035
África	Centroafricana,República	1.725	1.824	51,39%	2.103
África	Liberia	1.471	1.459	49,80%	1.544
África	Congo, República del	1.400	1.464	51,12%	1.097
África	Mauritania	1.288	1.310	50,42%	1.134
África	Lesotho	1.038	1.070	50,76%	1.536
África	Namibia	846	850	50,15%	1.020
África	Botswana	784	813	50,91%	469
África	Gambia	627	641	50,55%	865
África	Gabón	592	605	50,54%	549
África	Guinea-Bissau	584	603	50,80%	910
África	Mauricio	573	576	50,13%	677
África	Swazilandia	472	508	51,84%	640
África	Reunión	338	353	51,09%	206
África	Comoras	338	338	50,00%	455
África	Djibouti	308	321	51,03%	107
África	Guinea Ecuatorial	218	224	50,68%	234
África	Cabo Verde	195	223	53,35%	165
África	Sahara Occidental	141	143	50,35%	14
África	Santo Tomé y Principe	0	1	100,00%	78
África	Seychelles	0	1	100,00%	32
África	Santa Elena	0	1	100,00%	2

Figura 6.5. Ventana con la vista previa de impresión

No podemos asumir, lógicamente, que todos los destinatarios tendrán instalado en sus sistemas Microsoft Excel para poder abrir los libros con los datos. Si eso es así, sabemos que pueden abrir directamente los libros, podríamos enviarlos vía correo electrónico. En caso contrario sería necesario guardarlos con un formato que los destinatarios pudieran reconocer.

Si la audiencia de los datos no está limitada a unas pocas personas, sino que es mucho más amplia, puede optarse por la publicación en la Web, de tal forma que cualquiera con un cliente como Internet Explorer pudiera acceder a él.

Envío por correo electrónico

Puede enviar el libro con el que está trabajando a múltiples destinos, entre ellos una dirección de correo electrónico, usando la opción Archivo>Enviar a, cuyo submenú aparece desplegado en la figura 6.6. Observe que existen tres opciones Destinatario de correo, diferenciándose unas de otras tan sólo en el método utilizado para enviar los datos.

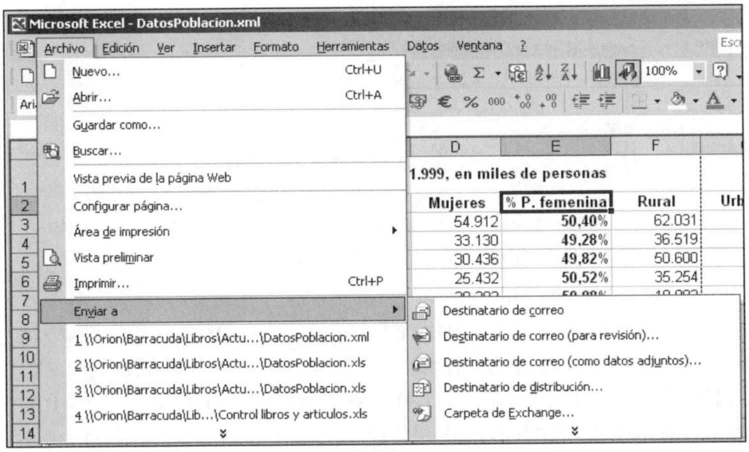

Figura 6.6. Opciones del menú Enviar a

La primera opción enviará la hoja actual o el libro completo incluyendo los datos como parte del cuerpo del mensaje, generalmente usando HTML. Es una opción adecuada siempre que sepamos que el destinatario cuenta con un cliente de correo capaz de leer mensajes HTML. Al seleccionarla verá que en la parte superior de la ventana de Excel, bajo las barras de herramientas, aparecen una serie de apartados donde podrá introducir las direcciones de correo de los destinatarios, así como una introducción o comentario.

Nota:

El cuerpo del mensaje estará constituido por la información almacenada en la hoja, por lo que deberá usar el apartado Introducción *para efectuar cualquier comentario o aclaración que necesite.*

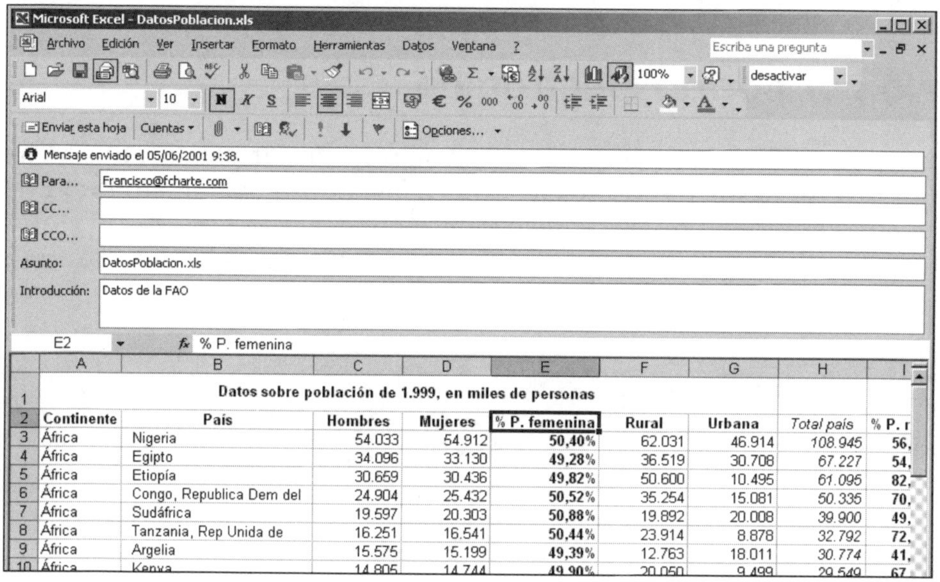

Figura 6.7. Enviamos una hoja de cálculo por correo electrónico

Una alternativa, en caso de que no conozcamos el cliente de correo del destinatario, es enviar los datos como un archivo adjunto al mensaje, evitando así el uso de HTML en el mismo. Al seleccionar la opción Destinatario de correo (como datos adjuntos) se abrirá una nueva ventana en la que aparecerá, como elemento adjunto al mensaje, el archivo que contiene todo el libro. En ese momento podemos preparar un mensaje de correo corriente, introduciendo un tema, el propio mensaje, etc.

Por último tenemos la posibilidad de enviar el libro por correo electrónico para su revisión. En un capítulo posterior nos ocuparemos de las opciones para compartir y revisar datos. Si utiliza la opción Destinatario de correo (para revisión) lo primero que verá será un aviso como el de la figura 6.8. Si responde afirmativamente, tendrá que facilitar un nombre para la versión compartida de este libro. Dicha versión será la que, como datos adjuntos (véase figura 6.9), se envíe al destinatario.

Figura 6.8. Para enviar un libro para revisión es necesario compartirlo con otros

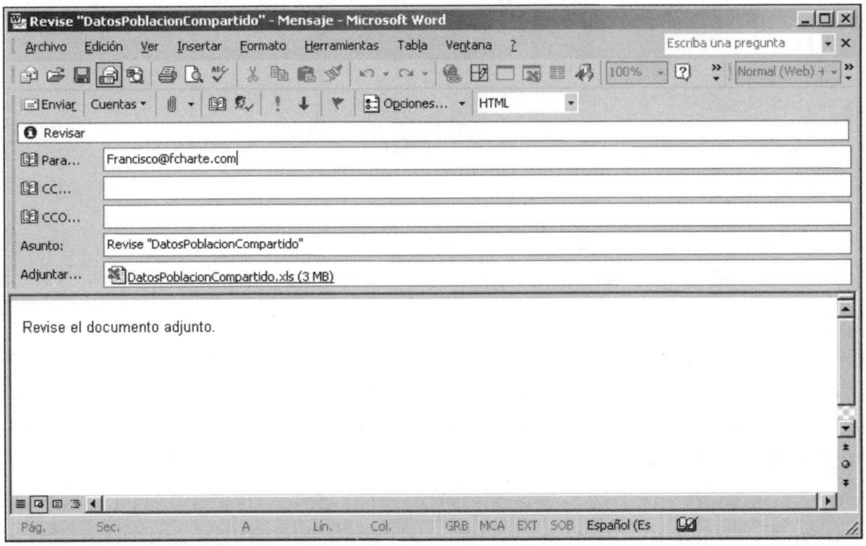

Figura 6.9. El libro para revisión se envía como un archivo adjunto al mensaje

Otros destinos

En ocasiones el destinatario de la información no será una sola persona sino una lista de ellas, lo que se conoce habitualmente como una lista de distribución. En una empresa dicha lista podría estar compuesta por los responsables de marketing, administración y personal. Nuestro caso concreto, formando parte de la FAO, podría contar con una lista de distribución que incluyese a responsables de cada país.

Para crear la lista de distribución seleccione la opción Archivo>Enviar a>Destinatario de distribución. Se encontrará con una lista de direcciones y algunos botones. Pulse ahora el botón **Nuevo**, tal como se ha hecho en la figura 6.10, y elija crear una nueva lista de distribución. Aparecerá una nueva ventana en la que deberá introducir el nombre de la lista y, utilizando los botones **Seleccionar integrantes** y **Agregar nuevo**, indicar cuáles serán los destinatarios.

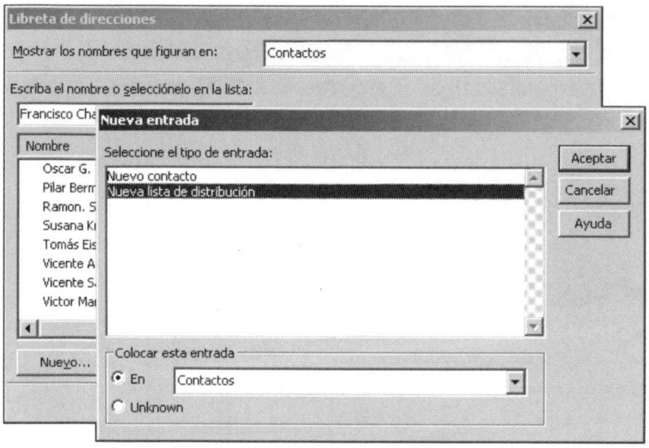

Figura 6.10. Iniciamos la creación de una nueva lista de distribución

Una lista de distribución creada con este sistema se comportará como un solo destinatario, de tal manera que podemos utilizar las mismas opciones vistas en el punto anterior para enviar el libro simultáneamente a todos los integrantes de la lista.

Una alternativa es usar las listas de distribución del propio Excel, accesible con la misma opción Archivo>Enviar a>Destinatario de distribución o bien, en caso de que ya se hubiese establecido una lista, Archivo>Enviar a>Otro destinatario de distribución.

La lista de distribución de Excel se asocia al documento, no a la Libreta de direcciones de Office. Como se aprecia en la figura 6.11, existen botones para añadir direcciones, eliminarlas, borrar la lista de distribución o iniciar esa distribución. En la parte inferior, mediante opciones de selección, indicaremos si la distribución debe efectuarse uno a uno, pasando el libro de cada integrante al siguiente, o bien de manera simultánea. También podemos solicitar que al final, cuando todos hayan revisado el documento, éste vuelva a nosotros.

Al pulsar el botón **Distribuir** se iniciará el proceso de distribución, por ejemplo enviando el libro al primer integrante de la lista. Éste la recibirá y podrá analizar los datos, enviándola al siguiente integrante de la lista mediante la opción Enviar a>Destinatario de distribución siguiente.

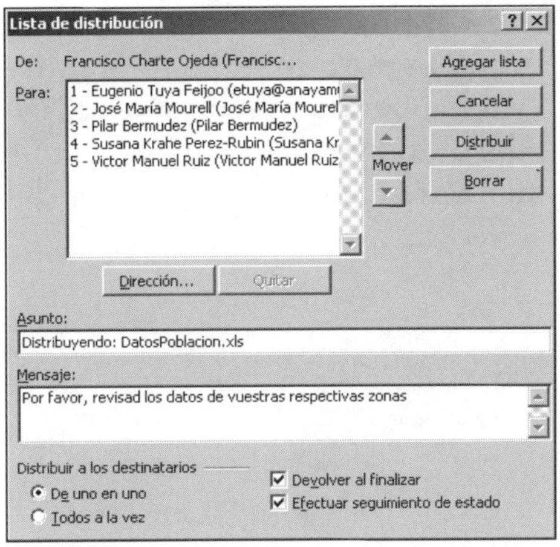

Figura 6.11. Una lista de distribución de Excel

Advertencia:

La opción **Archivo>Enviar a>Destinatario de distribución siguiente** *tan sólo aparece en el menú cuando está activa una lista de distribución. La persona que la ha creado puede utilizar dicha opción para enviar el libro al primer integrante de la lista, independientemente de cuántas veces ejecute la opción. Será ese integrante el que, al seleccionar la misma opción, remitirá el libro al segundo de la lista y así sucesivamente.*

Cuando todas las personas que deben tener acceso a los datos comparten un mismo servidor de mensajería y colaboración, en lugar de enviar por correo electrónico podemos optar por almacenar directamente el documento en una carpeta de Exchange. Tan sólo tiene que usar esta opción y, a continuación, seleccionar la carpeta donde deseamos almacenarlo, como se hace en la figura 6.12. Cualquier otro usuario con acceso a esa carpeta podrá abrirlo cuando lo necesite.

Publicación como página web

Tal como se apuntaba antes, la audiencia destinataria de nuestros datos puede ser más amplia que un grupo limitado de personas. Suponga, por ejemplo, que desea poner a disposición pública, de cualquier persona que desee verla, toda la información y cálculos que ha efectuado sobre la población actual y su posible crecimiento en el futuro. Para empezar, no tiene sentido enviar la hoja de cálculo completa porque no todo el mundo dispone de Excel para poder abrirla. Además, en la mayoría de los casos no será lógico que puedan acceder a los datos y modificarlos, ya que es una información que nosotros facilitamos para conocimiento de los demás, no para su manipulación.

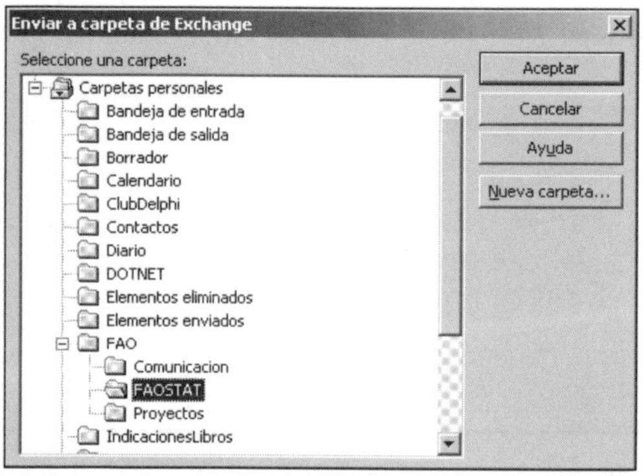

Figura 6.12. Seleccionamos una carpeta de Exchange para enviar el documento

En casos así lo más cómodo es guardar la hoja, o el libro completo, como si fuese una página web. Esa página puede almacenarse localmente, para su posterior distribución o transferencia a un servidor, o bien publicarse directamente. La página puede ser totalmente estática o bien incorporar algunos elementos dinámicos.

Ejemplo:

En la carpeta de ejemplos correspondiente a este capítulo encontrará dos archivos HTM. Son dos páginas web generadas a partir de datos de Excel, concretamente del único libro que existe en esa misma carpeta.

Para iniciar la publicación seleccione la opción Archivo>Guardar como página Web. Ésta da paso a un cuadro de diálogo típico, como el utilizado para guardar cualquier otro archivo, aunque con algunos elementos específicos (véase figura 6.13). Existe una opción que nos permite elegir entre almacenar todo el libro o sólo una hoja. El botón **Cambiar título** lo usaríamos para establecer un título de página. En principio no tiene ninguno.

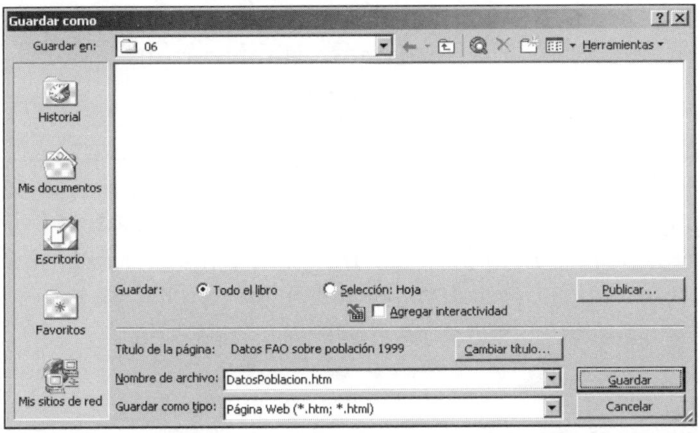

Figura 6.13. Cuadro de diálogo para guardar como página web

Si guardamos el archivo en una unidad local, nuestro disco, tendremos una página web que podemos abrir en nuestro propio sistema, enviar a otras personas o publicar. En este último caso, no obstante, es más cómodo servirse de la utilidad de publicación de Excel. Podemos acceder a ella desde esta misma ventana pulsando el botón **Publicar**.

El cuadro de diálogo para publicar, mostrado en la figura 6.14, se encuentra divido en tres partes: selección de la información a publicar, opciones de presentación y destino de la presentación, respectivamente, de arriba a abajo. La lista desplegable que hay en la parte superior sirve para elegir la información a publicar, que puede ser una hoja completa, un objeto o parte de una hoja.

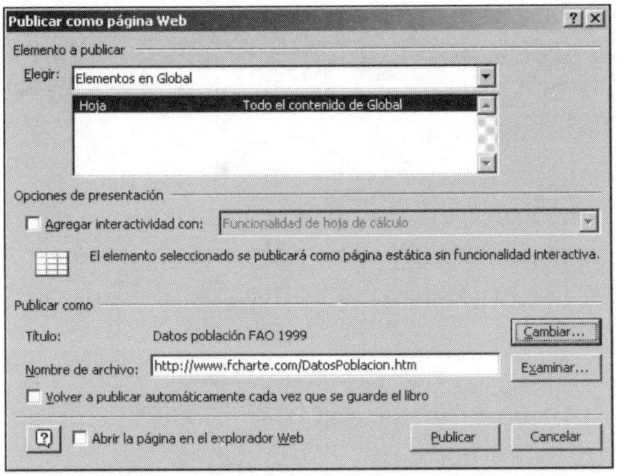

Figura 6.14. Opciones para la publicación de una hoja de cálculo

En el apartado Nombre de archivo introducimos la dirección del servidor destino, pulsando el botón **Cambiar** si deseamos establecer un título.

Nota:

Puede activar la opción Volver a publicar automáticamente cada vez que se guarde un libro *si dispone de una conexión permanente a Internet. Esto le permitirá que cualquier cambio que efectúe en los datos, y sea almacenado en su sistema, se publique automáticamente también en el servidor indicado.*

Advertencia:

Para poder publicar información en un servidor debe contar con los permisos necesarios. Lo habitual es que al conectar con el servidor aparezca una ventana solicitándole un nombre de usuario y la correspondiente contraseña, datos sin los cuales la publicación no resultará posible.

Puede ver los datos globales sobre población publicados como página web en `http://www.fcharte.com/DatosPoblacion.htm`.

Hojas interactivas

Como se decía anteriormente, la publicación de los datos en forma de páginas web supone una opción para facilitar información estática, que el destinatario puede ver pero sobre la que no puede actuar para seleccionar datos o modificarlos. En caso necesario, simplemente activando una opción de las dos disponibles en la ventana de publicación, podemos añadir capacidad de interactividad a esa hoja.

¿Cómo puede una página web ser interactiva? La respuesta se encuentra en el uso de componentes ActiveX, concretamente los conocidos como *Web Components* de Office. Dichos componentes tan sólo pueden ser utilizados si la persona que accede a las hojas utiliza como cliente Internet Explorer 4 o posterior.

Lo que ve el cliente al acceder a una página interactiva es, prácticamente, una ventana de Excel aunque simplificada. Puede actuar sobre los datos, por ejemplo estableciendo la configuración de una tabla dinámica, y también efectuar tareas de edición.

Figura 6.15. Utilizando los *Office Web Components* es posible crear páginas web interactivas

Exportación

Además de como página web o utilizando su propio formato, la información alojada en los libros de Excel puede exportarse con diferentes formatos, adecuado cada uno de ellos para una cierta aplicación o función. Tan sólo tiene que seleccionar la opción Archivo>Guardar como y desplegar la lista Guardar como tipo, en la que aparecen todos los formatos posibles. No vamos a profundizar más en el tema ya que es así de simple.

De entre los formatos disponibles cabe destacar uno por su especial interés: Hoja de cálculo XML. Al seleccionarlo, Excel genera un documento XML que contiene toda la información de la estructura y datos contenidos en el libro. Lo interesante es que, como probablemente ya sabrá, el lenguaje XML es independiente de sistemas operativos y tipos de ordenadores, por lo que podría facilitarse a cualquiera y, con un intérprete adecuado, accedería a nuestro trabajo.

Ejemplo:

El archivo `DatosPoblacion.xml`*, que está alojado en la carpeta de ejemplos de este capítulo, es un documento XML que contiene todo el libro* `DatosPoblacion.xls`*.*

El formato XML es autodescriptivo, por lo que podríamos abrir el documento con una aplicación como el Bloc de notas y fácilmente comprender su contenido. Resulta más cómodo, no obstante, abrirlo con Internet Explorer y dejar que sea él quien establezca la vista jerárquica de los datos. En la figura 6.16 puede ver en Internet Explorer el archivo `DatosPoblacion.xml`, previamente exportado desde Excel. Observe que en la parte superior aparecen una serie de propiedades generales al libro, por ejemplo el autor o la fecha de la última edición. Debajo, por cada una de las hojas, hay una entrada `Worksheet` con el nombre de la hoja. En el interior de cada hoja existen elementos `Column`, `Row` y `Cell` que son columnas, filas y celdillas, respectivamente.

Nota:

*Existen aplicaciones que pueden trabajar sobre archivos con el formato XML gracias a la existencia de un modelo estándar de documento, conocido como DOM (*Document Object Model*), y librerías prefabricadas que permiten operar sobre dicho modelo.*

Resumen

Como ha podido ver en este capítulo, Excel cuenta con diferentes recursos a la hora de publicar información para facilitarla a terceras personas. El recurso más usado desde siempre ha sido la impresión en papel, aunque poco a poco la publicación en Internet o *intranets* como páginas web va ganando terreno. Esto conlleva varias ventajas, entre ellas la agilidad puesto que no hay que esperar la impresión en papel y enviarla al destinatario.

La configuración de la información a imprimir es muy flexible, pudiendo seleccionar elementos individuales, establecer encabezados y pies, ajustar visualmente los márgenes y divisiones de páginas o ver previamente en pantalla cómo quedará el resultado impreso.

En cuanto a la publicación electrónica, se ha explicado cómo enviar la hoja de cálculo mediante correo electrónico, ya sea a un destinatario único o a una lista de distribución, y cómo convertirlo en una página web, ya sea estática o dinámica. Las páginas pueden ser almacenadas localmente, en un archivo HTML, o bien publicadas directamente poniéndose en contacto con el servidor que se indique.

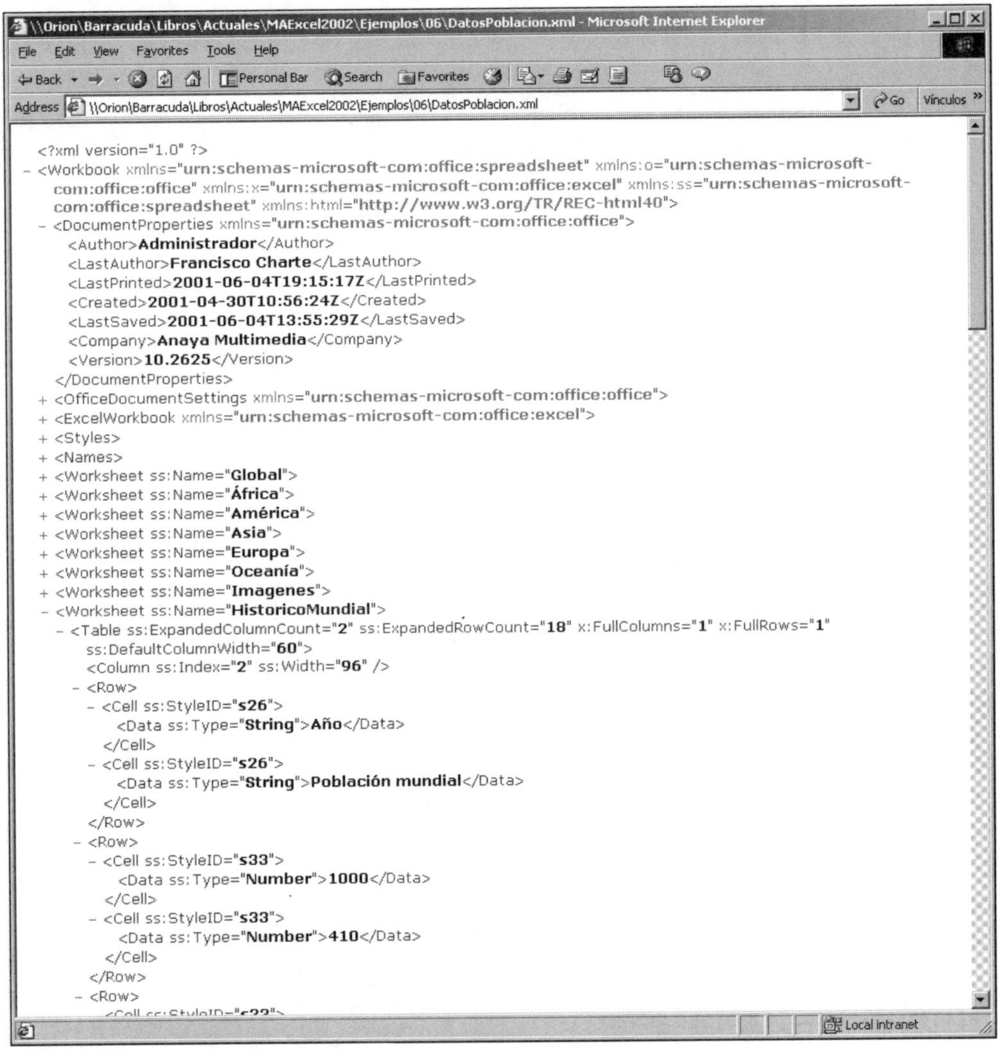


```
  <?xml version="1.0" ?>
- <Workbook xmlns="urn:schemas-microsoft-com:office:spreadsheet" xmlns:o="urn:schemas-microsoft-
    com:office:office" xmlns:x="urn:schemas-microsoft-com:office:excel" xmlns:ss="urn:schemas-microsoft-
    com:office:spreadsheet" xmlns:html="http://www.w3.org/TR/REC-html40">
  - <DocumentProperties xmlns="urn:schemas-microsoft-com:office:office">
      <Author>Administrador</Author>
      <LastAuthor>Francisco Charte</LastAuthor>
      <LastPrinted>2001-06-04T19:15:17Z</LastPrinted>
      <Created>2001-04-30T10:56:24Z</Created>
      <LastSaved>2001-06-04T13:55:29Z</LastSaved>
      <Company>Anaya Multimedia</Company>
      <Version>10.2625</Version>
    </DocumentProperties>
  + <OfficeDocumentSettings xmlns="urn:schemas-microsoft-com:office:office">
  + <ExcelWorkbook xmlns="urn:schemas-microsoft-com:office:excel">
  + <Styles>
  + <Names>
  + <Worksheet ss:Name="Global">
  + <Worksheet ss:Name="África">
  + <Worksheet ss:Name="América">
  + <Worksheet ss:Name="Asia">
  + <Worksheet ss:Name="Europa">
  + <Worksheet ss:Name="Oceanía">
  + <Worksheet ss:Name="Imagenes">
  - <Worksheet ss:Name="HistoricoMundial">
    - <Table ss:ExpandedColumnCount="2" ss:ExpandedRowCount="18" x:FullColumns="1" x:FullRows="1"
        ss:DefaultColumnWidth="60">
        <Column ss:Index="2" ss:Width="96" />
      - <Row>
        - <Cell ss:StyleID="s26">
            <Data ss:Type="String">Año</Data>
          </Cell>
        - <Cell ss:StyleID="s26">
            <Data ss:Type="String">Población mundial</Data>
          </Cell>
        </Row>
      - <Row>
        - <Cell ss:StyleID="s33">
            <Data ss:Type="Number">1000</Data>
          </Cell>
        - <Cell ss:StyleID="s33">
            <Data ss:Type="Number">410</Data>
          </Cell>
        </Row>
      - <Row>
```

Figura 6.16. Aspecto del documento XML generado por Excel

Capítulo 7

Funciones lógicas

En este capítulo aprenderá a:

- Componer expresiones relacionales.
- Utilizar funciones lógicas.
- Tomar decisiones sobre los datos.

A partir de este capítulo, y en los próximos cuatro, nos centraremos en el estudio y uso de algunas de las funciones más interesantes con que cuenta Excel, entendiendo por *funciones* no las opciones disponibles en los menús o barras de herramientas, muchas de las cuales ya conoce, sino algoritmos prefabricados a los cuales se ha asignado un cierto nombre.

Las funciones de Excel, que se agrupan en una serie de categorías, se utilizan generalmente a la hora de componer fórmulas. Algunas de esas funciones, como `SUMA` o `PROMEDIO`, las ha usado repetidamente, mientras que otras, como `PRONOSTICO`, posiblemente no las conociera hasta estudiarlas en los capítulos precedentes.

En este capítulo abordaremos el grupo de funciones conocidas como *lógicas*, nombre que deben al hecho de trabajar con valores lógicos: `VERDADERO` y `FALSO`.

Relaciones y valores lógicos

Los valores lógicos, que como sabe pueden ser sólo `VERDADERO` y `FALSO`, se obtienen generalmente a partir de la comprobación de ciertas relaciones. Éstas se componen con una estructura general: dos operandos dispuestos a izquierda y derecha de un operador. Los operandos deberán ser, habitualmente, del mismo tipo para que el operador funcione de manera correcta. Una relación lógica puede servirnos para comparar la igualdad entre dos datos, saber si uno es mayor o menor que otro o son distintos. Esos datos pueden ser valores alojados en celdillas de la hoja o bien valores introducidos directamente en la misma fórmula. Ya sabe cómo crear todo tipo de referencias para dirigirse a los datos de las hojas.

Nota:

Los valores introducidos directamente en las fórmulas, no recuperados de celdillas, se conocen habitualmente como constantes.

En la tabla 7.1 se resumen los operadores relacionales que puede usar en Excel para componer una expresión que devuelva `VERDADERO` o `FALSO`. Los ejemplos facilitados en la columna de la derecha puede introducirlos en una hoja de cálculo para comprobar el resultado, asumiendo que en esa hoja existe un valor numérico en la celdilla a la que se hace referencia.

Tabla 7.1. Operadores relacionales

Operador	Relación	Ejemplo
=	Igualdad	A5=100
<>	Desigualdad	A5<>100
<	Menor que	A5<100
<=	Menor o igual que	A5<=100
>	Mayor que	A5>100
>=	Mayor o igual que	A5>=100

Introduciendo en una celdilla una fórmula como `=A5<100` estaríamos comprobando si el valor contenido en la celdilla `A5` es inferior a 100, caso en el cual el valor que se obtendría sería `VERDADERO`. En caso contrario, si el valor es 100 o superior, el resultado de la fórmula sería `FALSO`. En la figura 7.1 puede ver cómo se utiliza una expresión similar con el fin de comprobar si la población correspondiente al año 2000, almacenada en una celdilla, es o no superior a 6.000 millones. El valor obtenido, `VERDADERO`, nos confirma que sí lo es.

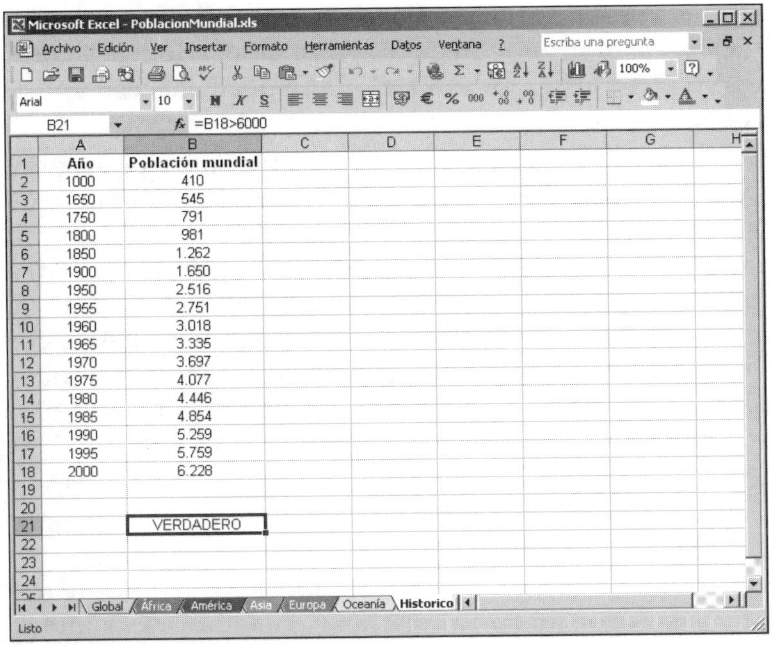

Figura 7.1. Resultado de una fórmula con una expresión relacional

Comparación de títulos

Cuando se comprueba una relación de igualdad entre dos valores numéricos no hay mas que dos alternativas: o son iguales o no. Cuando esa relación se comprueba entre títulos, cadenas o bien secuencias de caracteres, pueden existir matices. ¿Son iguales dos títulos que, a pesar de tener las mismas letras en el mismo orden, aparecen uno en mayúsculas y otro en minúsculas?

Si efectúa una comparación entre títulos usando el operador = indicado en la tabla 7.1, en la comparación no se tendrán en cuenta las diferencias entre mayúsculas y minúsculas. Si necesita comprobar que dos datos no numéricos son iguales, incluyendo que no haya diferencias de mayúsculas y minúsculas, deberá usar la función `IGUAL` en lugar del operador =. Esta función necesita dos parámetros: los dos títulos a comparar. Puede entregar tanto referencias a celdillas como los valores propiamente dichos.

Expresiones complejas

En ocasiones, las expresiones necesarias para efectuar una cierta comprobación no serán tan sencillas como las descritas anteriormente. Imagine, por ejemplo, que desea saber no sólo si una celdilla contiene un cierto valor o es inferior o superior a un cierto valor sino, además, si otra celdilla también cumple con una cierta relación. Es decir, necesita efectuar varias comprobaciones simultáneamente.

Volvamos a partir de nuestra hoja de cálculo con datos sobre población, concretamente la versión en la que teníamos una serie de cálculos que determinaban el porcentaje de población femenina y población rural. Imagine que desea introducir una nueva columna, a la derecha de todas las existentes hasta ahora, que contenga el valor `VERDADERO` en caso de que tanto la población femenina como la rural superen el 50%. Tiene, por tanto, que utilizar dos expresiones relacionales, una para comprobar cada celdilla, y combinarlas de tal manera que obtenga el valor `VERDADERO` sólo en caso de que ambas expresiones sean `VERDADERO`.

En este caso concreto lo que necesitamos es la función `Y`. Ésta toma dos o más parámetros, cada uno de los cuales será una expresión relacional. El resultado devuelto será `VERDADERO` si todas las expresiones son ciertas, o `FALSO` en caso contrario. En la figura 7.2 puede observar la hoja de datos antes mencionada con la fórmula introducida y copiada en una nueva columna. Si lo que le interesa es comprobar que una o más de las expresiones sean ciertas, y no todas a la vez, puede usar la función `O` en lugar de `Y`. La sintaxis es la misma, la diferencia es que el valor obtenido será `VERDADERO` siempre que alguna, o varias, de las expresiones sean ciertas. Dicho de otra forma, la única posibilidad de obtener el valor `FALSO` es que todas las expresiones entregadas como parámetros sean falsas.

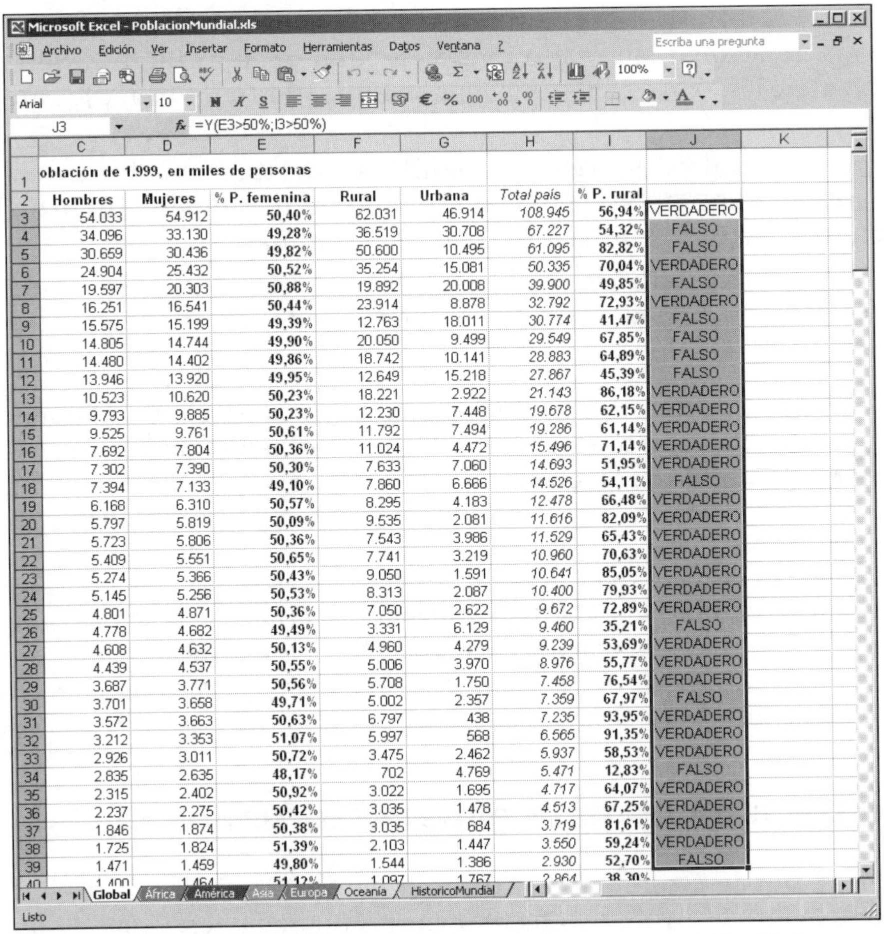

	C	D	E	F	G	H	I	J
1	oblación de 1.999, en miles de personas							
2	Hombres	Mujeres	% P. femenina	Rural	Urbana	Total país	% P. rural	
3	54.033	54.912	50,40%	62.031	46.914	108.945	56,94%	VERDADERO
4	34.096	33.130	49,28%	36.519	30.708	67.227	54,32%	FALSO
5	30.659	30.436	49,82%	50.600	10.495	61.095	82,82%	FALSO
6	24.904	25.432	50,52%	35.254	15.081	50.335	70,04%	VERDADERO
7	19.597	20.303	50,88%	19.892	20.008	39.900	49,85%	FALSO
8	16.251	16.541	50,44%	23.914	8.878	32.792	72,93%	VERDADERO
9	15.575	15.199	49,39%	12.763	18.011	30.774	41,47%	FALSO
10	14.805	14.744	49,90%	20.050	9.499	29.549	67,85%	FALSO
11	14.480	14.402	49,86%	18.742	10.141	28.883	64,89%	FALSO
12	13.946	13.920	49,95%	12.649	15.218	27.867	45,39%	FALSO
13	10.523	10.620	50,23%	18.221	2.922	21.143	86,18%	VERDADERO
14	9.793	9.885	50,23%	12.230	7.448	19.678	62,15%	VERDADERO
15	9.525	9.761	50,61%	11.792	7.494	19.286	61,14%	VERDADERO
16	7.692	7.804	50,36%	11.024	4.472	15.496	71,14%	VERDADERO
17	7.302	7.390	50,30%	7.633	7.060	14.693	51,95%	VERDADERO
18	7.394	7.133	49,10%	7.860	6.666	14.526	54,11%	FALSO
19	6.168	6.310	50,57%	8.295	4.183	12.478	66,48%	VERDADERO
20	5.797	5.819	50,09%	9.535	2.081	11.616	82,09%	VERDADERO
21	5.723	5.806	50,36%	7.543	3.986	11.529	65,43%	VERDADERO
22	5.409	5.551	50,65%	7.741	3.219	10.960	70,63%	VERDADERO
23	5.274	5.366	50,43%	9.050	1.591	10.641	85,05%	VERDADERO
24	5.145	5.256	50,53%	8.313	2.087	10.400	79,93%	VERDADERO
25	4.801	4.871	50,36%	7.050	2.622	9.672	72,89%	VERDADERO
26	4.778	4.682	49,49%	3.331	6.129	9.460	35,21%	FALSO
27	4.608	4.632	50,13%	4.960	4.279	9.239	53,69%	VERDADERO
28	4.439	4.537	50,55%	5.006	3.970	8.976	55,77%	VERDADERO
29	3.687	3.771	50,56%	5.708	1.750	7.458	76,54%	VERDADERO
30	3.701	3.658	49,71%	5.002	2.357	7.359	67,97%	FALSO
31	3.572	3.663	50,63%	6.797	438	7.235	93,95%	VERDADERO
32	3.212	3.353	51,07%	5.997	568	6.565	91,35%	VERDADERO
33	2.926	3.011	50,72%	3.475	2.462	5.937	58,53%	VERDADERO
34	2.835	2.635	48,17%	702	4.769	5.471	12,83%	FALSO
35	2.315	2.402	50,92%	3.022	1.695	4.717	64,07%	VERDADERO
36	2.237	2.275	50,42%	3.035	1.478	4.513	67,25%	VERDADERO
37	1.846	1.874	50,38%	3.035	684	3.719	81,61%	VERDADERO
38	1.725	1.824	51,39%	2.103	1.447	3.550	59,24%	VERDADERO
39	1.471	1.459	49,80%	1.544	1.386	2.930	52,70%	FALSO
40	1.400	1.464	51,12%	1.097	1.767	2.864	38,30%	

Figura 7.2. Usamos la función `Y` para crear una expresión lógica compleja

Toma de decisiones

La introducción de una expresión relacional, simple o compleja, en una celdilla tiene como resultado, ya lo ha visto, la obtención de los valores

VERDADERO y FALSO. Lo que nos interese tener en la celdilla, sin embargo, puede ser un valor u otro dependiendo del resultado de la expresión, o realizar un cálculo distinto según dicho resultado.

La respuesta a esta necesidad la encontramos en otra de las funciones lógicas, concretamente la función SI. Los parámetros necesarios son los tres siguientes:

- Expresión relacional, simple o compleja, que debe evaluarse. Sería equivalente a las expresiones que hemos utilizado en los ejemplos anteriores.
- Valor que debe introducirse en la celdilla si esa expresión obtiene como resultado VERDADERO. Este valor puede ser un número, un texto, una referencia a una celdilla o incluso una fórmula.
- Valor que debe introducirse en la celdilla si el resultado de la expresión es FALSO. Como el anterior, también puede ser una referencia, una fórmula o un valor constante.

Como en cualquier otro caso, introduciríamos la función SI conjuntamente con sus parámetros como si fuese una fórmula, obteniéndose en la celdilla el resultado de su evaluación.

Nota:

En la expresión que hay que entregar como primer parámetro a la función SI *es posible usar las funciones* Y *y* O *vistas con anterioridad, siempre que la expresión compuesta sea correcta y retorne un solo valor lógico.*

Uso de decisiones para evitar errores

La función SI puede tener multitud de aplicaciones distintas, entre ellas evitar la obtención de errores al efectuar ciertas operaciones. Con este fin la usaremos en nuestra hoja de cálculo con datos de población, a fin de impedir la aparición de divisiones por cero.

Para calcular el porcentaje de mujeres sobre el total de población utilizamos una fórmula que, tal y como se aprecia en la barra de fórmulas de la imagen que aparece en la figura 7.3, consiste en dividir la población femenina entre la suma de población femenina y masculina, es decir, entre la población total. El problema consiste en que no tenemos datos de población separada por sexos de todos los países. En estos casos, como se ve en la parte central de la misma figura, lo que se obtiene en la celdilla es un mensaje de error.

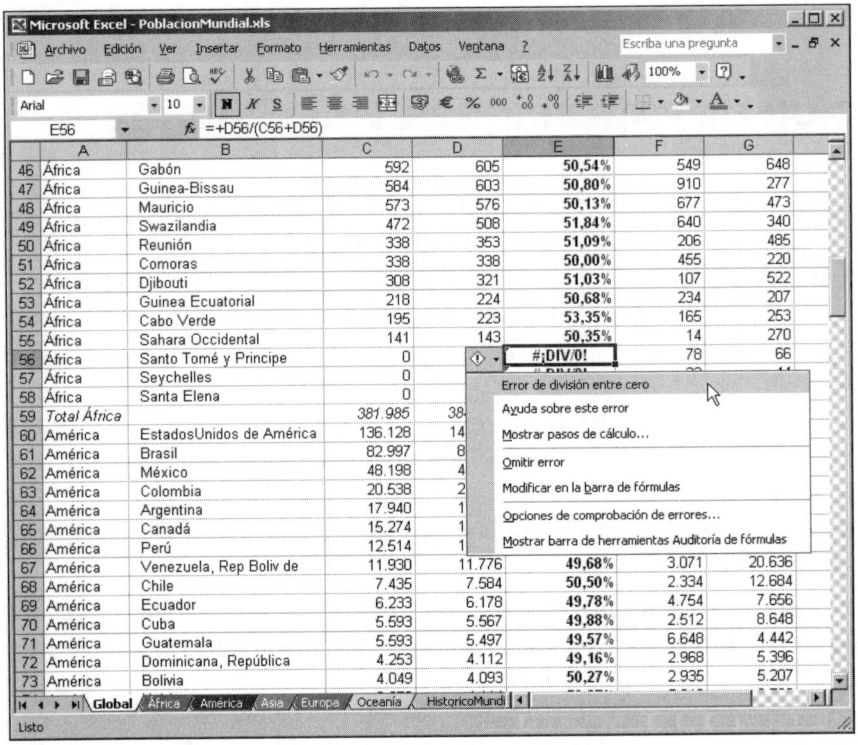

Figura 7.3. Error obtenido al evaluar una fórmula con operandos inválidos

Con el fin de evitar este problema, modificaríamos la fórmula utilizada hasta ahora por otra algo más compleja. En ella usaríamos la función `SI` para comprobar si alguno de los operandos es cero. En caso afirmativo no podemos calcular el porcentaje de población, por lo que directamente introducimos el valor 50%. En caso contrario el cálculo se efectúa como veníamos haciendo hasta ahora.

La nueva fórmula, tomando como base la que se ve en la figura 7.3, sería la siguiente:

```
=SI(O(C56=0;D56=0);50%;D56/(C56+D56))
```

Tras copiar la nueva fórmula a todas las celdillas de la columna `% P. femenina`, en la hoja de cálculo no quedaría ninguna división por cero.

Nota:

Puede utilizar esta misma función para, por ejemplo, efectuar un descuento mayor o menor sobre un cierto importe según el volumen de éste.

Anidación de expresiones y decisiones

Al usar funciones como `Y`, `O` y `SI` puede darse el caso de que uno de sus parámetros sea, a su vez, otra función del mismo tipo, es decir, otra decisión o expresión lógica. A este hecho se le conoce como anidación, pudiendo ser útil en muchos casos. Gracias a la anidación de decisiones, por ejemplo, es posible introducir en una celdilla un valor entre muchas posibilidades.

Continuando con la misma hoja de datos que estamos usando desde el principio del capítulo, suponga que desea clasificar los países, según el volumen de su población, en tres grupos diferentes: grandes, medianos y pequeños, según que superen los 50 millones de habitantes, pasen de los 20 o no lleguen a ese límite.

Añadiremos una nueva fórmula en una columna más a la derecha, columna a la que titularemos `Tamaño país`. La fórmula sería la siguiente:

```
=SI(H3>50000;"Grande";SI(H3>20000;"Mediano";"Pequeño"))
```

Lógicamente, tendríamos que copiar la fórmula a todas las demás filas de datos, consiguiendo un resultado como el de la figura 7.4. Ahora podría utilizar esta nueva columna para ordenar los países y tener esos tres grupos que se mencionaban.

Ejemplo:

Los supuestos que se utilizan en este capítulo están basados en la hoja `Global` del libro `PoblacionMundial.xls` que podrá encontrar en la carpeta de ejemplos de este capítulo.

En este ejemplo el tercer parámetro de la función `SI`, que debería ser el valor a introducir si la expresión es falsa, es, a su vez, otra decisión, otra función `SI` con sus tres parámetros. De forma análoga podrían utilizarse tres y más niveles de anidación, aunque esto no suele ser necesario y, además, hace que la expresión sea difícil de entender.

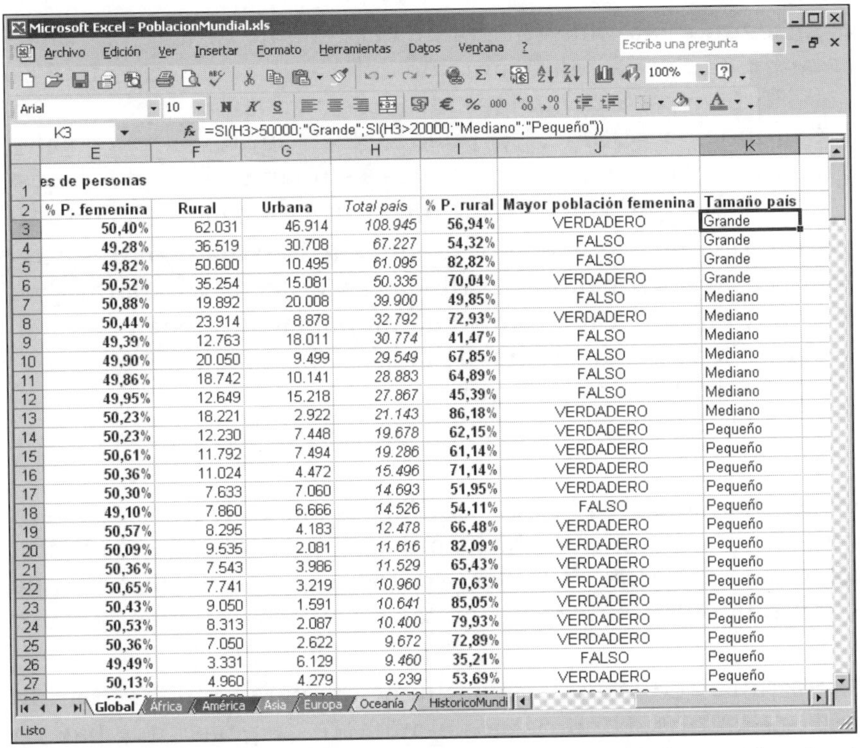

	E	F	G	H	I	J	K
1	es de personas						
2	% P. femenina	Rural	Urbana	Total país	% P. rural	Mayor población femenina	Tamaño país
3	50,40%	62.031	46.914	108.945	56,94%	VERDADERO	Grande
4	49,28%	36.519	30.708	67.227	54,32%	FALSO	Grande
5	49,82%	50.600	10.495	61.095	82,82%	FALSO	Grande
6	50,52%	35.254	15.081	50.335	70,04%	VERDADERO	Grande
7	50,88%	19.892	20.008	39.900	49,85%	FALSO	Mediano
8	50,44%	23.914	8.878	32.792	72,93%	VERDADERO	Mediano
9	49,39%	12.763	18.011	30.774	41,47%	FALSO	Mediano
10	49,90%	20.050	9.499	29.549	67,85%	FALSO	Mediano
11	49,86%	18.742	10.141	28.883	64,89%	FALSO	Mediano
12	49,95%	12.649	15.218	27.867	45,39%	FALSO	Mediano
13	50,23%	18.221	2.922	21.143	86,18%	VERDADERO	Mediano
14	50,23%	12.230	7.448	19.678	62,15%	VERDADERO	Pequeño
15	50,61%	11.792	7.494	19.286	61,14%	VERDADERO	Pequeño
16	50,36%	11.024	4.472	15.496	71,14%	VERDADERO	Pequeño
17	50,30%	7.633	7.060	14.693	51,95%	VERDADERO	Pequeño
18	49,10%	7.860	6.666	14.526	54,11%	FALSO	Pequeño
19	50,57%	8.295	4.183	12.478	66,48%	VERDADERO	Pequeño
20	50,09%	9.535	2.081	11.616	82,09%	VERDADERO	Pequeño
21	50,36%	7.543	3.986	11.529	65,43%	VERDADERO	Pequeño
22	50,65%	7.741	3.219	10.960	70,63%	VERDADERO	Pequeño
23	50,43%	9.050	1.591	10.641	85,05%	VERDADERO	Pequeño
24	50,53%	8.313	2.087	10.400	79,93%	VERDADERO	Pequeño
25	50,36%	7.050	2.622	9.672	72,89%	VERDADERO	Pequeño
26	49,49%	3.331	6.129	9.460	35,21%	FALSO	Pequeño
27	50,13%	4.960	4.279	9.239	53,69%	VERDADERO	Pequeño

Figura 7.4. Clasificamos los países en tres categorías según el volumen de su población

Operaciones condicionales

La función SI, como acaba de verse, puede ser utilizada para determinar el valor que debe introducirse en una celdilla dependiendo del resultado de una expresión. Otro caso en el cual son útiles las expresiones relacionales es cuando una cierta operación, por ejemplo una suma de valores, debe efectuarse de forma condicional, sumando sólo aquellos que cumplan un cierto criterio.

Existen dos funciones, llamadas SUMAR.SI y CONTAR.SI, que, como puede suponer, son equivalentes a las funciones SUMAR y CONTAR que ya conoce. La diferencia estriba en que las dos primeras toman como segundo parámetro una expresión relacional, de tal manera que la operación, de suma o conteo, se efectúa sólo sobre las celdillas que, al evaluar la expresión, devuelven el valor `VERDADERO`.

En realidad, el segundo parámetro será una cadena de caracteres conteniendo el valor buscado o la condición que debe aplicarse a cada una de las celdillas que formen parte del rango entregado como primer parámetro. En el caso de la función `SUMAR.SI`, puede existir un tercer parámetro que sería el rango de celdillas con los valores a sumar, en caso de que éstos no sean los mismos que van a comprobarse con la condición.

Tras el punto anterior, en el que hemos clasificado los países en tres categorías, podemos usar las funciones `SUMAR.SI` y `CONTAR.SI` para saber cuántos países hay en cada categoría y cuánta población tienen en total. Situaríamos el foco de entrada al final de la tabla de datos e introduciríamos la fórmula siguiente en una celdilla:

```
=CONTAR.SI($K$3:$K$225;"Grande")
```

Observe que la referencia al rango de celdillas es una referencia constante, de tal manera que podamos posteriormente copiar la fórmula manteniendo la referencia correcta a la tabla de datos. Lo que indicamos es que se cuenten, del rango especificado, cuántas celdillas contienen el valor `Grande`.

Copiando la fórmula y editándola a continuación, para cambiar `Grande` por `Mediano` o `Pequeño`, contaríamos el número de países que hay en las otras categorías.

La fórmula para obtener la suma de población de los países de cada categoría sería ésta:

```
=SUMAR.SI($K$3:$K$225;"Grande";$H$3:$H$225)
```

En este caso ha sido necesario facilitar como tercer parámetro el rango de celdillas que contienen los datos de población, ya que en el primer rango tan sólo tenemos una cadena indicando la categoría del país. Como en el caso anterior, copiaríamos la fórmula para obtener la población de los países medianos y pequeños.

Por último, y más como un dato curioso que otra cosa, podríamos calcular el porcentaje de población que tiene cada categoría respecto al total mundial. Como se aprecia en la figura 7.5, tan sólo los 24 países que nosotros hemos considerado grandes cuentan con el 75 por ciento de la población mundial.

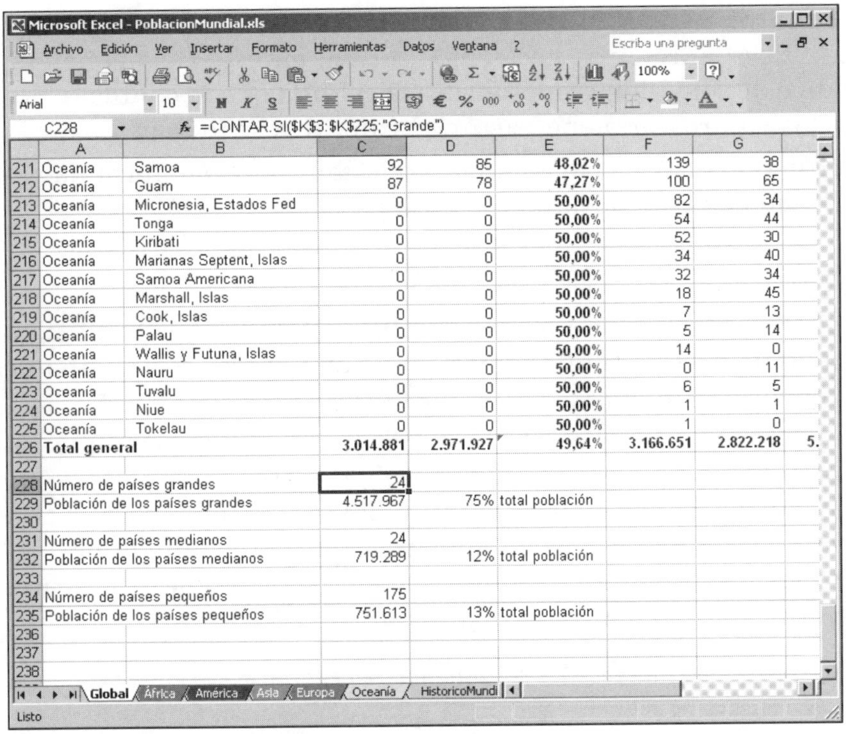

	A	B	C	D	E	F	G	
211	Oceanía	Samoa	92	85	48,02%	139	38	
212	Oceanía	Guam	87	78	47,27%	100	65	
213	Oceanía	Micronesia, Estados Fed	0	0	50,00%	82	34	
214	Oceanía	Tonga	0	0	50,00%	54	44	
215	Oceanía	Kiribati	0	0	50,00%	52	30	
216	Oceanía	Marianas Septent, Islas	0	0	50,00%	34	40	
217	Oceanía	Samoa Americana	0	0	50,00%	32	34	
218	Oceanía	Marshall, Islas	0	0	50,00%	18	45	
219	Oceanía	Cook, Islas	0	0	50,00%	7	13	
220	Oceanía	Palau	0	0	50,00%	5	14	
221	Oceanía	Wallis y Futuna, Islas	0	0	50,00%	14	0	
222	Oceanía	Nauru	0	0	50,00%	0	11	
223	Oceanía	Tuvalu	0	0	50,00%	6	5	
224	Oceanía	Niue	0	0	50,00%	1	1	
225	Oceanía	Tokelau	0	0	50,00%	1	0	
226	Total general		3.014.881	2.971.927	49,64%	3.166.651	2.822.218	5.
227								
228	Número de países grandes		24					
229	Población de los países grandes		4.517.967	75%	total población			
230								
231	Número de países medianos		24					
232	Población de los países medianos		719.289	12%	total población			
233								
234	Número de países pequeños		175					
235	Población de los países pequeños		751.613	13%	total población			
236								
237								
238								

Figura 7.5. Hoja de cálculo con las operaciones condicionales

Selección de valores de una lista

Utilizando el mecanismo de anidación de decisiones explicado con anterioridad, usando múltiples funciones `SI` unas dentro de otras, sería posible la selección de un valor de una lista a partir de un índice determinado. Suponga, por ejemplo, que dependiendo de que una cierta celdilla contenga el valor 1, 2 o 3 desee obtener en otra celdilla la población de los países grandes, medianos o pequeños, respectivamente. Estos datos los tiene ya en unas celdillas, obtenidas a partir del ejemplo del punto anterior.

Sirviéndonos tan sólo de lo que hemos aprendido hasta ahora, la fórmula a utilizar para obtener ese resultado podría ser la siguiente:

```
=SI(B237=1;C229;SI(B237=2;C232;SI(B237=3;C235;0)))
```

Tal y como puede ver, la expresión es relativamente compleja. Cada `SI` tiene en su opción `FALSO` otra función `SI`, llegando hasta tres niveles de anidación. En casos como éste resulta mucho más sencillo utilizar la función `ELEGIR`. Los parámetros necesarios serían, en este caso concreto, cuatro: el índice de selección o referencia a la celdilla que lo contiene, por una parte, y los valores a obtener según el valor de ese índice.

Gracias a la función `ELEGIR`, el resultado perseguido con la fórmula anterior podría obtenerse de la siguiente forma:

```
=ELEGIR(B237;C229;C232;C235)
```

Dependiendo de que el contenido de la celdilla sea 1, 2 o 3, la celdilla en que se ha introducido la fórmula tomará el valor almacenado en una de las tres referencias facilitadas.

Supongamos otro caso similar. Desea calcular cuánto costaría una vivienda en una determinada ciudad en la que, dependiendo de la zona, tendría un precio u otro por metro cuadrado. En la hoja de cálculo, según puede verse en la figura 7.6, disponemos tres apartados: uno donde introduciremos los metros cuadrados de la vivienda, otro donde indicaremos la zona donde se encuentra y, finalmente, una fórmula:

```
=ELEGIR(C242;C241*180000;C241*120000;C241*80000)
```

Resumen

Este capítulo nos ha servido para aprender a componer expresiones relacionales como parte de nuestras fórmulas, usando los valores obtenidos, `VERDADERO` y `FALSO`, con funciones que pueden ayudarnos a la hora de tomar una decisión. Hemos conocido los distintos operadores que es posible usar a la hora de componer una expresión relacional.

A continuación hemos visto cómo unir múltiples expresiones relacionales, mediante las funciones `Y` y `O`, para componer expresiones lógicas más complejas. Así, es posible comprobar, por ejemplo, si todas las condiciones son ciertas o si al menos lo es alguna de ellas.

El siguiente paso ha sido el estudio de la función `SI`, muy útil a la hora de introducir un valor condicional en una celdilla. También se han tratado las funciones `CONTAR.SI` y `SUMAR.SI` que, sobre una condición, efectúan el conteo o suma de valores de forma selectiva. Hemos usado esta posibilidad para clasificar los países en tres categorías y saber cuántos países hay en cada una de ellas y cuánta es su población.

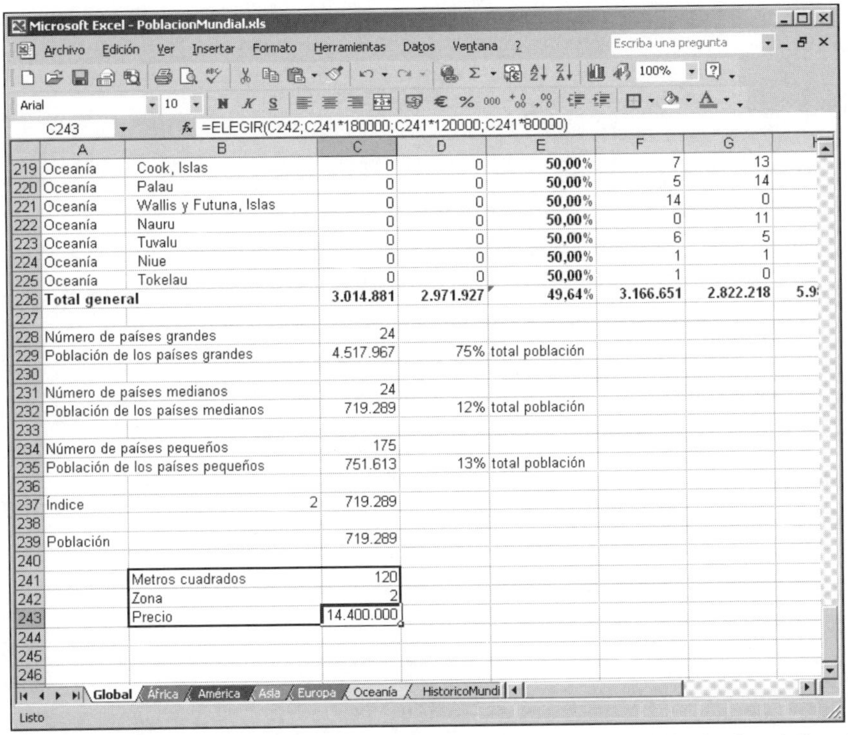

Figura 7.6. Hoja con los datos para calcular el precio de la vivienda

Finalmente, para terminar, hemos conocido una función, llamada ELEGIR, que simplifica la selección de valores de una lista dada, siempre que pueda utilizarse un índice numérico para ello. Si el índice de selección es cualquier otro dato, tendríamos que usar la función SI, posiblemente anidando varias decisiones tal y como se ha explicado.

Capítulo 8

Búsqueda de datos

En este capítulo aprenderá a:

- Manipular referencias a celdillas y rangos.
- Localizar datos en tablas usando las funciones de búsqueda.
- Transponer matrices de datos.

En capítulos previos, y por su propia experiencia, ha podido ver que, en la mayoría de los casos, la información a tratar en Excel se distribuye en múltiples filas y columnas creando tablas o bases de datos. Ya conoce algunas funciones para trabajar con dichas tablas, tales como BDCONTAR o BDEXTRAER, pero no son las únicas con que cuenta Excel.

Para acceder a las celdillas que componen las tablas usamos referencias. En este capítulo conocerá algunas funciones que le permitirán analizar esas referencias, codificarlas como si fueran una cadena de texto y volver a extraerlas.

Gracias a las funciones de búsqueda podrá efectuar extracciones selectivas de datos, indicando la fila o columna de la información a recuperar. También existen funciones matriciales para transponer tablas, intercambiar las filas por columnas y viceversa.

Manipulación de referencias

Al trabajar con tablas de datos utilizamos referencias generales, como en cualquier otra hoja de cálculo, con el fin de seleccionar los operandos para, por ejemplo, componer fórmulas. Estas referencias se componen introduciendo la letra que identifica a la columna y el número de fila. Estos dos elementos, columna y fila, pueden obtenerse independientemente como un índice mediante las funciones COLUMNA y FILA, respectivamente.

También tenemos funciones para saber cuántas filas y columnas forman parte de un rango, recuperar una referencia en forma de cadena de texto y usarla, posteriormente, para efectuar un acceso indirecto a las celdillas. Por último, podemos actualizar una referencia cualquiera para obtener otra desplazada respecto a la primera.

Número de filas y columnas

Partiendo de una referencia, ya sea a una celdilla o a un rango, podemos determinar el número de fila y columna de la primera celdilla mediante las funciones FILA y COLUMNA. Estas funciones toman como único parámetro la citada referencia, devolviendo como resultado un número que se alojará en la celdilla donde hayamos introducido la fórmula. Si, por ejemplo, introduce en la celdilla A27 la fórmula =COLUMNA(K27) obtendrá el valor `11`, ya que esa es la posición de la columna `K` contando de izquierda a derecha.

Truco:

Puede introducir cualquiera de estas funciones en una celdilla sin facilitar parámetros, obteniendo así el número de columna o fila, según el caso, de la misma celdilla donde está la fórmula.

Si sustituye las funciones `FILA` y `COLUMNA` por sus plurales, `FILAS` y `COLUMNAS`, cambiando también la referencia a la celdilla por un rango, lo que obtendrá será el número de filas y columnas que conforman ese rango. En la figura 8.1, por ejemplo, puede ver cómo se obtienen el número de filas y columnas de los datos correspondientes a Oceanía, usando para ello un nombre que, previamente, habíamos dado a ese rango de datos.

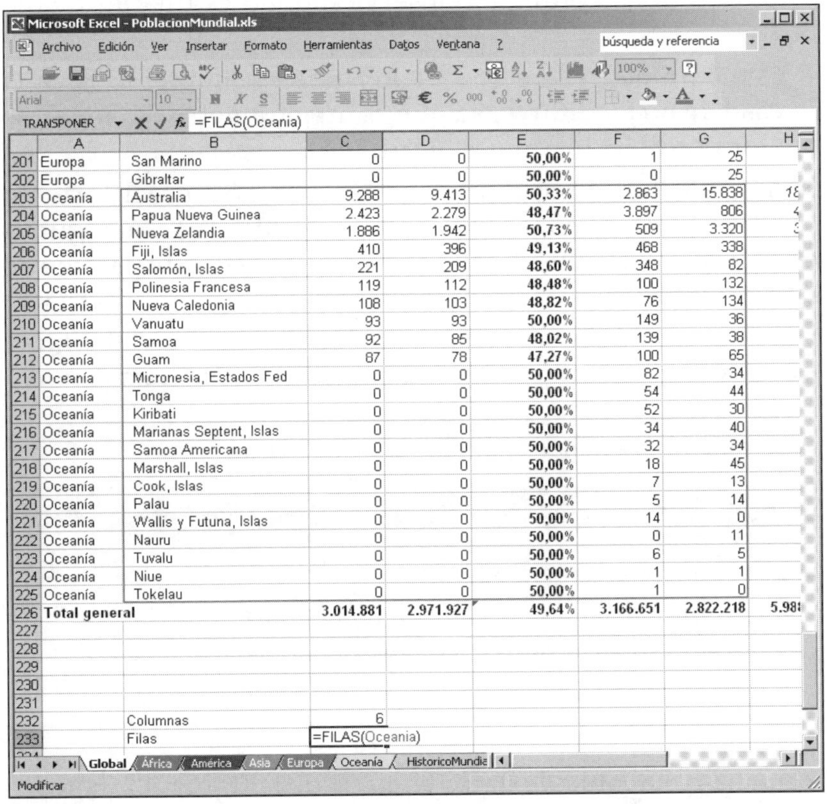

Figura 8.1. Determinamos las filas y columnas de un rango de celdillas

También puede contar el número de áreas distintas que componen un rango, usando para ello la función AREAS. Ésta toma como parámetro el rango a examinar.

Direcciones e indirecciones

Partiendo del número de fila y columna de una celdilla, y gracias a la función DIRECCION, es posible generar una referencia, absoluta o relativa, obteniéndola como si fuese un texto. Éste se almacenaría en la celdilla donde introduzcamos la función.

Esta función precisa cinco parámetros, de los cuales sólo los dos primeros son obligatorios. Si no se entrega cualquiera de los parámetros opcionales se asume un valor por defecto para ellos. Estos parámetros son:

- `Fila`: Número de la fila a la que quiere hacerse referencia.
- `Columna`: Número de la columna. Observe que no es una letra sino un número.
- `Absoluta`: Este parámetro será uno de los índices enumerados en la tabla 8.1. En caso de no facilitarse, ya que es un parámetro opcional, se asumirá el valor por defecto, que es el primero.
- `Formato`: Será `VERDADERO` si queremos la referencia en el formato habitual, `A1`, o bien `FALSO` para el formato `L1C1` utilizado en algunas aplicaciones de hoja de cálculo más antiguas. Por defecto este parámetro toma el valor `VERDADERO`.
- `Hoja`: Finalmente, y también de manera opcional, podemos facilitar el nombre de hoja si la referencia no es a una celdilla de la hoja actual.

Tabla 8.1. Valores que puede tomar el parámetro `Absoluta`

Valor	Significado
1	La referencia sea absoluta.
2	La fila será absoluta pero la columna relativa.
3	La fila será relativa pero la columna absoluta.
4	La referencia será relativa.

Suponga que tenemos una tabla de datos como la de la figura 8.2, con datos de población totalizados por continentes. Aunque en este ejemplo la tabla se encuentra en la misma hoja donde vamos a introducir las fórmulas, en la práctica podría ser una tabla externa, en otra hoja o incluso otro libro.

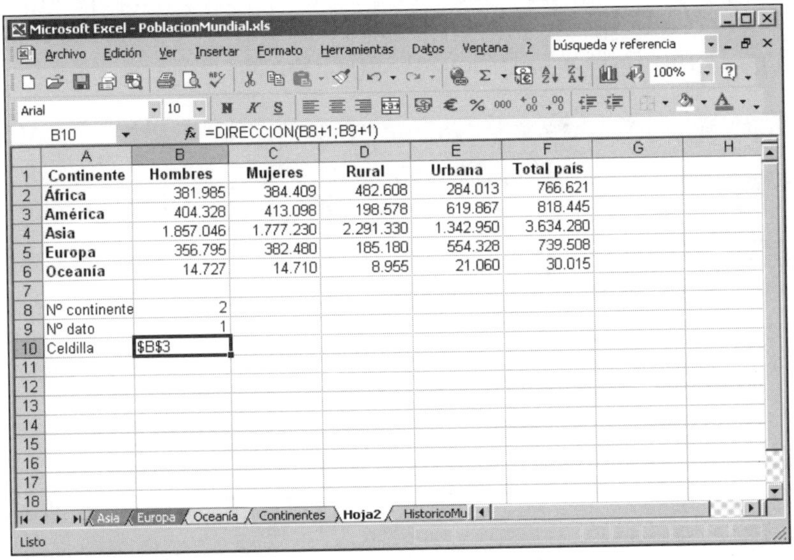

	A	B	C	D	E	F
1	Continente	Hombres	Mujeres	Rural	Urbana	Total país
2	África	381.985	384.409	482.608	284.013	766.621
3	América	404.328	413.098	198.578	619.867	818.445
4	Asia	1.857.046	1.777.230	2.291.330	1.342.950	3.634.280
5	Europa	356.795	382.480	185.180	554.328	739.508
6	Oceanía	14.727	14.710	8.955	21.060	30.015
7						
8	Nº continente	2				
9	Nº dato	1				
10	Celdilla	$B$3				

Figura 8.2. Tabla con los datos y la función `DIRECCION` componiendo la referencia

Solicitamos en dos celdillas la fila correspondiente al número de continente del que desea obtener datos, así como la columna del dato a recuperar. A partir de estos dos datos, componemos la referencia a la celdilla con esta fórmula:

```
=DIRECCION(B8+1;B9+1)
```

Nota:

En esta fórmula sumamos uno a la fila y columna entregadas para seleccionar el dato, ya que la primera fila y la primera columna están ocupadas con títulos.

Si queremos seleccionar el número de hombres de América, por ejemplo, introduciríamos el valor 2 como índice de continente y el número 1 como índice de dato. En la celdilla obtenemos la referencia `$B$3`, que es donde se encuentra esa información.

Lo que nos facilita la función `DIRECCION` es una cadena de texto, como un título, aunque lo que describa sea una referencia a una celdilla. Utilizando otra función, llamada `INDIRECTO`, podemos tomar esa referencia y usarla para, efectivamente, referirnos a la celdilla y recuperar el valor. Es lo que se ha hecho en la figura 8.3. Observe en la parte superior, en la barra de fórmulas, la llamada a la función `INDIRECTO`.

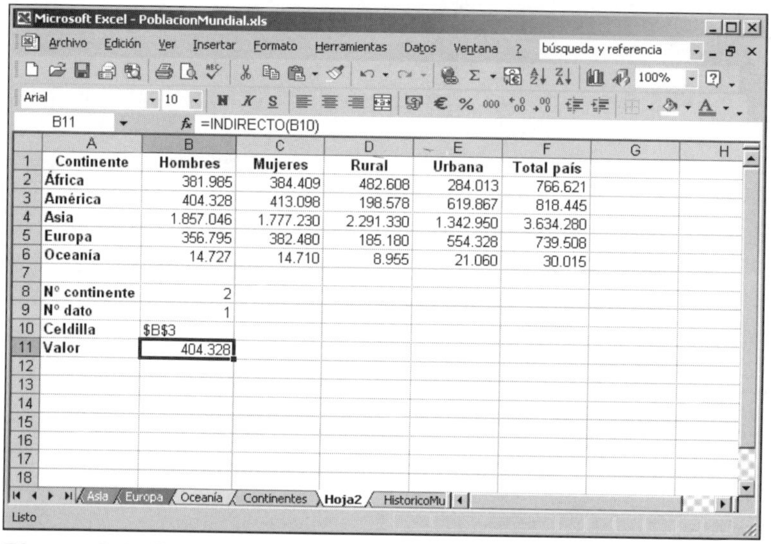

	A	B	C	D	E	F
1	Continente	Hombres	Mujeres	Rural	Urbana	Total país
2	África	381.985	384.409	482.608	284.013	766.621
3	América	404.328	413.098	198.578	619.867	818.445
4	Asia	1.857.046	1.777.230	2.291.330	1.342.950	3.634.280
5	Europa	356.795	382.480	185.180	554.328	739.508
6	Oceanía	14.727	14.710	8.955	21.060	30.015
7						
8	Nº continente	2				
9	Nº dato	1				
10	Celdilla	$B$3				
11	Valor	404.328				

Figura 8.3. Recuperamos en una celdilla el valor indicado mediante los índices

Aunque en este caso la cadena con la referencia la tomamos de otra celdilla, realmente podríamos facilitarla como parámetro directo a la función `REFERENCIA`, o bien componerla según la necesidad del caso.

Desplazamiento de referencias

Para finalizar con el tema de la manipulación de referencias a celdillas, vamos a tratar una función que nos servirá siempre que, a partir de una referencia, necesitemos generar otra nueva referencia obtenida como un desplazamiento. El objetivo es tomar la primera referencia y sumar o restar un determinado número de filas y columnas, obteniendo así la nueva referencia.

La función que efectúa esta operación es `DESREF` y los parámetros necesarios son tres:

- Referencia a tomar como base.
- Número de filas a añadir.
- Número de columnas a añadir.

Introduciendo la fórmula `=DESREF(B2;2;4)`, por ejemplo, obtendríamos en la celdilla el valor de `F4`, que es la resultante de avanzar `B2` en dos filas y cuatro columnas.

De manera opcional puede entregar otros dos parámetros, indicando el número de filas y columnas a utilizar para construir un rango en lugar de una referencia simple. Con la fórmula `=SUMA(DESREF(A2;2;1;1;2))` sumaríamos el contenido de las celdillas `B4:B5`.

Nota:

El número de filas y columnas a añadir a la referencia original puede ser también negativo, caso en el cual retrocederíamos vertical y horizontalmente, según el caso, en lugar de avanzar.

Búsqueda y selección de datos

Las funciones comentadas en el punto anterior pueden ser útiles en casos puntuales, aunque les encontraremos mayor aplicación al combinarlas con otras, como las de búsqueda y selección de datos. Con éstas podremos conocer el índice de un cierto dato, localizar una información usando un índice, buscar datos estructurados en filas y columnas, etc. En su mayor parte, las funciones que va a ver en los puntos siguientes precisan como uno de sus parámetros una referencia a la tabla, al rango, que contiene los datos donde debe efectuarse la búsqueda del dato. En ocasiones dicho rango debe incluir tan sólo una fila o columna donde buscar, mientras que en otras será una tabla completa. También existen excepciones, como la función `INDICE`, que busca los datos a partir de un número de fila y columna.

Ejemplo:

Los supuestos utilizados como ejemplo en este capítulo los encontrará en el libro `PoblacionMundial.xls` *de la carpeta de ejemplos correspondiente a este capítulo, concretamente en la hoja* `Continentes`.

Encuentro de coincidencias

En uno de los ejemplos anteriores, con el fin de localizar un dato de una tabla con la población por continentes, solicitábamos el número de fila y el número de columna. Con estos datos, mediante la función `DIRECCION`, componíamos una referencia y la utilizábamos para extraer el valor de la celdilla. Desde luego, solicitar un dato como el número de fila o número de columna no simplifica la tarea de la persona que tenga que utilizar la hoja de cálculo, especialmente si ésta no es la misma que la diseñó inicialmente.

Simplificaríamos considerablemente esta tarea si fuese posible seleccionar el continente y el dato a obtener de sendas listas desplegables, encargándose la propia hoja de cálculo de determinar qué fila y columna son las correctas. Para ello utilizaríamos la función `COINCIDIR`, que precisa tres parámetros aunque el tercero es opcional:

- `valor`: El primer parámetro es el valor buscado o, en su defecto, una referencia a una celdilla que lo contenga.
- `rango`: En segundo lugar facilitaremos el rango donde se encuentran los valores entre los que hay que buscar. Debe ser una fila o una columna, ya que esta función lo que devuelve es un índice único.
- `tipo`: Como se ha indicado antes, este tercer parámetro es opcional. De no entregarse tomará el valor por defecto 1. Los valores posibles son los enumerados en la tabla 8.2.

El valor obtenido a partir de esta función será un índice: el número de fila o columna donde se ha encontrado el dato buscado dentro del rango entregado como segundo parámetro.

Tabla 8.2. Opciones para el tercer parámetro de `COINCIDIR`

Valor	Significado
0	Buscar la primera coincidencia del valor exacto entregado como primer parámetro.
1	Encontrar el mayor valor siempre que sea inferior o igual al buscado.
-1	Encontrar el menor valor siempre que sea superior o igual al buscado.

Recuerde que si desea una coincidencia exacta debe entregar como tercer parámetro el valor 0, ya que el valor por defecto es el 1.

Advertencia:

Para poder buscar un valor usando las opciones 1 y -1 como tercer parámetro, es necesario que la lista de valores esté ordenada ascendente o descendentemente.

Gracias a la función `COINCIDIR` podemos modificar nuestra hoja para que la selección del dato que deseamos extraer de la tabla sea mucho más simple. Comenzaremos definiendo en una celdilla una lista de datos de los que es posible seleccionar uno, usando para ello la opción Datos>Validación. En esta primera celdilla, como se aprecia en la figura 8.4, definimos como lista de datos la que contiene los nombres de los continentes. Acto seguido haremos lo mismo con la de debajo, permitiendo seleccionar uno de los datos de población.

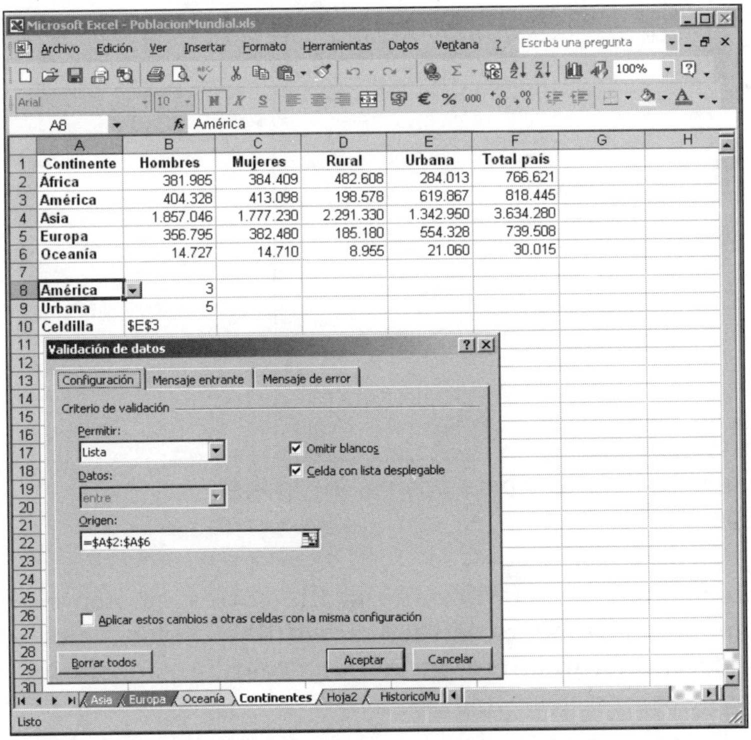

Figura 8.4. Definimos las listas de datos a seleccionar

El siguiente paso será introducir en otras dos celdillas, a la derecha de las que contienen las listas desplegables, las fórmulas que son necesarias para determinar el número de fila correspondiente al continente elegido y el número de columna del elemento. Será entonces cuando usemos la función `COINCIDIR`, como se ve en la figura 8.5. El primer parámetro apunta a la celdilla donde se ha seleccionado el continente, mientras que el segundo define el rango completo donde se encuentran los nombres de éstos. De esta forma, obtenemos en la celdilla el número de fila del continente elegido.

Repita la misma operación con la celdilla de debajo, usando la función `COINCIDIR` para determinar el número de columna del elemento que se haya seleccionado en la segunda lista.

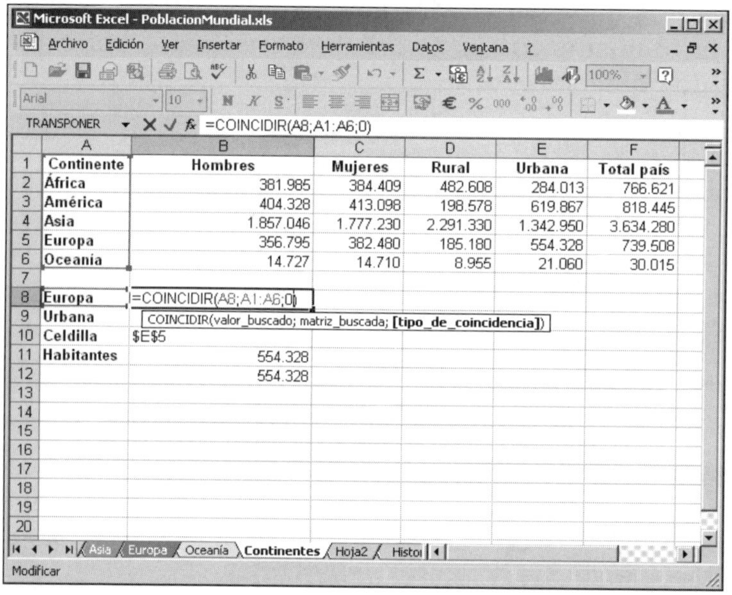

Figura 8.5. Introducimos las fórmulas para obtener los índices de los elementos elegidos

En este momento tendríamos los índices de la fila correspondiente al continente y la columna del elemento en sendas celdillas. Dichos valores los utilizamos para componer una referencia a una celdilla y, posteriormente, recuperamos el valor de esa celdilla.

Podríamos efectuar todos esos pasos de una sola vez introduciendo la siguiente fórmula:

```
=INDIRECTO(DIRECCION(COINCIDIR(A9;A1:A6;0);
        COINCIDIR(B9;A1:F1)))
```

De esta manera podríamos reestructurar la hoja dejándola como aparece en la figura 8.6. Basta con seleccionar el continente y elemento para obtener el dato directamente, sin ver índices ni referencias a celdillas. Todo queda bastante más claro y cómodo.

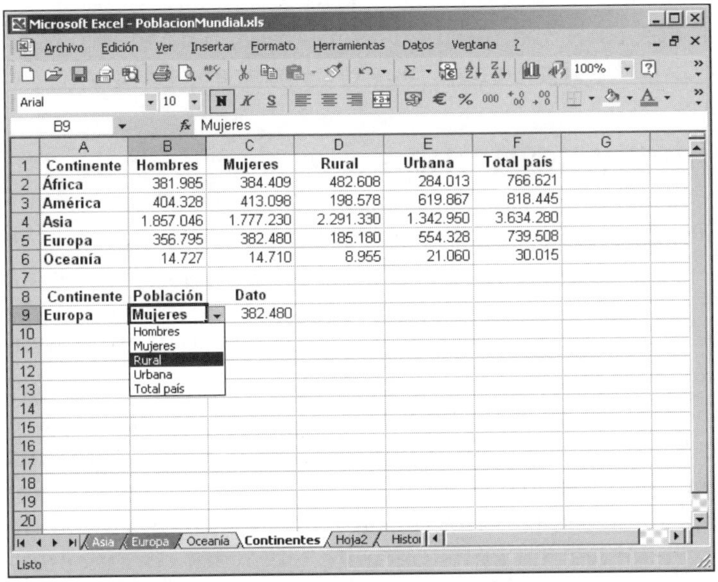

Figura 8.6. Aspecto de la hoja de cálculo tras la reestructuración

Selección directa de un dato

Los números de fila y columna los hemos usado, en el ejemplo anterior, para componer una referencia mediante la función `DIRECCIÓN`. Ésta, posteriormente, se ha usado como parámetro de la función `INDIRECTO` para recuperar el dato de la celdilla referenciada. El uso conjunto de estas dos funciones es una posibilidad a la hora de extraer datos usando índices, pero no es la única.

Existe una función, llamada precisamente `INDICE`, que nos permite extraer un dato de una tabla indicando un número de fila y columna. Los parámetros necesarios son tres:

- `rango`: En primer lugar facilitaremos el rango de celdillas en que se encuentra la tabla.
- `fila`: Número de la fila donde se encuentra el dato.
- `columna`: Número de la columna donde se encuentra el dato.

Conociendo esta función podemos simplificar la fórmula utilizada en el punto anterior, evitando las funciones `DIRECCION` e `INDIRECTO`. Con `INDICE` dicha fórmula quedaría así:

```
=INDICE(A1:F6;COINCIDIR(A9;A1:A6);COINCIDIR(B9;A1:F1))
```

El resultado, lógicamente, es el mismo que ya teníamos, pero efectuando menos pasos intermedios. La fórmula es más fácil de comprender.

Búsqueda en filas y columnas

Para el final hemos dejado dos de las funciones más potentes de búsqueda con que cuenta Excel: `BUSCARV` y `BUSCARH`. Están especializadas en la búsqueda de datos en tablas tomando como punto de partida una referencia, un dato, que se encuentra distribuida vertical y horizontalmente, de ahí la `V` y `H` finales en sus nombres.

El uso de estas funciones lo comprenderemos mejor usándolas directamente sobre un ejemplo. En este caso continuaremos utilizando la misma tabla de datos de los puntos previos, tabla sobre la que ya hemos efectuado algunas búsquedas utilizando otras funciones. Seguimos contando con las dos listas desplegables: una que permite elegir un continente y otra para seleccionar una columna de datos. Partiendo de aquí, veamos cómo utilizar `BUSCARH` y `BUSCARV` para localizar el dato elegido.

Para buscar un dato con la función `BUSCARV` el dato usado como referencia debe encontrarse en múltiples filas de una misma columna, por ejemplo como están los continentes en la tabla que aparece en la figura 8.7. Si el dato de referencia está en múltiples columnas de una fila, como los títulos que hay en la parte superior de la misma tabla, tendríamos que usar `BUSCARH`. Salvando esta diferencia conceptual, los parámetros necesarios en ambos casos son los mismos:

- `referencia`: El primer parámetro será el valor a buscar o una referencia al valor a buscar en la primera fila o primera columna del rango que delimita la tabla de datos.
- `tabla`: Rango que contiene la tabla de datos donde debe efectuarse la búsqueda.
- `índice`: Número de la columna o fila de donde quiere extraerse el dato que esté en la fila/columna donde se encuentre la referencia entregada como primer parámetro.

- `orden`: Este último parámetro, opcional, sólo puede ser `VERDADERO` o `FALSO`. En el primer caso se entenderá que la tabla de datos está ordenada y que, si no se encuentra la referencia dada en la primera fila o columna se devolverá el valor más próximo. El valor por defecto es `VERDADERO`. Si entregamos como último parámetro el valor `FALSO` se devuelve siempre una coincidencia exacta o un error si no se encuentra.

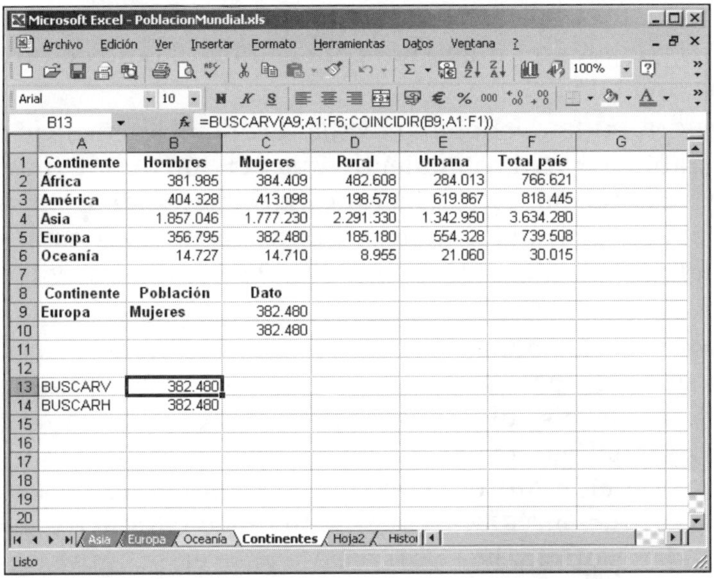

Figura 8.7. Usamos las funciones `BUSCARV` y `BUSCARH` para localizar los datos

Suponiendo que tenemos el mismo sistema de selección de un continente y un elemento en sendas listas desplegables, podríamos usar cualquiera de las dos fórmulas siguientes para localizar el dato que interesa:

```
=BUSCARV(A9;A1:F6;COINCIDIR(B9;A1:F1))
=BUSCARH(B9;A1:F6;COINCIDIR(A9;A1:A6))
```

En el primer caso, con la función `BUSCARV`, facilitamos como referencia la celdilla que contiene el nombre del continente, mientras que como número de columna entregamos el índice correspondiente al dato seleccionado en la segunda de las listas desplegables.

Para utilizar `BUSCARH` los términos se invierten, el primer parámetro pasa a ser el tercero y viceversa ya que el orden en que busca es horizontal y no vertical.

Transponer tablas

Ya sabe que las tablas de datos, como el propio término *tabla* denota, se estructuran en filas y columnas creando una matriz cuadrada o rectangular. Estas matrices pueden ser transpuestas, es decir, pueden ver invertidas sus filas y columnas, de manera que las filas pasen a ser las columnas y viceversa.

Esto puede sernos útil en cualquier momento para cambiar la estructura que inicialmente tiene una tabla.

Mediante la función `TRANSPONER` podemos efectuar la operación mencionada, transponer una tabla o matriz, obteniendo una versión donde filas y columnas han intercambiado sus ejes. Esta función es matricial, lo cual significa que no sólo opera sobre un conjunto de datos, como hacen muchas otras, sino que, además, también genera múltiples resultados, y no sólo uno.

Supongamos que deseamos transponer el orden de filas y columnas en la misma tabla de datos utilizada en los ejemplos previos de este capítulo. Puesto que dicha tabla tiene seis columnas y seis filas, comenzaríamos seleccionando un rango igual en otro punto de la hoja de cálculo. Acto seguido, sin perder la selección, introducimos la fórmula, en este caso compuesta tan sólo de la función `TRANSPONER` y un único parámetro: el rango que contiene los datos originales. Observe ese paso en la figura 8.8 y fíjese en que el parámetro hace referencia a la tabla que hay en la parte superior de la imagen.

Advertencia:

En este caso la tabla tiene el número de filas y columnas, por lo tanto el rango seleccionado para introducir la fórmula es idéntico al original. En otros casos, no obstante, debe tener en cuenta que el nuevo rango debe tener tantas filas como columnas haya en el rango original y viceversa.

Para finalizar la introducción de la fórmula no pulsaremos **Intro**, como es habitual, sino la combinación de teclas **Control-Mayús-Intro**, indicando así que deseamos introducir la misma fórmula en todas las celdillas del rango seleccionado, además como fórmula matricial, no como una simple copia de fórmula relativa. El resultado de la operación, como puede apreciarse en la figura 8.9, es la misma tabla de datos pero ahora tenemos los continentes en las columnas y los elementos en las filas.

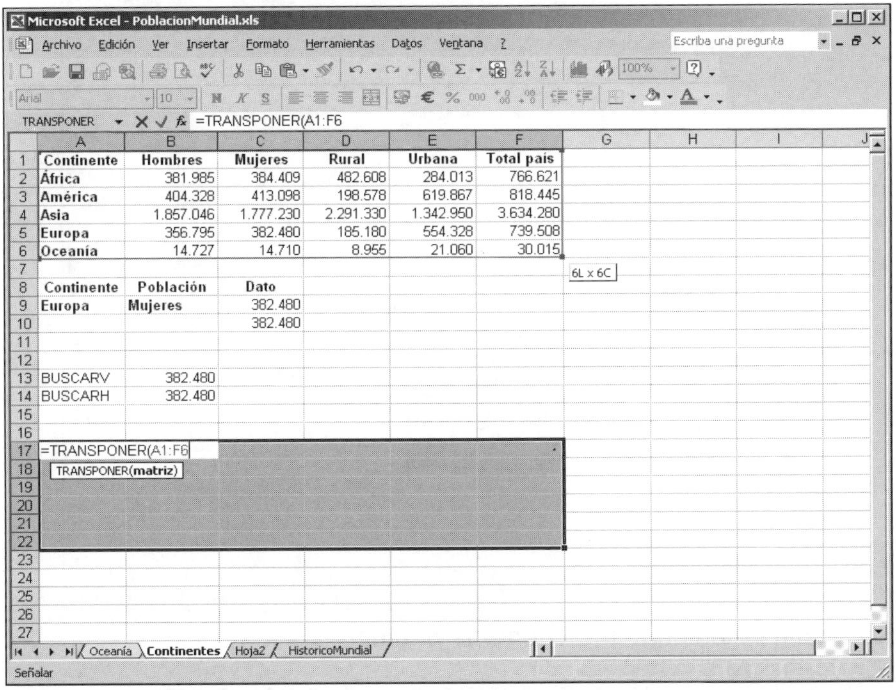

Figura 8.8. Seleccionamos un rango de igual tamaño e introducimos la fórmula

Resumen

Al finalizar la lectura de este capítulo ya está en disposición de efectuar búsquedas y seleccionar datos de tablas usando la mayoría de los recursos que tenemos disponibles en Excel. Gracias a ello sus fórmulas pueden ser mucho más flexibles. Al usar la función BUSCARV para localizar un cierto dato, por ejemplo, está evitando que una posterior reorganización de la tabla cause resultados incorrectos en las fórmulas. Recuerde que, como siempre, la ayuda de Excel es una referencia completa de todas las funciones. Si necesita información detallada sobre los parámetros y comportamiento de una función, recurra a la ayuda. En la figura 8.10, por ejemplo, puede ver un comentario breve sobre cada una de las funciones del grupo que hemos estudiado.

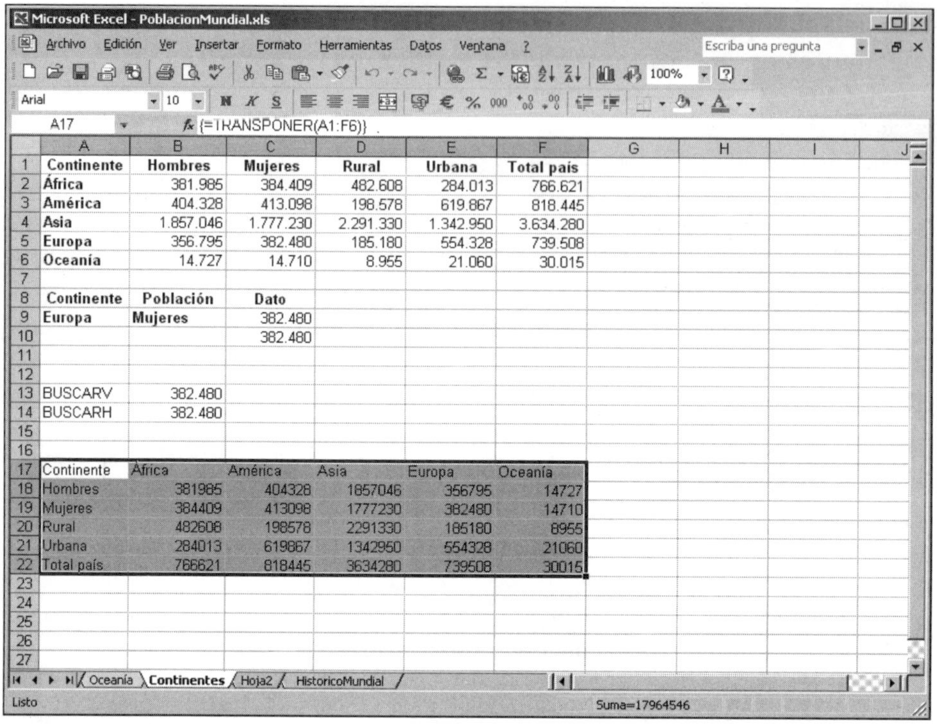

Figura 8.9. Tabla obtenida al transponer la original

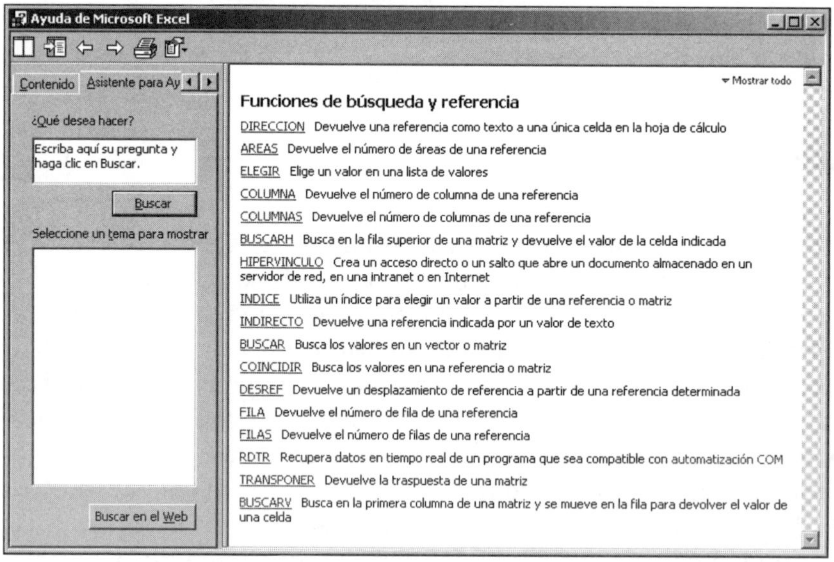

Figura 8.10. Ayuda de Excel sobre las funciones de búsqueda de datos

Capítulo 9

Otras funciones de interés

En este capítulo aprenderá a:

- Manipular textos con diversas funciones.
- Trabajar con fechas y horas.
- Obtener información diversa sobre el entorno y los datos.

En los capítulos previos a éste ha conocido multitud de funciones útiles mediante las cuales trabajar con bases de datos, efectuar operaciones matemáticas, analizar información y operar sobre tablas o matrices de datos. En realidad Excel cuenta con cientos de funciones distribuidas en múltiples categorías. Con ellas es posible efectuar cálculos financieros, científicos, trigonométricos y estadísticos. Además, existen funciones para la manipulación de textos, efectuar operaciones con fechas u obtener información diversa sobre el entorno.

El objetivo de este capítulo es mostrarle el uso de algunas funciones de los grupos descritos. Lógicamente, no es posible ni se pretende cubrir todo el conjunto de funciones de Excel. Tal y como se indicaba al final del capítulo anterior, el mejor material de referencia es la propia ayuda de la aplicación. En ella se describen individualmente las funciones y sus parámetros. Lo que se pretende en este capítulo es algo más didáctico: ver cómo usaríamos algunas de esas funciones en nuestras hojas de cálculo.

Manipulación de texto

En una hoja de cálculo los títulos son, generalmente, tan importantes como los propios datos numéricos. En ocasiones esos títulos son sólo eso, títulos que describen los datos, mientras que en otras los propios textos son los datos. Un título o texto es una sucesión de caracteres individuales. Cada uno de estos caracteres es la representación gráfica de un código numérico o, dicho de otra manera, a cada carácter le corresponde un código. Los caracteres pueden extraerse individualmente, los textos pueden unirse formando nuevos textos, etc.

Nota:

Los textos se denominan también habitualmente cadenas de caracteres, *usando la metáfora de que cada carácter es un eslabón y que todos ellos juntos forman una cadena.*

Códigos y caracteres

Como acaba de decirse, cada uno de los caracteres posibles tiene asociado un código. Podemos tanto conocer el código que le corresponde a un carácter como, complementariamente, recuperar el carácter que equivale a un cierto código. Las funciones que necesitamos son `CODIGO` y `CARACTER`, respectivamente.

La primera de ellas toma como parámetro un solo carácter y retorna el código que le corresponda. La segunda tiene la función inversa, tomando un código y facilitando el carácter asociado. Es fácil comprobar el comportamiento de estas funciones:

- Introduzca en una celdilla el valor 64.
- Use la capacidad de autorrelleno para crear una secuencia en las celdillas inferiores.
- Introduzca luego en una celdilla, a la derecha de la primera, la fórmula `=CARACTER(D1)`, suponiendo que en `D1` tenemos el número 64.
- Copie la fórmula al resto de celdillas. Obtendrá un resultado similar al de la figura 9.1.

Nota:

En realidad la función `CODIGO` puede tomar como parámetro una cadena de caracteres, pero solamente obtendría el código del primer carácter ignorando el resto.

Unión de cadenas

Sobre los datos numéricos es posible efectuar operaciones aritméticas, realizando sumas, multiplicaciones, etc. Obviamente, un texto no puede multiplicarse por otro ni sumarse, aunque sí son posibles dichas operaciones con sus respectivos códigos.

Las cadenas, sin embargo, pueden ser unidas para formar nuevas cadenas, efectuando una operación conocida como *concatenación*. También es posible, como veremos después, extraer partes de una cadena, reemplazar unos caracteres por otros, efectuar conversiones como el cambio de mayúsculas a minúsculas o viceversa, etc.

Para concatenar dos cadenas lo habitual es usar el operador `&` que, como otros, necesita dos parámetros: los dos textos, uno dispuesto a la izquierda y otro a la derecha del operador. Los textos pueden ser, por supuesto, referencias a celdillas. Si los textos a unir son varios, en lugar del mencionado operador puede utilizar la función `CONCATENAR`. Ésta puede tomar tantos parámetros como sean necesarios, todos ellos textos, uniéndolos y retornando una sola cadena.

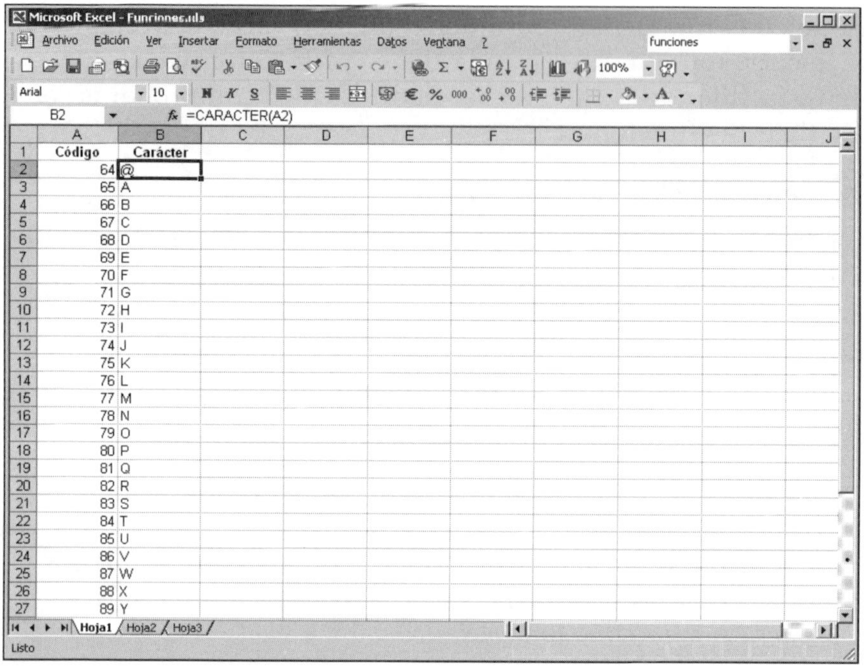

Figura 9.1. Secuencia de caracteres generada a partir de sus códigos

Partiendo de la hoja anterior, en la que teníamos una columna con códigos y otra con los respectivos caracteres, podríamos utilizar la fórmula siguiente para generar una frase:

```
=CONCATENAR("El código ";A2;" tiene asociado el
            carácter '";B2;"'.")
```

Ejemplo:

Los ejemplos correspondientes a este capítulo podrá encontrarlos en un libro llamado `Funciones.xls`*, como siempre alojado en la carpeta de ejemplos correspondiente al capítulo.*

Copiando esa fórmula en las demás celdillas, como se ha hecho en la figura 9.2, tendremos una versión más descriptiva de la correspondencia entre caracteres y sus respectivos códigos numéricos.

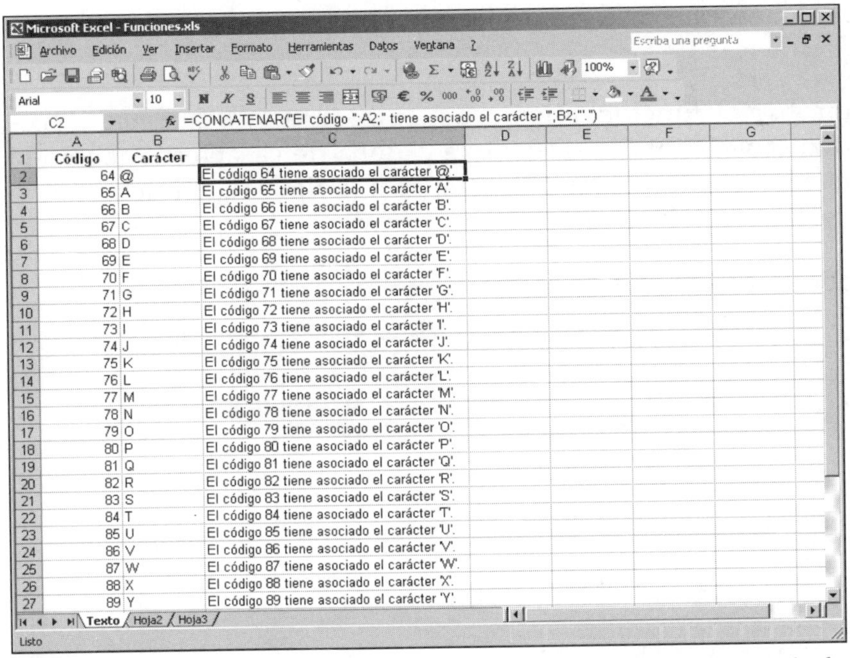

Figura 9.2. Aspecto de la hoja con la descripción creada con la función `CONCATENAR`

Extracción de caracteres

La operación inversa a la unión de textos o cadenas de caracteres es la extracción, obteniendo de una cadena uno o más caracteres. En este caso las funciones implicadas son varias: `IZQUIERDA`, `DERECHA` y `EXTRAE`.

El funcionamiento de `IZQUIERDA` y `DERECHA` es similar: extraen un determinado número de caracteres comenzando a contar por uno de sus extremos, el izquierdo o el derecho, respectivamente. Los parámetros necesarios son sólo dos: el texto a tratar y un número indicando cuántos caracteres deseamos extraer.

Con la función `EXTRAE` puede tomar cualquier porción de la cadena, sin necesidad de comenzar por uno de sus extremos. En este caso los parámetros necesarios no son dos sino tres:

- La cadena, o una referencia a una celdilla donde se encuentre, de donde van a extraerse caracteres.
- Un número indicando la posición a partir de la cual se iniciará la extracción de caracteres. Este número se contaría de izquierda a derecha.

- Otro número, en este caso comunicando el número de caracteres que hay que extraer.

Puede comprobar el funcionamiento de `IZQUIERDA`, `DERECHA` y `EXTRAE` seccionando distintas partes de la cadena de caracteres generada previamente con la función `CONCATENAR`. En la figura 9.3 puede ver lo que hemos hecho en la hoja usada como ejemplo.

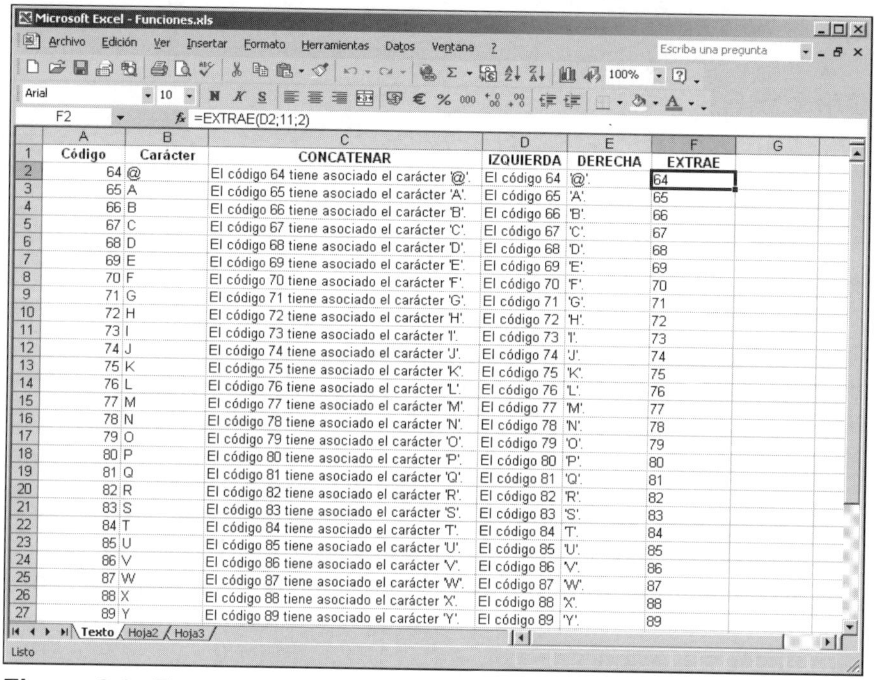

	Código	Carácter	CONCATENAR	IZQUIERDA	DERECHA	EXTRAE
2	64	@	El código 64 tiene asociado el carácter '@'.	El código 64	'@'.	64
3	65	A	El código 65 tiene asociado el carácter 'A'.	El código 65	'A'.	65
4	66	B	El código 66 tiene asociado el carácter 'B'.	El código 66	'B'.	66
5	67	C	El código 67 tiene asociado el carácter 'C'.	El código 67	'C'.	67
6	68	D	El código 68 tiene asociado el carácter 'D'.	El código 68	'D'.	68
7	69	E	El código 69 tiene asociado el carácter 'E'.	El código 69	'E'.	69
8	70	F	El código 70 tiene asociado el carácter 'F'.	El código 70	'F'.	70
9	71	G	El código 71 tiene asociado el carácter 'G'.	El código 71	'G'.	71
10	72	H	El código 72 tiene asociado el carácter 'H'.	El código 72	'H'.	72
11	73	I	El código 73 tiene asociado el carácter 'I'.	El código 73	'I'.	73
12	74	J	El código 74 tiene asociado el carácter 'J'.	El código 74	'J'.	74
13	75	K	El código 75 tiene asociado el carácter 'K'.	El código 75	'K'.	75
14	76	L	El código 76 tiene asociado el carácter 'L'.	El código 76	'L'.	76
15	77	M	El código 77 tiene asociado el carácter 'M'.	El código 77	'M'.	77
16	78	N	El código 78 tiene asociado el carácter 'N'.	El código 78	'N'.	78
17	79	O	El código 79 tiene asociado el carácter 'O'.	El código 79	'O'.	79
18	80	P	El código 80 tiene asociado el carácter 'P'.	El código 80	'P'.	80
19	81	Q	El código 81 tiene asociado el carácter 'Q'.	El código 81	'Q'.	81
20	82	R	El código 82 tiene asociado el carácter 'R'.	El código 82	'R'.	82
21	83	S	El código 83 tiene asociado el carácter 'S'.	El código 83	'S'.	83
22	84	T	El código 84 tiene asociado el carácter 'T'.	El código 84	'T'.	84
23	85	U	El código 85 tiene asociado el carácter 'U'.	El código 85	'U'.	85
24	86	V	El código 86 tiene asociado el carácter 'V'.	El código 86	'V'.	86
25	87	W	El código 87 tiene asociado el carácter 'W'.	El código 87	'W'.	87
26	88	X	El código 88 tiene asociado el carácter 'X'.	El código 88	'X'.	88
27	89	Y	El código 89 tiene asociado el carácter 'Y'.	El código 89	'Y'.	89

Figura 9.3. Extraemos distintas partes de una cadena

Nota:

Existen otras tres versiones de las funciones anteriores que, en lugar de números de caracteres, toman como parámetro un número de bytes. Estas funciones son `IZQUIERDAB`, `DERECHAB` y `EXTRAEB`. Son indicadas cuando se trabaja con conjuntos de caracteres no representables con un número entre 0 y 255, que es un byte, lo cual ocurre con algunos alfabetos orientales.

Estas versiones existen también de otras funciones, como las comentadas en el punto siguiente para la búsqueda y sustitución de caracteres.

Búsquedas y sustituciones

En el capítulo anterior conocimos algunas funciones para efectuar búsquedas de datos en una hoja de cálculo. En este caso nos referimos a buscar textos o caracteres dentro de otros textos. La sustitución, lógicamente, consiste en cambiar un texto por otro que nosotros indiquemos.

Para encontrar un texto en una cadena de caracteres podemos usar dos funciones distintas, según nos interese distinguir o no entre mayúsculas y minúsculas.

Las funciones en cuestión son `ENCONTRAR` y `HALLAR`. La primera distingue entre mayúsculas y minúsculas, mientras que la segunda no. Ambas toman tres parámetros, de los cuales el tercero es opcional:

- Carácter o cadena de caracteres a buscar.
- Texto donde desea efectuarse la búsqueda.
- Número de carácter a partir del cual iniciar la búsqueda.

Una característica específica de la función `HALLAR` es que permite el uso de caracteres comodín en el primer parámetro. Podemos usar el carácter ? para representar a cualquier carácter, así como el * para una secuencia de caracteres.

Ambas funciones devuelven como resultado un índice: la posición del primer carácter en el que se ha encontrado la coincidencia buscada.

Las funciones de sustitución disponibles son también dos: `SUSTITUIR` y `REEMPLAZAR`. La primera tiene la particularidad de que busca el texto a sustituir, mientras que con la segunda seremos nosotros los que indiquemos la posición a partir de la que hay que cambiar y el número de caracteres a modificar. Los parámetros de la primera son tres: texto en el que se va a sustituir, texto buscado y texto a poner en su lugar. `REEMPLAZAR`, por su parte, necesita cuatro: texto en el que se va a sustituir, posición a partir de la cual se sustituirá, número de caracteres a cambiar y, por último, el nuevo texto.

Una vez más, puede partir de la hoja utilizada en puntos anteriores para efectuar algunas pruebas, como determinar la posición en que se encuentra una cierta cadena o efectuar una sustitución. Las dos fórmulas siguientes harían precisamente esto:

```
=HALLAR("as*";C3)
=SUSTITUIR(C2;"tiene asociado el";"corresponde al")
```

Conversiones y otras operaciones

Además de las comentadas, Excel dispone de un buen número adicional de funciones relacionadas con la manipulación de cadenas de caracteres, concretamente con su conversión y la realización de cambios diversos. Vemos brevemente cómo utilizar algunas de esas funciones.

Una misma secuencia de caracteres, concretamente de dígitos numéricos, puede interpretarse como un número o como un texto, dependiendo del formato que se haya asignado. Si introduce en una celdilla el valor `'98`, por ejemplo, lo que se obtiene en la celdilla es el valor `98` pero en formato de texto. Como ya sabe, basta con abrir la ventana Formato de celdas (véase figura 9.4) para efectuar la conversión de tipo seleccionando el que interese.

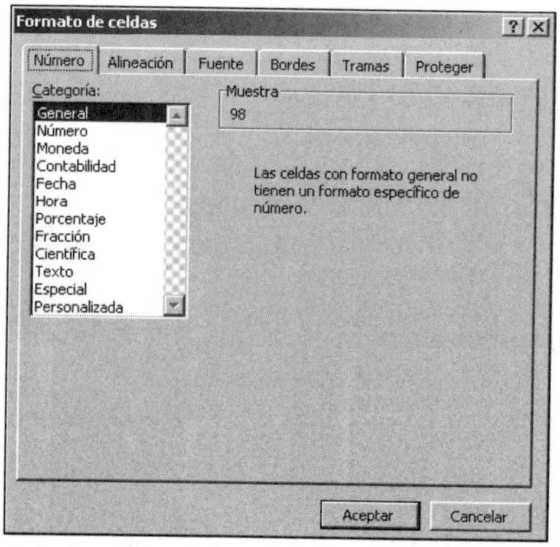

Figura 9.4. Ventana Formato de celdas

Conversiones similares, estableciendo un determinado formato, pueden efectuarse mediante las funciones `VALOR`, `TEXTO`, `MONEDA` y `DECIMAL`. Veamos, individualmente, cuál es la finalidad de cada una de ellas y los parámetros que necesitan:

- `VALOR`: Toma como único parámetro un texto y retorna el correspondiente valor en formato de número.
- `TEXTO`: Inversa a la anterior, tomando un número y convirtiéndolo en un texto. El primer parámetro será el número a convertir, mientras que el segundo sería una cadena con el formato a aplicar. Las cadenas

de formato son las mismas que aparecen en la ventana Formato de celda mencionada antes.

- MONEDA: Como la anterior, pero aplicando directamente el formato de moneda.
- DECIMAL: Como las dos anteriores, si bien en este caso se aplica un formato numérico con tantos decimales como se indiquen en el segundo parámetro.

Nota:

El uso de la función VALOR es poco habitual, ya que Excel es capaz de convertir automáticamente los textos en números cuando es necesario, por ejemplo al usarlos en una fórmula.

Otro tipo de conversiones son las que llevan a cabo las funciones MINUSC, MAYUSC y NOMPROPIO. Las tres actúan sobre un texto, que toman como único parámetro, y devuelven otro texto con la conversión ya realizada. MINUSC convierte todos los caracteres a minúsculas, MAYUSC a mayúsculas y NOMPROPIO inicia cada palabra con mayúscula.

Puede comprobar las distintas funciones comentadas hasta ahora como se ha hecho en la figura 9.5, simplemente introduciéndolas con unos parámetros de prueba para poder ver el resultado.

Por último, mencionar tres funciones más que pueden resultarnos útiles en alguna ocasión. La función LARGO nos facilita, entregándole como parámetro un texto, su longitud en número de caracteres. Por medio de la función ESPACIOS, entregando también como parámetro un texto, obtendremos el mismo texto pero sin espacios en blanco redundantes, por ejemplo al inicio o al final de la cadena. Por último tenemos la función REPETIR que, como puede suponer, repite un cierto carácter o una cadena de caracteres un determinado número de veces, generando una nueva cadena.

Trabajando con fechas

Aunque en nuestra hoja de cálculo, con datos sobre población mundial, las fechas no tienen demasiada importancia, en otros supuestos esa información puede resultar primordial. Suponga que tiene una hoja de cálculo para controlar presupuestos e inversiones. En este caso las fechas de las operaciones sí que tienen un papel preponderante, pudiendo convertirse en un elemento básico a la hora de resumir datos o efectuar búsquedas y selecciones.

Las funciones relacionadas con fechas y horas, de las cuales ya conoce algunas, podemos agruparlas en dos categorías: informativas y operacionales. Las primeras nos devuelven un dato concreto relacionado con la fecha u hora, como pueda ser el año, día de la semana, día del mes, etc. Las del segundo grupo efectúan una operación para hallar una nueva fecha partiendo de otra.

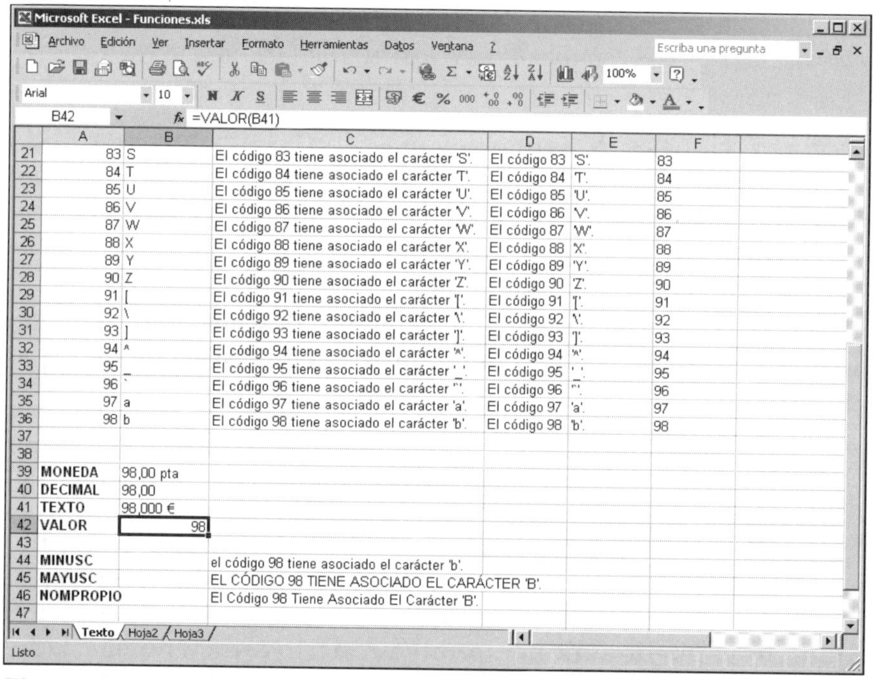

Figura 9.5. Hoja con las conversiones de cadenas de texto

Funciones informativas

Todas las funciones informativas toman como parámetro un número considerado como la fecha u hora de la que extraer un cierto dato. Esa fecha y/u hora pueden ser introducidas manualmente o bien mediante funciones como HOY y AHORA, que devuelven la fecha y la fecha y hora actuales, respectivamente. Puede componer una fecha también usando la función FECHA. Ésta precisa tres parámetros: año, mes y día. El año puede entregarse en formato de dos o cuatro dígitos.

Cuando un número se almacena en una celdilla que tiene formato de fecha, se cuenta como el número de días transcurridos desde el 1 de enero de 1900. La parte decimal del número, si es que existe, es tratada como la hora, sabiendo que 0,5 corresponde a las doce del mediodía.

Partiendo de que ya tenemos en una celdilla la fecha y hora, introducida manualmente o con cualquiera de las funciones mencionadas, podríamos extraer cualquiera de sus elementos mediante las siguientes funciones:

- AÑO: Devuelve el año. Toma como único parámetro una fecha.
- MES: Devuelve el número del mes. Toma como único parámetro una fecha.
- DIA: Devuelve el día. Toma como único parámetro una fecha.
- DIASEM: Devuelve un número indicando el número de la semana. Los parámetros necesarios son dos: una fecha y un índice de los enumerados en la tabla 9.1. El segundo parámetro es opcional y, de omitirse, se asumiría el valor 1 por defecto.
- NUM.DE.SEMANA: Devuelve el número de la semana dentro del año. También necesita dos parámetros: la fecha y un número indicando si se considera que la semana comienza por domingo, valor 1, o por lunes, valor 2.
- HORA: Devuelve la hora. Toma como único parámetro una hora o fecha y hora.
- MINUTO: Devuelve el minuto, tomando el mismo parámetro que la anterior.
- SEGUNDO: Devuelve el segundo, usando el mismo parámetro de las dos funciones previas.

Tabla 9.1. Índice para el segundo parámetro de la función DIASEM

Índice	Significado
1	El número de día estará comprendido entre 1 y 7 siendo el primero el domingo.
2	El número de día estará comprendido entre 1 y 7 siendo el primero el lunes.
3	El número de día estará comprendido entre 0 y 6 siendo el primero el lunes.

Advertencia:

Para usar algunas de las funciones de éste y el punto siguiente, como `NUM.DE.SEMANA`, *es necesario que tenga instaladas y activadas las herramientas de análisis. En un capítulo previo se explicó cómo realizar esta operación.*

En la figura 9.6 puede ver cómo se ha introducido la fecha y hora en una celdilla y, posteriormente, se han extraído algunos de sus componentes utilizando las funciones que acaban de enumerarse.

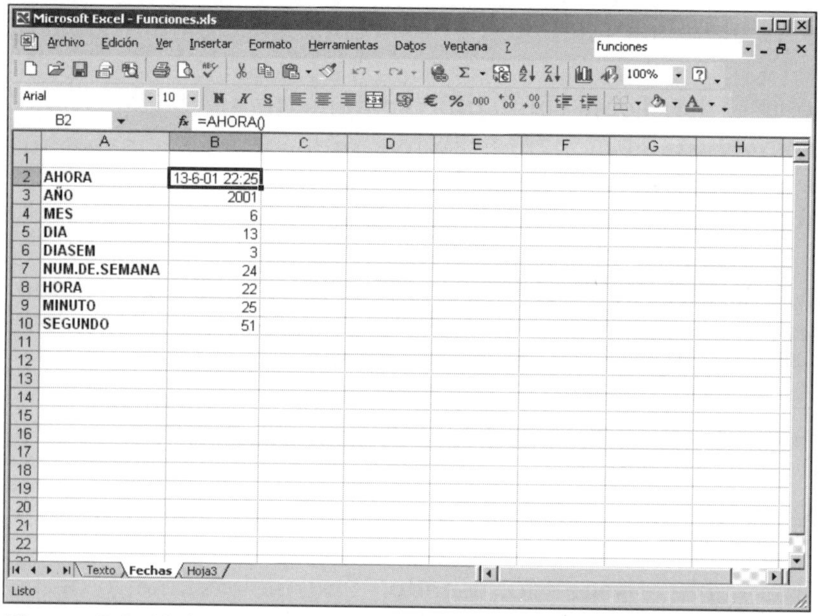

Figura 9.6. Hoja de cálculo conteniendo diversas operaciones con fechas

Funciones operacionales

Mucho más interesantes que las anteriores pueden resultarnos las funciones operacionales sobre fechas. Con ellas podremos conocer el número de días transcurridos entre dos fechas, qué fecha corresponde al sumar un determinado número de días a otra, o un número concreto de meses, etc.

Al trabajar con estas funciones hay que tomar en consideración que algunas trabajan con años de 360 días, que es la duración utilizada habitualmente en los años económicos. También tenemos a nuestra disposición otras que operan sobre días laborables. Comencemos conociendo estas funciones.

Partiendo de una fecha dada, podemos saber cuál será el próximo día laborable tras sumar un determinado número de días utilizando la función `DIA.LAB`. Los parámetros necesarios son tres, aunque el tercero es opcional y, por tanto, puede omitirse:

- Fecha inicial desde la que debe empezarse a contar.
- Número de días laborables que quiere añadir a esa fecha inicial.
- Referencia a un rango indicando días festivos aparte de los domingos.

De no facilitarse el tercer parámetro, se asumirá que los únicos días no laborables que hay son los sábados y domingos.

Si lo que nos interesa es saber cuántos días laborables existen entre dos fechas dadas, usaremos la función `DIAS.LAB` usando también tres parámetros: la fecha inicial o previa en el tiempo, la fecha final o posterior y, opcionalmente, un rango con fechas que la función debe considerar como festivas para efectuar el cálculo.

En caso de que nos interese saber el número de días transcurrido entre dos fechas, no el número de días laborables, utilizaríamos la función `DIAS360`. Ésta utiliza el año de 360 días, asumiendo que todos los meses tienen 30 días. Los parámetros necesarios son dos: fecha de inicio y fecha de fin.

Truco:

Si quiere ver el número total de días transcurridos entre dos fechas dadas, simplemente reste la primera de la segunda, sin usar función alguna. De igual forma, puede sumar o restar el número de días que desee a una fecha para obtener otra posterior o anterior en el tiempo.

También hay disponible una función para incrementar una fecha en un determinado número de meses, en lugar de días. La función es `FECHA.MES` y los parámetros necesarios dos: la fecha inicial y un número indicando los meses a incrementar o disminuir de esa fecha, obteniendo otra nueva.

Para ver el uso de estas funciones abra la página Fechas del libro facilitado como ejemplo. En ella encontrará diversos cálculos (véase figura 9.7) efectuados sobre dos fechas.

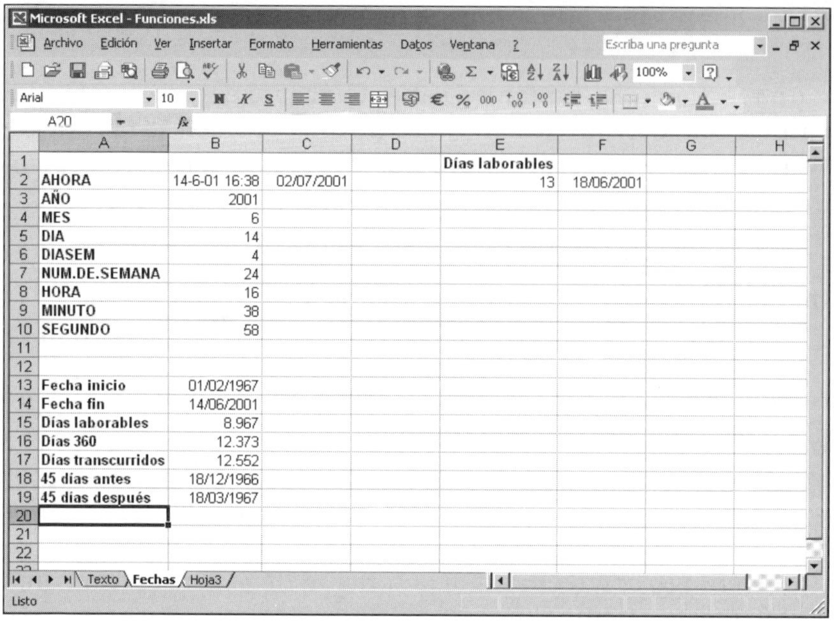

Figura 9.7. Calculamos distintas fechas tomando una como base

Información diversa

En un capítulo previo conocimos la función TIPO, mediante la cual era posible determinar el tipo de información que contenía una cierta celdilla. Dicha función pertenece a un grupo, el de funciones informativas, en el que podemos encontrar muchas otras, algunas de ellas de especial utilidad. A excepción de una, la función INFO, todas las demás facilitan información sobre una celdilla o un valor.

Una de las funciones informativas más polifacéticas es CELDA. Toma dos parámetros: una cadena indicando el dato que deseamos obtener y una referencia a una celdilla a examinar. Gracias a CELDA podemos saber si la celdilla está o no bloqueada, si el contenido de la celdilla es un rótulo o un valor numérico, cuál es su ancho, etc.

En la ayuda de Excel, concretamente en la entrada que se muestra en la figura 9.8, se enumeran los distintos valores que es posible utilizar así como la información que obtendríamos. No tiene sentido reproducir aquí esa tabla de parámetros, que puede encontrar buscando en la ayuda la función CELDA.

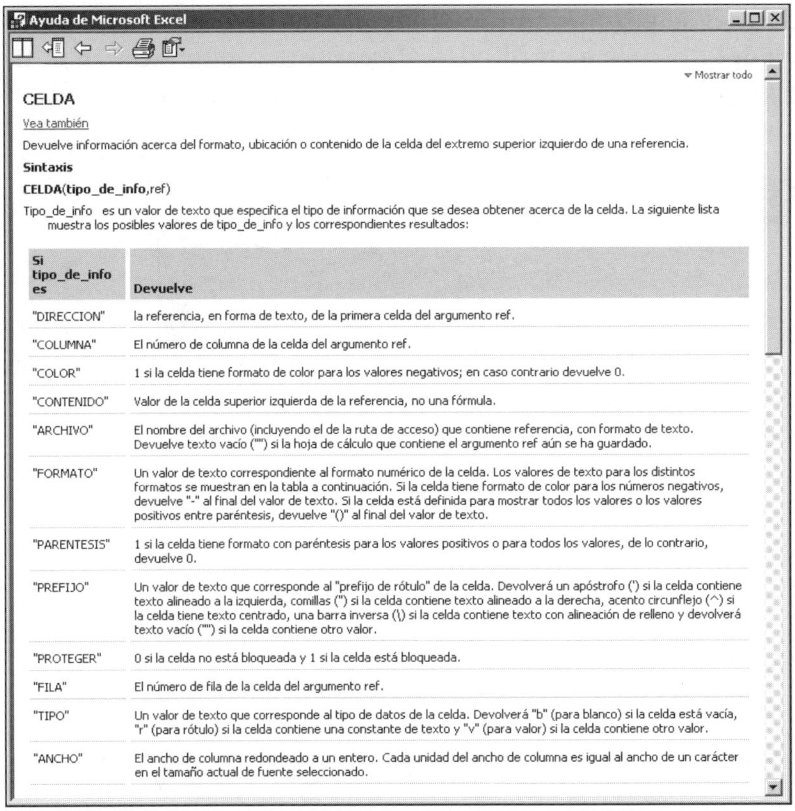

Ayuda de Microsoft Excel

Mostrar todo

CELDA

Vea también

Devuelve información acerca del formato, ubicación o contenido de la celda del extremo superior izquierdo de una referencia.

Sintaxis

CELDA(tipo_de_info,ref)

Tipo_de_info es un valor de texto que especifica el tipo de información que se desea obtener acerca de la celda. La siguiente lista muestra los posibles valores de tipo_de_info y los correspondientes resultados:

Si tipo_de_info es	Devuelve
"DIRECCION"	la referencia, en forma de texto, de la primera celda del argumento ref.
"COLUMNA"	El número de columna de la celda del argumento ref.
"COLOR"	1 si la celda tiene formato de color para los valores negativos; en caso contrario devuelve 0.
"CONTENIDO"	Valor de la celda superior izquierda de la referencia, no una fórmula.
"ARCHIVO"	El nombre del archivo (incluyendo el de la ruta de acceso) que contiene referencia, con formato de texto. Devuelve texto vacío ("") si la hoja de cálculo que contiene el argumento ref aún se ha guardado.
"FORMATO"	Un valor de texto correspondiente al formato numérico de la celda. Los valores de texto para los distintos formatos se muestran en la tabla a continuación. Si la celda tiene formato de color para los números negativos, devuelve "-" al final del valor de texto. Si la celda está definida para mostrar todos los valores o los valores positivos entre paréntesis, devuelve "()" al final del valor de texto.
"PARENTESIS"	1 si la celda tiene formato con paréntesis para los valores positivos o para todos los valores, de lo contrario, devuelve 0.
"PREFIJO"	Un valor de texto que corresponde al "prefijo de rótulo" de la celda. Devolverá un apóstrofo (') si la celda contiene texto alineado a la izquierda, comillas (") si la celda contiene texto alineado a la derecha, acento circunflejo (^) si la celda tiene texto centrado, una barra inversa (\) si la celda contiene texto con alineación de relleno y devolverá texto vacío ("") si la celda contiene otro valor.
"PROTEGER"	0 si la celda no está bloqueada y 1 si la celda está bloqueada.
"FILA"	El número de fila de la celda del argumento ref.
"TIPO"	Un valor de texto que corresponde al tipo de datos de la celda. Devolverá "b" (para blanco) si la celda está vacía, "r" (para rótulo) si la celda contiene una constante de texto y "v" (para valor) si la celda contiene otro valor.
"ANCHO"	El ancho de columna redondeado a un entero. Cada unidad del ancho de columna es igual al ancho de un carácter en el tamaño actual de fuente seleccionado.

Figura 9.8. Entrada de la ayuda correspondiente a la función `CELDA`

Gran parte de las funciones de esta categoría forman un grupo en sí mismas, por su nombre y modo de funcionamiento. Todas ellas comienzan con las iniciales `ES`, como `ESERROR`, `ESTEXTO` o `ESNUMERO`, y todas devuelven `VERDADERO` o `FALSO` dependiendo de que la celdilla facilitada como referencia contenga o no un error, un texto o un número, respectivamente.

Otras funciones similares son las siguientes `ESLOGICO`, `ESREF`, `ESNOTEXTO` y `ESBLANCO`.

Por último tenemos la función `INFO`, mencionada al principio de este punto. Al igual que la función `CELDA`, toma como parámetro una cadena de texto indicando la información que desea recuperarse. Podemos determinar la versión de Excel que estamos usando, la versión del sistema operativo, la cantidad de memoria utilizada o si el recálculo de las fórmulas se efectúa de manera manual o automáticamente.

En la ayuda de Excel se enumeran todos los parámetros posibles. En la hoja **Información** del libro de ejemplo de este capítulo, mostrada en la figura 9.9, puede ver algunos ejemplos de la información que puede obtener con `INFO`.

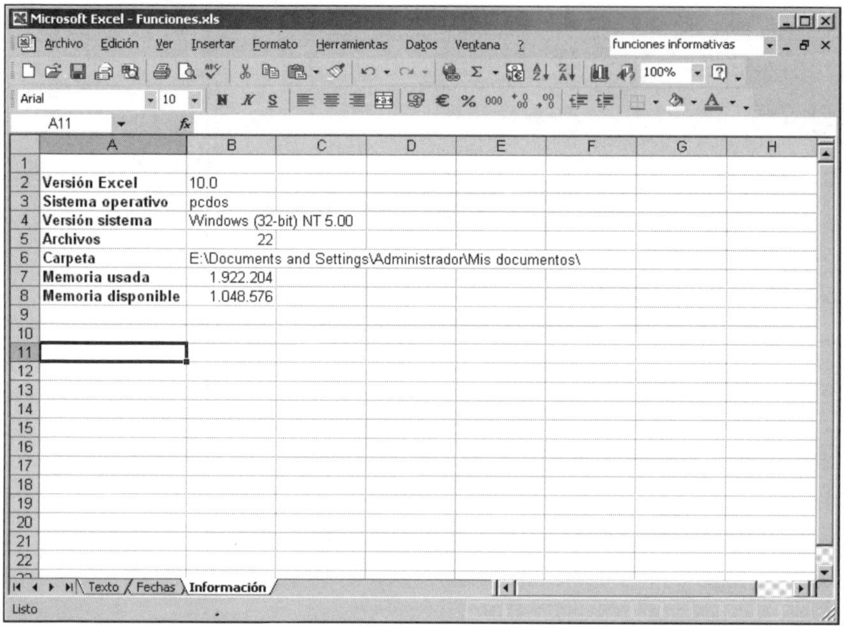

Figura 9.9. Obtenemos información de entorno con la función `INFO`

Resumen

Este capítulo le ha servido para conocer un buen número de las funciones que incorpora Excel, funciones que puede utilizar en la creación de fórmulas ya sea de manera aislada o en combinación con otras. Estas funciones son, en realidad, una pequeña fracción de las existentes.

La mayor parte del capítulo la hemos dedicado al estudio de las funciones para la manipulación de textos. Con ellas, como ha podido verse, es posible concatenar múltiples textos, efectuar búsquedas y sustituciones y diversos tipos de conversión.

A continuación ha conocido varias funciones cuya finalidad es ayudar en la manipulación de datos que deben ser interpretados como fechas. Como ya sabe, Excel almacena las fechas como si fuesen números, por lo que es posible sumar y restar fechas. Con las funciones estudiadas puede, además, tomar en consideración sólo los días laborables o trabajar con años económicos, de sólo 360 días.

Para terminar, se han enumerado de forma breve algunas de las funciones informativas que tenemos a nuestra disposición. Además de las mencionadas, existen otras bastante sencillas.

Capítulo 10

Acceso a funciones externas

En este capítulo aprenderá a:

- Registrar funciones externas y sus parámetros.
- Llamar a funciones externas.
- Crear macros al estilo de Excel 4.0.

Microsoft Excel es, además de una aplicación que nos permite introducir datos en hojas, realizar cálculos con ellos y representarlos de diversas formas, un programa muy potente en el que podemos, como verá en capítulos posteriores, escribir macros y funciones y efectuar prácticamente cualquier tarea.

Además de usar funciones propias de Excel, desde este programa es posible también llamar a funciones externas, alojadas en lo que se conoce como librerías de enlace dinámico o DLL (*Dynamic Link Libraries*). En Windows existen multitud de librerías de este tipo, ya que todas las funciones del sistema operativo se encuentran almacenadas en decenas de DLL. Existen miles de funciones propias del sistema, a las que había que añadir las de cualquier otra DLL que pudiéramos haber creado nosotros mismos o terceras personas.

El objetivo de este capítulo es mostrarle cómo puede registrar e invocar a este tipo de funciones. Lógicamente, resultaría imposible explicarle todas las funciones que hay disponibles, su finalidad o los parámetros que necesitan. Esta información suele encontrarse junto a herramientas de desarrollo.

Registro de funciones externas

Para llamar a una función externa lo primero que necesitamos es conocer su localización, nombre, tipo de valor que devuelve y los parámetros que necesite. Con todos estos datos efectuaremos en una hoja de macros de Excel una operación de registro, obteniendo un identificador. Posteriormente veremos cómo utilizar ese identificador para llamar a la función y ejecutarla.

Como se ha dicho antes, la información sobre las funciones de Windows, necesaria para poder usarlas, se encuentra generalmente junto a las herramientas de desarrollo. También podemos, no obstante, encontrarla en la sede web MSDN de Microsoft, mostrada en la figura 10.1. En ella puede ver, en el panel izquierdo, una lista de categorías de funciones, mientras que a la derecha se enumeran las que forman parte de la categoría seleccionada. Haciendo clic sobre cualquiera de esas funciones podremos conocer los parámetros y su comportamiento. En los puntos siguientes verá cómo registrar y utilizar algunas funciones sencillas, con pocos parámetros. A medida que se precisan más parámetros, y éstos son más complejos, su uso desde Excel también resulta más difícil.

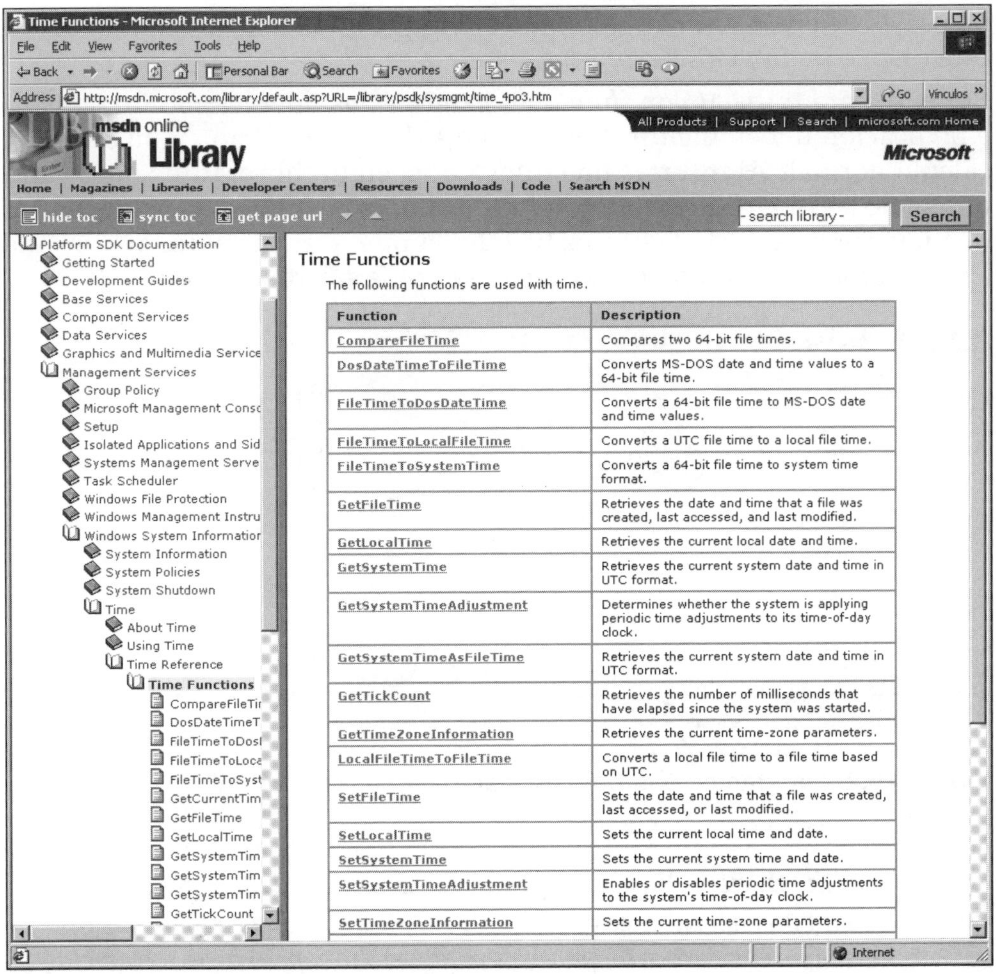

Figura 10.1. Librería digital de MSDN en Internet con información sobre funciones de Windows

Hojas de macros

Las funciones de registro e invocación de funciones externas no pueden ser usadas directamente en una hoja de cálculo corriente de Excel. Esto es así porque su utilización comporta un cierto riesgo si se comete algún fallo. Al usar de forma incorrecta una función de Excel, cualquiera de las que hemos conocido en capítulos previos, obtenemos un mensaje de error y, generalmente, incluso ayuda sobre como resolverlo. Cuando se comete un fallo utilizando una función externa, por el contrario, no hay mensajes de error y sí riesgos como el bloqueo de la aplicación, Excel en este caso, e incluso una caída del sistema.

Por ello, para trabajar con funciones externas las operaciones de registro e invocación deben incluirse en una hoja de macros y no en una hoja de cálculo normal. Al insertar una nueva hoja en un libro, utilizando cualquiera de las opciones disponibles para ello, se encontrará con un cuadro de diálogo como el de la figura 10.2. En él puede elegir entre añadir una Hoja internacional de macros o una Macro de Microsoft Excel 4.0.

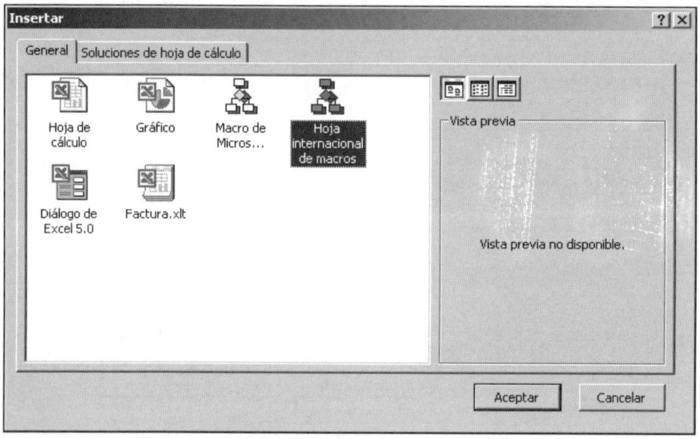

Figura 10.2. Insertamos una hoja de macros en el libro actual

Advertencia:

En una hoja de macros de Excel 4.0 pueden utilizarse muchas funciones que están disponibles en Excel 2002 pero no directamente en una hoja de cálculo.

Comenzaremos, por tanto, insertando en nuestro libro una hoja de macros para poder usar las funciones `REGISTRAR` y `LLAMAR` que veremos a continuación.

Operación de registro

Para registrar una función externa en Excel tenemos varias posibilidades, siendo la más usada la función `REGISTRAR`. Ésta necesita, al menos, tres parámetros:

- Nombre de la librería de enlace dinámico donde se encuentra la función externa.
- Nombre de la función que se desea registrar.
- Una cadena con uno o más caracteres indicando el tipo de retorno y los tipos de los parámetros.

El nombre de la librería incluirá normalmente la extensión, DLL, mientras que al escribir el nombre de la función habrá de respetarse el orden de mayúsculas y minúsculas.

En tercer lugar es necesario facilitar una cadena de caracteres compuesta de, al menos, un carácter. Éste indicará el tipo de dato que devuelve la función. Por cada parámetro que necesite dicha función existirá un parámetro adicional, mediante el cual comunicaremos su tipo. En la tabla 10.1 se enumeran algunos de los caracteres posibles como tercer parámetro y el tipo al que representan.

Tabla 10.1. Caracteres usados para indicar el tipo de retorno y parámetros

Carácter	Tipo del parámetro
A	Lógico.
B	Número con parte decimal.
C	Cadena de caracteres con fin marcado por nulo.
D	Cadena de caracteres con indicador de longitud al inicio.
I	Número entero de dos bytes.
J	Número entero de cuatro bytes.

Suponiendo que la función a registrar devuelva un valor lógico y tome como único parámetro un número entero, por poner un caso, la cadena a usar como tercer parámetro de `REGISTRAR` sería `"AJ"`.

La operación de registro, al ser ejecutada, devuelve un número. Éste lo utilizaremos, posteriormente, para invocar a la función tantas veces como necesitemos. Cuando no volvamos a necesitarlo más podemos desregistrar la función usando `DESREGISTRAR`. El único parámetro necesario es el índice devuelto por `REGISTRAR`.

Puede introducir las dos operaciones de registro siguientes en dos celdillas de una hoja de macros. La primera devuelve el manejador de la ventana que esté activa en un momento dado, mientras que la segunda facilita el número de milisegundos transcurridos desde que se puso en marcha Windows.

```
=REGISTRAR("user32.dll";"GetActiveWindow";"J")
=REGISTRAR("kernel32.dll";"GetTickCount";"J")
```

Ejemplo:

El libro `FuncionesExternas.xls` *contiene una hoja de cálculo y dos hojas de macros con todos los ejemplos descritos en este capítulo.*

Invocación de funciones

Una vez que tenemos registrada la función o funciones que nos interesa utilizar, el paso siguiente será invocarlas, ejecutarlas, en el momento que nos convenga. Con este fin utilizaremos la función `LLAMAR`, cuyo número de parámetros es variable.

Como mínimo tendremos que facilitarle el identificador devuelto por la función `REGISTRAR`. Obviamente, podemos introducir ese identificador facilitando como parámetro una referencia a la celdilla donde hemos introducido la llamada a `REGISTRAR`.

Dependiendo de los parámetros que necesite la función externa a la que vamos a invocar, tendremos que entregar más o menos parámetros a `LLAMAR`, aparte del mencionado identificador. Al final del punto anterior registrábamos dos funciones que no toman parámetros por lo que, al llamarlas, no tendríamos que facilitar ningún dato adicional.

A fin de hacer una prueba, introduzca en una hoja de macros el contenido que puede verse en la figura 10.3: el registro de una función y su posterior invocación.

Pulse la combinación de teclas **Alt-º** ya que, por defecto, las hojas de macros muestran las fórmulas en lugar de los resultados obtenidos. Despliegue el menú emergente y elija la opción apropiada para ejecutar la macro que acaba de crear.

Aparecerá un cuadro de diálogo con los nombres de macros definidos y, en la parte superior, la referencia a la celdilla que tiene la función `LLAMAR`. Pulse el botón **Ejecutar** para registrar y llamar a la función externa.

Por una parte verá los resultados en las celdillas y, por otra, una ventana comunicando un error (véase figura 10.4) que, en este caso, no tiene importancia. Lo importante es que en una celdilla tenemos el valor devuelto por la función `GetTickCount` de Windows: el número de milisegundos transcurridos desde que se inició el sistema.

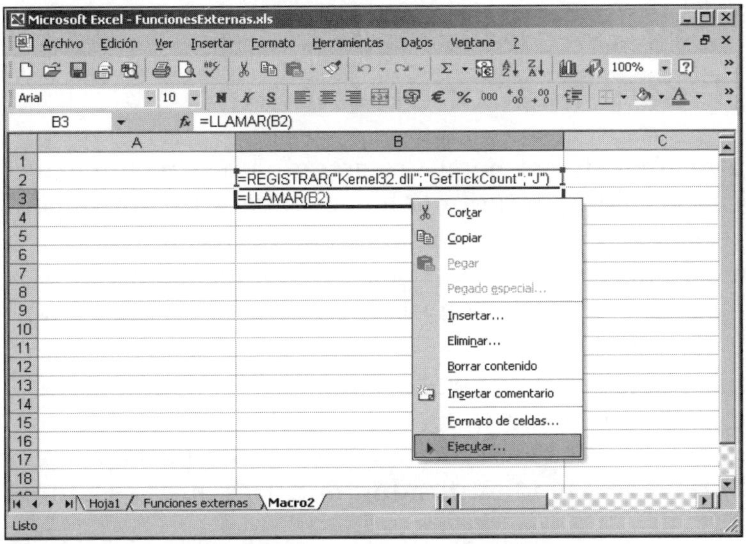

Figura 10.3. Invocamos a una función externa

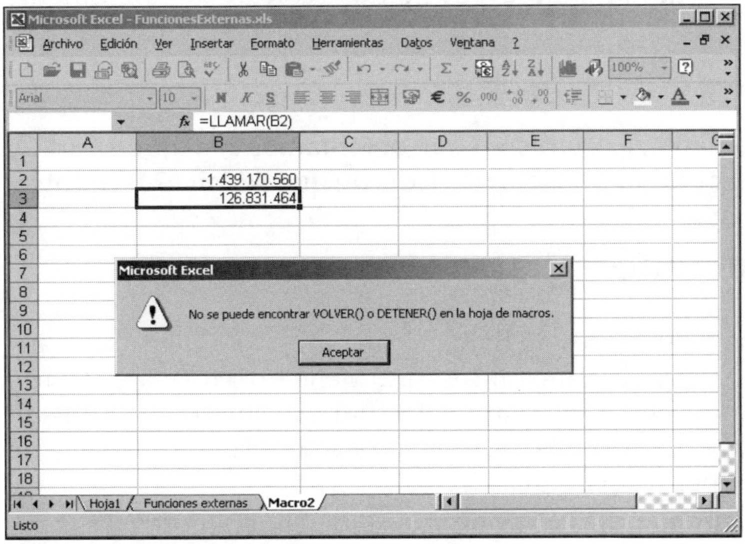

Figura 10.4. Resultados obtenidos al ejecutar la función externa

Nota:

*Cada vez que seleccione la opción **Ejecutar** del menú emergente verá que el dato devuelto por `GetTickCount` va actualizándose, ya que el tiempo transcurre y lo que esta función devuelve es, precisamente, el tiempo transcurrido desde que Windows se puso en marcha.*

Obtención del identificador de una función

En el ejemplo que acabamos de ver hemos registrado una función externa y, de inmediato, en la celdilla inferior la hemos invocado. Puede ocurrir, sin embargo, que el registro de las funciones y su posterior invocación no estén tan cercanos. Siempre podemos asociar un nombre a las celdillas que contienen la función `REGISTRAR` y posteriormente, al utilizar la función `LLAMAR`, introducir el nombre en lugar de una referencia.

Otra alternativa es usar la función `ID.REGISTRO` para recuperar el mencionado identificador. Esta función toma dos parámetros, los dos mismos utilizados con la función `REGISTRAR`. La diferencia es que la primera localiza el registro y devuelve el identificador, mientras que la segunda efectúa dicho registro.

Utilizando `ID.REGISTRO`, y asumiendo que ya hemos registrado la función `GetTickCount`, la llamada la podríamos realizar de la siguiente manera:

```
=LLAMAR(ID.REGISTRO("Kernel32.dll";"GetTickCount"))
```

El resultado, lógicamente, es el mismo que obteníamos con anterioridad: el número de milisegundos transcurridos desde que se inició Windows.

Llamadas con autoregistro

Aunque, como se ha visto, antes de llamar a una función externa la registramos para poder usarla, la función `LLAMAR` tiene otro formato, aparte del que ya conocemos, que nos permite efectuar el registro en el mismo momento de la llamada. Esto nos ahorra un paso intermedio, aparte de no ser necesaria la operación de desregistro.

Este segundo formato de `LLAMAR` es una combinación de `REGISTRAR` y el formato de `LLAMAR` que ya conocemos, siendo necesarios todos los parámetros de registro y llamada: nombre de la librería, nombre de la función, cadena indicando el tipo de retorno y de los parámetros y, finalmente, todos los parámetros que tome la función externa a invocar.

Para poder usar la función externa `GetTickCount`, como se ha hecho en los puntos previos, tendríamos suficiente con introducir la fórmula siguiente en una celdilla de la hoja de macros:

```
=LLAMAR("Kernel32.dll";"GetTickCount";"J")
```

Macros al estilo de Excel 4.0

Una hoja de macros se utiliza, como su propio nombre indica, para alojar macros en su interior. Éstas pueden ser ejecutadas directamente en la misma hoja, como estamos haciendo hasta ahora, o bien desde hojas de cálculo corrientes del mismo libro. Incluso es posible asignar un nombre a las funciones o conjuntos de funciones, haciendo más cómoda su ejecución desde cualquier punto.

Nota:

Esta forma de crear macros ha quedado obsoleta en versiones de Excel posteriores a la 4.0. Como tendrá ocasión de ver en próximos capítulos, el nuevo sistema es mucho más potente y flexible.

Las distintas órdenes que conforman la macro se disponen en celdillas adyacentes, unas debajo de otras: registro, llamadas y otras operaciones que se necesiten. El final de la macro vendrá marcado, habitualmente, por la función `VOLVER`. Esto permite disponer múltiples macros independientes en una misma hoja.

En la figura 10.5 puede ver una hoja en la que se definen dos macros. Una de ellas obtiene el manejador de la ventana activa y lo utiliza para minimizarla. La otra obtiene el número de milisegundos transcurridos desde que se inició Windows.

Como en casos anteriores, puede seleccionar las celdillas a ejecutar, desplegar el menú emergente y usar la opción **Ejecutar** para ver el resultado en la misma hoja de macros. También puede, no obstante, asignar un nombre a la celdilla o celdillas que componen la macro, de igual manera que asignaría un nombre a una celdilla o rango de una hoja de cálculo.

Después, desde cualquier otro punto, tan sólo tiene que introducir el nombre asignado para ejecutar la macro. En la figura 10.6 puede observar cómo obtenemos el dato devuelto por `GetTickCount` y calculamos el número de horas que lleva iniciado el sistema.

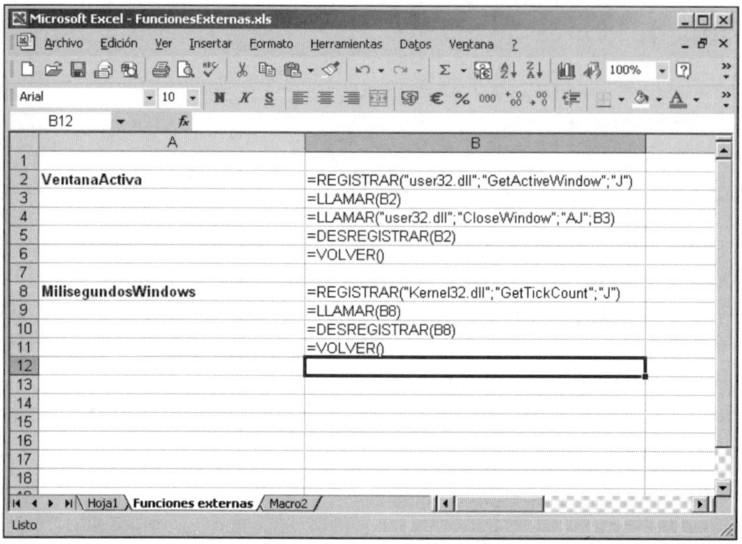

Figura 10.5. Hoja de macros con dos macros independientes

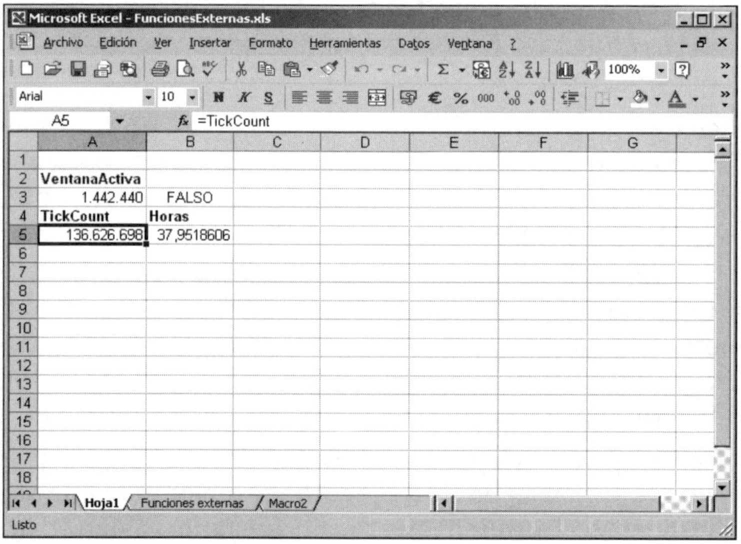

Figura 10.6. Utilizamos las funciones externas desde una hoja de cálculo corriente

Resumen

Como ha podido ver en este capítulo, las capacidades de Excel no están limitadas en absoluto gracias a la posibilidad de utilizar funciones externas a la propia aplicación, como pueden ser las funciones propias del sistema. En los ejemplos ha visto cómo recuperar el número de milisegundos transcurridos desde el inicio del sistema, cómo obtener el manejador de la ventana activa o bien cómo cerrar una ventana. En la práctica, con información sobre las miles de funciones que componen el API (*Application Programming Interface*) del sistema, podrá efectuar tareas mucho más complejas.

Primero ha aprendido a registrar una función externa, definiendo los tipos del valor de retorno y los parámetros que pudiera tomar. Después hemos usado el identificador obtenido para invocar la función. También es posible efectuar el registro en el mismo momento en que se hace la llamada, ahorrando algunos pasos.

Finalmente se ha tratado, brevemente, la creación de macros al estilo de Excel 4.0. En próximos capítulos conocerá todo lo relativo a la creación de macros en Excel 2002, siguiendo un mecanismo mucho más potente.

Capítulo 11

Macros y funciones

En este capítulo aprenderá a:

- Registrar y reproducir macros simples.
- Editar el código de una macro.
- Definir funciones sencillas.

Las operaciones que efectuamos sobre los datos de una hoja de cálculo son, en ocasiones, repetitivas y tediosas. Muchas veces realizamos exactamente las mismas operaciones aunque sobre diversos conjuntos de datos. En casos así es factible la automatización de dichas tareas, proceso que consiste en registrar esas acciones repetitivas y reproducirlas cuando sea necesario.

Excel cuenta con la posibilidad de utilizar macros. Éstas se crean mediante una operación de registro, como si guardásemos las acciones en una grabadora, o bien directamente en un editor de código. Una vez creada, la macro puede reproducirse siempre que haga falta, generalmente mediante una cierta combinación de teclas.

Además de macros, en Excel también podemos definir nuestras propias funciones, similares a las que incorpora Excel y hemos conocido en capítulos previos. Dichas funciones podríamos usarlas posteriormente como cualesquiera otras.

Registro y reproducción de macros

Cada uno de los elementos existentes en Excel, desde el libro, las hojas y las celdillas hasta las barras de herramientas y menús, son objetos software o, para utilizar una terminología más correcta, son componentes. Como tales, disponen de una serie de atributos o propiedades y un conjunto de acciones o métodos. Cada vez que actuamos sobre una celdilla, por ejemplo editando el contenido o su formato, estamos usando las propiedades y métodos de un componente.

Usando la capacidad de registro de Excel podemos obtener y almacenar, por cada acción de usuario que efectuemos, una orden de manipulación de una propiedad o invocación de un método. Al conjunto de órdenes que desempeñan una cierta tarea es a lo que se conoce normalmente como macro.

Para poner en marcha el registro de una nueva macro utilice la opción Herramientas>Macros>Grabar nueva macro.

En el cuadro de diálogo que aparece, similar al de la figura 11.1, introduciremos un título o nombre para la macro, una combinación de teclas para activarla y un comentario o descripción. En realidad todos son parámetros opcionales pudiendo dejarse los valores que aparecen por defecto, aunque no es lo más lógico.

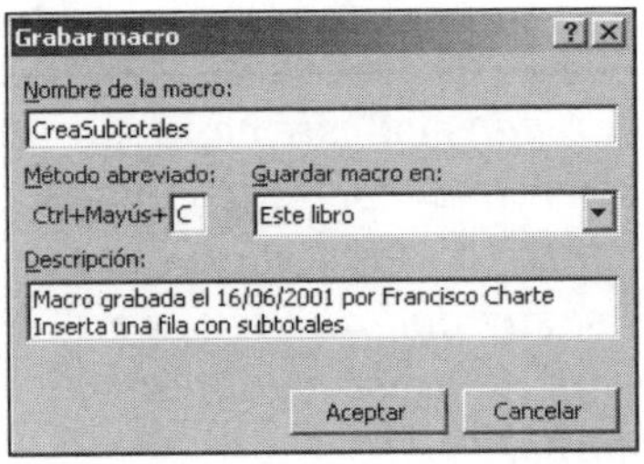

Figura 11.1. Inicio del registro de una macro

De inmediato, tras poner en marcha el registro de la macro, verá aparecer una nueva barra de herramientas, en este caso conteniendo tan sólo dos botones.

El de la izquierda, según puede verse en el detalle de la figura 11.2, detendrá el registro, poniendo fin a la creación de la macro. El de la derecha alternará entre el uso de referencias absolutas, que es el modo por defecto, y referencias relativas. Sin pulsar dicho botón las referencias introducidas en la macro serán absolutas y, por tanto, al reproducirse siempre se operará sobre las mismas celdillas.

Figura 11.2. Paleta de herramientas para macros

Durante el registro de la macro puede efectuar cualquier operación: introducir datos, insertar filas y columnas, editar fórmulas o establecer formatos, por mencionar sólo algunas. Cuando haya finalizado los pasos que piensa repetir posteriormente, tan sólo tiene que pulsar el botón para detener el registro.

Una macro para insertar subtotales

Conociendo el método a seguir, veamos cómo crear una macro que automatice el proceso de insertar totales por continente en la hoja Global en la que teníamos los datos de población de todos los países.

El objetivo es crear manualmente los subtotales para el primer continente, registrando al mismo tiempo la macro. Ésta, al ser reproducida en el punto adecuado, se encargará entonces de crear los subtotales del resto de continentes.

Ejemplo:

Puede encontrar las macros y funciones creadas en este capítulo en el libro `PoblacionMundial.xls`*, en la carpeta de ejemplos correspondiente a este capítulo. Al abrirlo tenga en cuenta que, dependiendo de la configuración de seguridad que tenga en Excel, es posible que aparezca un mensaje de aviso o, incluso, que se desactive la ejecución de estas macros.*

Sitúe el foco de entrada en la primera celdilla del segundo continente de la hoja, `América` en este caso, e inicie el registro de la macro usando la opción anteriormente indicada. A continuación dé los pasos siguientes:

- Inserte una fila completa bajo los datos del primer continente.
- Sitúe el foco de entrada bajo la primera celdilla de datos, correspondiente a la población masculina.
- Introduzca en esa celdilla la fórmula `=SUMAR.SI($A$1:$A58;$A58;C$1:C58)`.
- Copie la fórmula a las celdillas adyacentes, totalizando la población femenina, rural, urbana y total.
- Detenga el registro de la macro.

Observe que las referencias a las celdillas usadas en la fórmula son relativas o absolutas según el caso. Fíjese también en que hemos utilizado la función `SUMAR.SI` en lugar de `SUMAR`. Lo que hemos hecho es sumar todas las celdillas desde la actual hasta el inicio de la hoja, pero sólo en caso de que en la primera columna aparezca el nombre del continente al que pertenece la fila inmediatamente superior.

Si nos hubiésemos limitado a seleccionar las celdillas e introducir una suma, ya sea con la función `SUMA` o con el botón Autosuma, obtendríamos un resultado correcto en el primer continente, pero no en los demás al reproducir la macro ya que siempre se utilizaría un rango con el mismo número de filas. Esto es incorrecto dado que, como sabe, cada continente tiene un número de países distinto a los demás.

Reproducción de la macro

En el punto anterior hemos creado los subtotales para el primer continente. Con lo que sabíamos hasta ahora, tendríamos que ir hasta el siguiente continente, insertar una fila, introducir nuevamente la fórmula y copiarla a las celdillas adyacentes. Repitiendo el trabajo para cada continente de los que quedan en la hoja de cálculo.

Gracias a la macro que acabamos de crear, sin embargo, es suficiente con llevar el foco de entrada a la primera fila del siguiente continente, pulsando después la combinación de teclas que se asignase en la creación. En el caso de la macro incorporada en el libro de ejemplo, la combinación a usar es **Mayús-Ctrl-S**.

En la figura 11.3 puede ver el aspecto de la hoja de cálculo tras haber ejecutado múltiples veces la macro, una por cada continente. Si ejecuta la macro teniendo el foco de entrada en un lugar externo a la tabla de datos, verá que el resultado es cero.

Nota:

Si no asignó una combinación de teclas en el momento de la definición de la macro, puede entonces usar la opción Herramientas>Macro>Macros, *para abrir la ventana de macros, y pulsar directamente el botón* ***Ejecutar***, *ya que ahora mismo tan sólo existe una macro.*

Administración de macros

Ha creado su primera macro en un libro de Excel. Lógicamente, puede crear todas las que necesite.

Las macros por defecto se almacenan en el libro que está abierto en ese momento, aunque es posible alojarlas en un libro nuevo o un libro de macros personal, si es que son macros cuyo propósito pueda extenderse a otros documentos.

Las macros no sólo pueden crearse y ejecutarse o reproducirse, pasos que ya conocemos, pudiendo también eliminarse y modificarse. Todas estas operaciones, que podemos considerar de administración, las efectuaremos desde el cuadro de diálogo que aparece en la figura 11.4. Para abrirlo utilice la opción Herramientas>Macro>Macros.

Actualmente tan sólo aparece en la lista una macro, la que hemos creado previamente. Seleccionándola y usando los botones, que aparecen a la derecha, podemos ejecutar dicha macro, modificarla, eliminarla o seguirla paso a paso. Esta última opción es una ayuda a la depuración, simplificando la localización de errores en caso de que la macro no haga el trabajo que se espera de ella.

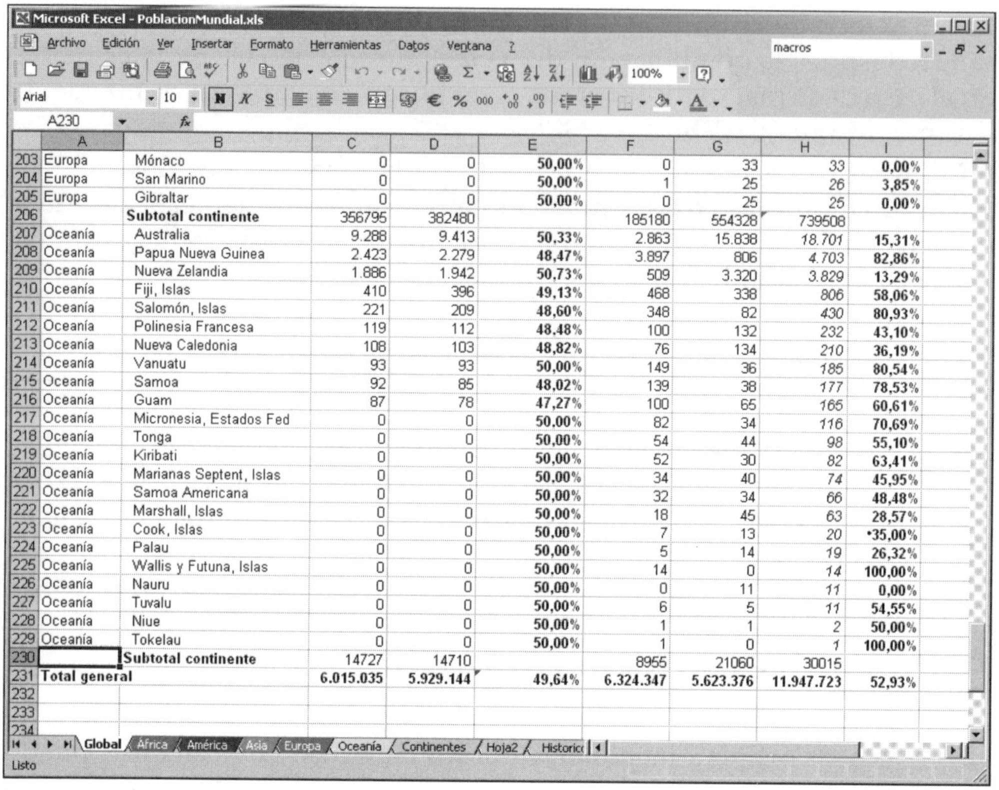

Figura 11.3. La hoja de cálculo tras insertar los subtotales con la macro

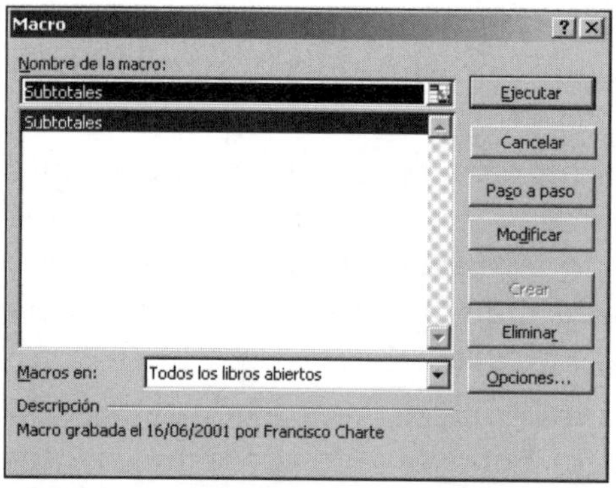

Figura 11.4. Ventana de administración de macros

Truco:

Puede abrir la ventana de administración de macros con la combinación de teclas ***Alt-F8****. Introduciendo en la parte superior un nombre de macro y pulsando el botón* ***Crear*** *puede crear macros directamente desde esta ventana.*

Pulsando el botón **Opciones** accederá a una pequeña ventana en la que podrá modificar tanto la combinación de teclas, para ejecutar la macro sin tener que abrir esta ventana, como la descripción facilitada inicialmente.

Modificación y seguimiento paso a paso

Al pulsar el botón **Modificar** o el botón **Paso a paso**, en la ventana de administración de macros, verá que se abre una nueva ventana que, en realidad, es todo un entorno de desarrollo de macros y funciones. Dicho entorno es el que aparece en la figura 11.5 y en él se aprecian distintas partes. A la izquierda aparece el gestor de proyectos y el panel de propiedades, éste en la parte inferior. En la parte superior varias barras de herramientas y botones y, ocupando prácticamente el resto del espacio, el editor de código.

En este caso nos centraremos en el código que aparece en el editor y que se encuentra reproducido a continuación. En capítulos posteriores nos centraremos en el estudio del entorno de Visual Basic, el modelo de objetos de Excel y el propio lenguaje que se utiliza para la creación de macros y funciones.

```
Sub Subtotales()
'
' Subtotales Macro
' Macro grabada el 16/06/2001 por Francisco Charte
'
' Acceso directo: Ctrl+Mayús+S
'
    ActiveCell.Rows("1:1").EntireRow.Select
    Selection.Insert Shift:=xlDown
    ActiveCell.Offset(0, 1).Range("A1").Select
    Selection.Font.Bold = True
    ActiveCell.FormulaR1C1 = "Subtotal continente"
    ActiveCell.Offset(0, 1).Range("A1").Select
    ActiveCell.FormulaR1C1 =
        "=SUMIF(R1C1:R[-1]C1,R[-1]C1,R1C:R[-1]C)"
```

```
    ActiveCell.Select
    Selection.Copy
    ActiveCell.Offset(0, 1).Range("A1").Select
    ActiveSheet.Paste
    ActiveCell.Offset(0, 2).Range("A1").Select
    ActiveSheet.Paste
    ActiveCell.Offset(0, 1).Range("A1").Select
    ActiveSheet.Paste
    ActiveCell.Offset(0, 1).Range("A1").Select
    ActiveSheet.Paste
    ActiveCell.Offset(0, -5).Range("A1:B1,D1:F1").Select
    Selection.Font.Bold = True
End Sub
```

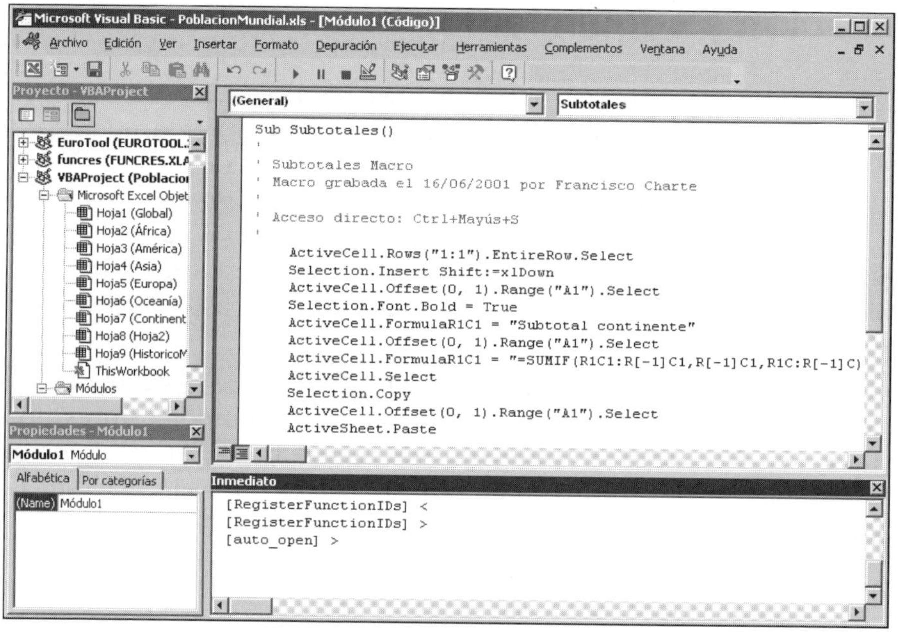

Figura 11.5. Aspecto del editor de Visual Basic con una macro de Excel

Observe que la macro está delimitada por las palabras `Sub` y `End Sub`, estando la primera de ellas seguida por el nombre que hemos dado en la macro. Cada una de las líneas que siguen, a excepción de las que comienzan con el carácter `'` que son comentarios, contiene una sentencia u orden completa. Prácticamente en todas las sentencias se toma como referencia el objeto `ActiveCell`, que es la celdilla activa.

Partiendo de la celdilla actual se selecciona la fila completa, para insertar una nueva, o bien un conjunto de celdillas o una celdilla aislada. Observe cómo se utiliza la propiedad `FormulaR1C1` para introducir el título `Subtotal continente` o la fórmula en la que se calcula la suma condicional.

Fíjese también en que la función `SUMAR.SI` ha sido sustituida, en la macro, por su versión original, en inglés, `SUMIF`.

Utilizando los métodos `Copy` y `Paste` copiamos al portapapeles el contenido de la celdilla seleccionada para, a continuación, pegarla en otras celdillas. Es lo que hemos hecho nosotros manualmente pero traducido a órdenes.

Aunque puede usar el editor que tiene abierto para efectuar cualquier modificación en la macro, lo cierto es que no resulta muy recomendable hasta que no tenga unas nociones del modelo de objetos de Excel y el propio lenguaje algo que, tal y como se ha dicho, aprenderá en próximos capítulos.

Nota:

Teniendo abierto el editor de Visual Basic puede reproducir la macro paso a paso, línea a línea, para ver qué va ocurriendo en la hoja de cálculo y así determinar dónde puede encontrarse un posible fallo. Tan sólo tiene que ir pulsando ***F8*** *para avanzar de una sentencia a la siguiente. Si tiene visible la hoja de cálculo y el editor, como en la figura 11.6, podrá ir viendo el efecto de ejecutar cada orden.*

Macros y seguridad

Un aspecto importante de la administración de macros es el relacionado con la seguridad. Tenga en cuenta que una macro puede efectuar operaciones que afecten al sistema y los datos almacenados en él, razón más que suficiente para tomar medidas que aseguren la integridad de dichos elementos. Esto es especialmente cierto cuando vayamos a abrir hojas de cálculo creadas por terceras personas y, sobre todo, cuando no tengamos una garantía explícita de su contenido.

Para establecer el nivel de seguridad a la hora de trabajar con macros use la opción Herramientas>Macro>Seguridad. Ésta da paso al cuadro de diálogo que puede ver en la figura 11.7, conteniendo dos fichas. La más importante es la primera que, como se aprecia en dicha figura, usaremos para fijar el nivel de seguridad, dependiendo del cual nos encontraremos en tres contextos distintos:

- Alto: Siempre que se abra una hoja de cálculo se desactivarán todas las macros que no vengan firmadas digitalmente por fuentes de confianza.
- Medio: Al abrir un libro que contiene macros veremos una ventana, como la de la figura 11.8, en la que se comunica el peligro existente y se nos da opción a desactivarlas si así lo deseamos.

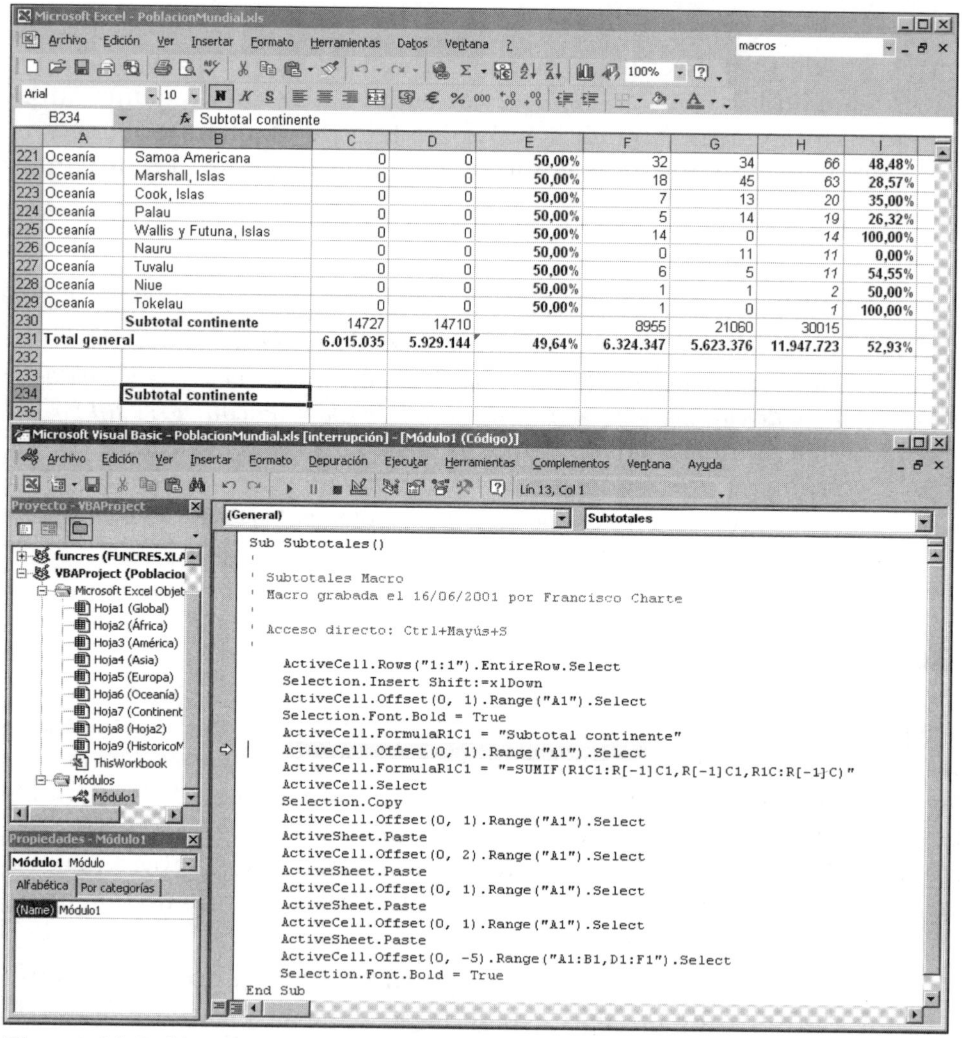

Figura 11.6. Una hoja de Excel ejecutando paso a paso una macro en el editor VBA

- Bajo: Seleccionando este nivel Excel no ofrecerá protección alguna contra las macros, pudiendo ejecutarse directamente. No es recomendable seleccionar este nivel, incluso aunque tengamos un programa antivirus instalado en el sistema.

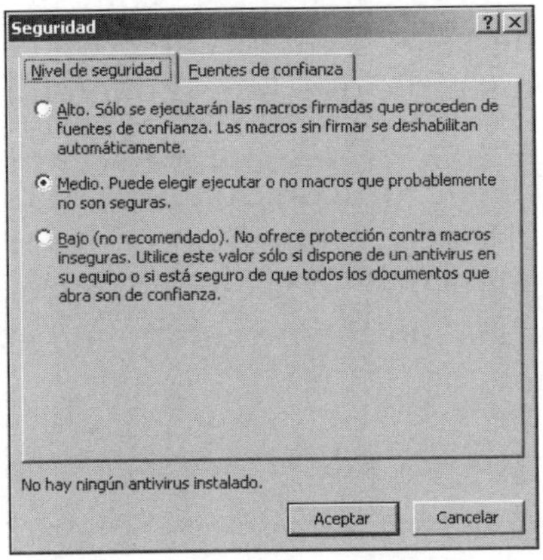

Figura 11.7. Configuramos el nivel de seguridad que deseamos utilizar

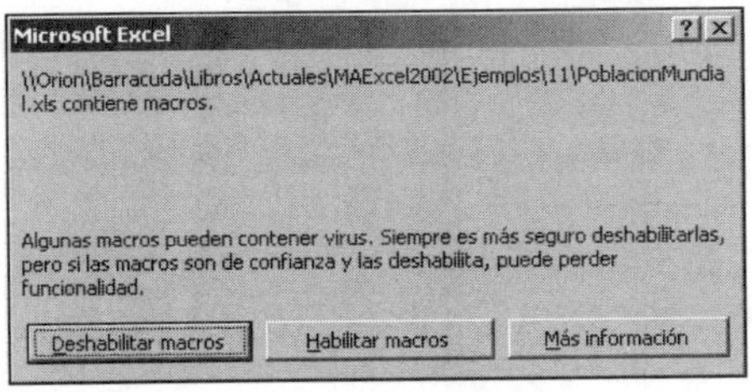

Figura 11.8. Aviso de Excel al abrir un libro que contiene macros

Advertencia:

Lo más recomendable, dada la cada vez mayor difusión de distintos tipos de virus, es que instale en su sistema un programa antivirus y lo mantenga actualizado con conexiones periódicas a la web del vendedor.

Definición de funciones

El editor de Visual Basic, que ha conocido superficialmente en el punto anterior, no sólo se utiliza para editar o crear macros, pudiendo servirnos también para definir funciones propias, funciones que nos servirían, como cualesquiera otras, a la hora de componer fórmulas en nuestras hojas de cálculo.

Posteriormente, en otro capítulo, tendrá ocasión de conocer los fundamentos del lenguaje Visual Basic. Será entonces cuando tenga el conocimiento necesario para crear cualquier función que necesite. Veamos, no obstante, cómo crear una función muy sencilla, tan simple que tan sólo tendrá que calcular el cubo de un número dado.

Comenzaremos abriendo el editor de Visual Basic, utilizando para ello la opción Herramientas>Macro>Editor de Visual Basic. También puede usar la combinación de teclas **Alt-F11** para conseguir el mismo resultado. Introduzca al inicio o al final del editor, no entre las líneas que componen la macro que ya existe, las sentencias siguientes:

```
' Función Cubo
Function Cubo(Operando)
    Cubo = Operando * Operando * Operando
End Function
```

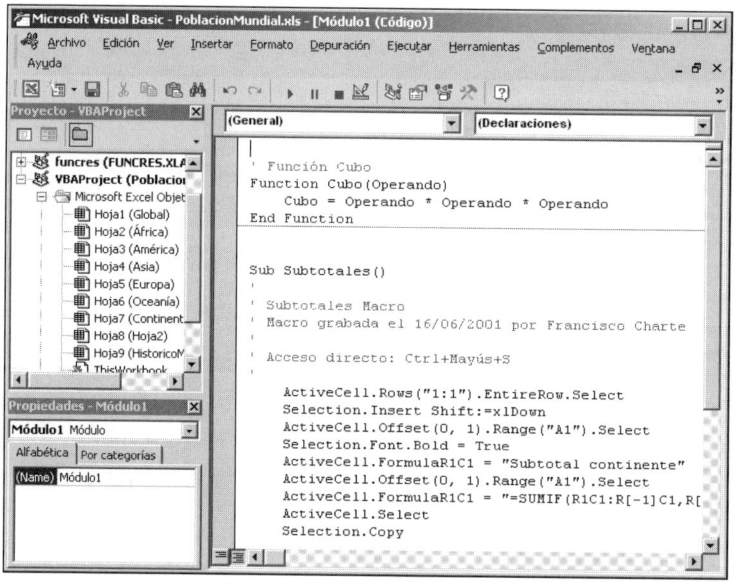

Figura 11.9. El editor de Visual Basic con el código de nuestra primera función

Con la palabra `Function` indicamos que estamos definiendo una función, en este caso llamada `Cubo`. Dicha función toma un solo parámetro al que nosotros hemos llamado `Operando`. Tanto el nombre de la función como de los posibles parámetros podría ser cualquier otro, siempre que respetásemos unas ciertas normas.

El fin de la función viene señalado por la línea `End Function`, con lo que el cuerpo, las órdenes que componen la función, en este caso está reducido a una sola línea. En ella indicamos que para calcular el `Cubo`, que es el nombre de la función, hay que multiplicar el `Operando` por sí mismo tres veces. Sólo con esto ya tenemos escrita nuestra primera función.

Para utilizar esta nueva función actuaríamos como con cualquier otra, introduciéndola como una fórmula en una celdilla de la hoja de cálculo. La función aparecerá en el grupo de funciones definidas por el usuario (véase figura 11.10). El resultado será, lógicamente, el cubo del dato facilitado como parámetro a la función.

Siguiendo el mismo esquema podría definir funciones para, por ejemplo, calcular el área de un cuadrado o rectángulo y efectuar operaciones igualmente simples.

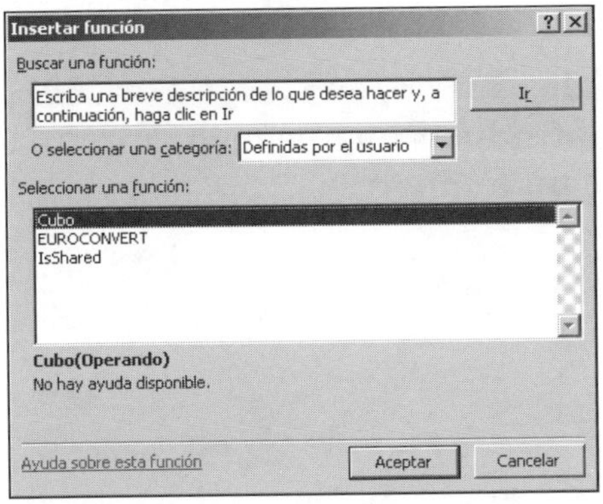

Figura 11.10. Lista de las funciones definidas por el usuario, con la función `Cubo`

Resumen

Este capítulo nos ha servido como introducción al tema de la creación de macros y funciones en Microsoft Excel. Ha conocido el mecanismo más simple y rápido para crear macros: registrar las acciones traduciéndolas en órdenes. Es un método sencillo para automatizar aquellas tareas que, cotidianamente, tengamos que repetir en nuestro trabajo.

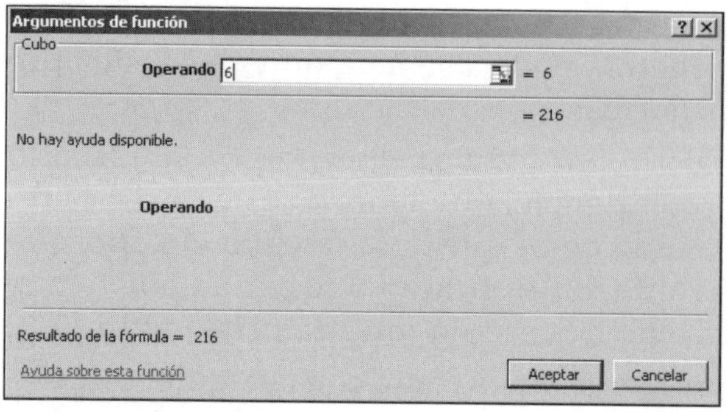

Figura 11.11. Ventana de introducción de fórmulas con el resultado de la llamada a la función

Mediante el cuadro de diálogo Macros, que ha podido ver a mitad de capítulo, puede administrar las macros que tuviera creadas, borrándolas, modificándolas y ejecutándolas paso a paso. Aparte de conocer este cuadro de diálogo y el editor de Visual Basic, para modificar sus macros también necesitará unos conceptos mínimos del lenguaje, tema que se abordará en un próximo capítulo.

Por último ha creado su primera función de usuario, una función sencilla pero que, a partir de ahora, le ahorrará introducir una pequeña fórmula cada vez que necesite obtener el cubo de un número.

Capítulo 12

Introducción a VBA

En este capítulo aprenderá a:

- Identificar los distintos elementos del editor de Visual Basic.
- Utilizar el examinador de objetos.
- Crear y ejecutar un procedimiento.

En el capítulo previo tuvo su primer contacto con múltiples elementos que conocerá, con mayor profundidad, en éste y los próximos capítulos. Elementos como el editor de Visual Basic, las macros, los objetos de Excel y la definición de funciones dejarán de tener secretos para nosotros en pocas horas, abriéndonos un nuevo mundo de posibilidades.

Nuestro objetivo en este capítulo será familiarizarnos con el entorno del editor de Visual Basic, algo indispensable ya que será nuestro marco de trabajo principal a la hora de crear macros, procedimientos y funciones, probándolos y depurándolos. Este punto de partida nos servirá para, en capítulos posteriores, adentrarnos en el lenguaje Visual Basic o el modelo de objetos de Excel.

Nota:

Las siglas VBA vienen de Visual Basic for Applications, *una versión específica de Visual Basic incorporada en algunas aplicaciones, como es el caso de Excel, y que permite programarla creando macros y funciones.*

El editor de Visual Basic

Comenzaremos nuestro recorrido conociendo algunos de los elementos del editor de Visual Basic y sabiendo para qué podemos usarlos. Al abrir este editor, pulsando **Alt-F11** y suponiendo que estábamos en un libro nuevo, nos encontraremos con una ventana como la de la figura 12.1. En ella distinguimos, en la parte superior, el menú de opciones y una barra de herramientas. A la izquierda tenemos la ventana de proyectos, en la parte superior, y la de propiedades, en la inferior. El resto del espacio está libre y en él suelen aparecer el editor de código, el examinador de objetos y otras ventanas auxiliares.

Los paneles o ventanas que existen en el interior de la ventana principal del editor, como la de proyectos o propiedades, pueden acoplarse entre sí y desacoplarse. Esto nos permite distribuir dichas ventanas de la manera que nos sea más cómoda.

En la figura 12.2, por ejemplo, puede ver cómo las dos ventanas mencionadas se han desacoplado y dispuesto en el margen derecho, dejando mucho más espacio para el área de edición de código.

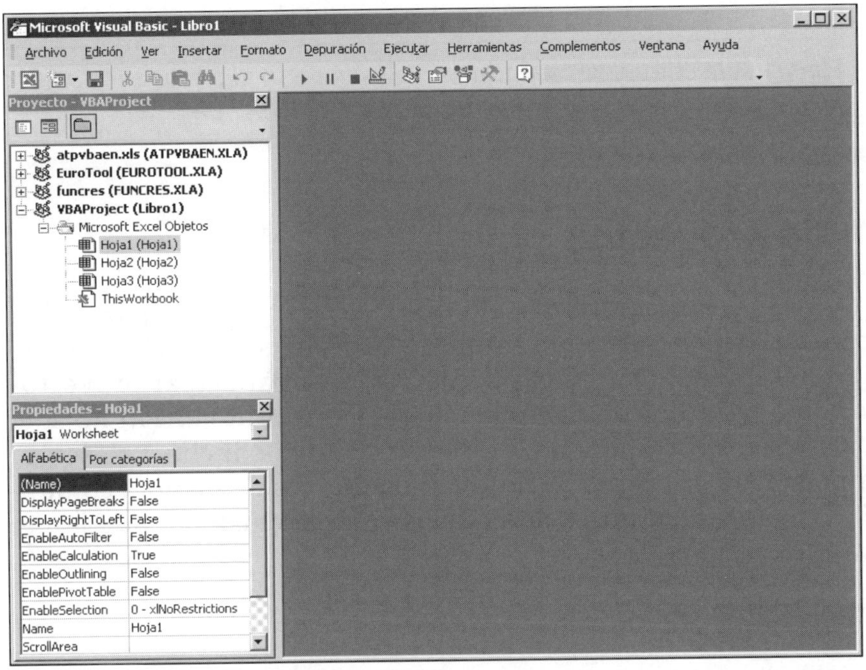

Figura 12.1. El editor de Visual Basic

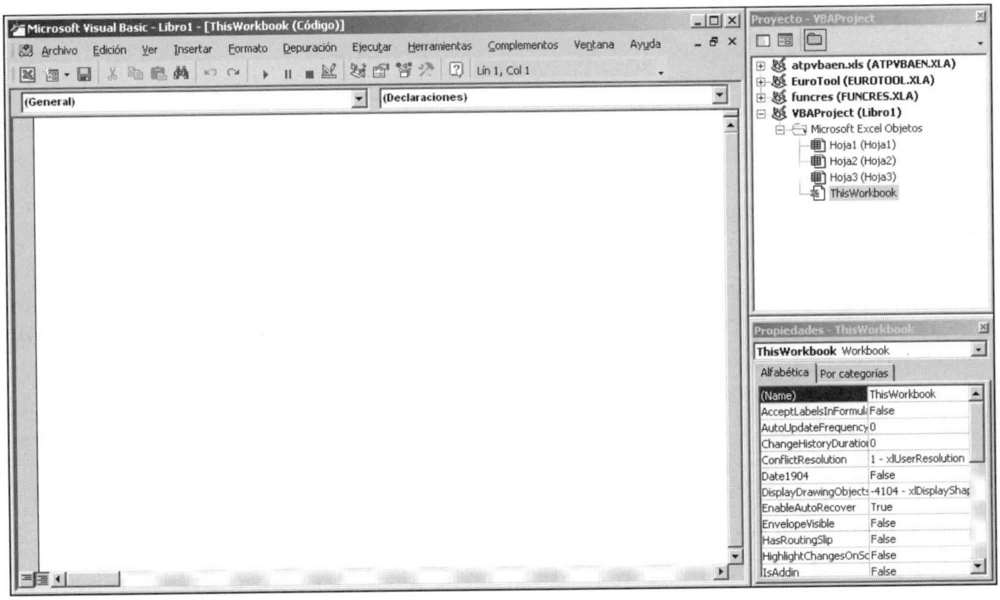

Figura 12.2. El entorno del editor de Visual Basic es configurable, como en este ejemplo

Nota:

Haga doble clic sobre cualquiera de las hojas, o el libro, que aparecen en la ventana de proyectos para abrir la ventana del editor de código.

Gestión de proyectos

Aunque en nuestro caso usaremos el editor de Visual Basic para crear macros y funciones, generalmente simples y asociadas a un determinado libro, lo cierto es que éste también puede utilizarse para crear proyectos complejos, como módulos de complementos. Éstos contendrían no sólo funciones aisladas, sino también cuadros de diálogo e incluso clases de objetos propias. Para gestionar todos estos elementos de manera conjunta existe el Explorador de proyectos que, de manera aislada, puede ver en la figura 12.3.

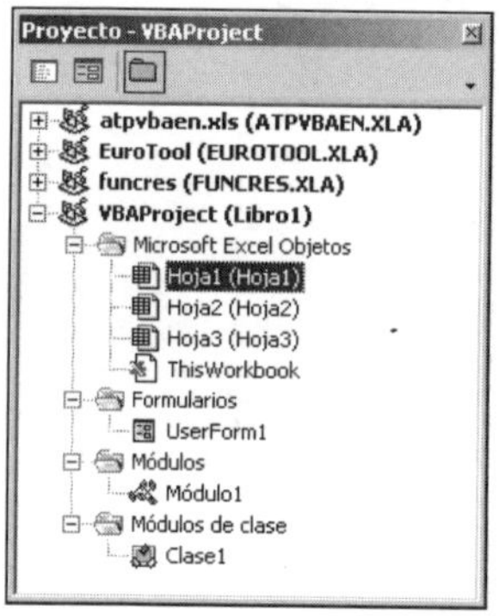

Figura 12.3. Aspecto de la ventana de proyectos

Cada uno de los proyectos existentes aparece en esta ventana como un nodo que actúa de raíz de una lista jerárquica. En dicha lista aparecen distintas carpetas conteniendo elementos como formularios, que son ventanas y cuadros de diálogo; módulos de código y módulos de clases, así como otros objetos relacionados con la aplicación, en este caso concreto Excel. En la figura 12.3 el proyecto que aparece desplegado es, en realidad, el libro que tenemos abierto.

Desde esta ventana pueden tanto añadirse como eliminarse elementos del proyecto, utilizando para ello las opciones del menú emergente asociado. Las opciones de éste tendrán efecto sobre el elemento en el que hubiésemos pulsado el botón secundario del ratón. Desde ese mismo menú, que puede ver en la figura 12.4, también puede acceder a la ventana de propiedades del proyecto.

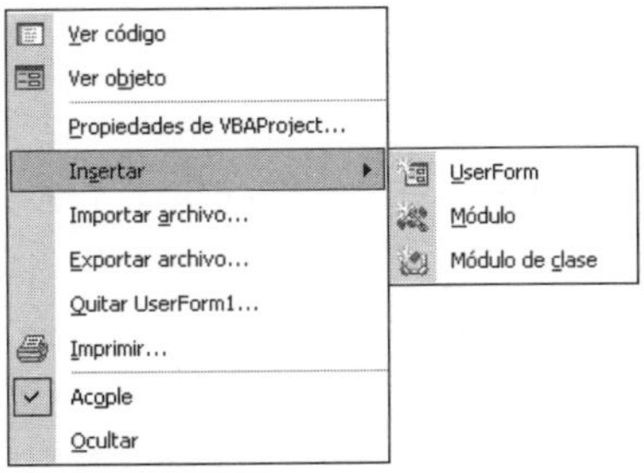

Figura 12.4. Menú de opciones asociado a los elementos del proyecto

Desde la ventana de opciones del proyecto puede, entre otras cosas, protegerlo de tal manera que no sea posible abrirlo para ver sus propiedades o código. Tendrá que asociar una clave que, en caso de necesidad, le permita abrirlo en el futuro. Tenga en cuenta que si olvida dicha clave difícilmente podrá acceder al código del proyecto cuando lo necesite.

Advertencia:

Existen algunas utilidades capaces de recuperar las claves perdidas de hojas de cálculo, pero lo mejor es mantener sus claves en un lugar seguro si no se cuenta con buena memoria.

Edición de propiedades

Como se ha comentado anteriormente, cada uno de los componentes de Excel cuenta con una serie de propiedades. Éstas, sus nombres y valores actuales, aparecen en la ventana Propiedades. En la figura 12.5, por ejemplo, aparecen las propiedades del libro actual que, previamente, hemos seleccionado en el Examinador de proyectos. Cambie en éste a otro elemento, por ejemplo una hoja de cálculo, para ver cómo se muestran sus propiedades.

En la lista desplegable que hay en la parte superior de esta ventana aparecen todos los objetos disponibles. Puede seleccionar el componente que desee de dicha lista, viendo sus propiedades, en lugar de hacerlo en el Examinador de proyectos.

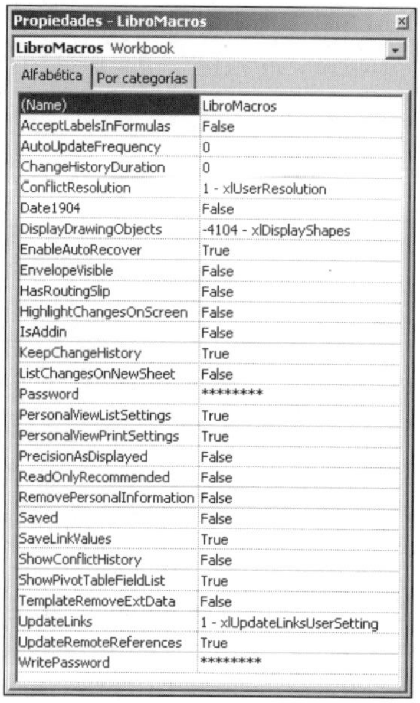

Figura 12.5. Ventana con las propiedades de un libro de Excel

La ventana cuenta con dos fichas, una en la que aparecen las propiedades ordenadas alfabéticamente y otra en la que se agrupan por categorías. Cada propiedad ocupa una fila de la ficha y está compuesta de dos columnas: nombre de la propiedad y valor que contiene actualmente. Llegados a este punto debe tener en cuenta que los nombres de las propiedades aparecen en inglés, ya que en este momento no se encuentra en el entorno de Excel como usuario básico sino en un entorno de desarrollo y en calidad de usuario avanzado o, incluso, programador.

Puede probar a modificar algunas propiedades del libro actual o cualquiera de sus hojas. Por ejemplo, puede asignar el valor `True` a la propiedad `EnvelopeVisible`, verá cómo se muestran en la hoja actual los elementos necesarios para enviarla por correo electrónico. Pruebe también a modificar la propiedad `Name` de cualquiera de las hojas y observe las pestañas que hay en la parte inferior del libro, verá cómo cambian.

El editor de código

Al hacer doble clic sobre cualquiera de los elementos del Examinador de proyectos, como pueda ser un libro o un módulo de macros y funciones, se abrirá el editor de código, en principio ocupando toda el área disponible. Para empezar, puede utilizar este editor como si de cualquier otro editor de texto se tratase, si bien se usa para introducir órdenes que forman parte de funciones y macros y no textos como tales.

Este editor de código, no obstante, cuenta con algunos aspectos que le diferencian claramente de lo que sería un editor de texto. Uno de esos aspectos, que salta rápidamente a la vista, es la diferenciación sintáctica del código utilizando colores y otros atributos. En principio, los comentarios aparecen en verde, las palabras reservadas de Visual Basic en azul, los objetos y variables en negro, etc.

Las distintas secciones de código, formando macros y funciones, se delimitan con unas líneas de separación en el propio editor. Usando las listas desplegables que hay en la parte superior puede accederse directamente a cualquiera de esas macros o funciones.

Otro elemento importante de este editor de código, que está visible en la figura 12.6, es la lista que aparece automáticamente al introducir el nombre de un objeto. En esa lista aparecen todas las propiedades y métodos del objeto, facilitando su selección y haciendo innecesaria la memorización de tantos elementos.

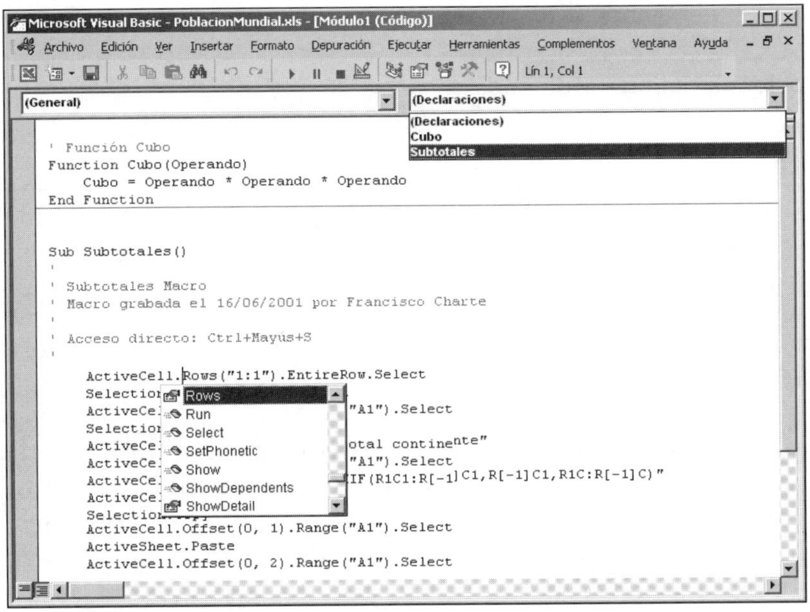

Figura 12.6. El editor de código mostrando algunos de sus elementos más importantes

Al finalizar la introducción del nombre de un método o función, como también ocurre en las celdillas de Excel, el editor de código hace aparecer de inmediato una ventana flotante con ayuda indicando, por ejemplo, el tipo y nombre de los parámetros necesarios. Eso simplifica aún más nuestro trabajo evitando tener que recurrir de manera reiterativa a la documentación.

La mayoría de los aspectos de este editor pueden configurarse con las opciones de la ficha **Editor** (véase figura 12.7), en la ventana Opciones. Puede abrir dicha ventana con la opción Herramientas>Opciones del editor de Visual Basic.

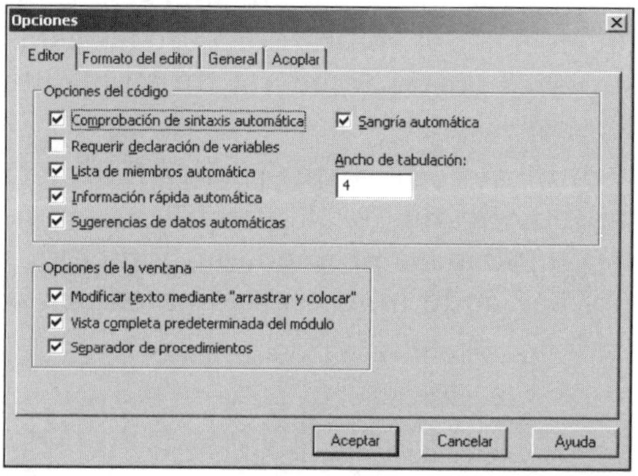

Figura 12.7. Opciones del editor de código

Nota:

Con las opciones de la ficha ***Formato del editor*** *puede también seleccionar los colores y atributos con que deben aparecer los distintos elementos sintácticos en el código.*

Examinando objetos

Excel es una aplicación que trabaja con libros compuestos de hojas de cálculo, donde pueden instalarse complementos y que cuenta con múltiples barras de herramientas y menús. Cada hoja de cálculo está compuesta de filas y columnas, puede contar con nombres definidos por el usuario para celdillas y rangos y almacenar multitud de datos en sus celdillas. En una hoja también pueden existir gráficos, escenarios, tablas dinámicas y muchos otros objetos.

Cada uno de esos objetos, los que acaban de mencionarse y muchos más, dispone, como ya sabe, de propiedades y métodos. Para poder usarlos, por tanto, necesitamos algún material de referencia, especialmente cuando trabajamos con el editor de Visual Basic. Obviamente podemos recurrir a la ayuda electrónica, pero también nos puede servir el Examinador de objetos.

El Examinador de objetos, que puede ver en la figura 12.8, se abre con la opción Ver>Examinador de objetos o pulsando **F2**. Sus elementos más importantes son el panel izquierdo, con una lista de todos los objetos disponibles, y el derecho, que enumera las propiedades y métodos del objeto que se haya seleccionado a la izquierda.

Los botones y listas que puede ver en la parte superior le permiten efectuar búsquedas, encontrando rápidamente el objeto, método o propiedad que le interese. También puede copiar al portapapeles el elemento elegido para pegarlo, posteriormente, en el editor de código.

La ventana Inmediato

Otra de las ventanas que, en principio, no está visible en el entorno de Visual Basic es la llamada Inmediato. Podemos utilizarla para introducir comandos que son ejecutados de inmediato por la aplicación, de ahí su nombre. Para hacer aparecer esta ventana tan sólo tiene que pulsar la combinación de teclas **Control-G** o bien seleccionar la opción Ver>Ventana Inmediato. Por defecto aparece adosada en la parte inferior del entorno, como puede verse en la figura 12.9.

Algunos de los elementos citados del editor de código, como las ventanas emergentes con ayuda o las listas desplegables con los métodos y propiedades de los objetos, son aplicables también en la ventana Inmediato. Puede verlo introduciendo el nombre de una de sus hojas, como por ejemplo `Hoja1`, seguida de un punto. De inmediato se abrirá la lista de miembros. Seleccione la propiedad `Name` y cambie su valor asignando un nuevo nombre, observe cómo el nombre de la hoja en Excel cambia de inmediato.

La ventana Inmediato no puede utilizarse para crear macros ni definir funciones, ya que tan sólo puede ejecutar sentencias aisladas. Es un recurso muy útil, sin embargo, para comprobar el efecto que tiene la modificación de una propiedad o la invocación de un método.

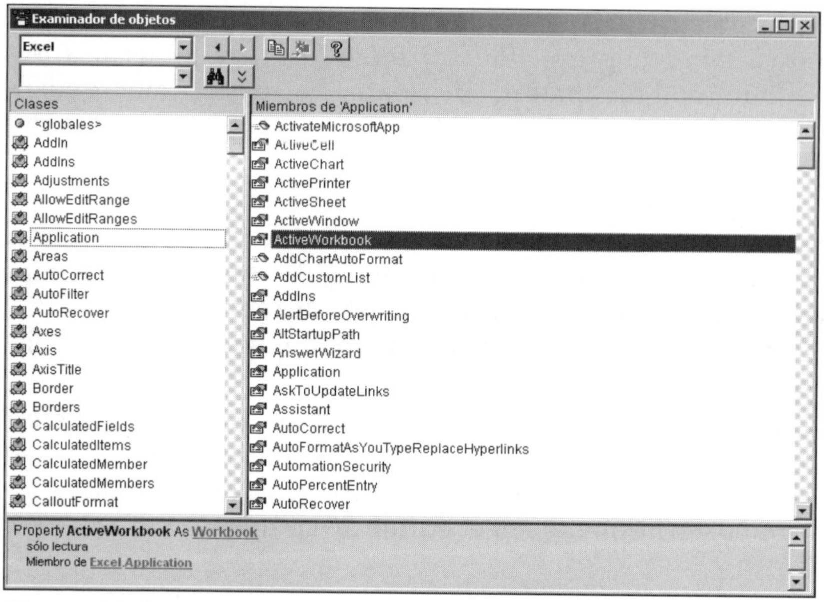

Figura 12.8. El Examinador de objetos con las listas de objetos y métodos y propiedades

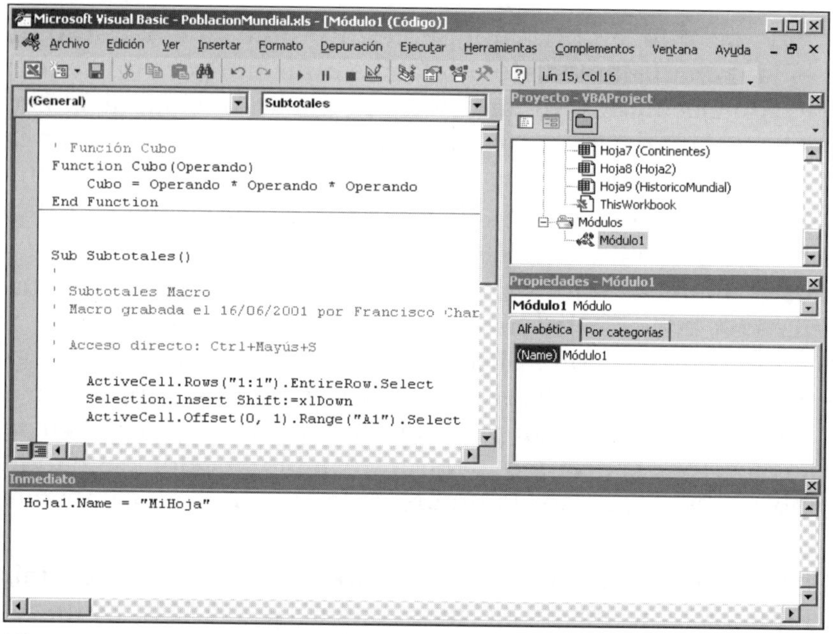

Figura 12.9. La ventana Inmediato en la parte inferior del entorno de Visual Basic

Truco:

A la hora de crear una macro o una función puede introducir las sentencias en la ventana **Inmediato** *para comprobar su efecto y asegurarse de que hacen lo que espera. Después, con una operación de copiar y pegar, las introduciría en el editor de código dejándolas en su forma definitiva.*

Un caso práctico

Aunque será en los próximos capítulos, cuando conozcamos los fundamentos del lenguaje Visual Basic y el modelo de objetos de Microsoft Excel, cuando realmente podamos codificar algo útil, en este capítulo, tras conocer el entorno de VBA, podemos ya hacer algo práctico, aunque su utilidad no sea espectacular.

Nuestros objetivos en este punto serán dos: crear una macro que trace una línea continua alrededor del rango de celdillas seleccionado, por una parte, y definir un procedimiento que, cada vez que se abra el libro que lo contiene, renombre todas las hojas dándoles sus nombres por defecto. Con este fin, no obstante, antes tendremos que explorar algunos de los elementos de Excel.

Ejemplo:

Los dos ejemplos propuestos a continuación puede encontrarlos en el libro `VBA.xls`*, alojado en la carpeta de ejemplos de este capítulo. Tenga en cuenta que al abrirlo, dependiendo del nivel de seguridad que tenga configurado, es posible que aparezca la ventana que le permite deshabilitar las macros.*

Libros, hojas, celdillas y rangos

Abra un libro nuevo y luego pulse **Alt-F11** para acceder directamente al editor de Visual Basic. Acto seguido pulse **F2** para abrir el Examinador de objetos. Vamos a comenzar inspeccionando los elementos globales, a los cuales podemos hacer referencia en el código sin necesidad de poner delante nombre de objeto alguno.

En esa lista de elementos globales hay decenas de objetos y constantes. Vamos a centrarnos sólo en algunas de ellas. Localice los elementos siguientes:

- `ActiveCell`: Es una propiedad que sólo puede leerse, es decir, podemos recuperar su contenido pero no modificarlo. Dicho contenido es una referencia a la celdilla activa. Si la selecciona en el **Examinador de objetos** verá que su tipo es `Range`.
- `Selection`: Similar a la anterior, si bien en este caso la referencia es a la selección actual, todo el rango seleccionado, y no sólo a la celdilla que esté activa.
- `ActiveWorkbook`: Libro que está activo. Es una propiedad de tipo `Workbook`, una clase de objeto que representa a un libro, con todos sus componentes. Seleccione en la lista de la izquierda el elemento `Workbook` para ver sus eventos, propiedades y métodos.
- `Worksheets`: Es una de las propiedades de `Workbook`. Se trata de una colección, un objeto que contiene a varios otros. En este caso concreto lo que tenemos es la colección de hojas que existen en el libro. Cada uno de los elementos de esa colección es un objeto `Worksheet`, representando una hoja.
- `Name`: Se trata de una propiedad existente en prácticamente todos los objetos. En el caso de la propiedad `Name` del objeto `Worksheet`, podemos tanto obtener como modificar el nombre de la hoja.

Lógicamente, cada uno de los objetos mencionados cuenta con propiedades y métodos, algunos de los cuales conocerá en los puntos siguientes.

Dibujando recuadros

Conociendo estas propiedades y objetos, y poco más, veamos ahora cuáles serían los pasos para conseguir nuestro objetivo, comenzando por la creación de una macro que dibuje un borde continuo alrededor del rango seleccionado en ese momento.

Abra el editor de Visual Basic y haga doble clic sobre el libro, accediendo así al editor de código. Introduzca en él las tres sentencias siguientes:

```
Sub Recuadro()
   Selection.BorderAround xlContinuous
End Sub
```

Realmente la macro se compone de una sola sentencia, ya que `Sub Recuadro` y `End Sub` marcan el inicio y fin, simplemente. Usamos uno de los elementos globales que habíamos conocido, la propiedad `Selection`. Con ella accedemos a la selección actual que haya en la hoja de cálculo, ya sea una celdilla aislada, un rango o bien múltiples rangos. Esa selección cuenta con múltiples propiedades y métodos, entre ellos un método llamado `BorderAround` que controla el borde que habrá alrededor de la selección. Ese método puede tomar múltiples parámetros para ajustar el tipo de línea, su grosor, color, etc. En nuestro caso, mediante la constante `xlContinuous`, indicamos que el borde debe ser continuo, sin especificar nada más.

En este momento tenemos un procedimiento que, aunque puede actuar como si fuera una macro, en la práctica no puede ser ejecutado con una combinación de teclas. Conseguir esto, sin embargo, es muy sencillo. Cambie a Excel y pulse la combinación de teclas **Alt-F8**, para acceder a la ventana Macros mostrada en la figura 12.10. En ella, como puede ver, aparece en la lista de macros el nombre del procedimiento que acabamos de crear. Pulse el botón **Opciones** y asigne la combinación de teclas que desee a la macro.

Acceda a cualquier hoja de las que tiene el libro actual, seleccione uno o múltiples rangos y pulse la combinación de teclas que haya asignado para ver la macro en funcionamiento.

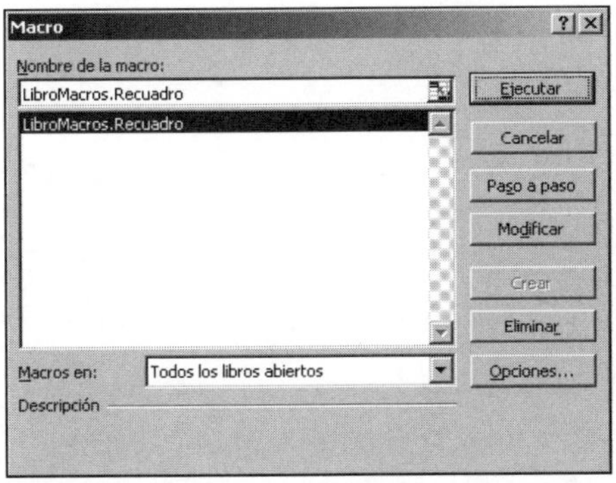

Figura 12.10. La lista de macros con el procedimiento recién creado

Cambios a los nombres de las hojas

Nuestro segundo objetivo era crear un procedimiento que, cada vez que se abra el libro que lo contiene, se encargue de cambiar los nombres de todas las hojas asignándoles de nuevo sus nombres por defecto. Para conseguirlo conoceremos algunos elementos nuevos. No se preocupe si no lo comprende todo, en los próximos capítulos encontrará más detalles que le aclararán cualquier duda.

Abra de nuevo el editor de código de Visual Basic, haciendo doble clic sobre el libro en el **Examinador de proyectos**. En la parte superior del editor, a la izquierda, hay una lista. Despliéguela y elija el único elemento existente: `Workbook`. El editor generará entonces automáticamente un procedimiento llamado `Workbook_Open`, dentro del cual podemos introducir el código que necesitemos. Este procedimiento tiene la particularidad de ejecutarse cada vez que se abre el libro, que es precisamente lo que nos interesa en este momento.

Nota:

Observe que en la lista de la derecha, también en la parte superior del editor, aparece la palabra `Open`*. Si despliega dicha lista verá en ella muchos otros eventos, cada uno de ellos asociado a una cierta acción sobre el libro. En el caso de* `Open`*, es el evento que se produce al abrir el libro.*

Complete el código del procedimiento dejándolo tal como puede verse a continuación:

```
Private Sub Workbook_Open()
  ' La primera hoja tendrá el número 1
  Numero = 1
  ' Recorremos todas las hojas del libro
  For Each Hoja In Worksheets
    ' Cambiando su nombre
    Hoja.Name = "Hoja" & Numero
    ' sumamos uno al número
    Numero = Numero + 1
  Next ' siguiente hoja
End Sub
```

Lo primero que hacemos es crear una variable, un recipiente, al que hemos llamado `Numero`, almacenando en él el valor 1. Es como si tuviésemos una celdilla con un nombre y escribiésemos luego en ella un dato, la diferencia es que esa celdilla no aparece en libro alguno.

A continuación usamos la pareja de órdenes `For Each/Next` para examinar, una a una, todas las hojas que haya en el libro, obteniéndolas de la propiedad `Worksheets`. Las órdenes que hay entre `For Each` y `Next`, en este caso sólo dos, se repiten una vez por cada hoja. La hoja a tratar la obtenemos en la variable `Hoja`, cuya propiedad `Name` usamos para modificar el nombre. El valor que asignamos es el título `Hoja` seguido del número que tenga la variable `Numero`.

Finalmente, para terminar el procedimiento, tomamos el valor que tiene la variable y le sumamos 1. Es como si introdujésemos en una celdilla una fórmula que le suma uno a esa misma celdilla.

Para comprobar el funcionamiento de esta macro comience cambiando los nombres de todas sus hojas. Luego guárdelo y ciérrelo, abriéndolo seguidamente sin deshabilitar la ejecución de macros. Podrá apreciar como durante un instante las hojas aparecen con los nombres que les dio pero, de inmediato, se cambian por sus nombres por defecto.

Resumen

Como ha podido ver en este capítulo, el conocido como *editor de Visual Basic* es un completo entorno para el desarrollo de macros y otros elementos programables de Excel. Ya sabe qué son y para qué sirven el Examinador de proyectos, la ventana Propiedades, el editor de código, el Examinador de objetos o la ventana Inmediato, habiendo utilizado algunos de ellos en la práctica.

Sirviéndonos del Examinador de objetos hemos localizado algunas propiedades y objetos interesantes, mediante los cuales podemos acceder al libro actual, las hojas que lo componen, el rango de celdillas seleccionado o la celdilla activa. Con algunos de esos elementos ha escrito una macro, breve pero útil, y un procedimiento que se autoejecuta cada vez que se abre el libro, manipulando el nombre de las hojas.

Usando nuevamente el Examinador de objetos, intente comprender la utilidad de alguna propiedad o método y utilícelo en una macro o procedimiento propios.

Capítulo 13

Variables y expresiones

En este capítulo aprenderá a:

- Definir y usar variables.
- Declarar matrices.
- Componer expresiones diversas.

Excel es una aplicación programable, lo cual le aporta gran flexibilidad y potencia. Para aprovechar sus posibilidades, no obstante, es necesario conocer un lenguaje: Visual Basic o, para ser más exactos, VBA, una versión específica de Visual Basic para la automatización de aplicaciones. VBA apareció con Excel aunque, posteriormente, se ha ido integrando en muchas otras aplicaciones, tanto de Microsoft como de terceras empresas.

Visual Basic es uno de los lenguajes de programación más usados a nivel mundial desde hace años. Los conceptos que va a adquirir en este capítulo y el siguiente no le servirán sólo para crear macros o funciones en Excel, sino que podrá aplicarlos para la automatización de otras aplicaciones, como Word o Acces, e incluso utilizarlos para crear, con el producto Visual Basic estándar, aplicaciones nativas para Windows.

El objetivo de este capítulo es transmitirle los conceptos básicos para que pueda comenzar a utilizar Visual Basic en Excel, en concreto usando variables y componiendo expresiones. Tenga en cuenta, no obstante, que es un lenguaje completo con muchas características que no serán cubiertas en este libro. Existen textos monográficos sobre el lenguaje Visual Basic.

Variables

Todas las aplicaciones de ordenador necesitan, en un momento u otro, trabajar con datos. En el caso de Excel sabe que esos datos se alojan en celdillas, cada una de las cuales tiene un tipo que determina la clase de información que contiene. Ese tipo determina, por ejemplo, que una misma secuencia de dígitos se interprete como un título, un número o una fecha.

En los lenguajes de programación, como es el caso de Visual Basic, el equivalente de las celdillas de Excel son las variables. Cada variable es un recipiente, como una celdilla, que también tiene asignado un tipo, dependiendo del cual podrá contener una información u otra. Las variables resultan fundamentales y, aunque de manera muy básica, ya las utilizó en el capítulo previo para controlar el número que se utilizaba como parte del título de las hojas de un libro.

Definición de variables

Aunque no sea un paso imprescindible, antes de utilizar una variable lo habitual es definirla o declararla, ambos términos son válidos, indicando su nombre y el tipo de dato que puede contener. Generalmente esta declaración de las variables se realiza al inicio del método o función donde van a ser usadas. El formato de esta declaración será:

```
Dim Variable As Tipo
```

Las palabras `Dim` y `As` forman parte del conjunto de palabras reservadas de Visual Basic. Aparecerán siempre y en esa misma posición. `Variable` será el nombre que deseemos dar a la variable. En éste puede utilizar letras y números, sin espacios ni otros símbolos especiales. En cuanto al tipo, será alguno de los enumerados en la tabla 13.1. En ella aparecen los tipos más usuales, no siendo una recopilación completa de todos los disponibles.

Tabla 13.1. Tipos de datos en Visual Basic

Tipo	Datos que puede contener
`Boolean`	`True` o `False`
`Byte`	Números enteros entre 0 y 255
`Integer`	Números enteros entre -32768 y 32767
`Long`	Números enteros entre -2147483648 a 2147483647
`Single`	Números decimales de precisión simple
`Double`	Números decimales de precisión doble
`String`	Cadenas de caracteres
`Date`	Fechas
`Object`	Referencias a objetos
`Variant`	Cualquier tipo de dato

Además de los tipos anteriores, también es posible utilizar variables para almacenar referencias a objetos, por ejemplo una hoja de cálculo, un libro completo o una celdilla. Además, existe la posibilidad de crear tipos definidos por el usuario.

Nota:

Los valores `True` y `False`, únicos que puede contener una variable de tipo `Boolean`, son equivalentes a los valores `VERDADERO` y `FALSO` que ya conocemos de Excel.

El tipo por defecto

Cuando al declarar una variable no se especifica un tipo, o bien la variable se usa directamente sin ser declarada, como hicimos en un ejemplo del capítulo previo, se utiliza el tipo por defecto: `Variant`. Una variable de este tipo puede contener cualquier valor: un texto, un número entero o con parte decimal, una fecha, etc. Además, Visual Basic es capaz de efectuar automáticamente, cuando se precisan, las conversiones oportunas entre variables `Variant` que contienen datos de distintos tipos.

El tipo `Variant` es muy flexible, ya que es posible asignar cualquier valor y modificarlo cuando interese, pero también tiene sus inconvenientes. Las variables de este tipo tienden a necesitar más espacio que las de otros tipos. La recuperación y asignación de los valores que contienen, además, es más lenta ya que es necesario determinar el tipo del dato antes de operar sobre él.

Una variable `Variant` puede contener algunos valores especiales, no datos propiamente dichos, como `Empty`, `Nothing` y `Null`. Estos determinan algunos estados de la variable, como la ausencia de un contenido o la presencia de un contenido nulo. Puede comprobar el tipo del dato contenido en una variable `Variant` mediante la función `TypeName`.

Ejemplo:

Abra el libro `VisualBasic.xls` de la carpeta correspondiente a este capítulo para acceder al código de los ejemplos citados a continuación.

Abra el editor de Visual Basic y utilice luego la opción Insertar>Módulo para añadir un módulo de código al proyecto. Introduzca en él el código siguiente:

```
Function PruebaVariant()
   Dim Entero As Integer, Cadena As String, Valor

   Debug.Print TypeName(Valor)

   Entero = 120
   Valor = Entero
   Debug.Print TypeName(Valor)

   Cadena = Valor
```

```
    Valor = Cadena
    Debug.Print TypeName(Valor)
End Function
```

En el inicio de la función declaramos tres variables, una de tipo numérico entero, otra de tipo cadena y una tercera sin tipo, lo cual equivale a usar `Variant`. A continuación, usando el método `Print` de la ventana Inmediato, que es accesible como el objeto `Debug`, mostramos el tipo actual de la variable `Variant`, que debe estar vacía.

Acto seguido asignamos un valor a la variable numérica, pasamos dicho valor a la variable `Variant` y mostramos de nuevo su tipo. Finalmente, asignamos el contenido de `Valor`, que es un número, a la variable `String`. En ese momento Visual Basic efectuará automáticamente la conversión de número a cadena. En la sentencia siguiente invertimos el orden de los operandos, asignando la cadena a `Valor`. Al mostrar de nuevo su tipo verá, como en la figura 13.1, que ahora es `String`.

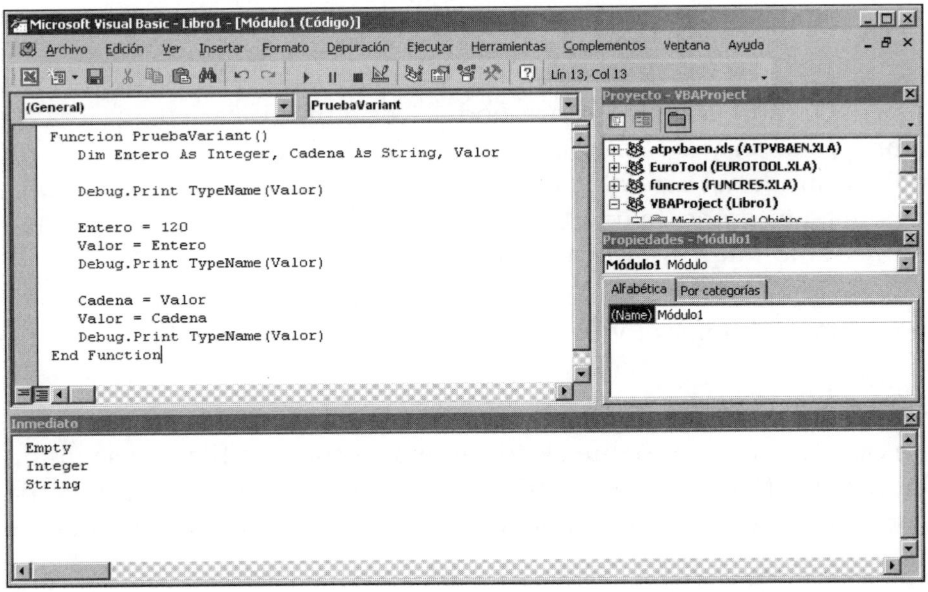

Figura 13.1. El código de la función y su resultado en la ventana Inmediato

Matrices

Al trabajar con Excel es habitual el uso de rangos de celdillas para almacenar valores y operar sobre ellos como si fuesen un todo. En Visual Basic, de manera análoga, es posible definir variables que actúan como matrices o listas, pudiendo almacenar un rango de valores.

Una matriz, desde este punto de vista, es un conjunto de variables que comparten un mismo nombre y se diferencian unas de las otras por un índice o número de orden. Para declarar una matriz se sigue la misma técnica que para declarar cualquier otra variable, con la diferencia de que tras el nombre de la variable, y entre paréntesis, se indicará el número de elementos que existirá en la matriz. En la línea siguiente, por ejemplo, declaramos una variable que contará con diez elementos, numerados del 1 al 10, de tipo `Variant`.

```
Dim Celdillas(10) As Variant
```

La variable `Celdillas` sería como un rango de celdillas que están en una sola fila o una sola columna de la hoja de cálculo. Si el rango tiene varias filas y varias columnas el equivalente sería una matriz bidimensional, es decir, con dos dimensiones. Un ejemplo podría ser:

```
Dim Celdillas(10, 5) As Variant
```

Una vez declarada la matriz, para poder leer o modificar cualquiera de los valores es necesario facilitar el índice o los índices apropiados. Es un mecanismo similar al usado en un capítulo previo, con la función `INDICE`, para obtener datos de una tabla. En este caso la tabla no es un rango de celdillas sino una variable, pero el funcionamiento es equivalente.

Asumiendo que tenemos declarada la matriz anterior, con dos dimensiones, podríamos obtener el valor de uno de los elementos así:

```
Debug.Print Celdillas(5, 1)
```

En este caso, y asumiendo que el primer índice fuese la fila y el segundo la columna, estaríamos recuperando el valor almacenado en la quinta fila de la primera columna. En una hoja de cálculo la referencia equivalente sería `A5`.

Nota:

Existen, en el lenguaje Visual Basic, construcciones de repetición que simplifican el trabajo con matrices, sobre todo cuando es necesario manipular varios o todos sus elementos. Conocerá estas construcciones en el próximo capítulo.

Cuestiones de ámbito

Las variables en Visual Basic tienen un tiempo de vida, existen durante un tiempo, que depende del ámbito en que hayan sido declaradas. Básicamente podemos distinguir dos casos: variables locales a un procedimiento o función y variables globales. Las primeras se declaran en el interior de una función y sólo pueden utilizarse desde ella, mientras que las segundas se declaran antes de cualquier otro elemento y están disponibles para todo el módulo de código.

Asumamos que tenemos en un módulo el código mostrado a continuación, compuesto de una declaración de variable global y dos funciones.

```
Dim VariableGlobal As Integer

Function Funcion1()
   Dim Titulo As String
   VariableGlobal = 10
End Function

Function Funcion2()
   VariableGlobal = 20
   Titulo = "Europa"
End Function
```

En este supuesto `VariableGlobal` no está en el interior de ninguna de las dos funciones, por lo que automáticamente se convierte en una variable global. Esto significa que podemos usar esa variable desde cualquier punto del código, como puede verse posteriormente en las dos funciones. La variable `Titulo`, por el contrario, se ha declarado en el interior de `Funcion1`, por lo que no puede ser usada desde fuera.

Teóricamente, no podríamos utilizar la variable `Titulo` desde la función `Funcion2`. ¿Qué ocurre, por tanto, cuando en esa función le asignamos un valor a `Titulo`? Como se indicó previamente, la declaración de las variables, aunque recomendable, no es obligatoria. Lo que ocurre en `Funcion2` es que hemos creado otra variable `Titulo`.

Esto, que aparentemente es una comodidad, puede inducir a errores. En `Funcion2` podemos creer que estamos accediendo a una variable global `Titulo`, pero lo que en realidad ocurre es que hemos creado una variable local. Para evitar estos problemas lo mejor es poner al inicio del módulo la línea siguiente:

```
Option Explicit
```

Tras introducir esta sentencia, con la que indicamos a Visual Basic que es necesaria la declaración de una variable antes de poder usarla, al ejecutar `Funcion2` se encontrará con mensaje de error como el de la figura 13.2. En él se nos indica que `Titulo` no se ha declarado.

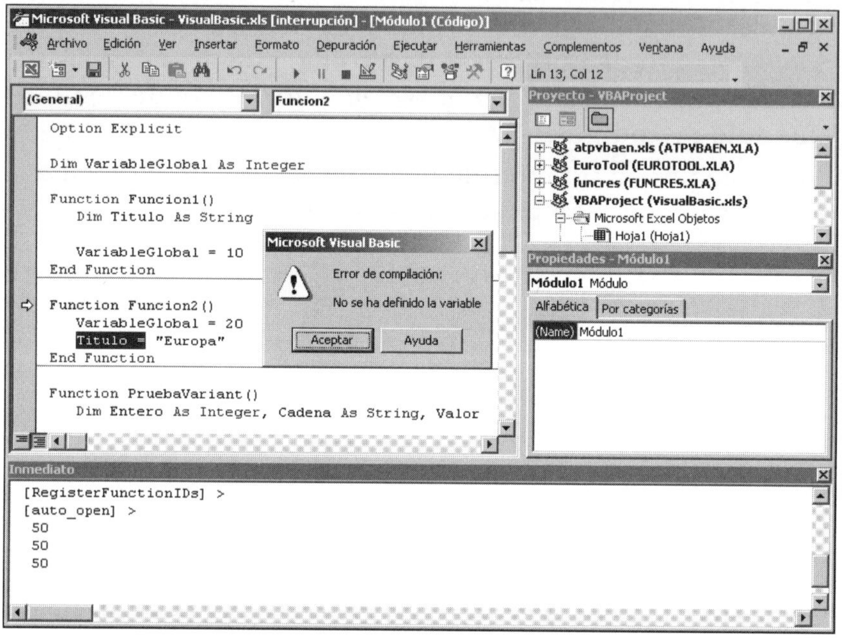

Figura 13.2. Error al usar una variable sin haberla declarado previamente

Truco:

Para ejecutar rápidamente cualquier función que haya podido definir sitúe el cursor en su interior, en el editor de código, y pulse a continuación la tecla ***F5****.*

Expresiones

Los datos que se manipulan en el interior de una función o macro, generalmente almacenados en variables o propiedades de objetos, tienen como finalidad producir algún resultado. Por ello, esos datos son en muchas ocasiones usados como operandos de expresiones aritméticas, relacionales y lógicas. Es algo que conoce bien, puesto que cada vez que introduce una fórmula en una celdilla está creando una expresión de alguno de esos tipos.

En Visual Basic, como en otros lenguajes, existen una serie de operadores que permiten componer ese tipo de expresiones. El resultado se almacena, generalmente, en alguna variable. Ésta haría las funciones de celdilla receptora. Tomando como base la expresión siguiente, por ejemplo, la variable `Numero` sería la receptora del resultado de la expresión que está a la derecha del operador =.

```
Numero = Valor * 5 / 100
```

Los operadores que podemos usar en las expresiones Visual Basic están resumidos en la tabla 13.2. Aparte de los que ya conocíamos, existen algunos específicos como ^, para operaciones de potenciación, o `Not`, para negar un valor. Observe que hay tres grupos: operadores aritméticos, relacionales y lógicos. Casi todos ellos le resultarán familiares puesto que también los usamos habitualmente en Excel.

Tabla 13.2. Resumen de operadores de Visual Basic

Operador	Operación que efectúa
+	Suma los dos operandos.
-	Resta el segundo operando del primero.
\	División entera del primer operando entre el segundo.
Mod	Resto de la división entera.
*	Multiplica los dos operandos.
/	División del primer operando entre el segundo.
^	Potencia del primer operando, base, al segundo, que actúa como exponente.
=	Comprueba si los dos operandos son iguales.
<>	Comprueba si los dos operandos son distintos.
<	Comprueba si el primer operando es menor que el segundo.
<=	Comprueba si el primer operando es menor o igual que el segundo.
>	Comprueba si el primer operando es mayor que el segundo.
>=	Comprueba si el primer operando es mayor o igual que el segundo.

Operador	Operación que efectúa
And	Devuelve `True` si los dos operandos son `True`.
Or	Devuelve `True` si uno de los dos operandos, o ambos, son `True`.
Xor	Devuelve `True` sólo si uno de los dos operandos es `True` y el otro `False`.
Not	Devuelve `True` si el operando es `False` y viceversa.

A excepción del operador `Not`, que toma un solo operando, todos los demás son binarios. Esto significa que siempre actúan sobre dos operandos, uno dispuesto a la izquierda del operador y otro a la derecha. Esos operandos pueden ser variables, datos constantes o incluso otras expresiones. Siempre que lo precise, puede usar paréntesis para agrupar operandos y operadores creando subexpresiones y modificando el orden habitual de las operaciones.

Mientras que los operadores aritméticos suelen utilizarse para actuar sobre datos y obtener resultados, que se alojarán en una variable o una propiedad de un objeto, los relacionales y lógicos se utilizan más con ciertas estructuras condicionales que va a conocer de inmediato.

Resumen

Este primer capítulo dedicado al estudio del lenguaje Visual Basic nos ha servido para saber cómo se declara y usa una variable. Las variables son un elemento fundamental de Visual Basic, igual que las celdillas lo son de Excel. En ambos casos tenemos unos recipientes para el almacenamiento de información.

Las variables pueden ser simples, conteniendo un solo valor, o bien matrices, caso en el que una misma variable almacena múltiples valores identificados por un índice.

Finalmente ha conocido los operadores con que cuenta Visual Basic para facilitar la confección de expresiones de todo tipo: aritméticas, relacionales y lógicas.

Capítulo 14

Estructuras de control

En este capítulo aprenderá a:

- Tomar un valor u otro dependiendo del resultado de una expresión.
- Ejecutar sentencias de manera condicional.
- Ejecutar sentencias repetidamente.

En una función o macro, escrita con Visual Basic, el código que escribamos será ejecutado generalmente siguiendo dos procedimientos: a demanda o al generarse un evento. En un capítulo previo, por ejemplo, teníamos una macro que se ejecutaba a demanda, cuando pulsábamos la correspondiente combinación de teclas. El procedimiento que cambiaba los nombres de las hojas, por el contrario, se ejecutaba automáticamente ante la presencia de un evento: la apertura del libro.

Dentro de cada macro o procedimiento, no obstante, necesitaremos tener un cierto control sobre las sentencias que deban ejecutarse, o no, en cada momento, dependiendo de ciertas condiciones. También es habitual la necesidad de repetir la ejecución de una o más órdenes varias veces. Para todas estas necesidades Visual Basic cuenta con recursos: las sentencias condicionales y las estructuras de repetición.

El objetivo de este capítulo es mostrarle las distintas posibilidades con que cuenta Visual Basic para controlar el flujo de ejecución del código, desviándolo según unas condiciones o repitiéndolo.

Valores condicionales

Para tomar un valor u otro dependiendo de que una cierta expresión, relacional o lógica, sea cierta o falsa podemos utilizar la función `Iif`. Ésta toma tres parámetros:

- La expresión a evaluar, obteniendo `True` o `False` como resultado.
- El valor a devolver en caso de que el resultado sea `True`.
- El valor a devolver en caso de que el resultado sea `False`.

Suponga que desea obtener en una variable la cadena `Grande` o `Pequeño` dependiendo de un valor, supuestamente almacenado en otra variable, que hace referencia a la población de un país. La sentencia siguiente sería todo lo necesario:

```
TipoPais = Iif(Poblacion>40000, "Grande", "Pequeño")
```

Puede introducir esta sentencia en un módulo de código, como parte de una función, definiendo previamente las dos variables y habiendo dado un valor a `Poblacion`.

Si el caso es más complejo, y no se trata sólo de elegir entre dos valores a partir de un condicional, tenemos a nuestra disposición la función `Switch`.

El número de parámetros, en este caso, es variable y van formando parejas. El primer parámetro será un condicional y el segundo el valor a devolver si la condición es cierta. En caso contrario se evaluará la expresión entregada como tercer parámetro, repitiendo el proceso.

Observe la sentencia siguiente:

```
TipoPais = Switch(Poblacion > 1000000, "Gigante", _
                  Poblacion > 100000, "Muy grande", _
                  Poblacion > 20000, "Grande", _
                  Poblacion <= 20000, "Pequeño")
```

Advertencia:

Observe que los parámetros de una función Visual Basic se separan con comas y no con puntos y comas como se hace en Excel. Si utiliza el punto y coma obtendrá un mensaje de error.

En este caso clasificamos el país, según su población, de manera bastante más exacta. Cada condicional lleva asociado un valor a devolver. En la figura 14.1 puede ver el código de una función que usa `Switch` y el resultado obtenido en la ventana Inmediato.

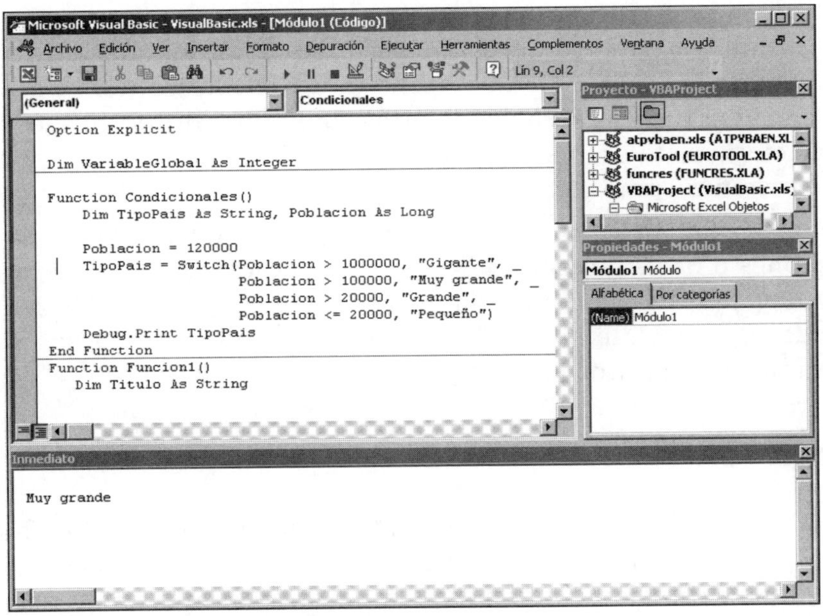

Figura 14.1. Ejemplo de uso de la función `Switch`

Nota:

El carácter _ permite, en Visual Basic, dividir una línea en varias sin que, por ello, se entienda que son múltiples sentencias. En el ejemplo anterior tenemos una sola sentencia, aunque ocupe cuatro líneas físicas.

Ejemplo:

Los distintos fragmentos de código propuestos en este capítulo los encontrará en un módulo asociado al libro `VisualBasic.xls`. Como es habitual, éste se encuentra en la carpeta de ejemplos correspondiente a este capítulo.

Otra alternativa, especialmente útil cuando se quiere elegir un resultado según el valor de un índice numérico, es la función `Choose`. Ésta es equivalente a la función `ELEGIR` de Excel que ya conoce, tomando los mismos parámetros y funcionando de manera análoga.

Sentencias condicionales

En muchas ocasiones lo que se necesita no es tomar un valor u otro a partir de una condición, como hemos hecho en los ejemplos del punto previo, sino ejecutar unas sentencias u otras dependiendo de que esa condición sea cierta o falsa. Es algo que hemos hecho en Excel, por ejemplo con funciones como `SUMAR.SI`.

Trabajando con Visual Basic podemos conseguir esto mismo, ejecutar unas instrucciones u otras dependiendo de una condición, mediante las órdenes `If` y `Select`. La primera es la más conocida y usada, mientras que la segunda es especialmente útil cuando se precisa comparar un mismo operando con distintos valores.

If/Then/Else

La instrucción `If` puede utilizarse en distintos formatos, dependiendo de la complejidad de la condición a evaluar. En su formato más sencillo, irá seguida de una expresión condicional, la palabra `Then` y una o más sentencias a ejecutar en caso de que la expresión condicional sea cierta.

El siguiente es un ejemplo simple de estructura condicional.

```
If ActiveCell.Value > 100000 Then
   ActiveCell.Font.Bold = True
End If
```

Como puede ver, comprobamos si el valor de la celdilla activa es superior a un cierto número. Si esto es así, el resultado de la expresión es `True`, ponemos el contenido de la celdilla en negrita. Si la expresión no es cierta la sentencia que hay entre el `If` y el `End If` no será ejecutada nunca, por lo que el contenido de la celdilla quedaría tal cual está.

Nota:

Entre las palabras `If` y `End If` pueden disponerse tantas sentencias como se necesiten, ejecutándose todas ellas sólo en caso de que la condición sea cierta.

En caso de que la expresión condicional sea falsa, la ejecución se transfiere automáticamente a la sentencia que haya detrás del `End If`. Esa sentencia, y las siguientes, se ejecutarán siempre, tanto si el condicional se resuelve afirmativamente como si lo hace negativamente. A veces, sin embargo, podemos necesitar que una o más sentencias se ejecuten sólo si el resultado del condicional es `False`.

La respuesta a esta necesidad la encontramos en la palabra `Else`. Ésta se dispondrá siempre detrás de las sentencias que se han de ejecutar en caso de que la expresión sea cierta, e irá seguida de las sentencias que queremos ejecutar cuando el condicional devuelva `False`. El siguiente fragmento sería un ejemplo claro:

```
If ActiveCell.Value > 100000 Then
   ActiveCell.Font.Bold = True
Else
   ActiveCell.Font.Italic = True
End If
```

En este caso, si el valor de la celdilla es mayor que 100000 se pondrá en negrita y en caso negativo, si dicho valor es 100000 o menos, el dato aparecerá en cursiva. La ejecución de una sentencia u otra es exclusiva, es decir, tan sólo puede ejecutarse una de ellas según el resultado de la expresión condicional.

Select Case

Cuando en un condicional múltiple se utilizan expresiones que comparten siempre un mismo operando, en lugar de usar varios If/Else suele ser más fácil usar la construcción Select Case. Partamos del siguiente supuesto:

```
If ActiveCell.Value > 100000 Then
   ActiveCell.Font.Bold = True
Else
 If ActiveCell.Value > 50000 Then
   ActiveCell.Font.Italic = True
 Else
   ActiveCell.Font.Underline = True
 End If
End If
```

Como puede observar, comprobamos repetidamente el valor de ActiveCell.Value para, en consecuencia, aplicar un atributo u otro a la celdilla. Tenemos un If anidado dentro de otro, con su correspondiente Else y el terminador End If. Conseguiríamos exactamente el mismo resultado con el código siguiente:

```
Select Case ActiveCell.Value
  Case Is > 100000
    ActiveCell.Font.Bold = True
  Case Is > 50000
    ActiveCell.Font.Italic = True
  Case Else
    ActiveCell.Font.Underline = True
End Select
```

Detrás de Select Case disponemos el operando común de la expresión relacional, que en este caso es la propiedad Value del objeto ActiveCell. La segunda parte de la expresión, el operador relacional y el segundo operando, van en las líneas siguientes dispuestos detrás de la palabra Case, ya sin necesidad de repetir el primer operando.

Estructuras de repetición

Como se comentaba anteriormente, en ocasiones es necesario que una o más instrucciones se ejecuten repetidamente para poder realizar una cierta tarea. Con las instrucciones que hemos conocido hasta ahora no tenemos ningún mecanismo para hacerlo, pero Visual Basic cuenta con múltiples recursos que lo permiten.

A continuación vamos a tratar tres métodos diferentes de repetir la ejecución de una o más sentencias: conociendo el número de veces que debe repetirse, usando un condicional para saber cuándo debe terminar y recorriendo una matriz o una colección.

Nota:

Al conjunto de las instrucciones que controlan las repeticiones más las sentencias cuya ejecución va a repetirse es a lo que se conoce habitualmente como bucle.

Bucles por contador

Seguramente es el tipo de bucle más simple, ya que sabemos con antelación cuántas veces deben repetirse las sentencias. Suponga, por ejemplo, que quiere tomar los valores que hay en las primeras diez celdillas de la columna `A` de la hoja de cálculo. Es un caso apropiado para utilizar las instrucciones `For/Next`.

El formato de esta estructura es el siguiente:

```
For variable=inicio to fin
   sentencias
Next
```

La variable usada para controlar las iteraciones del bucle recibe el nombre de *contador*, ya que va contando las veces que se repite el bucle. Los valores `inicio` y `fin` son los límites que tomará el contador.

Con el fin de comprobar el funcionamiento de estas instrucciones, puede codificar una función como la siguiente. En ella tomamos los valores contenidos en las celdillas `A1:A10` y después los mostramos en la ventana Inmediato.

El resultado aparece en la parte inferior de la figura 14.2. En segundo plano puede observar la hoja de cálculo con los valores que hemos introducido.

```
Function Bucles()
   Dim Fila As Integer
```

```
    For Fila = 1 To 10
      Debug.Print Cells(Fila, 1).Value
    Next
End Function
```

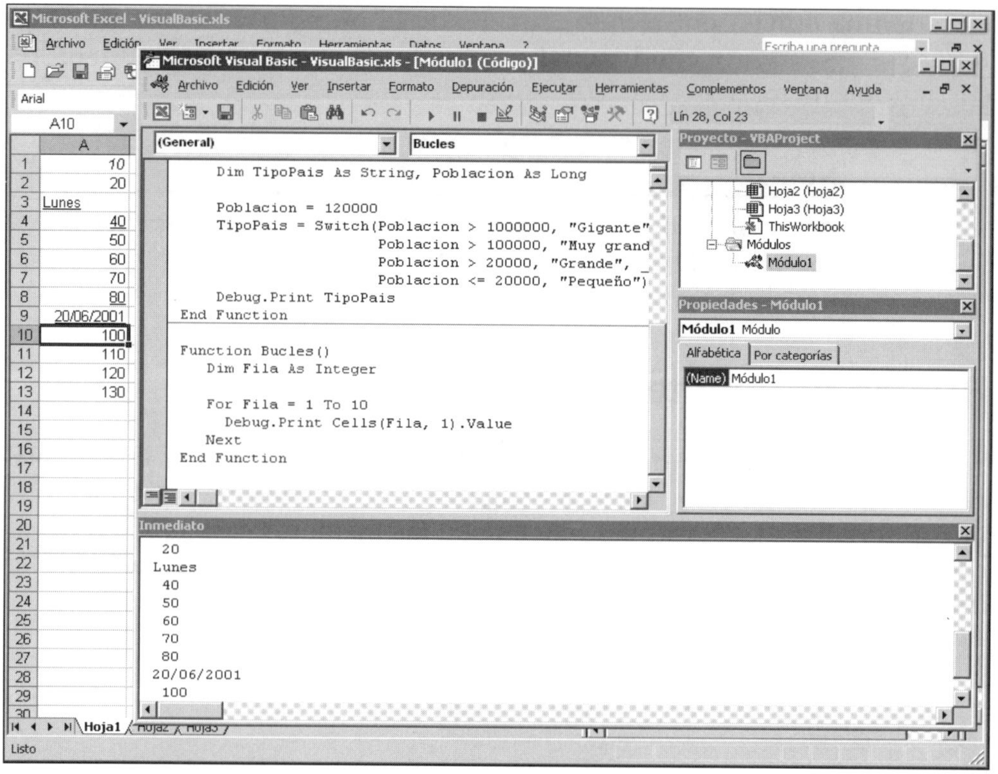

Figura 14.2. Resultado de la ejecución del bucle

Bucles por condición

No siempre conoceremos de antemano el número de veces que debe repetirse un bucle, no siendo posible el uso de las instrucciones `For/Next` para su codificación. Suponga, por ejemplo, que necesita recuperar los datos no de las primeras diez celdillas de la columna, sino de todas las celdillas hasta encontrar una que marque el fin. No sabemos, por tanto, cuántas veces debemos repetir el proceso.

Para estos casos Visual Basic cuenta con los bucles `Do/Loop While` y `Do/Loop Until`. Las sentencias a ejecutar se dispondrán entre la palabra `Do`, que irá al principio en una línea, y `Loop`, que irá al final y seguida de `While` o `Until`. Detrás de una de estas palabras dispondremos la expresión condicional.

En el primer caso, usando `While`, el bucle se estará repitiendo mientras la condición devuelva `True`. En el segundo el bucle se repetirá mientras que la condición devuelva `False`.

Con el bucle siguiente conseguiríamos mostrar en la ventana Inmediato el contenido de todas las celdillas que existan en la columna `A`, deteniéndose el bucle cuando se encuentre el valor cero o inferior.

```
Fila = 1
Do
  Debug.Print Cells(Fila, 1).Value
  Fila = Fila + 1
Loop While Cells(Fila, 1) > 0
```

Recorriendo colecciones

El último tipo de bucle ya lo usamos en un ejemplo de un capítulo previo, concretamente para recorrer todas las hojas contenidas en un libro. La instrucción `For Each` se usa, en general, cuando es necesario recorrer todos los elementos de una colección o una matriz, sin necesidad de saber cuántos elementos contiene.

Introduzca el código siguiente en el módulo de código que estamos utilizando como ejemplo. A continuación acceda a la hoja de cálculo y seleccione un rango de celdillas con valores. Vuelva de nuevo al entorno de Visual Basic y ejecute el procedimiento, verá cómo se recorre tan sólo el rango de celdillas seleccionado.

```
Sub ContenidoCeldas()
   Dim Celda As Range

   For Each Celda In Selection.Cells
     Debug.Print Celda.Value
   Next
End Sub
```

De forma análoga podríamos usar esta construcción recorriendo los elementos de cualquier colección.

En un capítulo posterior, cuando conozcamos el modelo de objetos de Excel, verá múltiples oportunidades en las que `For Each` le será de indudable utilidad.

Resumen

Al finalizar este capítulo, y tras leer también el anterior, contamos ya con todos los conceptos básicos necesarios para usar Visual Basic en la construcción de macros y funciones. En este capítulo nos hemos centrado, concretamente, en las distintas estructuras de control con que cuenta este lenguaje.

Comenzamos tratando algunas funciones que permiten seleccionar valores dependiendo de que una condición sea cierta o falsa. Esas mismas expresiones, usadas con la instrucción `If`, permiten controlar el flujo de ejecución, de tal manera que unas sentencias se ejecuten o no dependiendo del resultado de un condicional.

Por último hemos aprendido a crear bucles controlados por un contador, una condición o para recorrer una colección de objetos.

Capítulo 15

El modelo de objetos de Excel

En este capítulo aprenderá a:

- Utilizar objetos de Excel desde Visual Basic.
- Trabajar con libros y hojas.
- Manipular el contenido de las celdillas.

Los fundamentos que tenemos del lenguaje Visual Basic pueden ser, como hemos visto en capítulos previos, útiles en diversos contextos. Al trabajar con Excel, lógicamente, la mayor aplicación la encontraremos a la hora de manipular libros, hojas, celdillas, gráficos y, en general, todos los elementos con los que trabajamos en Excel al nivel de usuario.

El objetivo de este capítulo será acercarnos al modelo de objetos de Excel y, más concretamente, a aquellos objetos que podemos considerar fundamentales o primarios, conociendo algunas de sus propiedades y métodos. La idea es que obtenga una idea general sobre el cometido de cada objeto y la relación que tiene con los demás. En próximos capítulos verá algunos casos prácticos en los que utilizaremos estos objetos.

Objetos fundamentales

Excel cuenta con decenas de objetos que representan a todos los elementos que podamos imaginar: estilos, nombres definidos para celdillas y rangos, gráficos, libros, hojas, rangos, ventanas, complementos y proyectos de Visual Basic son algunos de ellos. De todos esos objetos, cada uno con su función específica, podemos seleccionar varios a los que podríamos denominar fundamentales por su importancia, así como por actuar de raíz de muchos otros.

Las relaciones existentes entre los objetos, al depender unos de otros, crean una jerarquía bastante compleja. Por ejemplo, las celdillas se alojan en una hoja de cálculo y ésta, a su vez, forma parte de un libro. Los objetos que representan a esos elementos, `Range`, `Worksheet` y `Workbook`, respectivamente, tienen, por tanto, unas dependencias.

Nota:

Recuerde que puede examinar todos los objetos y sus distintas propiedades, métodos y eventos utilizando el Examinador de objetos *de Visual Basic. Puede abrirlo simplemente pulsando* **F2**, *una vez que se encuentre en el entorno de Visual Basic.*

La aplicación

El objeto que actúa como raíz de todos los demás, del cual todos dependen, es `Application`. Este objeto representa a la aplicación, a Excel, y cuenta con propiedades y métodos que afectan a la aplicación de manera global. Podemos acceder a este objeto, desde cualquier punto de una macro o función, usando la referencia global `Application`.

Las propiedades con que cuenta este objeto, que son muchas, se agrupan básicamente en dos categorías: las que dan acceso a colecciones de otros objetos, como libros, complementos o ventanas, y las que contienen opciones que afectan al comportamiento de la propia aplicación. Ya sabemos cómo recorrer una colección de objetos, utilizando la construcción `For Each`. En la tabla 15.1 se enumeran algunas de las colecciones con que cuenta el objeto `Application`.

Tabla 15.1. Colecciones del objeto `Application`

Nombre	Descripción
`Workbooks`	Contiene un objeto `Workbook` por cada libro que haya abierto en ese momento.
`AddIns`	Contiene un objeto `AddIn` por cada complemento instalado.
`Dialogs`	Contiene un objeto `Dialog` por cada cuadro de diálogo disponible.
`CommandBars`	Contiene un objeto `CommandBar` por cada barra de herramientas que exista.
`Names`	Contiene un objeto `Name` por cada nombre que hayamos definido para celdillas.
`Windows`	Contiene un objeto `Window` por cada ventana que haya abierta en la aplicación.
`RecentFiles`	Contiene un objeto `RecentFile` por cada archivo con el que se haya trabajado recientemente.

Cada uno de los objetos de cada colección cuenta, como puede imaginar, con sus propiedades y métodos. Los objetos `Window` cuentan con una propiedad `Caption` que contiene el título de la ventana. Cada objeto `RecentFile` dispone de una propiedad `Name` con el camino y nombre del archivo utilizado recintemente. Sólo con esto podríamos introducir el código siguiente en un módulo nuevo, ejecutarlo y obtener un resultado similar al que puede verse en la figura 15.1.

```
Sub EnumeraVentanas()
   Dim Ventana As Window
   For Each Ventana In Application.Windows
```

```
      Debug.Print Ventana.Caption
   Next
End Sub

Sub EnumeraArchivosRecientes()
   Dim Archivo As RecentFile
   For Each Archivo In Application.RecentFiles
      Debug.Print Archivo.Name
   Next
End Sub
```

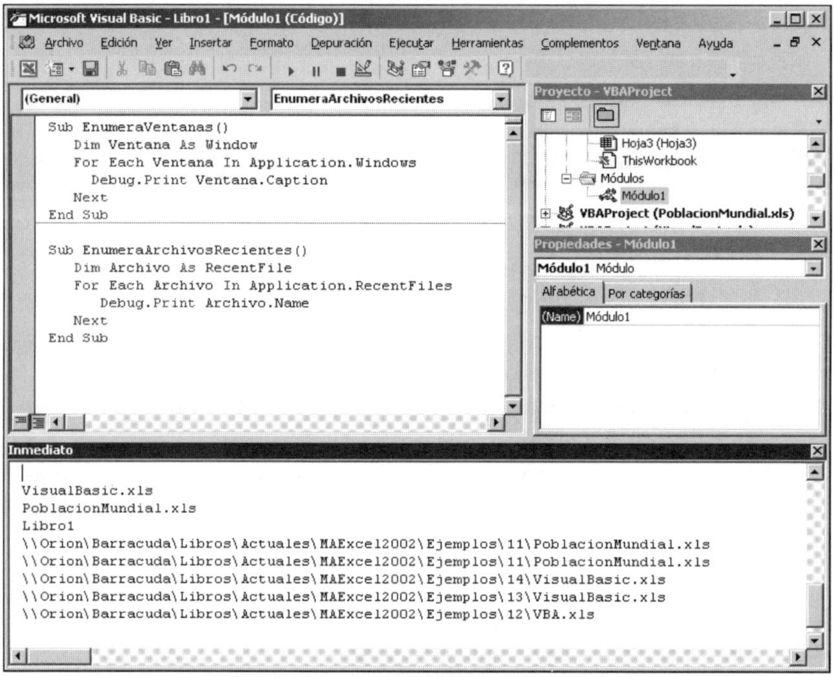

Figura 15.1. Resultado de la enumeración de ventanas y archivos recientes

Ejemplo:

Las distintas funciones que son creadas como ejemplo en este capítulo puede encontrarlas en el módulo de código asociado al libro `ObjetosExcel.xls`.

En cuanto a las propiedades que afectan a las opciones del entorno, son numerosas y muchas de ellas toman los valores `True` o `False` o un valor simple. Con la propiedad `DisplayStatusBar`, por ejemplo, controlaríamos la aparición de la línea de estado en la ventana de Excel. Si tiene el valor `True` ese elemento aparece, no mostrándose si es `False`. Utilizando la propiedad `ReferenceStyle` controlaríamos el tipo de referencias a usar. Esta propiedad puede contener los valores `xlA1` y `xlR1C1`, según deseemos referencias del tipo `A1` o `R1C1`, respectivamente.

Usando las dos propiedades mencionadas, así como algunos elementos de Visual Basic que conocimos en capítulos previos, podríamos crear los dos procedimientos siguientes:

```
Sub MostrarLineaEstado()
   Application.DisplayStatusBar = Not
Application.DisplayStatusBar
End Sub

Sub TipoReferencias()
   Application.ReferenceStyle = IIf( _
     Application.ReferenceStyle = xlA1, xlR1C1, xlA1)
End Sub
```

Ambos, al ser ejecutados, invierten la visualización de la línea de estado o el tipo de referencia usada.

Además de las mencionadas, en el objeto `Application` existen otras propiedades que facilitan el acceso directo al libro actual, la hoja activa, la celdilla activa, etc. Todas ellas inician su nombre con la palabra `Active`, como `ActiveCell`, `ActiveSheet`, `ActiveWindow` o `ActiveWorkbook`.

El libro

Cada libro de Excel, que hasta ahora hemos utilizado en calidad de usuarios, es la representación de un objeto `Workbook`. Como ya ha visto, puede, partiendo del objeto `Application`, tanto acceder al libro actual, con la propiedad `ActiveWorkbook`, como a la colección de todos los libros abiertos, con la colección `Workbooks`.

Truco:

Puede también acceder al libro que contiene la macro o función usando la propiedad global `ThisWorkbook`. Ésta, al igual que la propiedad `Application` que hemos utilizado previamente, puede ser usada directamente, sin disponer delante nombre de *objeto alguno. También puede usar la propiedad* `Workbooks` *como si fuese una matriz facilitando como índice el nombre del libro, por ejemplo* `Workbooks("PoblacionMundial.xls")`.

Utilizando la colección `Workbooks` de `Application` podemos tanto abrir libros existentes como crear otros nuevos. Para ello contamos con los métodos `Open` y `Add`, respectivamente. El primero de ellos necesita como parámetro el nombre del libro a abrir, en caso necesario con el camino completo.

Al igual que ocurre con `Application`, el objeto `Workbook` cuenta con infinidad de propiedades, colecciones y métodos. Veamos algunas de las colecciones más interesantes:

- `Worksheets`: Colección con un objeto `Worksheet` por cada hoja de cálculo que exista en el libro.
- `Charts`: Contiene un objeto `Chart` por cada gráfico.
- `Names`: Colección con los objetos `Name` que equivalen a todos los nombres definidos en el libro.

Utilizando las propiedades de `Workbook` puede obtener y modificar su nombre, determinar si se aceptan nombres en las fórmulas, saber si tiene asignada una clave de acceso, etc. Los métodos, también numerosos, pueden ser utilizados para activar un cierto libro, `Activate`; cerrarlo, `Close`, o protegerlo, `Protect`.

Introduzca el código siguiente en un módulo de Visual Basic, modificando el parámetro entregado al método `Open` para abrir una hoja de cálculo que tenga en su sistema. A continuación ejecútelo y observe lo que ocurre. El libro se abre un instante, durante el cual se enumeran sus hojas de cálculo, y a continuación es cerrado.

```
Sub AbreLibro()
  Dim Hoja As Worksheet
  Workbooks.Open "PoblacionMundial.xls"
  Workbooks("PoblacionMundial.xls").Activate
  For Each Hoja In ActiveWorkbook.Worksheets
    Debug.Print Hoja.Name
  Next
  ActiveWorkbook.Close False
End Sub
```

Los pasos son bastante sencillos: abrimos el libro utilizando el método `Open`, activándolo a continuación con el método `Activate`. Observe cómo usamos la colección Workbooks para acceder al libro recién abierto. A continuación enumeramos todas las hojas y, por cada una de ellas, imprimimos el nombre en la ventana Inmediato. Finalmente cerramos el libro entregando como único parámetro el valor False. Con ello indicamos que el libro no debe guardarse aunque tenga cambios.

La hoja

Si la aplicación alberga uno o varios libros, como acabamos de ver, cada libro contiene una o más hojas de cálculo, cada una de las cuales tiene correspondencia directa con un objeto Worksheet. A través de este objeto, con sus propiedades y métodos, podemos acceder a todo el contenido que exista en la hoja: celdillas, gráficos, elementos visuales como los diagramas, tablas dinámicas, etc. Asimismo, podemos recuperar y modificar propiedades que afectan a toda la hoja.

El número de colecciones es bastante grande. En la tabla 15.2 se comentan varias de las existentes. Algunas de ellas, como es el caso de PivotTables, cuenta con elementos que, a su vez, disponen de múltiples colecciones más.

Tabla 15.2. Colecciones de un objeto Worksheet

Nombre	Contenido
Names	Nombres definidos en la hoja.
Comments	Un objeto Comment por cada comentario que haya en la hoja.
Scenarios	Cada escenario definido en la hoja tiene una correspondencia con un objeto Scenario.
PivotTables	Contiene un objeto PivotTable por cada tabla dinámica existente.
ChartObjects	Un objeto ChartObject por cada gráfico de la hoja.

Al igual que ocurre con los libros, usando las propiedades y métodos de la colección Worksheets y cada objeto Worksheet es posible añadir nuevas hojas, activar la que nos interese, modificar sus nombres, cerrarlas, etc.

Uno de los aspectos que más nos interesará, a la hora de utilizar un objeto Worksheet, será el acceso a los datos contenidos en las celdillas, ya sea para examinarlos o modificarlos. Tenemos varias posibilidades y ya conocemos una de ellas: la propiedad `Cells`. Ésta toma como parámetros el número de fila y columna de la celdilla a la que deseamos hacer referencia. Es el mecanismo adecuado cuando se necesita acceder a celdillas individuales usando índices en lugar de referencias del tipo `A1`.

La alternativa la encontramos en la propiedad `Range`. Ésta actúa como si fuese una matriz, cuyo índice será una cadena conteniendo una referencia. Ésta puede ser de una sola celdilla, como `B3`, o bien un rango, como `B3:H5`. En cualquier caso, lo que obtenemos es una referencia a ese rango para poder explorarlo o modificarlo.

Inserte en el módulo Visual Basic que está utilizando como ejemplo el código siguiente:

```
Sub Potencias()
   Dim CeldillaOrigen As Range
   Dim CeldillaDestino As Range
   Dim Hoja As Worksheet

   Set Hoja = ActiveWorkbook.ActiveSheet
   Set CeldillaOrigen = Hoja.Range("A1")
   CeldillaOrigen.Value = 1
   For Each CeldillaDestino In Hoja.Range("A2:E5")
      CeldillaDestino.Value = CeldillaOrigen.Value * 2
      Set CeldillaOrigen = CeldillaDestino
   Next
End Sub
```

Tras declarar tres variables, lo primero que hacemos es obtener una referencia a la hoja de cálculo actual, guardándola en la variable `Hoja`. A continuación fijamos una celdilla como punto de origen, asignándole un valor inicial. Por último, recorremos todas las celdillas del rango `A2:E5` multiplicando el valor de cada una de ellas por 2 y almacenándolo en la siguiente.

El resultado de ejecutar este procedimiento es el que se muestra en la figura 15.2.

Nota:

Cuando el valor que se asigna a una variable no es un número, un texto ni un valor lógico sino una referencia a un objeto, como en el ejemplo anterior, además del operador = es necesario iniciar la asignación con la palabra clave `Set`.

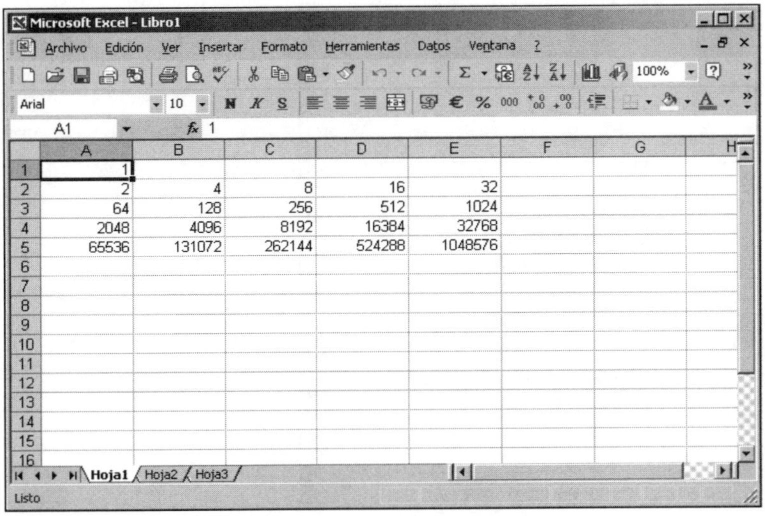

Figura 15.2. Resultado obtenido al ejecutar el procedimiento `Potencias`

Otros objetos

Como se indicaba antes, los objetos que hemos conocido pueden ser considerados los fundamentales e indispensables para trabajar desde Visual Basic con Excel. No obstante, no son los únicos disponibles, realmente hay multitud de objetos adicionales, si bien muchos de ellos los usaremos indirectamente al acceder a propiedades de objetos como `Workbook` o `Worksheet`.

Lógicamente, necesitaríamos cientos de páginas para describir de manera individual las funciones y distintos aspectos de cada objeto. Éste es un material de referencia que puede encontrar en la propia ayuda del entorno de Visual Basic. En la figura 15.3, por ejemplo, puede ver un gráfico que, de manera jerárquica, muestra los distintos objetos que forman parte de Excel. Ese gráfico es dinámico, puede pulsar sobre cualquiera de los objetos para acceder a su descripción y las correspondientes listas de propiedades, métodos y eventos.

Si tiene unos mínimos conocimientos de inglés, verá que es fácil deducir la finalidad de las propiedades y métodos de cada objeto. Usando la lista que aparece automáticamente en el editor de código, al introducir el nombre de un objeto y un punto, rápidamente podrá encontrar la propiedad o el método que le interese.

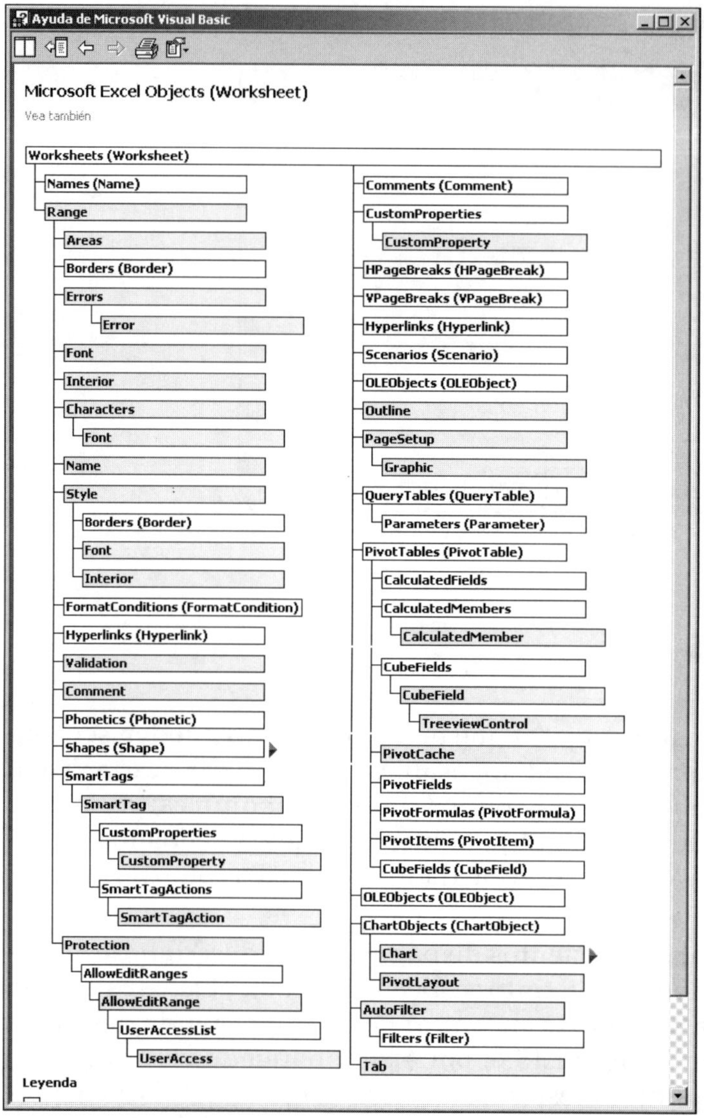

Figura 15.3. Jerarquía de objetos que componen Excel

Truco:

*En caso de que necesite acceder a alguna propiedad u objeto global y no recuerde exactamente el nombre, pulse la combinación de teclas **Control-J**, en el editor de código, para abrir una lista desplegable con todos los elementos disponibles.*

Resumen

Al finalizar este capítulo ya conoce los objetos más importantes del modelo de componentes de Excel, objetos mediante los cuales puede efectuar muchas tareas. El objeto `Application` facilita el acceso a propiedades globales del funcionamiento de Excel, así como a los libros que hubiese abiertos y sus respectivas hojas.

Los objetos `Workbook` y `Worksheet` nos servirán para manipular libros y hojas, respectivamente. Podemos añadir libros, abrir libros existentes, activar hojas y, por supuesto, acceder al contenido de éstas usando propiedades como `Cells` y `Range`.

En próximos capítulos podrá ver algunos ejemplos prácticos de uso, de éstos y otros objetos, acercándole más al conocimiento del modelo de componentes de Excel.

Capítulo 16

Manipulación de datos

En este capítulo aprenderá a:

- Determinar el rango ocupado por una tabla de datos.
- Examinar el contenido de las celdillas.
- Introducir nuevos datos en una hoja.

Tras conocer algunos de los objetos más importantes con los que cuenta Excel, y que permiten automatizar esta aplicación desde Visual Basic, vamos a ver en la práctica cómo efectuar algunas tareas desde funciones y macros.

El objetivo es asentar con la práctica lo que ya ha conocido teóricamente, en capítulos previos, y, al mismo tiempo, introducir algunos elementos nuevos.

A partir de ahora tan sólo se facilita el código a utilizar describiendo su finalidad, pero se supone que ya debe saber cómo acceder al entorno de Visual Basic y añadir un módulo, o bien cómo asociar una combinación de teclas a una nueva macro. Son tareas que hemos efectuado repetidamente en capítulos previos a éste.

Selección de una tabla de datos

Al utilizar ciertas opciones de Excel, algunas de las cuales conoció en los primeros capítulos de este libro, automáticamente se selecciona la tabla de datos a la que pertenece la celdilla que está activa en ese momento. Esto agiliza ciertas funciones y hace innecesario que sea el usuario quien se encargue de efectuar esa selección de forma manual.

Suponga que vamos a crear una macro que, partiendo de una tabla de datos, efectúe algunos cálculos. Lo primero que tendríamos que hacer, antes de operar con los datos, sería seleccionar la tabla, asumiendo que el usuario ha dispuesto el foco de entrada en cualquiera de las celdillas que forman parte de ella.

Veamos cuáles serían los pasos que debemos dar, y qué métodos y propiedades necesitamos, para seleccionar una tabla de datos a partir de una celdilla.

Celdillas, rangos y selecciones

Para efectuar el trabajo descrito lo primero que necesitaremos será determinar cuál es la celdilla actual, y también cómo obtener la selección actual o marcar un cierto rango. Para ello nos serviremos de tres propiedades `ActiveCell`, `Selection` y `Range`.

La propiedad `ActiveCell`, que ya hemos usado en alguna ocasión, es un objeto `Range` conteniendo una referencia a la celdilla actual. Siempre que tengamos un objeto Range, independientemente de que lo hayamos obtenido de la propiedad ActiveCell o cualquier otra, podemos obtener la referencia correspondiente de la propiedad Address. En el caso concreto de ActiveCell, la propiedad Address devolverá la referencia a la celdilla activa, aún cuando haya seleccionado un rango.

Si necesitamos acceder no sólo a la celdilla activa sino a todo el rango actualmente seleccionado, en lugar de ActiveCell usaríamos la propiedad Selection. Ésta también es un objeto Range y, por tanto, dispone de la propiedad Address.

Incluya en un procedimiento las dos líneas siguientes, seleccione un rango de celdillas en la hoja de cálculo y ejecute el procedimiento. Verá rápidamente la diferencia entre ActiveCell y Selection.

```
Debug.Print ActiveCell.Address
Debug.Print  Selection.Address
```

Una tercera propiedad de interés, del objeto Worksheet, es Range. Con ella podemos seleccionar cualquier rango de celdillas de la hoja, obteniéndolas como un objeto Range, es decir, como un objeto del mismo tipo que nos entregan ActiveCell y Selection. Con una sentencia como la siguiente estaríamos seleccionando el rango de celdillas B5:C6 desde Visual Basic, sin necesidad de utilizar el teclado. Ese rango, lógicamente, aparecería destacado en la hoja de cálculo.

```
ActiveSheet.Range("B5:C6").Select
```

Selección y activación

Una vez que tenemos una referencia a una celdilla o un rango, utilizando cualquiera de las propiedades mencionadas, podemos efectuar múltiples operaciones sobre ella.

Para el cometido que nos hemos fijado necesitamos, por una parte, activar la celdilla inicial de la tabla de datos y, a continuación, seleccionar el rango correcto.

Para activar una cierta celdilla tendremos que usar el método Activate. Lógicamente, esto tan sólo tiene sentido si esa celdilla no está ya activa. Es decir, no tiene sentido una instrucción como la siguiente, puesto que ActiveCell es la celdilla activa.

```
ActiveCell.Activate
```

Con la siguiente sentencia, por el contrario, activaríamos directamente la celdilla entregada como parámetro a la propiedad `Range`:

```
Range("D5").Activate
```

Si necesitamos seleccionar múltiples celdillas, no sólo activar una, en lugar del anterior método usaríamos otro: `Select`. Al final del punto anterior ha podido ver un supuesto de uso de este método.

Nota:

Al usar el método `Select` para seleccionar un rango, la celdilla activa será siempre la primera del rango, en la esquina superior izquierda.

Desplazamientos

Con algunos de los métodos que ya conocemos podemos seleccionar una celdilla o un rango concretos, facilitando una referencia. En ocasiones, sin embargo, podemos necesitar la selección de una celdilla sin conocer exactamente cuál es, efectuando un desplazamiento relativo a partir de otra, habitualmente la que está activa actualmente.

Los métodos `Next` y `Previous` devuelven una referencia a la celdilla anterior o siguiente de una dada. Las dos sentencias siguientes serían un ejemplo de uso:

```
Range("D5").Next.Activate
ActiveCell.Previous.Activate
```

La primera selecciona la celdilla siguiente a la `D5`, mientras que la segunda vuelve a la celdilla previa a la actual. Si el movimiento no se limita a una sola celdilla atrás o adelante, en lugar de los anteriores puede recurrir al método `Offset`. Éste es similar a la función `DESREF` de Excel que conocimos en un capítulo previo, precisando dos parámetros que indiquen el desplazamiento vertical y horizontal.

Por último tenemos la propiedad `End` que, en el caso concreto que nos ocupa, será el más útil. Esta propiedad se usa entregando entre paréntesis una de las constantes enumeradas en la tabla 16.1. Con ellas se indica la dirección. Lo que hace la propiedad es buscar la celdilla límite de una tabla de datos en esa dirección, a partir de una celdilla indicada como inicio.

Tabla 16.1. Indicadores de dirección para la propiedad `End`

Indicador	Dirección
`xlDown`	Hacia abajo.
`xlUp`	Hacia arriba.
`xlToRight`	Hacia la derecha.
`xlToLeft`	Hacia la izquierda.

Selección de la tabla

Utilizando conjuntamente los elementos descritos desde el principio, estamos en condiciones de crear una macro que, al ejecutarse, seleccione la tabla de datos a la que pertenece la celdilla activa. Esta macro sería la siguiente:

```
Sub SeleccionarTabla()
    ' Nos movemos a la primera columna del área
    ActiveCell.End(xlToLeft).Activate
    ' y a la primera fila
    ActiveCell.End(xlUp).Activate
    ' seleccionamos hasta la última columna
    Range(ActiveCell, ActiveCell.End(xlToRight)).Select
    ' y hasta la última fila
    Range(Selection, ActiveCell.End(xlDown)).Select
End Sub
```

Comenzamos seleccionando la celdilla que esté más a la izquierda de la tabla, usando para ello la propiedad `End` y el método `Activate`. Acto seguido hacemos lo mismo pero utilizando la constante `xlUp`, consiguiendo que la celdilla activa sea la que ocupa la posición superior izquierda en la tabla. El siguiente paso es seleccionar un rango que va desde esa celdilla, que ahora es la activa, hasta la que esté más a la derecha. Con esto tendríamos seleccionada la primera fila de la tabla. Por último, usando una sentencia similar, seleccionamos hasta la última fila, quedando marcada la tabla completa.

Ejemplo:

Encontrará el código de esta macro en el módulo de código asociado al libro `DatosPoblacion.xls`.

Ajuste la ventana de Excel y de Visual Basic para poder verlas ambas de manera simultánea. A continuación ejecute la macro paso a paso, verá el efecto que tiene cada una de las sentencias. Lógicamente, puede asociar una combinación de teclas a esta macro para ejecutarla sin necesidad de acceder al editor de código.

Manipulación de los datos

Utilizando los mecanismos que acaban de describirse ya podemos elegir una celdilla o un rango de celdillas. El paso siguiente será acceder a su contenido, ya sea simplemente para examinarlo o también, en caso necesario, para modificarlo. Otros elementos que podemos manipular de una celdilla, aparte del contenido, es su formato: los bordes que tienen alrededor, tipo de letra, etc.

Las dos propiedades fundamentales para acceder al contenido de las celdillas son `Value`, que ya hemos usado repetidamente, y `Formula`. La primera devuelve el valor que contiene la celdilla, incluso si es el resultado de una fórmula. La segunda, por el contrario, devolvería una cadena de texto con la fórmula propiamente dicha.

A la hora de asignar un contenido a la celdilla puede usar indistintamente cualquiera de las dos propiedades. El resultado sería el mismo.

Para conocer o modificar el formato de las celdillas tenemos varias propiedades. Todo lo relacionado con el tipo de letra, su tamaño o atributos lo encontraremos en la propiedad `Font`. La propiedad `Borders` afecta a los bordes de la celdilla, estableciendo el tipo de línea, grosor y color, entre otras características.

El formato de representación de los datos numéricos se establece con la propiedad `NumberFormat`. Asignándole a dicha propiedad el valor `"#,##0.00"`, por ejemplo, el dato alojado en la celdilla aparecerá con puntos para la separación de miles y dos decimales.

Truco:

Antes de asignar un valor a la propiedad `NumberFormat` *puede usar la ventana* **Formato de celdas** *de Excel para componer el formato y probarlo interactivamente, lo cual le ahorrará trabajo y problemas.*

Cuando es necesario eliminar el contenido de la celdilla, o incluso los formatos asociados, basta con llamar a los métodos `ClearContents` o bien `Clear`, respectivamente, de las celdillas sobre las que se desee actuar.

Inserción de nuevos datos

Usando las propiedades `Value` y `Formula` podemos introducir datos en cualquier hoja de cálculo, por lo que, en principio, no necesitaríamos ningún elemento adicional. Obviamente, a la hora de añadir nuevos datos a una hoja siempre tendremos dos opciones: solicitar al usuario que nos indique dónde desea esos resultados, quizá la más correcta, o bien directamente añadir hojas o filas y columnas, según las necesidades.

Para preguntar al usuario dónde quiere colocar los datos que vamos a añadir, permitiéndole marcar una celdilla de destino, podemos utilizar el método `InputBox` del objeto `Application`. En realidad este método puede usarse para solicitar multitud de datos distintos. Para el caso que nos ocupa, solicitar un destino, lo usaríamos con el formato siguiente:

```
Application.InputBox("Mensaje", "Destino", Type:=8)
```

El resultado de ejecutar este método es un objeto `Range` que, lógicamente, podemos usar para activar la celdilla seleccionada, acceder a su contenido para modificarlo, etc.

Si optamos directamente por añadir los nuevos datos también tenemos varias posibilidades. Una buena opción es añadir una nueva hoja al libro y utilizarla para los resultados. Es una técnica que se utiliza, por ejemplo, al crear una tabla dinámica o un escenario, como pudo ver en su momento en los primeros capítulos de este libro.

Para añadir una nueva página, insertando un título en una celdilla concreta, podríamos usar las sentencias siguientes:

```
Dim Hoja As Worksheet
Set Hoja = ActiveWorkbook.Worksheets.Add
Hoja.Range("A1").Value = "Resultados"
```

Si optamos por incluir los datos en la misma hoja, incluso entre los datos existentes ya en la tabla, siempre podemos insertar nuevas celdillas, nuevas filas y columnas. El método a utilizar siempre es `Insert`, aunque dependiendo de lo que deseemos insertar tomará un parámetro u otro. Para insertar una celdilla debemos indicar cómo queremos que se desplacen las adyacentes. Los parámetros posibles son `xlShiftToRight` y `xlShiftDown`. En el primer caso las celdillas se desplazarán a la derecha, mientras que en el segundo lo harán hacia abajo.

En caso de que deseemos insertar una fila o columna, lo primero que hay que hacer es seleccionar el punto donde va a efectuarse la inserción. Con este fin usaremos las propiedades `Columns` y `Rows`, como se ve aquí:

```
Rows("3:3").Select
Columns("A:B").Select
```

La primera sentencia selecciona una sola fila, la número 3, mientras que la segunda selecciona las dos columnas indicadas. En el primer caso, el método `Insert` insertaría una fila mientras que en el segundo se insertarían dos columnas. El parámetro indicaría la dirección en la que se desplazarían las otras filas o columnas. Las posibilidades son `xlUp`, `xlDown`, `xlLeft` y `xlRight`, para desplazar arriba, abajo, a la izquierda o a la derecha, respectivamente.

Ejemplo:

En el módulo de código del libro `DatosPoblacion.xls` *encontrará un procedimiento, llamado* `EjemplosBreves`*, con comentarios y sentencias para seleccionar e insertar columnas, añadir hojas y manipular datos.*

La solución completa

Con los nuevos elementos que acabamos de conocer, más los fundamentos adquiridos en capítulos previos, ya estamos en disposición de crear una macro mucho más útil. Ésta tendrá como objetivo seleccionar una tabla de población cualquiera, ya sea de un continente o la tabla global que existe en el libro de ejemplo, y generar, en una nueva hoja, una tabla equivalente donde se indiquen los porcentajes de cada entrada respecto a un total. Éste será solicitado mediante un cuadro de diálogo.

El código completo de esta macro, incluyendo comentarios que aclaran la función de cada sentencia, es el siguiente:

```
Sub CalculoPorcentajes()
    Dim TablaDatos As Range
```

```
    Dim Celdilla As Range
    Dim PoblacionTotal As Long

    ' Nos movemos a la primera columna del área
    ActiveCell.End(xlToLeft).Activate
    ' y a la primera fila
    ActiveCell.End(xlUp).Activate
    ' seleccionamos hasta la última columna
    Range(ActiveCell, ActiveCell.End(xlToRight)).Select
    ' y hasta la última fila
    Set TablaDatos = Range(Selection, ActiveCell.End(xlDown))
    TablaDatos.Select ' activando toda la tabla

    ' Solicitamos la celdilla que contiene la población total
    PoblacionTotal = Application.InputBox( _
      "Celdilla con el total", "Porcentajes", Type:=8).Value

    ' Insertamos una nueva hoja y la activamos
    ActiveWorkbook.Worksheets.Add.Activate
    ' recorremos cada celdilla de la tabla
    For Each Celdilla In TablaDatos
      ' Activamos en la nueva hoja la misma celdilla de la tabla
      Range(Celdilla.Address).Activate
      ' si el valor que contiene es numérico
      If IsNumeric(Celdilla.Value) Then
         ' calculamos el porcentaje sobre el total
         ActiveCell.Value = Celdilla.Value / PoblacionTotal
         ' y le aplicamos el formato adecuado
         ActiveCell.NumberFormat = "#0.00%"
      Else ' en caso contrario copiamos el título
         ActiveCell.Value = Celdilla.Value
         ActiveCell.Font.Bold = True
         ' y lo ponemos en negrita
      End If
    Next
End Sub
```

En primer lugar seleccionamos la tabla usando la técnica descrita al principio del capítulo. Observe que el rango correspondiente lo guardamos en una variable. Acto seguido solicitamos que se indique cuál es la celdilla que contiene la población total, recuperando dicho valor. Añadimos una nueva hoja y la activamos, iniciando un bucle en el que recorremos todas las celdillas que componen la tabla.

Por cada celdilla de la tabla origen seleccionamos en la hoja de destino la misma referencia. Acto seguido comprobamos si su contenido es un número o no. En caso afirmativo efectuamos entonces el cálculo y, de no ser así, simplemente copiamos el dato original. En ambos casos asignamos un formato a la celdilla.

Al ejecutar la macro verá cómo se selecciona la tabla y aparece la ventana solicitando la celdilla que contiene el total, tal como se aprecia en la figura 16.1. Al cerrar dicha ventana se añadirá la nueva hoja y verá cómo van incluyéndose los resultados en ella. El resultado final será similar al mostrado en la figura 16.2.

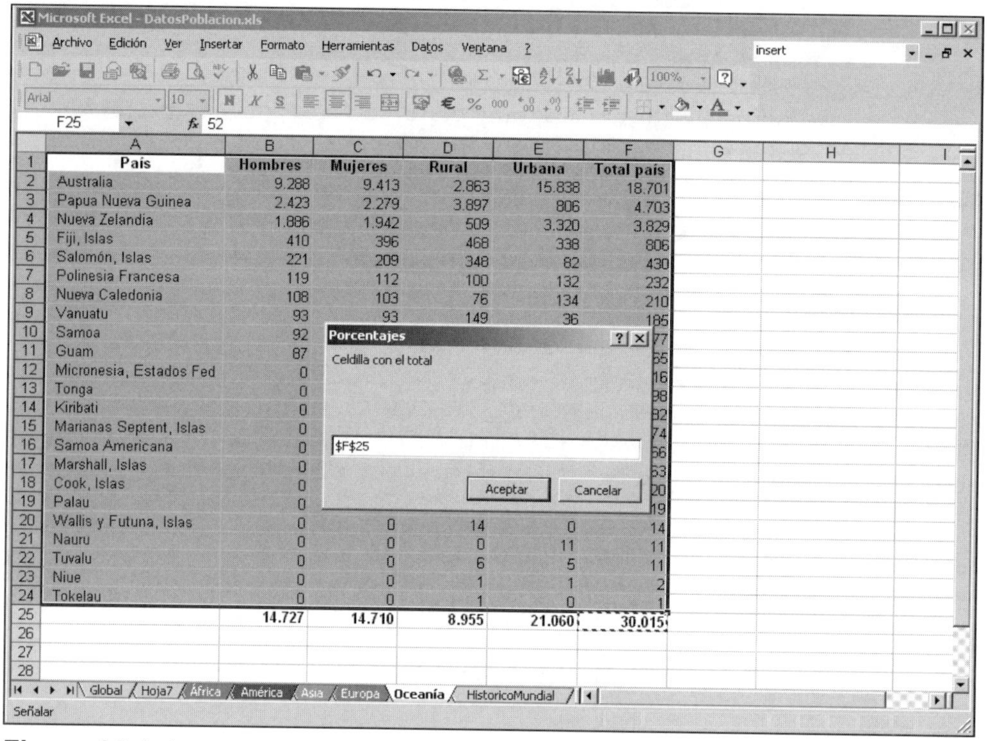

Figura 16.1. La macro en ejecución

Resumen

En este capítulo ha aprendido a seleccionar celdillas, rangos de celdillas, filas y columnas completas, accediendo tanto a su contenido como a algunos aspectos del formato. También ha aprendido a añadir nuevas hojas, insertar celdillas, filas y columnas. Dando todos estos pasos ha conocido un buen número de nuevas propiedades y métodos.

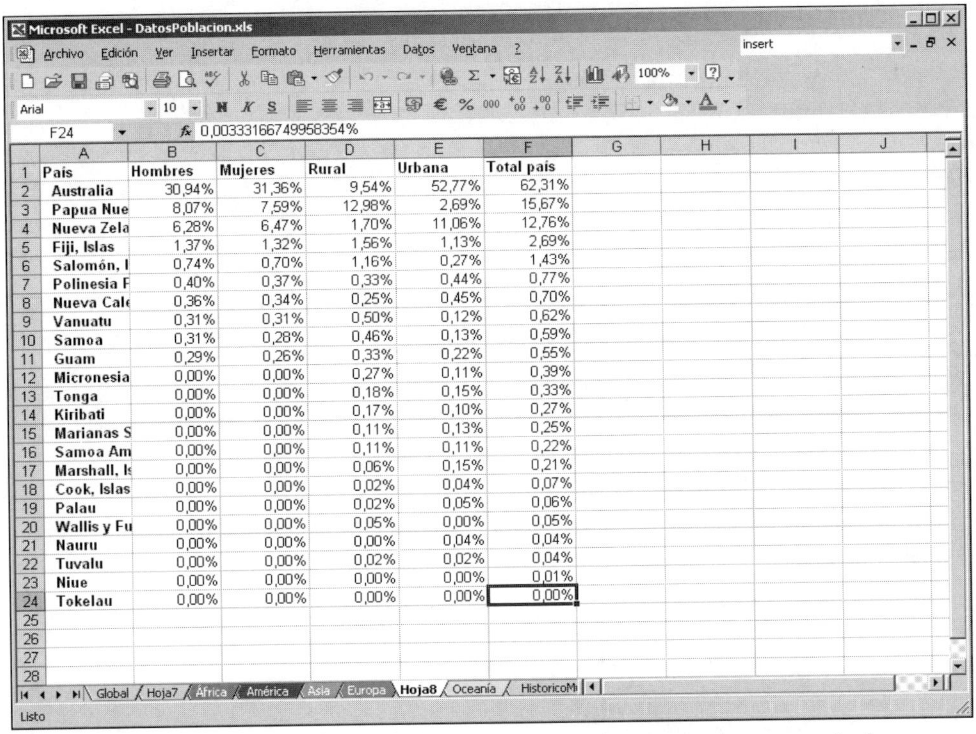

País	Hombres	Mujeres	Rural	Urbana	Total país
Australia	30,94%	31,36%	9,54%	52,77%	62,31%
Papua Nue	8,07%	7,59%	12,98%	2,69%	15,67%
Nueva Zela	6,28%	6,47%	1,70%	11,06%	12,76%
Fiji, Islas	1,37%	1,32%	1,56%	1,13%	2,69%
Salomón, I	0,74%	0,70%	1,16%	0,27%	1,43%
Polinesia F	0,40%	0,37%	0,33%	0,44%	0,77%
Nueva Cal	0,36%	0,34%	0,25%	0,45%	0,70%
Vanuatu	0,31%	0,31%	0,50%	0,12%	0,62%
Samoa	0,31%	0,28%	0,46%	0,13%	0,59%
Guam	0,29%	0,26%	0,33%	0,22%	0,55%
Micronesia	0,00%	0,00%	0,27%	0,11%	0,39%
Tonga	0,00%	0,00%	0,18%	0,15%	0,33%
Kiribati	0,00%	0,00%	0,17%	0,10%	0,27%
Marianas S	0,00%	0,00%	0,11%	0,13%	0,25%
Samoa Am	0,00%	0,00%	0,11%	0,11%	0,22%
Marshall, I	0,00%	0,00%	0,06%	0,15%	0,21%
Cook, Islas	0,00%	0,00%	0,02%	0,04%	0,07%
Palau	0,00%	0,00%	0,02%	0,05%	0,06%
Wallis y Fu	0,00%	0,00%	0,05%	0,00%	0,05%
Nauru	0,00%	0,00%	0,00%	0,04%	0,04%
Tuvalu	0,00%	0,00%	0,02%	0,02%	0,04%
Niue	0,00%	0,00%	0,00%	0,00%	0,01%
Tokelau	0,00%	0,00%	0,00%	0,00%	0,00%

Figura 16.2. Aspecto de la tabla de datos resultante en la nueva hoja

Aplicando estos nuevos conocimientos hemos creado una macro que podemos considerar mucho más útil que las usadas en capítulos previos. Además, más que la utilidad concreta de esta macro, el código le servirá como punto de partida para desarrollar otras funciones útiles. Lo más importante es que haya comprendido la utilidad de todos los elementos que se han visto, a fin de que pueda aprovecharlos en sus propios proyectos.

Capítulo 17

Cuadros de diálogo

En este capítulo aprenderá a:

- Utilizar cuadros de diálogo prediseñados de Excel.
- Solicitar datos simples y mostrar avisos.
- Diseñar sus propios cuadros de diálogo.

El capítulo previo le sirvió, entre otras cosas, para conocer un método que mostraba un cuadro de diálogo que facilitaba la selección de una referencia a celdilla. Este método, `InputBox`, nos es el único disponible para solicitar algún dato al usuario de la hoja de cálculo. En realidad, Excel dispone de decenas de cuadros de diálogo y ventanas prefabricadas que, en caso de necesidad, podemos abrir desde nuestro código en Visual Basic. Si ninguno de los cuadros de diálogo prediseñados se ajusta a nuestras necesidades concretas, siempre tenemos abierta la posibilidad de diseñar uno a medida. En el entorno de Visual Basic encontraremos las herramientas necesarias para hacerlo.

Cuadros de diálogo prediseñados

Cuando utilizamos Excel como usuarios, accediendo a las opciones del menú o los botones de las barras de herramientas, la aplicación muestra una infinidad de ventanas y cuadros de diálogo. Mediante ellos podemos efectuar tareas de todo tipo: abrir un archivo, establecer opciones de entorno, configurar los parámetros de impresión, ajustar el ancho de una columna, etc.

Todos esos cuadros de diálogo pueden ser usados también desde macros y funciones escritas en Visual Basic, facilitando así muchas tareas que, de otra manera, requerirían mucho más trabajo por nuestra parte.

Aparte de cuadros de diálogo completos, también tenemos a nuestra disposición ventanas simples para solicitar una respuesta por parte del usuario, ya sea pulsando un botón o bien introduciendo un dato como pueda ser una referencia. En el capítulo previo usábamos el método `InputBox` precisamente para esa tarea.

Cómo mostrar un cuadro de diálogo

El objeto `Application`, que conoció en un capítulo previo, dispone entre sus propiedades de una llamada `Dialogs`. Es una colección de objetos `Dialog`, cada uno de los cuales representa a un cierto cuadro de diálogo. El índice a utilizar con esa colección será una de las constantes del grupo `XlBuiltinDialog`. Puede utilizar el Examinador de objetos de Visual Basic para ver los elementos que forman este grupo. Como se aprecia en la figura 17.1, son muchos.

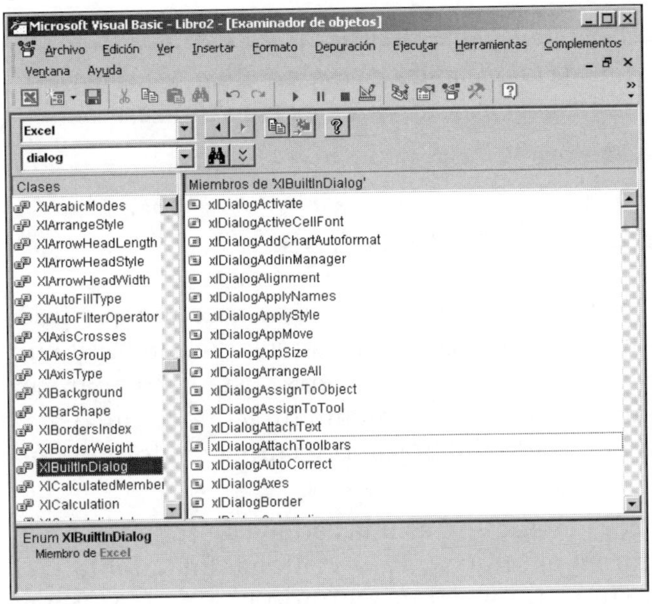

Figura 17.1. Constantes que representan los distintos cuadros de diálogo

De los miembros con que cuenta cada objeto `Dialog` el único interesante, para nosotros, es el método `Show`. Éste hará aparecer el cuadro de diálogo y, según éste, devolverá un parámetro indicando la acción del usuario sobre la ventana. Habitualmente `True` significa que se ha pulsado el botón **Aceptar**, **Abrir** o equivalente, mientras que `False` indicaría la cancelación.

La mayoría de las ocasiones podremos llamar al método `Show` sin necesidad de ningún parámetro. No obstante, el número de parámetros es variable y, en ocasiones, se necesitarán uno o más de ellos dependiendo del cuadro de diálogo de que se trate. Para solicitar un nombre de archivo a abrir, mediante el cuadro de diálogo `XlDialogOpen`, no es necesario parámetro alguno.

Inserte en un procedimiento las tres líneas siguientes y ejecútelo. Verá aparecer, uno tras otro, los cuadros de diálogo de alineación de texto, creación de nombres e inserción de hipervínculos. Los valores devueltos indicarían si se ha seleccionado una alineación, se ha creado un nombre o se ha insertado el hipervínculo, siendo `True` en caso afirmativo.

```
Application.Dialogs(xlDialogAlignment).Show
Application.Dialogs(xlDialogCreateNames).Show
Application.Dialogs(xlDialogInsertHyperlink).Show
```

Ejemplo:

Encontrará el código de los ejemplos de este capítulo, así como el cuadro de diálogo diseñado más adelante, en el módulo asociado al libro `CuadrosDialogo.xls`.

Confirmaciones y petición de datos

Si tan sólo necesitamos preguntar al usuario sobre una cuestión que puede responderse con un simple sí o no, aceptar o cancelar, en lugar de un cuadro de diálogo podemos usar la función `MsgBox`. Ésta hace aparecer una pequeña ventana con un texto, opcionalmente un icono y uno o más botones en su interior. Dependiendo del botón pulsado, el valor devuelto por la función será uno u otro.

El primer parámetro que necesita `MsgBox` es una cadena de caracteres con el mensaje que debe mostrar en el interior de la ventana. En la tabla 17.1 se resumen los valores que usaríamos como segundo parámetro. Tenga en cuenta que es posible combinar varios de esos valores, como por ejemplo para mostrar el icono de advertencia y un botón **Aceptar**. Para efectuar esa combinación se utiliza el operador `Or`, aunque también puede sumarlos.

Tabla 17.1. Valores para el segundo parámetro de `MsgBox`

Valor	Significado
`VbOKOnly`	Sólo se incluirá el botón **Aceptar**.
`VbOKCancel`	Aparecerán los botones **Aceptar** y **Cancelar**.
`VbYesNo`	Aparecerán los botones **Sí** y **No**.
`VbYesNoCancel`	Aparecerán los botones **Sí**, **No** y **Cancelar**.
`VbCritical`	Se mostrará un icono de advertencia crítica.
`VbQuestion`	Se muestra una interrogación.
`VbExclamation`	Se muestra una exclamación.
`VbInformation`	Se muestra el icono de información.
`VbApplicationModal`	Hace que la ventana quede en primer plano impidiendo el acceso a Excel hasta que no sea cerrada.

Los valores devueltos por esta función son `VbOK`, `VbCancel`, `VbYes` o `VbNo`, según el botón que se haya pulsado.

Podríamos usar esta función, tomando como base el ejemplo desarrollado al final del ejemplo anterior, para preguntar si desea añadir los datos en una hoja nueva.

Si la respuesta es afirmativa se procedería como lo hacíamos, mientras que en caso de ser negativa solicitaríamos una referencia de destino para copiar los datos.

Advertencia:

`MsgbBox` es una función de Visual Basic, no de Excel. Debe tener esto en cuenta para localizarla en el **Examinador de objetos** *o la ayuda. También existe una función `InputBox` de Visual Basic, que no debe confundir con el método `InputBox` del objeto `Application` ya que son distintas. Estas funciones, por tanto, no están limitadas a Excel, pudiendo utilizarse en cualquier aplicación escrita con Visual Basic.*

El método `InputBox` ya lo conocimos en el capítulo previo, si bien no profundizamos sobre los distintos valores que podrían entregarse como último parámetro. Entonces utilizamos el valor 8 para solicitar una referencia.

En la tabla 17.2 se enumeran todas las posibilidades existentes. Dependiendo de qué parámetro se use, la función dejará al usuario introducir en la ventana un tipo de dato u otro.

Tabla 17.2. Posibles valores para el último parámetro del método `InputBox`

Valor	Significado
0	El usuario debe introducir una fórmula.
1	Debe facilitarse un número.
2	El dato solicitado es una cadena de caracteres.
4	Se solicita un valor lógico, sólo puede ser `VERDADERO` o `FALSO`.
8	El usuario debe facilitar una referencia a una celdilla o un rango.
16	El valor a introducir es un código de error.
64	Debe introducirse una matriz de valores.

Al igual que los valores de la tabla 17.1, éstos que acaban de enumerarse también pueden ser combinados, bien sea sumándolos o con el operador `Or`. Esto permitiría mostrar una ventana que, por ejemplo, permitiese tanto introducir una fórmula como una referencia a una celdilla que la contuviese.

Cuadros de diálogo personalizados

Como acaba de ver, Excel cuenta con recursos suficientes como para cubrir nuestras necesidades en la mayoría de las ocasiones. Con los cuadros de diálogo prediseñados podemos abrir y guardar archivos, modificar atributos, acceder a propiedades del entorno, gráficos y tablas, etc. Mediante las funciones `MsgBox` e `InputBox` se facilita la comunicación de mensajes, petición de confirmaciones y solicitud de datos simples.

En ocasiones, sin embargo, puede ocurrir que no encontremos el elemento adecuado para la función que deseamos implementar. Ninguno de los cuadros de diálogo se ajusta a nuestras necesidades. En estos casos siempre podemos recurrir a la creación de un cuadro de diálogo propio, elemento también conocido como *formulario*.

Sobre el tema de diseño de formularios, uso de controles y componentes podrían escribirse cientos de páginas. Lo que encontrará a continuación será una introducción a este tema, breve pero suficiente para dar los primeros pasos.

Añadir un formulario al proyecto

El primer paso será la inserción de un formulario en el proyecto, para lo cual puede usar la opción Insertar>User form. Verá aparecer una ventana conteniendo un formulario vacío, por una parte, y una paleta conteniendo los diversos controles que puede insertar en ese formulario (véase figura 17.2). La inserción de los controles se efectúa mediante el ratón, haciendo clic en la paleta para seleccionar el control y después en el formulario para insertarlo.

Al insertar un nuevo cuadro de diálogo éste recibe un nombre y un título por defecto. El nombre se encuentra en la propiedad `Name`, y el título en la propiedad `Caption`. Puede editar estas propiedades en la ventana Propiedades de Visual Basic, estableciendo unos valores más apropiados.

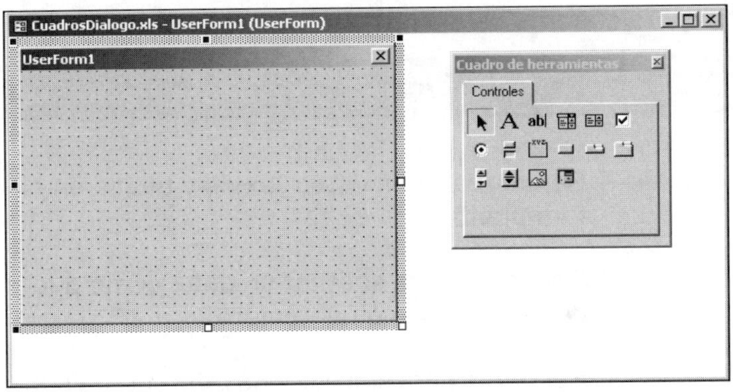

Figura 17.2. Aspecto del formulario recién insertado y la paleta de controles

Nota:

La propiedad `Name` *establece un nombre que será utilizado para hacer referencia posteriormente al objeto, mientras que la propiedad* `Caption` *almacena un título que es simplemente un elemento visual.*

Trabajo con componentes

Un formulario vacío es una ventana sin mucha utilidad, ya que tan sólo contiene un título y el botón de cierre. Para que sirva para algo deberemos incluir en él componentes, objetos de los que aparecen en la paleta que puede verse a la derecha en la figura 17.2. Estos elementos son etiquetas de texto para poner títulos, cajas de texto para solicitar datos, botones, etc. En la tabla 17.3 se indica el nombre y finalidad de algunos de estos componentes.

Cada componente dispone de un buen conjunto de propiedades, muchas de ellas comunes a los demás componentes. Componentes como `Label`, `CommandButton`, `OptionButton` y `CheckBox` disponen de una propiedad, llamada `Caption`, que permite establecer el texto que se ve en el interior o al lado del componente.

Los botones, al ser pulsados o seleccionados, generan un evento `Click` que puede ser usado para responder a esa acción. Además, controles como `CheckBox` y `OptionButton` cuentan con una propiedad, concretamente la propiedad `Value`, que con su valor, `True` o `False`, indica si la opción ha sido elegida o no.

Tabla 17.3. Componentes para cuadros de diálogo

Icono	Nombre	Descripción
	`Label`	Se utiliza para mostrar textos y títulos en el formulario.
	`TextBox`	Recuadro para solicitar un dato, como puede ser un texto o un número.
	`RefEdit`	Recuadro para solicitar una referencia a una celdilla o rango.
	`OptionButton`	Botón para selección de múltiples opciones exclusivas entre sí.
	`CheckBox`	Casilla de activación/desactivación de opciones.
	`CommandButton`	Botón tradicional para pulsar ejecutando una acción.

Cuando no se trata de elegir una opción simple sino de solicitar un dato, como pueda ser un número, un texto o una referencia, los componentes adecuados son `TextBox` y `RefEdit`. Son similares: los dos disponen de una propiedad `Text` donde almacenan el valor introducido. El primero se usa para datos en general, mientras que el segundo es apropiado para solicitar referencias a celdillas o rangos.

Nota:

El componente `RefEdit` permite acceder a la hoja de cálculo para seleccionar interactivamente la referencia, algo que no es posible con el componente `TextBox`.

Orden de acceso a los componentes

Un cuadro de diálogo personalizado se usa como cualquier otro. Con el método `Show` lo haríamos aparecer, mientras que utilizando el método `Hide` del propio cuadro de diálogo lo ocultaríamos. Al mostrar el cuadro de diálogo, el acceso a los componentes se realizará como en cualquier otra ventana. En principio habrá un control activo, y usando la tecla **Tab** iríamos accediendo a los demás.

Todos los controles cuentan con las propiedades `TabStop` y `TabIndex`. Con la primera indicaremos si debe accederse o no al control usando la tecla **Tab**. El valor por defecto, `True`, indica que así debe ser, pero podemos modificarlo. Mediante `TabIndex` se establece el orden de acceso a los componentes. Su contenido será un número que indicará la posición que ocupa el control en ese orden de acceso, independientemente de su posición física en el formulario.

En lugar de establecer individualmente la propiedad `TabIndex` de cada componente, lo cual es un poco tedioso, puede usar la opción Orden de tabulación del menú emergente asociado al formulario. Al elegirla aparecerá una ventana, similar a la de la figura 17.3. En la lista aparecen todos los controles del formulario. Puede seleccionar cualquiera de ellos y, a continuación, pulsar los botones **Mover arriba** y **Mover abajo** para cambiar el orden de acceso.

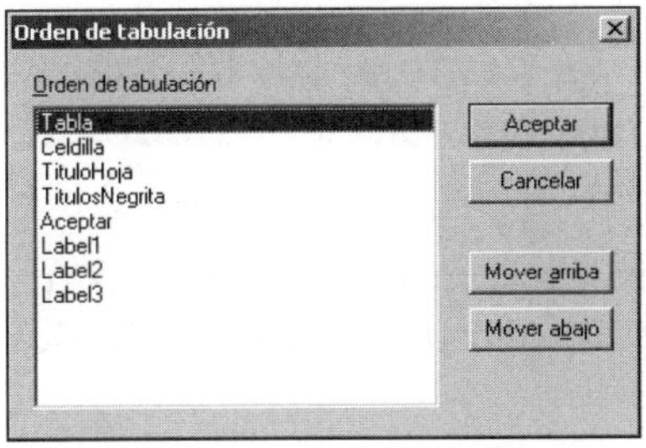

Figura 17.3. Ventana para establecer el orden de acceso con el tabulador

Una macro más atractiva y cómoda

Al final del capítulo previo creamos una macro que, al ser ejecutada, seleccionaba una tabla de datos, solicitaba una referencia a una celdilla con un total y, sin más datos, generaba una tabla de resultados en una nueva hoja añadida al libro. Diseñando un cuadro de diálogo específico para esa macro haremos su uso más efectivo y cómodo, al tiempo que le añadiremos un cierto atractivo.

Use la opción Insertar>UserForm para insertar en el proyecto un formulario, si es que no lo tenía ya. Modifique la propiedad `Name` asignándole el nombre `Parametros`. Incluya en el formulario los siguientes componentes en orden descendente, de arriba abajo verticalmente en el formulario:

- `Label`: Asígnele el texto `Tabla` a la propiedad `Caption`.
- `RefEdit`: Colóquelo justo debajo del título anterior y ajuste sus dimensiones. Dé el valor `Tabla` a la propiedad `Name`, de tal manera que a partir de ahora, en el código, podamos usar `Tabla` como nombre de objeto.
- `Label`: Algo más debajo de los dos anteriores. Dé el valor `Celdilla que contiene el total` a la propiedad `Caption`.
- `RefEdit`: Justo debajo del anterior. El nombre de este componente será `Celdilla`.
- `Label`: Más abajo y con el texto `Título nueva hoja` en la propiedad `Caption`.
- `TextBox`: Este recuadro de texto se llamará `TituloHoja` y servirá para solicitar el título a asignar a la hoja de datos que se añada.
- `CheckBox`: Modifique dos de sus propiedades: `Name` tendrá el valor `TitulosNegrita` y `Caption` el texto `Títulos en negrita`.
- `CommandButton`: Será el último elemento del formulario y lo situaremos en la esquina inferior derecha. Asignaremos el valor `Aceptar` tanto a la propiedad `Name` como a `Caption`.

El aspecto final del formulario deberá ser similar al mostrado en la figura 17.4. Edite la propiedad `Caption` del propio formulario para establecer el título que puede verse en la parte superior.

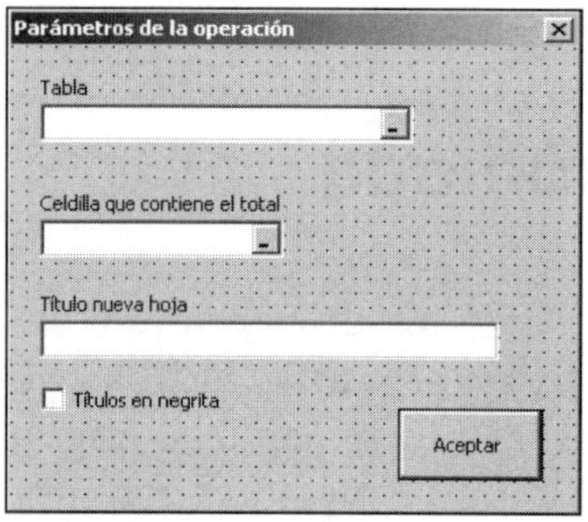

Figura 17.4. Aspecto del formulario a medida para nuestra macro

Lógicamente, el código de la macro que teníamos originalmente ahora debe cambiar para usar el cuadro de diálogo, adaptando alguno de sus pasos para tomar los parámetros que se hubiesen introducido en él. El procedimiento correspondiente a la macro ahora tendrá tan sólo una sentencia:

```
Parametros.Show
```

Con ella mostramos el cuadro de diálogo, siendo en él donde se desarrolle todo el proceso de selección de la tabla de datos, solicitud de parámetros y generación de los resultados.

Iniciación del cuadro de diálogo

Vuelva al formulario y haga doble clic sobre él. Esto causará la apertura del editor de código y la generación del encabezado y fin de un método, concretamente el ejecutado cada vez que se hace clic sobre el formulario. Despliegue la lista que hay a la derecha, en la parte superior del editor, y luego seleccione el evento `Initialize`. En este método, que se ejecuta al crearse el cuadro de diálogo, incluiremos el código siguiente:

```
' Al iniciar el cuadro de diálogo
Private Sub UserForm_Initialize()
   ' Nos movemos a la primera columna del área
   ActiveCell.End(xlToLeft).Activate
   ' y a la primera fila
   ActiveCell.End(xlUp).Activate
   ' seleccionamos hasta la última columna
   Range(ActiveCell, ActiveCell.End(xlToRight)).Select
   ' y hasta la última fila
   Range(Selection, ActiveCell.End(xlDown)).Select
   ' introducir en el primer control de texto
   ' la referencia de la tabla de datos
   Tabla.Text = Selection.Address
   Tabla.Text = ActiveSheet.Name & "!" & Tabla.Text
End Sub
```

Lo que hacemos es, básicamente, seleccionar la tabla de datos, asignando la correspondiente referencia al cuadro de texto `Tabla` del cuadro de diálogo. Observe cómo añadimos delante de esa referencia el nombre de la hoja, ya que a continuación activaremos una recién creada pero necesitaremos seguir accediendo a la primera.

Tras ejecutarse este código aparece el cuadro de diálogo mostrando la referencia a la tabla y ésta seleccionada de fondo. Es entonces cuando podemos modificar el área de la tabla, seleccionar la celdilla que tiene la población total, introducir el título de la nueva hoja e indicar si deseamos o no los títulos en negrita.

En la figura 17.5 puede ver la hoja de cálculo y el cuadro de diálogo en primer plano.

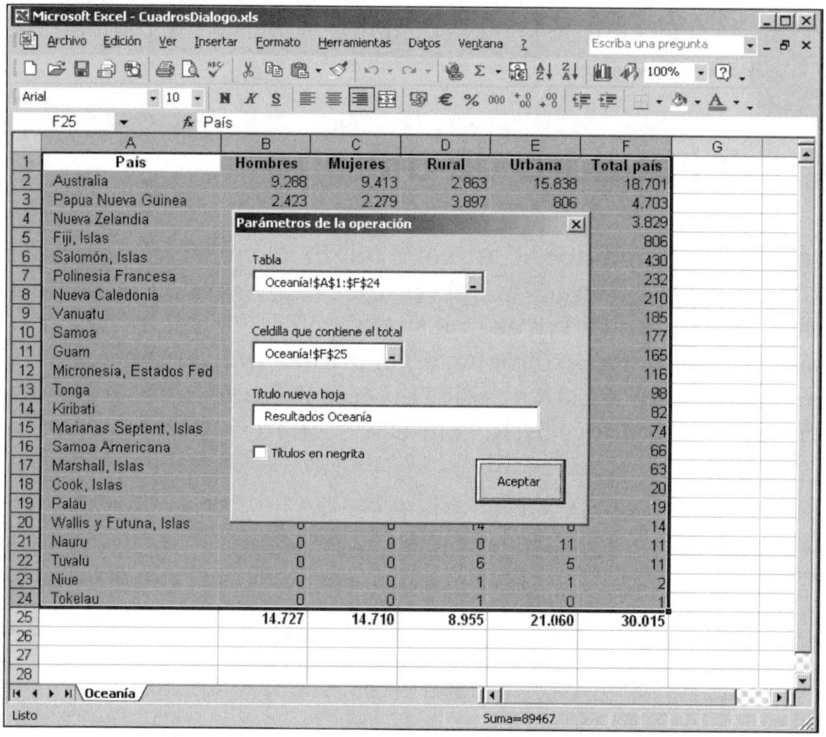

Figura 17.5. Nuestro cuadro de diálogo en funcionamiento

Adecuación del proceso a las opciones

Mientras se introducen los parámetros en el cuadro de diálogo, el código que éste alberga está detenido, esperando una señal. Dicha señal será la pulsación del botón **Aceptar**. Encontrándose en el entorno de Visual Basic, haga doble clic sobre dicho botón para generar el método que debe ejecutarse al hacer clic en él.

Lo único que haremos en este método será comprobar que la celdilla que contiene el total de población alberga, efectivamente, un valor numérico. De no ser así lo comunicamos y el cuadro de diálogo quedaría entonces nuevamente a la espera. Si la celdilla contiene un número, por el contrario, ocultamos el cuadro de diálogo y llamamos a otro método.

```
' Al pulsar el botón Aceptar
Private Sub Aceptar_Click()
   ' si el dato en la celdilla de total no es un número
   If Not IsNumeric(Range(Celdilla.Text)) Then
      ' indicamos que debe seleccionar un número
      MsgBox "Debe seleccionar la celdilla con el total", _
          vbOKOnly Or vbInformation
   Else ' si todo está bien
      Hide ' ocultamos el cuadro de diálogo
      Procesa ' y procesamos la tabla de datos
   End If
End Sub
```

El proceso de los datos, y generación de los resultados, es muy similar a la descrita en el capítulo previo, si bien con algunos cambios para tener en cuenta los parámetros introducidos. Como se ve en el código siguiente, tras crear una nueva hoja le asignamos el nombre introducido como tercer parámetro. Al copiar títulos, se ponen en negrita o no dependiendo de que se haya marcado la opción correspondiente.

```
Private Sub Procesa()
   Dim UnaCeldilla As Range
   Dim PoblacionTotal As Long

   ' Recuperamos la población total de la celdilla indicada
   PoblacionTotal = Range(Celdilla.Text).Value

   ' Insertamos una nueva hoja y la activamos
   ActiveWorkbook.Worksheets.Add.Activate
   ' estableciendo el título que se haya indicado
   ActiveSheet.Name = TituloHoja.Text

   ' recorremos cada celdilla de la tabla
   For Each UnaCeldilla In Range(Tabla.Text)
     ' Activamos en la nueva hoja la misma celdilla de la tabla
     Range(UnaCeldilla.Address).Activate
     ' si el valor que contiene es numérico
     If IsNumeric(UnaCeldilla.Value) Then
        ' calculamos el porcentaje sobre el total
        ActiveCell.Value = UnaCeldilla.Value / PoblacionTotal
        ' y le aplicamos el formato adecuado
        ActiveCell.NumberFormat = "#0.00%"
     Else ' en caso contrario copiamos el título
        ActiveCell.Value = UnaCeldilla.Value
```

```
            ' y lo ponemos en negrita o no según TitulosNegrita
            ActiveCell.Font.Bold = TitulosNegrita.Value
        End If
    Next
End Sub
```

Resumen

Como ha podido ver en este capítulo, mediante los cuadros de diálogo predefinidos de Excel es fácil aportar interactividad a nuestras macros y funciones. También es sencilla la solicitud de datos simples, emisión de avisos o petición de confirmaciones, gracias a la función `MsgBox` y el método `InputBox`.

En el entorno de Visual Basic tenemos a nuestra disposición un diseñador que nos permite crear nuestros propios cuadros de diálogo, una posibilidad muy potente. En esos cuadros incluiremos controles para solicitar datos, marcar o seleccionar opciones, etc. También existe la posibilidad de añadir otros controles a la paleta.

Finalmente se ha codificado una nueva versión de la macro creada en el punto anterior, pero en este caso mucho más flexible al permitir la modificación del rango en que se encuentra la tabla, especificar el nombre de la nueva hoja o si deben asignarse ciertos atributos.

Tomando como base el cuadro de diálogo, y el código asociado, intente crear otro para una función distinta, por ejemplo efectuando un análisis estadístico de los datos.

Capítulo 18

Trabajo en grupo

En este capítulo aprenderá a:

- Convocar reuniones virtuales.
- Compartir sus libros con otros usuarios.
- Utilizar las herramientas para revisión de Excel.

Microsoft Excel es una herramienta usada en miles de empresas de todo tamaño. Todas ellas tienen necesidad de procesar información numérica utilizando fórmulas, representar gráficamente los datos, generar informes, etc. Esa información, además, suele ser elaborada por una o más personas y, posteriormente, ir destinada a otras. Esto es especialmente así en empresas medianas y grandes.

En un capítulo previo aprendió a publicar sus hojas usando diversos recursos: envío por correo electrónico, impresión, publicación en Internet o una *intranet*, etc. En todos los casos, la información parte de un origen y va a un destino sin que exista una información bidireccional inmediata, un retorno que llegue a las personas que elaboran o mantienen esos datos.

El objetivo del capítulo que nos ocupa será mostrarle cómo utilizar algunas de las opciones de colaboración y trabajo en grupo con que cuenta Excel, opciones que le serán especialmente útiles si, como se ha dicho, trabaja en una empresa utilizando esta aplicación para elaborar o revisar documentos.

Reuniones virtuales

Suponga que necesita conversar con otros compañeros y colaboradores acerca de la información de un libro o una cierta hoja de cálculo. Durante esa conversación se intercambian opiniones, hacen suposiciones y es posible que se actúe directamente sobre los datos para efectuar algún tipo de cambio.

Si todas las personas que van a participar en la reunión se encuentran cerca, en el mismo edificio, es relativamente fácil convocar una reunión presencial delante de la pantalla de un ordenador, utilizando el mecanismo de comunicación más directo que existe. En ocasiones, sin embargo, eso no será posible.

Desde que inició la lectura de este libro está suponiendo que trabaja para un organismo de la ONU. Continuando con ese supuesto, imagine que usted, que es el encargado de los datos de un cierto continente, tiene que reunirse con la oficina central de la FAO y con los responsables de los países de su zona.

En casos como éste, lógicamente no es posible una reunión presencial inmediata por las largas distancias que separan a las personas. No obstante, Excel tiene la posibilidad de efectuar reuniones virtuales.

Advertencia:

Para poder probar algunas de las posibilidades que van a describirse en este capítulo, como las reuniones a través de Internet o las conversaciones Web, su equipo debe estar conectado a Internet o una intranet *y conocer el servidor al que debe conectarse.*

Programación de una reunión

Aunque es posible iniciar una reunión de manera inmediata, lo habitual es que ésta se programe con alguna antelación. Esto permitirá a los participantes estar preparados y con sus sistemas dispuestos para poder conectar con la reunión. Esta comunicación previa, asumiendo la distancia entre los participantes antes indicada, suele efectuarse mediante correo electrónico.

Seleccione la opción Herramientas>Colaboración en línea>Programar reunión para abrir la ventana que puede ver en la figura 18.1. En ella se establecerán todos los parámetros de la reunión: personas que deben asistir, hora de inicio y duración, sistema de conferencia a utilizar, correo electrónico del organizador o responsable, etc.

Lo primero será indicar qué personas deben asistir a esta reunión, habitualmente seleccionándolas a partir de la libreta de direcciones. Hay que introducir un asunto y, lógicamente, indicar la fecha y hora de la reunión, así como su duración. Es posible usar distintos medios para facilitar la comunicación, siendo la más habitual NetMeeting. En la lista adjunta a la opción Esta conferencia en línea utiliza podemos elegir el método que se utilizará para comunicarse.

Finalizada la introducción de datos, bastará con pulsar el botón **Enviar** para poner en marcha el proceso. Los integrantes de la reunión recibirán un mensaje con la convocatoria, mensaje que, al ser abierto con Outlook, estarán precedidos de unos botones mediante los cuales puede aceptarse la reunión, rechazarse o proponer otra fecha y hora.

Nota:

Si los destinatarios son usuarios de Outlook, al aceptar la convocatoria de reunión ésta será añadida a su diario y, llegado el momento, recibirán un aviso minutos antes de la hora establecida como inicio de la reunión.

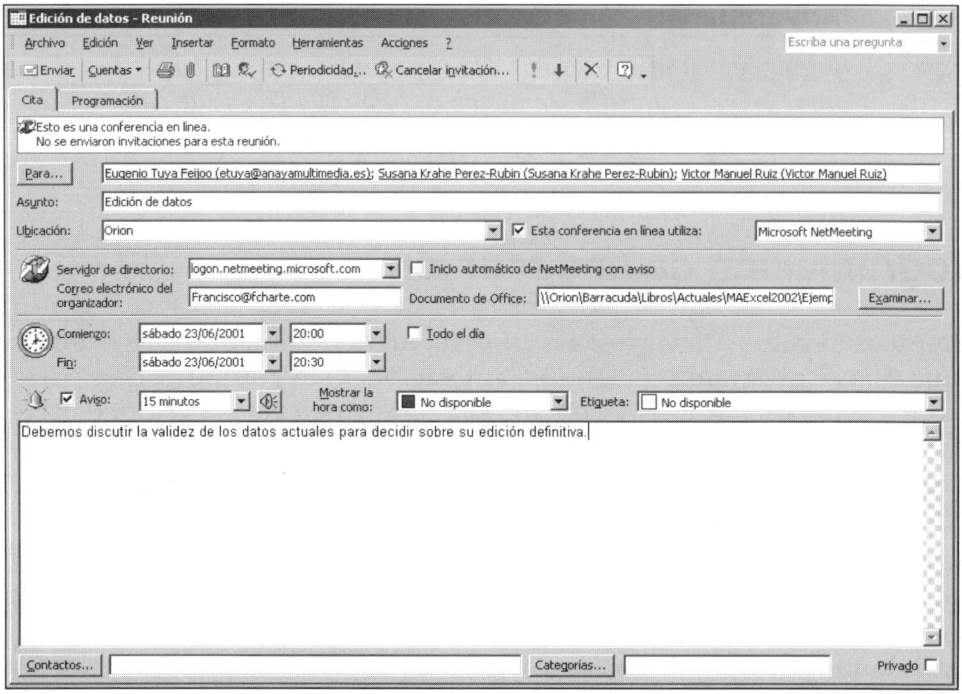

Figura 18.1. Ventana de convocatoria de reunión

Inicio de la reunión

Independientemente que hayamos dado o no el paso anterior, podemos iniciar una reunión virtual en cualquier momento usando la opción Herramientas>Colaboración en línea>Reunirse ahora. Los pasos a dar serán varios, comenzando por la introducción o selección del servidor que nos permita localizar a las personas con las que es necesario contactar.

Tras facilitar el servidor, que puede ser un servidor corporativo de la empresa o, en su defecto, un servidor público en Internet, aparecerá (véase figura 18.2) una lista con las personas que están conectadas en ese momento. Basta hacer doble clic sobre los integrantes de la reunión para ir llamándolos, formando todos ellos parte de la misma conferencia digital.

Establecida la conexión entre los integrantes, la comunicación más habitual es la voz. Ésta se transmite a través de la red, ya sea corporativa o Internet, de unos equipos a otros, permitiendo hablar a los participantes como si utilizasen un teléfono a varias bandas. Si los equipos cuentan con una cámara de vídeo, también existe la posibilidad de establecer una videoconferencia. Esta opción, no obstante, depende mucho de la velocidad de los equipos y el ancho de banda disponible en la red.

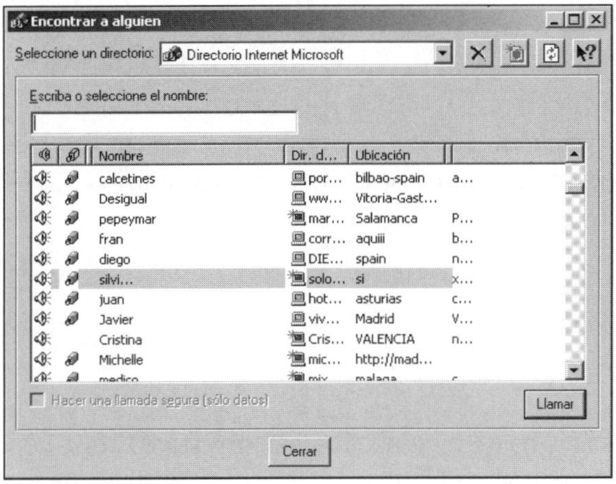

Figura 18.2. Lista de personas disponibles en un servidor público

Figura 18.3. Ventana de NetMeeting para la visualización de vídeo y ajustes de audio

Si esta reunión virtual se limitase a una conversación de voz entre varias personas, algo que puede hacerse actualmente con los nuevos servicios telefónicos, lo cierto es que no tendría demasiado interés. Las posibilidades, sin embargo, son mucho más amplias.

Otros mecanismos de comunicación

La comunicación mediante videoconferencia suele estar limitada a redes corporativas con un gran ancho de banda. Cuando el medio de comunicación es Internet, incluso la comunicación por voz no resulta posible en muchos casos. Al iniciar una conferencia, Excel muestra una barra de herramientas específica para las opciones de comunicación. Uno de los botones, concretamente el que aparece como un bocadillo de mensaje (véase figura 18.4), abre una ventana de conversación por teclado.

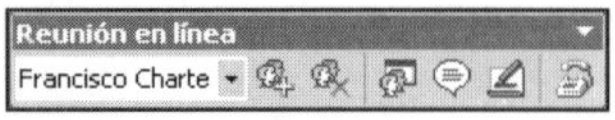

Figura 18.4. Paleta de herramientas para comunicación

Mediante la ventana de conversación, que se abrirá automáticamente en los equipos de los restantes integrantes de la reunión, podrá usar el teclado para enviar mensajes que serán recibidos por los demás. En la parte superior de la ventana, mostrada en la figura 18.5, aparecen los mensajes precedidos de la persona que los emite.

Al enviar un mensaje es posible indicar, con la lista que hay en la parte inferior, si el destinatario debe ser una persona concreta o bien se enviará a todos.

Figura 18.5. Ventana de conversación

El texto puede resultar limitado en algunas ocasiones. Pulsando el botón que está a la derecha del anterior abrirá una pizarra de dibujo. Podemos usarla para trazar esquemas o ideas libremente. Todos los participantes pueden dibujar sobre ella y los demás ver de inmediato su contenido.

Una de las posibilidades más interesantes de Excel, en lo relativo a la colaboración en línea, es la de compartir los libros con los demás integrantes. Al pulsar el botón para permitir que los demás accedan a los datos, en sus equipos aparecerá entonces una ventana similar a la que muestra la figura 18.6.

En ella se ve la aplicación remota y, tras solicitar el control con la primera opción del menú Archivo, pueden efectuarse tareas de edición. Los cambios, como es lógico, se reflejarán de manera inmediata en el resto de los equipos.

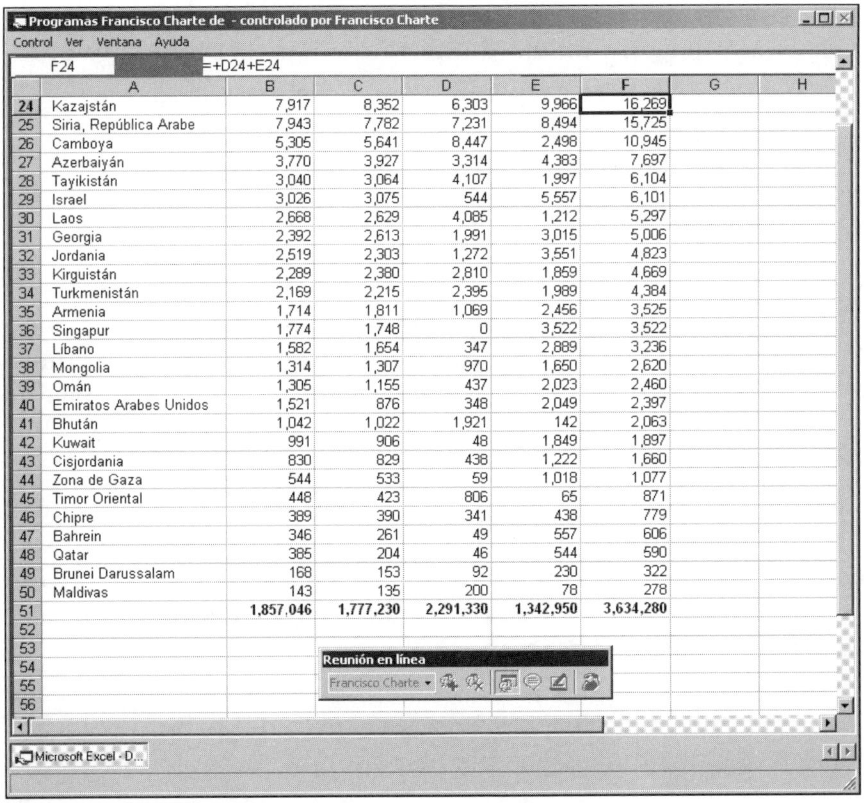

	A	B	C	D	E	F	G	H
24	Kazajstán	7,917	8,352	6,303	9,966	16,269		
25	Siria, República Arabe	7,943	7,782	7,231	8,494	15,725		
26	Camboya	5,305	5,641	8,447	2,498	10,945		
27	Azerbaiyán	3,770	3,927	3,314	4,383	7,697		
28	Tayikistán	3,040	3,064	4,107	1,997	6,104		
29	Israel	3,026	3,075	544	5,557	6,101		
30	Laos	2,668	2,629	4,085	1,212	5,297		
31	Georgia	2,392	2,613	1,991	3,015	5,006		
32	Jordania	2,519	2,303	1,272	3,551	4,823		
33	Kirguistán	2,289	2,380	2,810	1,859	4,669		
34	Turkmenistán	2,169	2,215	2,395	1,989	4,384		
35	Armenia	1,714	1,811	1,069	2,456	3,525		
36	Singapur	1,774	1,748	0	3,522	3,522		
37	Líbano	1,582	1,654	347	2,889	3,236		
38	Mongolia	1,314	1,307	970	1,650	2,620		
39	Omán	1,305	1,155	437	2,023	2,460		
40	Emiratos Arabes Unidos	1,521	876	348	2,049	2,397		
41	Bhután	1,042	1,022	1,921	142	2,063		
42	Kuwait	991	906	48	1,849	1,897		
43	Cisjordania	830	829	438	1,222	1,660		
44	Zona de Gaza	544	533	59	1,018	1,077		
45	Timor Oriental	448	423	806	65	871		
46	Chipre	389	390	341	438	779		
47	Bahrein	346	261	49	557	606		
48	Qatar	385	204	46	544	590		
49	Brunei Darussalam	168	153	92	230	322		
50	Maldivas	143	135	200	78	278		
51		**1,857,046**	**1,777,230**	**2,291,330**	**1,342,950**	**3,634,280**		
52								
53								
54								
55								
56								

Figura 18.6. Ventana con la hoja de Excel en un equipo remoto

Truco:

Puede utilizar conjuntamente varios de los mecanismos de comunicación en línea de Excel, modificando datos en el libro, trazando esquemas en la pizarra y usando voz y/o vídeo.

Conversaciones Web

Una alternativa a las reuniones en vivo, con conexión simultánea de todos los implicados en la elaboración o revisión de un documento, es la asociación de conversaciones a los documentos. Estas conversaciones se almacenan en un servidor Web, que será conocido por todos los interesados, pero no es necesario que estén conectados de manera simultánea.

Toda la gestión de las conversaciones Web se efectúa con las opciones de la barra de herramientas Web (véase figura 18.7). Seleccione la opción Herramientas>Colaboración en línea>Discusiones Web. Su apariencia es como la de cualquier otra paleta de herramientas, conteniendo botones y menús de opciones.

Figura 18.7. Paleta de herramientas de conversaciones Web

Teniendo visible la barra de herramientas, el primer paso será desplegar el menú Discusiones y seleccionar la primera opción: Insertar discusión sobre el libro. Aparecerá una ventana de opciones en la que lo primero que deberá hacer es pulsar el botón **Agregar**, añadiendo el servidor que alojará la conversación Web. Acto seguido puede facilitar un título y descripción para la discusión.

Creada la lista de discusión, cualquier otro equipo puede conectar con el mismo servidor Web y suscribirse a ella. Cualquier equipo puede insertar mensajes y responder a los que ya hubiese. Seleccionando la opción Discusiones>Actualizar discusiones podremos ver en cualquier momento el estado actual de la conversación.

Tal como se observa en la figura 18.8, los mensajes aparecen en una lista donde se indica el emisor, la fecha y hora y el texto del propio mensaje. Usando el menú desplegable es posible responder a cualquier mensaje o eliminarlo.

Control de cambios

Al modificar un libro durante una reunión virtual, utilizando las opciones que acaban de describirse, los asistentes ven en directo los cambios y pueden comentarlos y debatirlos. Usando una conversación Web también es posible hacer algo parecido. Ahora bien, cuando este tipo de reuniones no son posibles, por la causa que sea, la única manera de compartir los libros con otras personas consiste en almacenarlos en alguna carpeta pública, por ejemplo en el servidor de archivos de la empresa, o bien en remitirlo mediante correo electrónico.

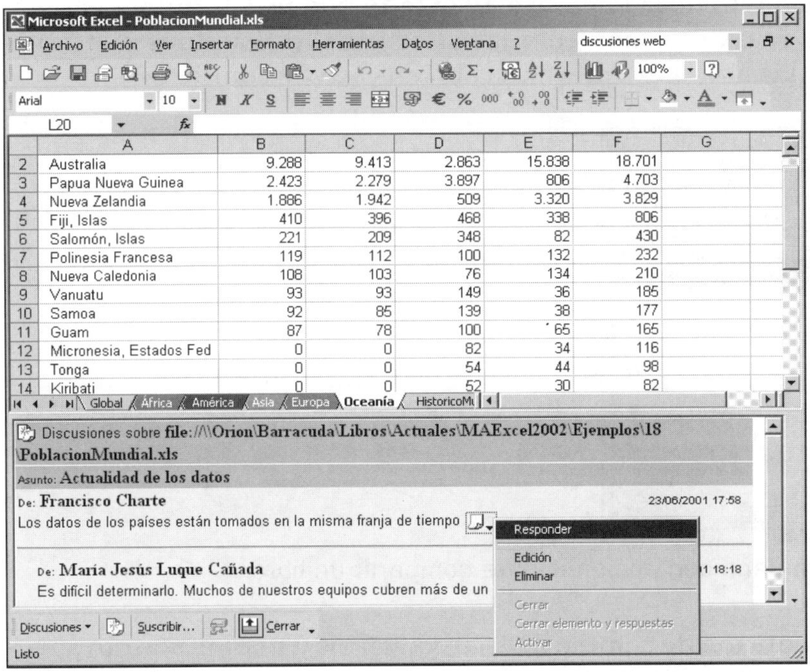

Figura 18.8. Hoja de cálculo con la vista de la conversación Web

El problema que se plantea es cómo saber lo que ha modificado cada uno, ya que esos cambios se efectuarán en equipos distintos y en momentos distintos, así como qué método debería seguirse para consolidar esos cambios, obteniendo una versión global del libro con todas las alteraciones que se hubiesen efectuado.

Compartir un libro

Un libro tan sólo puede ser abierto por un usuario de manera simultánea. Si estando el libro abierto, otro usuario, desde otro puesto de la red, intenta abrirlo, obtiene un mensaje indicando que puede abrir una copia sólo para lectura, sin posibilidad de modificar, o bien recibir una notificación cuando el primer usuario haya liberado el libro.

Este comportamiento puede modificarse compartiendo el libro. Para ello usaremos la opción Herramientas>Compartir libro, marcando la opción que aparece en la parte superior de la ventana Compartir libro, mostrada en la figura 18.9.

Usando las opciones de la ficha **Uso avanzado** puede determinar el tiempo durante el cual deseamos guardar el historial de cambios relacionados, así como las acciones a llevar a cabo en caso de conflictos.

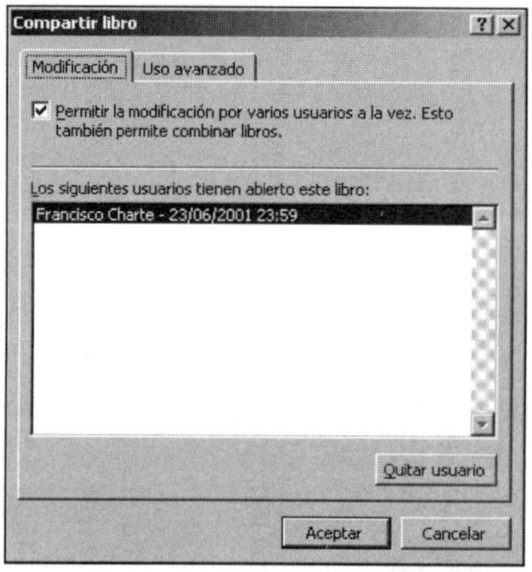

Figura 18.9. Ventana con opciones para compartir un libro

Tras activar la opción de compartir el libro, varios usuarios podrán abrirlo simultáneamente. Cada vez que se guarda, en cualquiera de los puestos, los otros recibirán los cambios generándose entonces un documento consolidado.

Si dos usuarios han efectuado modificaciones en los mismos puntos, al efectuar la consolidación aparecerán las correspondientes indicaciones sobre conflictos.

Advertencia:

Existen ciertas funciones de Excel que no estarán disponibles a partir de que el libro haya sido compartido. No podrá, por ejemplo, establecer formatos condicionales, crear esquemas o escenarios. Todas estas acciones deben efectuarse antes de compartir el libro.

Activación del control de cambios

Si nos interesa, Excel es capaz de llevar un registro de todos los cambios que se produzcan sobre los datos del libro. Una vez activado este control, cualquier modificación hecha en el libro lleva asociado un comentario especial. En él se indica la modificación efectuada y, en caso necesario, el antiguo valor y el nuevo.

Para activar este control seleccione la opción Herramientas>Control de cambios>Resaltar cambios. Elija las opciones que le interesen en el cuadro de diálogo que aparece, especificando qué cambios desea resaltar. Guarde el libro. A partir de ahora, siempre que se abra el libro y se cambie algo quedará reflejado.

Nota:

La activación del control de cambios, con la opción que acaba de indicarse, implica necesariamente que el libro deberá compartirse.

Revisión de los cambios

Tras activar el control de cambios podemos enviar el libro por correo electrónico a otras personas, o dejar que éstas lo editen desde una unidad de red. En cualquier caso, cuando los demás hayan terminado, el responsable del documento debe revisar esos cambios y aceptarlos o denegarlos, según proceda. Dicho de otra manera: los cambios efectuados al documento desde que se activó el control de cambios no son definitivos hasta en tanto no se revisan.

En este caso la opción que nos interesa es Herramientas>Control de cambios>Aceptar o rechazar cambios. Tras guardar el libro, aparecerá una primera ventana en la que indicaremos qué cambios son los que deseamos revisar, habitualmente todos. Por cada cambio encontrado aparecerá un cuadro de diálogo como el de la figura 18.10. En él se indica quién realizó el cambio, cuándo lo realizó y en qué consistió.

Sirviéndonos de los botones que hay en la parte inferior aceptaremos el cambio, lo rechazaremos, aceptaremos todos los cambios o los rechazaremos todos. En ocasiones, si se han hecho varios cambios sobre la misma celdilla, tendremos que elegir uno de esos cambios para aceptarlo, o bien rechazarlos todos.

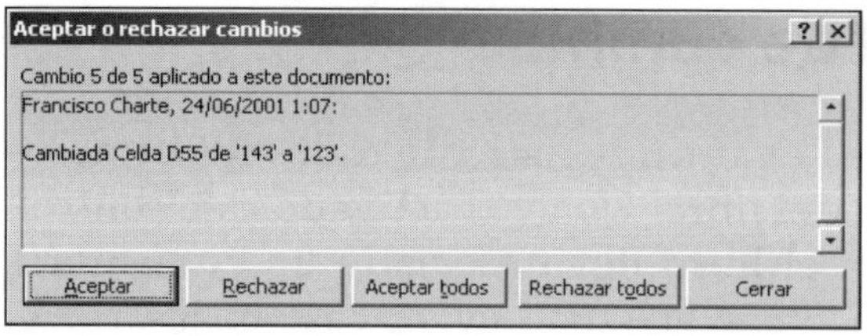

Figura 18.10. Revisión de los cambios efectuados en el documento

Para desactivar el control de cambios ejecute de nuevo la opción Resaltar cambios y desactive la casilla de verificación que hay en la parte superior de la ventana.

Resumen

Actualmente son pocos los documentos que se elaboran y revisan por una sola persona, siendo más habitual el trabajo en grupo. Al finalizar este capítulo hemos conocido los distintos mecanismos con que cuenta Excel para trabajar en este tipo de entornos, facilitando la colaboración entre usuarios y la posibilidad de compartir información.

Hemos visto cómo, usando Internet o una *intranet* corporativa, es posible efectuar reuniones virtuales entre múltiples personas, usando voz, vídeo, una pizarra para dibujar y una ventana de conversación basada en texto. También se ha explicado cómo compartir el libro con los usuarios que están en la reunión.

Otra alternativa son las conversaciones web, que pueden ir complementadas de opciones como las explicadas para compartir el libro, activar el control de cambios y revisar esos cambios.

Capítulo 19

Documentos y seguridad

En este capítulo aprenderá a:

- Bloquear el acceso a sus documentos.
- Establecer opciones de seguridad en Excel.
- Utilizar firmas digitales para asegurar la autenticidad de sus documentos.

El intercambio de información por medios digitales, usando recursos como el correo electrónico o la transferencia de archivos durante una reunión virtual, implica ciertos riesgos que, en su mayor parte, pueden ser paliados con una correcta configuración de la seguridad de nuestros documentos y la verificación de la autenticidad en documentos de terceros.

Nuestro objetivo en este capítulo será, precisamente, aprender a establecer los parámetros de seguridad de nuestros documentos, tema del que sabemos algo por haberlo tratado brevemente en un capítulo previo. Además, también veremos cómo añadir a nuestra lista de confianza orígenes de información que cuenten con un certificado digital, así como la posibilidad de obtener un certificado de este tipo para firmar nuestras macros y así garantizar su autenticidad.

Limitar el acceso a un documento

Un documento de Excel puede protegerse a distintos niveles, limitando el acceso global al libro, impidiendo la modificación de una o varias hojas e, incluso, protegiendo zonas específicas de una hoja con claves de acceso independientes. La protección del libro es especialmente interesante cuando va a transferirse a través de un medio no seguro, como puede ser un Internet o un soporte físico a través de transporte o correo.

La protección del documento lleva asociada la encriptación de su contenido, pudiendo seleccionar el sistema de cifrado a utilizar y, en ocasiones, la longitud de la clave. Cuanto mayor sea dicha longitud más difícil sería romper la clave mediante sistemas de fuerza bruta.

Advertencia:

No puede limitar el acceso a un documento compartido. Primero tendrá que dejar de compartirlo utilizando la opción Compartir libro *y desactivando la opción que aparece en la parte superior de la ventana.*

Protección del libro

Un libro puede protegerse en el mismo momento en que va a ser guardado por primera vez, o bien guardándolo posteriormente mediante la opción Archivo>Guardar como. En el cuadro de diálogo aparece un menú, en la esquina superior derecha, llamado Herramientas. Seleccione de él la opción Opciones generales para acceder a la ventana mostrada en la figura 19.1. En ella aparecen los elementos indispensables para la protección del documento.

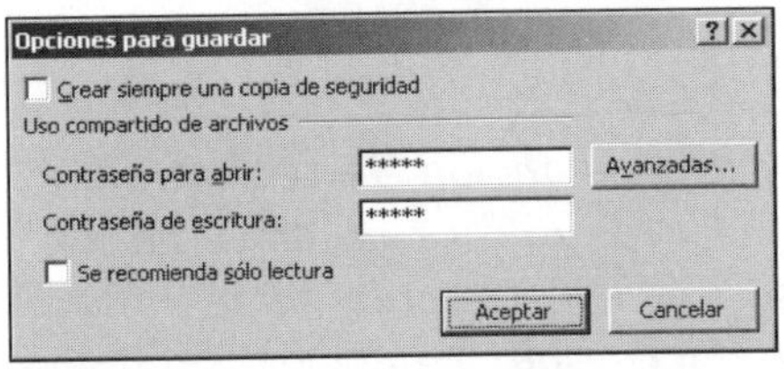

Figura 19.1. Protección del libro en el momento de su almacenamiento

Observe que puede establecer dos contraseñas distintas: una para abrir el archivo y otra para autorizar su modificación. Si tan sólo se entrega la primera, bastará con ella para abrir el libro y poder editarlo. Opcionalmente puede indicar que es necesario efectuar siempre una copia de seguridad, así como recomendar la apertura sólo para lectura.

Antes de pulsar el botón **Aceptar**, volviendo al cuadro de diálogo anterior, puede pulsar en **Avanzadas** para seleccionar el tipo de cifrado que se usará para codificar el documento.

Al abrir un libro protegido aparecerá una pequeña ventana solicitando la correspondiente contraseña. Si ésta es introducida correctamente podemos abrir el libro, aunque previamente, en caso de haberse establecido, podemos encontrarnos en el caso de la figura 19.2. El libro tiene una segunda contraseña, en este caso para la escritura. Podemos introducirla, teniendo acceso total al libro, o pulsar el botón **Sólo lectura**, caso en el que el libro se abrirá pero no podremos realizar tarea de edición alguna.

Ejemplo:

El libro `PoblacionMundialProtegido.xls`*, alojado en la carpeta de ejemplos de este capítulo, cuenta con una contraseña para apertura y otra para escritura. Las contraseñas son* `excel` *y* `excelexcel`*. La misma contraseña de lectura,* `excel`*, se ha usado también para bloquear elementos de las hojas.*

Debe tener en cuenta que al comprobar una contraseña se distingue entre mayúsculas y minúsculas, por lo que si introduce `Excel` *en lugar de* `excel` *no podría abrir el documento.*

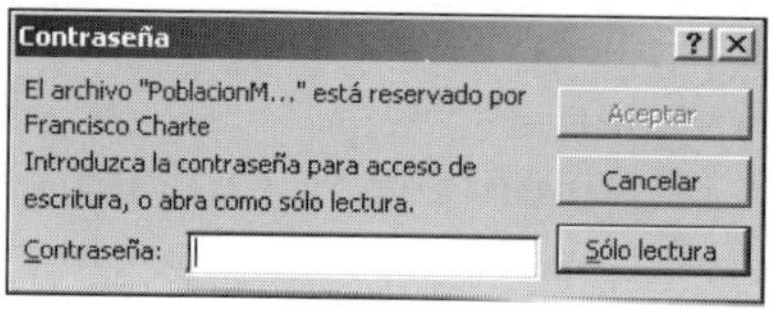

Figura 19.2. El libro tiene una contraseña para escritura

Nota:

Si en la ventana de protección se activó la opción Se recomienda sólo lectura*, al abrir el documento, y aún cuando se haya introducido la contraseña para escritura, aparecerá una ventana comunicando que el libro debe ser abierto sólo para lectura a menos que se desee guardar algún cambio.*

Protección de hojas

Independientemente de que para abrir el libro sea necesaria una contraseña, un libro de Excel puede tener protegidos otros elementos que no se desbloquearían automáticamente con esa contraseña. Podemos proteger hojas de cálculo con otra contraseña, establecer una clave específica para ciertos rangos de datos e, incluso, impedir la modificación del entorno o disposición de ventanas con otra contraseña más.

La protección de una hoja de cálculo es una tarea bastante selectiva. Antes de elegir la opción Herramientas>Proteger>Proteger hoja, bloqueando la hoja, es habitual desbloquear previamente las celdillas en las que el usuario deba introducir alguna información. Suponiendo que tenemos preparada la hoja para introducir datos de población de cada continente, dejaríamos bloqueadas todas las celdillas que contienen títulos y fórmulas, desbloqueando, como se hace en la figura 19.3, el área donde deben introducirse datos.

Nota:

Recuerde que, por defecto, todas las celdillas de las hojas se encuentran bloqueadas, impidiéndose su modificación en caso de que se proteja la hoja.

Al proteger la hoja no sólo impediremos el acceso a las celdillas que no fueron desbloqueadas sino que, además, podemos impedir o permitir otras acciones. En la figura 19.4 puede ver cómo debajo del apartado en el que se solicita la clave aparece una lista de acciones posibles. Sólo las que estén marcadas se permitirán en el futuro.

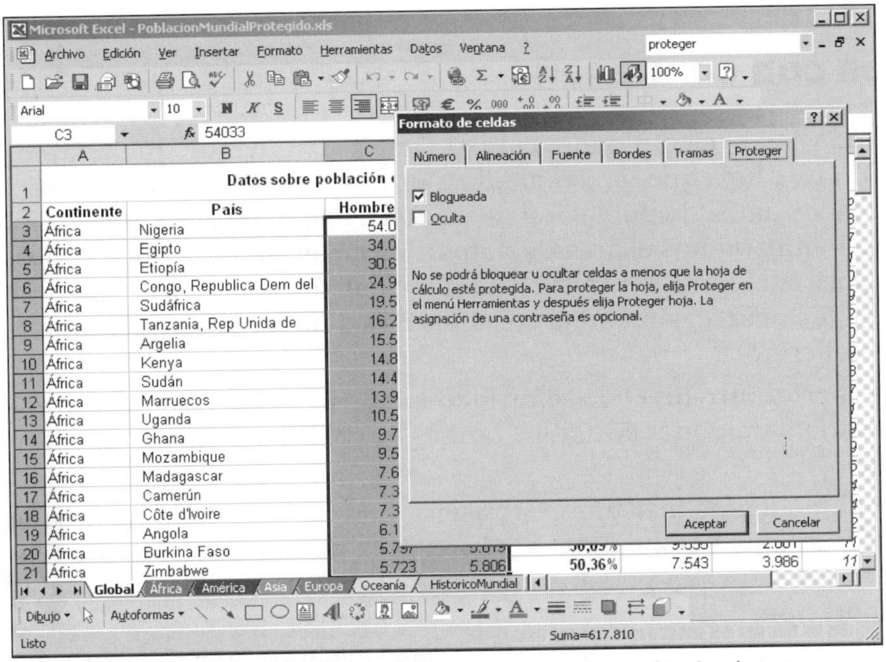

Figura 19.3. Desbloqueamos el área de introducción de datos

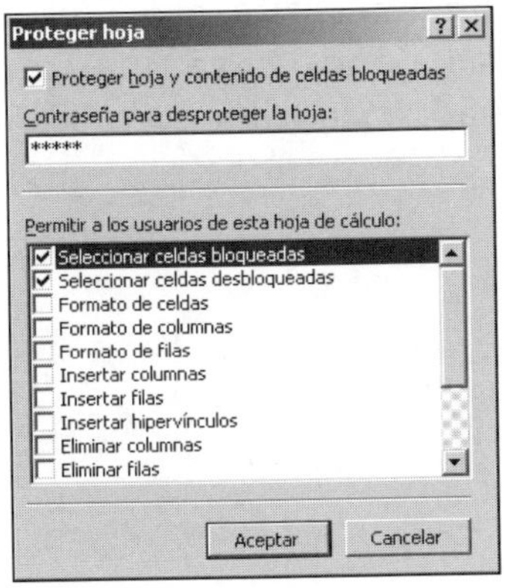

Figura 19.4. Protegemos la hoja actual mediante una contraseña

Tras la protección, los usuarios podrán abrir la hoja de cálculo introduciendo la clave correspondiente del libro si es que éste se protegió, pero sólo modificar las celdillas desbloqueadas. Lógicamente, si se conoce la contraseña con que se protegió la hoja puede utilizarse la opción Herramientas>Proteger>Desproteger hoja. La hoja volvería a su estado inicial, pudiendo efectuarse cualquier tarea de edición.

Rangos con contraseña

Continuando con el ejemplo mencionado antes, asumiendo que estamos preparando una hoja que va destinada a un responsable territorial para que incluya los datos de población de su zona, con lo que sabemos hasta ahora desbloquearíamos el área de datos y protegeríamos la hoja. El destinatario abriría el libro e introduciría información sólo en ese rango de celdillas. ¿Qué ocurre, sin embargo, si los datos no los introduce la persona que debería?

Podemos aportar otro nivel de seguridad más, estableciendo una contraseña necesaria para poder editar los rangos de celdillas previamente desbloqueados.

En realidad, podemos fijar una contraseña distinta para cada rango que elijamos en la hoja, personalizando así el área de información que tendría que completar cada persona en caso de que haya varias implicadas en su elaboración.

La opción que nos interesa en este caso es Herramientas>Proteger>Permitir que los usuarios modifiquen rangos. En el cuadro de diálogo que aparece (véase figura 19.5) puede definir tantos rangos como necesite, asociando una contraseña individual para cada uno de ellos. Cuando haya finalizado, puede proteger la hoja desde este mismo cuadro de diálogo o bien con la opción descrita en el punto previo.

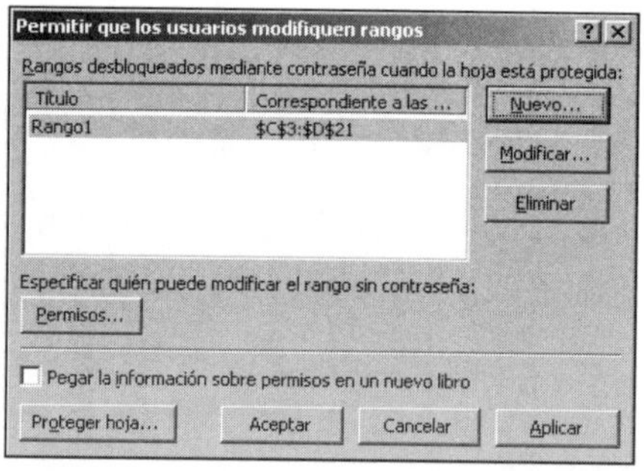

Figura 19.5. Cuadro de diálogo para asociar contraseñas a rangos de celdillas

Protección de otros aspectos

En el mismo menú Herramientas>Proteger encontrará otra opción, llamada Proteger libro, que puede usar para proteger la estructura del libro y sus ventanas. Al elegir esa opción aparece una ventana simple en la que deberá indicar qué quiere proteger, facilitando la contraseña correspondiente. Cuando un usuario abra un libro protegido no podrá, por ejemplo, mover las ventanas, añadir hojas o eliminarlas. Al abrir el libro entregado como ejemplo encontrará que se encuentra protegido, así como una de las hojas y algunos rangos. En todos los casos la contraseña es `excel`.

Truco:

*Puede acceder a muchas de las opciones de protección explicadas, usando la ficha **Seguridad** de la ventana Opciones. Ábrala con la opción Herramientas>Opciones.*

Seguridad digital

Las opciones de protección que hemos conocido sirven, principalmente, para asegurarnos de que el destinatario sólo puede abrir el documento si cuenta con la contraseña adecuada y, además, que no puede modificar nada más que lo que se le ha indicado. Demos la vuelta y pongámonos en el lugar de ese destinatario, a fin de analizar otros problemas de seguridad. ¿Cómo sabemos que el libro que hemos recibido procede de quién nosotros creemos? ¿Qué ocurre si el libro ha sido manipulado e incluye un virus? Si lo abriésemos confiando en su procedencia, habilitando la ejecución de macros, nuestro sistema estaría en peligro. Para evitar estos problemas se hace necesario garantizar de alguna forma la autenticidad del remitente, y que la información no ha sido manipulada en el camino que va desde el origen al destino. Existen diversos modelos de seguridad para conseguirlo, siendo el más interesante la firma digital de los documentos. Para esto, no obstante, necesitaremos un certificado digital.

Obtención de un certificado digital

Un certificado digital es un documento que se utiliza para firmar otros documentos, identificándolos como procedentes de una empresa o una determinada persona. ¿Quién asegura, sin embargo, que esa empresa o persona es quien dice ser? Cualquiera podría firmar un documento digitalmente haciéndose pasar por una empresa o un organismo sin serlo realmente. Para evitar eso existen empresas de certificación.

Las empresas de certificación son las encargadas de emitir los certificados digitales, comprobando que la persona destinataria, la que lo usará, es realmente quien dice ser, para lo cual se efectuará una identificación. Puede obtener más información sobre certificación y firmas digitales en las sedes web de VeriSign, ipsCA o, en el caso de España, la Fábrica Nacional de Moneda y Timbre. En las figuras 19.6 y 19.7 puede ver éstas dos últimas.

Una vez obtenido e instalado, el certificado se utilizaría, en nuestro caso concreto, para firmar libros o macros, asegurando así su autenticidad.

Para obtener un certificado sin necesidad de recurrir a una entidad emisora, siendo nosotros mismos la única garantía de respaldo, podemos usar el programa `Selfcert.exe`. Lo encontrará, generalmente, en una de las carpetas de Office. Al ejecutarlo aparecerá una ventana, como la de la figura 19.8, en la que introduciremos nuestro nombre o el de nuestra empresa. El certificado será creado y almacenado en nuestro sistema.

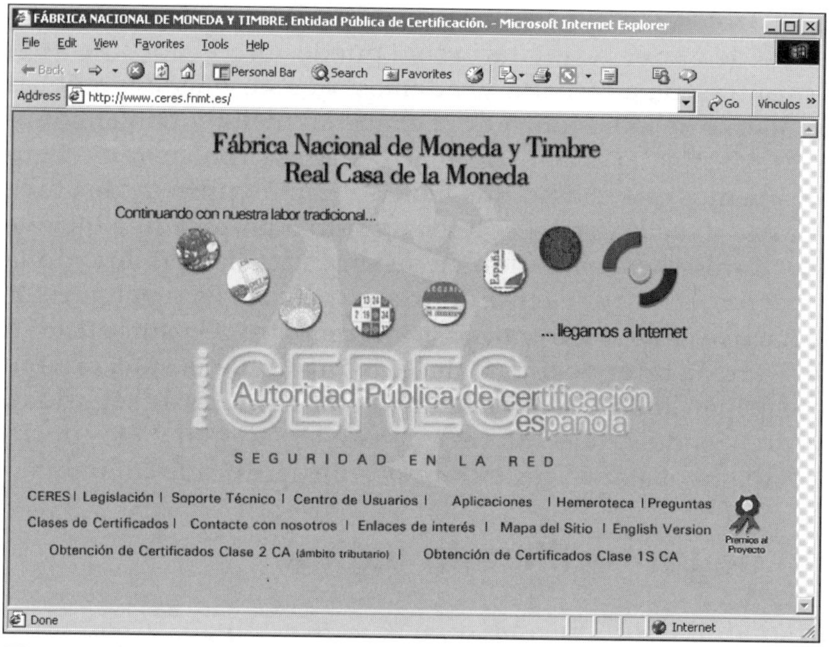

Figura 19.6. Sede Web de la empresa pública de certificación española

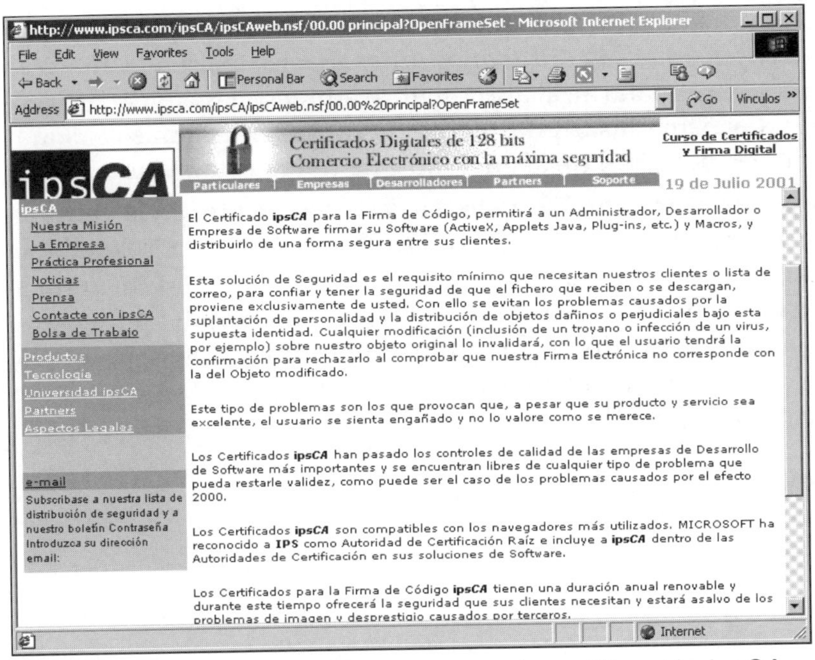

Figura 19.7. Sede Web de la empresa de certificación ipsCA

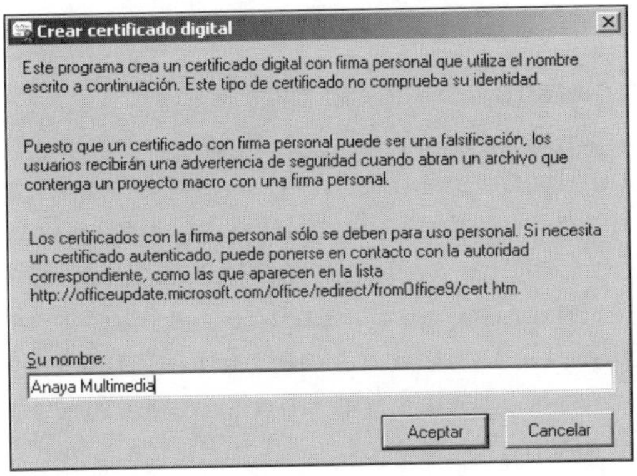

Figura 19.8. Ventana para la creación de un certificado digital

Firmado digital

Independientemente del proceso que hayamos seguido para obtener nuestro certificado digital, y asumiendo que ya lo tenemos instalado en el sistema, veamos ahora cómo podemos usarlo para firmar nuestras macros y documentos.

Supongamos que nuestro libro, el que hemos estado protegiendo desde el inicio de este capítulo, va a contener algunas macros para automatizar ciertos procesos. El destinatario, al abrir el libro, obtendrá un aviso o directamente, al no estar firmadas digitalmente, verá deshabilitadas esas macros. Todo depende del nivel de seguridad que tenga establecido.

Teniendo abierto el entorno de Visual Basic y seleccionado, en la ventana Proyecto, el proyecto que contiene el código de nuestras macros, elija la opción Herramientas>Firma digital. Aparecerá una ventana indicando si proyecto está o no firmado. Pulse el botón **Elegir** para acceder a una ventana con la lista de certificados disponibles, seguramente sólo el que ha añadido antes, y márquelo. La ventana debería quedar con una apariencia similar a la de la figura 19.9.

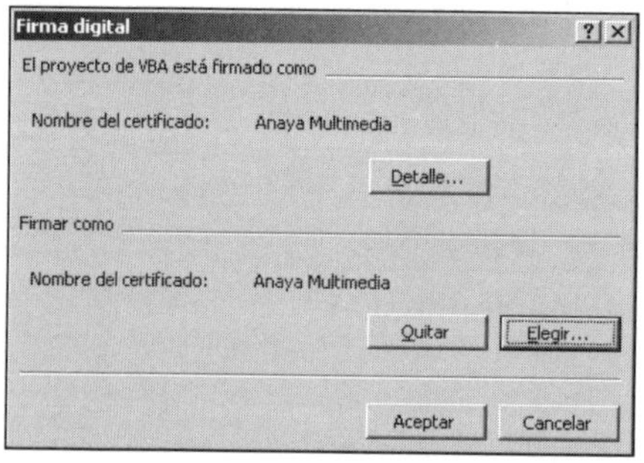

Figura 19.9. Firmamos el proyecto con nuestro certificado digital

Ahora, al abrir el documento que contiene las macros, aparecerá una ventana mostrando el certificado y dando opción a habilitar las macros o deshabilitarlas. Si activamos la opción Confiar siempre en las macros de esta fuente (véase figura 19.10) el certificado será añadido a la lista de fuentes de confianza, en la segunda ficha de la ventana Herramientas>Macro>Seguridad. A partir de este momento, todos los libros que vengan con código firmado por esa fuente se abrirán sin ninguna notificación.

Nota:

También puede firmar digitalmente el libro completo. Utilice la opción Herramientas>Opciones, active la página ***Seguridad*** *y pulse el botón* ***Firmas digitales****, seleccionando el certificado. Tenga en cuenta que, a partir de ese momento, cualquier modificación en el libro que sea guardada en el archivo causará la pérdida de la firma.*

Al abrir un libro que está firmado digitalmente verá que en la parte superior de la ventana, junto al nombre del libro, se indica este hecho.

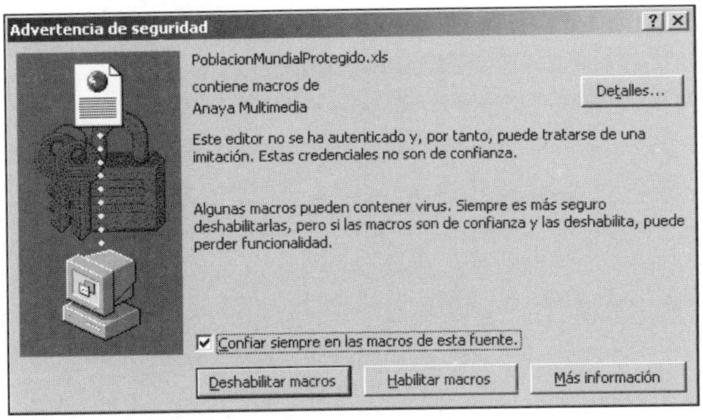

Figura 19.10. Aviso de apertura del archivo con la macro firmada digitalmente

Resumen

En este capítulo ha aprendido a proteger la apertura de sus libros asociándole una o dos contraseñas: una para lectura y otra para escritura. También ha visto cómo proteger la hoja impidiendo las operaciones que no le interese que puedan realizarse, estableciendo una contraseña que, habitualmente, será distinta a la usada para abrir el libro.

Utilizando contraseñas adicionales es posible facilitar el acceso a determinados rangos de datos, así como impedir cambios en la estructura del propio libro y las ventanas que lo componen.

Finalmente, se ha tratado el tema de la firma digital de macros y libros usando para ello certificados digitales. Ya sabe cómo obtener un certificado de este tipo, o bien cómo generarlo personalmente, y cómo usarlo para firmar los datos garantizando su autenticidad.

Capítulo 20

Personalización de Excel

En este capítulo aprenderá a:

- Personalizar el entorno de trabajo en Excel.
- Crear sus propios menús y barras de herramientas.
- Guardar y restaurar su configuración personalizada.

Microsoft Excel, en realidad Office XP en general, es una aplicación muy flexible y, como tal, es capaz de adaptar todo su entorno para ajustarse a nuestras preferencias.

Ya sabe que las barras de herramientas pueden ocultarse y mostrarse según las necesidades y, seguramente, también sabrá que el contenido de cada barra de herramientas y cada menú puede modificarse. También existe la posibilidad de crear tanto nuevos menús como nuevas paletas de herramientas.

Todas las tareas de personalización, que en ocasiones hemos efectuado a lo largo de mucho tiempo a medida que hemos ido adquiriendo experiencia en el uso de la aplicación, se pierden si reinstalamos Office o, simplemente, nos desplazamos y tenemos que usar otro equipo distinto.

En este capítulo aprenderá a personalizar Excel, añadirá una barra de herramientas y opciones para ejecutar macros y, finalmente, verá también cómo puede almacenar y recuperar toda su configuración, ya sea guardándola en un soporte, como pueda ser un disco, o bien en Internet, en un servidor seguro.

Barras de herramientas

Como ya sabe, Excel dispone de un importante número de barras de herramientas prediseñadas, algunas de las cuales son visibles desde el primer momento en que se inicia la aplicación. Otras, por el contrario, sólo aparecen cuando son necesarias, por ejemplo al seleccionar un elemento gráfico o iniciar una reunión virtual.

La mayoría de estas barras de herramientas pueden mostrarse u ocultarse a demanda. Basta con pulsar el botón secundario del ratón sobre cualquiera de esas barras para acceder a una lista de las disponibles, como se muestra en la figura 20.1. En ella podemos marcar las que deseamos ver y las que no.

También puede utilizar la opción Herramientas>Personalizar para abrir una ventana con una ficha, llamada **Barras de herramientas**, en la que puede activar y desactivar las mismas barras.

Como muchos otros elementos de la interfaz de usuario, las barras de herramientas se pueden colocar en cualquier punto del entorno, bien sea como ventanas flotantes o bien acopladas a alguno de los márgenes de la ventana principal.

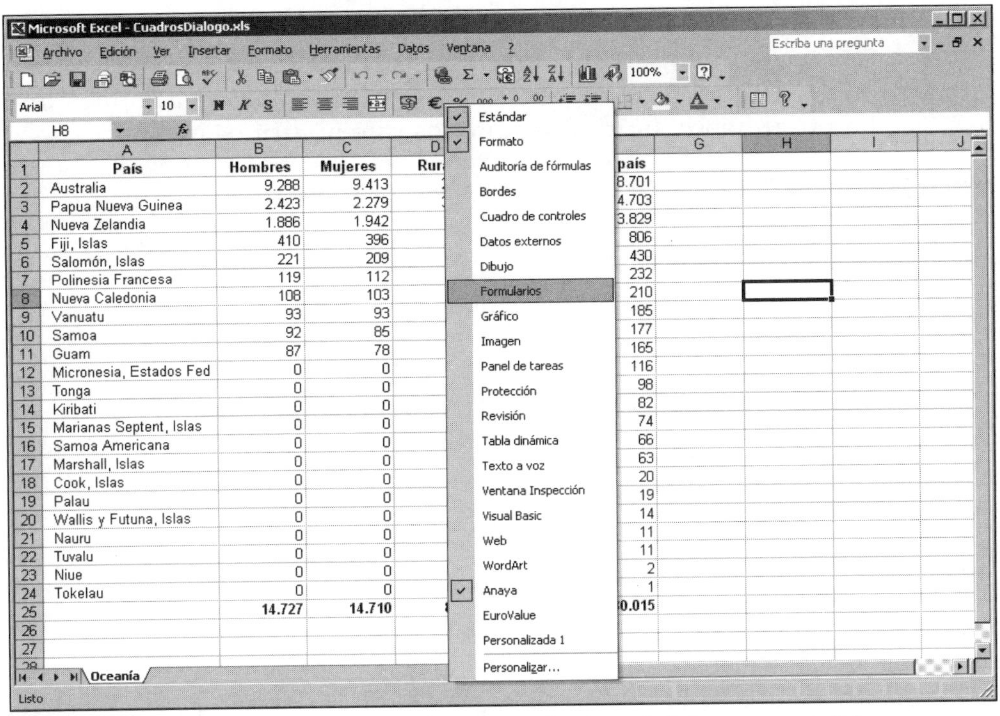

Figura 20.1. Lista de las barras de herramientas visibles y no visibles

Nota:

Puede acceder a la ventana Personalizar *seleccionando la opción del mismo nombre que aparece al final de la lista de barras de herramientas disponibles, en el menú emergente asociado a todas las barras de herramientas.*

Modificación de una barra de herramientas

Los botones que contiene cada una de las barras de herramientas predefinidas, así como su disposición, son aspectos configurables. Teniendo abierta la ventana personalizar, que puede ver en la figura 20.2, podemos alterar el orden de los botones en la barra usando simples operaciones de arrastrar y soltar. De la misma manera, también podemos eliminar cualquier botón de la barra arrastrándolo fuera de ella.

En la parte izquierda de la ventana puede ver una lista de categorías de comandos, mientras que a la derecha aparecen los comandos disponibles en la categoría seleccionada. Puede tomar cualquiera de esos comandos y arrastrarlo hasta una barra de herramientas para añadirlo. Usando esta técnica puede disponer en las barras de herramientas las acciones que use más habitualmente, quitando aquellos que no utilice nunca.

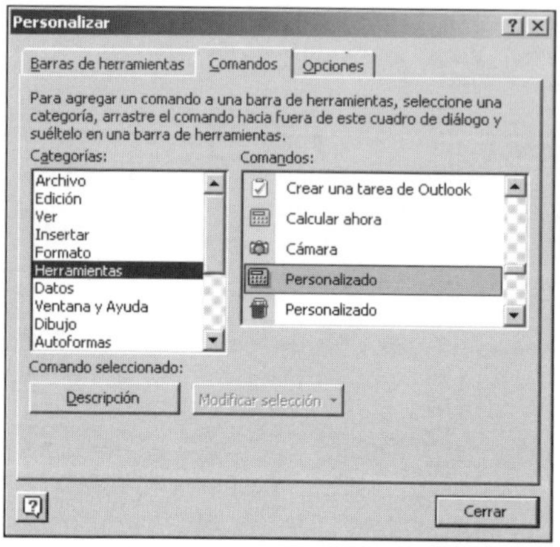

Figura 20.2. Ventana de personalización con la lista de comandos disponibles

Nuevas barras de herramientas

Volviendo a la ficha **Barras de herramientas** de la misma ventana Personalizar, veremos que existe un botón llamado **Nueva**. Pulsándolo podremos crear una nueva barra de herramientas asignándole el nombre que nos interese. Esta barra de herramientas aparecerá inicialmente como una ventana flotante vacía. Usando la misma técnica descrita en el punto anterior, arrastrando y soltando elementos de la ficha **Comandos**, incluiríamos en la nueva barra los botones que procedan.

Lógicamente, podemos incluir en una barra creada por nosotros cualquiera de los comandos disponibles en Excel. Esto es algo bastante sencillo. Lo interesante es que, además, podemos utilizar una macro como acción a desencadenar por el nuevo botón.

Los pasos a dar, asumiendo que tenemos creada la nueva barra de herramientas, serían los siguientes:

- Seleccionar el elemento Personalizar botón de la categoría Macros, en la ficha **Comandos**, arrastrándolo hasta colocarlo en el interior de la nueva barra de herramientas.

- Pulsar el botón secundario del ratón sobre el nuevo botón, desplegando el menú que aparece en la figura 20.3.
- Seleccionar del submenú **Cambiar imagen del botón** uno de los iconos disponibles.
- Seleccionar la opción **Nombre** y luego establecer el título `Tabla porcentajes`.
- Elegir la opción **Asignar macro** y, en la ventana que aparece, introducir la referencia `CuadrosDialogo.xls!ThisWorkbook.TablaPorcentajes`, asumiendo que tenemos acceso a la hoja de cálculo utilizada en un capítulo previo que contenía esta macro.

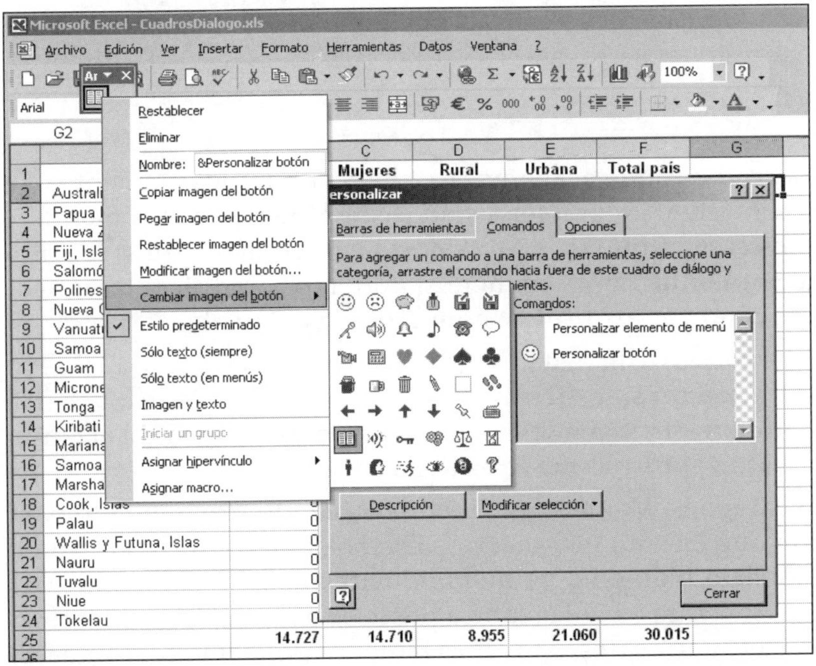

Figura 20.3. Personalizamos el botón recién añadido a la nueva barra de herramientas

Truco:

Si no encuentra un icono que le satisfaga, use la opción Modificar imagen del botón *para abrir la ventana* Editor de botones *(véase figura 20.4). En ella puede modificar la apariencia del botón dando color a los puntos que forman el icono.*

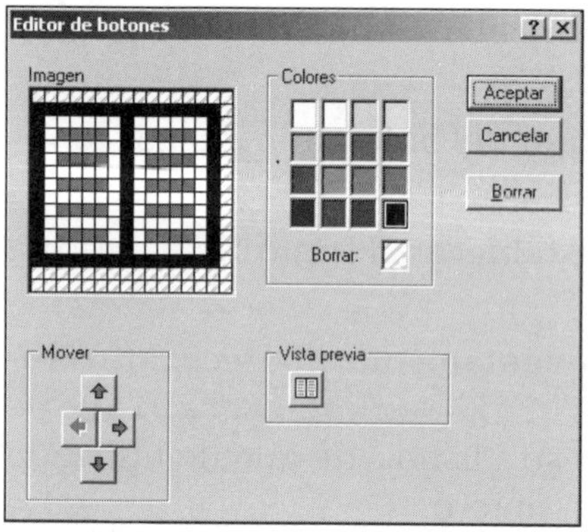

Figura 20.4. Editor de botones

Menús

Las mismas operaciones que acabamos de conocer para los elementos de las barras de herramientas también están disponibles para los menús y sus opciones. Los comandos son equivalentes y pueden disponerse tanto en barras de herramientas como en menús. Podemos modificar las opciones de posición, cambiar sus títulos, eliminarlas y añadirlas.

En la lista de categorías de la ficha **Comandos** existe una, llamada Nuevo menú, que cuenta con un solo elemento. Éste, al ser arrastrado a la barra de menús, se convierte en una nueva opción principal. Pulsando el botón secundario del ratón sobre él puede establecer el título.

Volviendo a la categoría Macros, que hemos utilizado previamente para añadir un botón que ejecuta una macro, veremos que hay otro elemento llamado Personalizar elemento de menú. Puede añadirlo como parte de un menú, ya sea existente o bien creado a propósito para ello, estableciendo los mismos parámetros descritos previamente para el botón. En la figura 20.5 puede ver cómo se ha añadido un menú, llamado Anaya, con la opción Tabla de porcentajes. Ésta ejecuta la misma macro que el botón anterior.

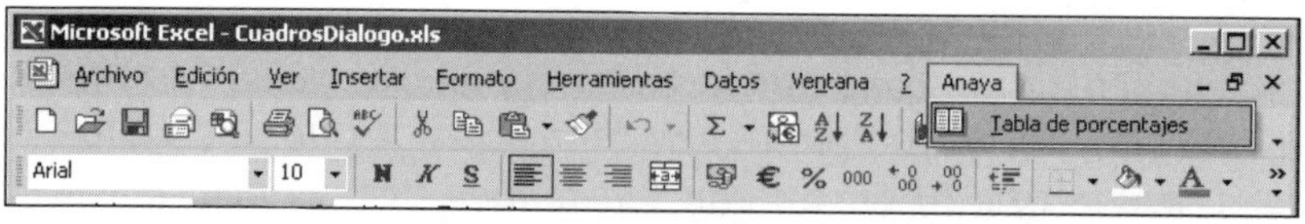

Figura 20.5. Menú de usuario con una opción que ejecuta una macro

Opciones de entorno

Dejando a un lado lo que es personalización de barras de herramientas y botones, según se han descrito en los puntos previos, el resto de opciones relativas a la configuración del entorno las encontraremos en la ventana Opciones, accesible mediante la opción Herramientas>Opciones. Como se aprecia en la figura 20.6, son muchas las páginas existentes, cada una de ellas repleta de opciones y parámetros.

Usando estas opciones puede determinar el tipo de referencias que desea utilizar, el sistema de fechas a usar, los parámetros internacionales para el tratamiento de números, los elementos que serán visibles en el entorno, etc. La mayoría de estas opciones son autodescriptivas.

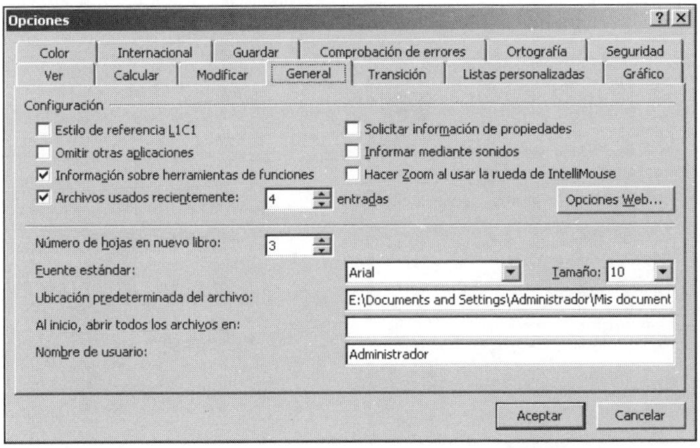

Figura 20.6. Ventana Opciones con las opciones de configuración del entorno

Almacenamiento de la configuración

Todos los parámetros de configuración de Excel, los ya mencionados y muchos otros, son almacenados en los propios libros o en el registro de Windows, dependiendo de a qué afecten. Está claro que los introducidos en los libros pueden transportarse fácilmente, recuperándose al abrir el libro. ¿Qué ocurre, sin embargo, con los que están alojados en el registro de Windows? Se pierden si, por ejemplo, tiene que instalar de nuevo el sistema o, simplemente, no existen si tiene que usar la aplicación en un ordenador que no es el suyo.

Microsoft Office cuenta con una herramienta que le permite almacenar, ya sea localmente o en la Web, toda nuestra información de configuración. Ésta puede ser recuperada posteriormente en cualquier momento, ya sea en el mismo equipo o en otro distinto.

Para poner en marcha esta herramienta pulse el botón **Inicio** de Windows, despliegue el menú Programas>Herramientas de Microsoft Office y elija la opción Asistente para guardar mi configuración. Pondrá en marcha este asistente y, lo primero que tendrá que hacer, será cerrar todas las aplicaciones de Office que tenga abiertas en ese momento. A continuación pulsaría el botón **Siguiente**.

La primera página de este asistente, mostrada en la figura 20.7, le permite elegir entre almacenar la configuración actual o recuperar una previamente almacenada. Suponiendo que es la primera vez que utilizamos este asistente, elegiríamos la primera.

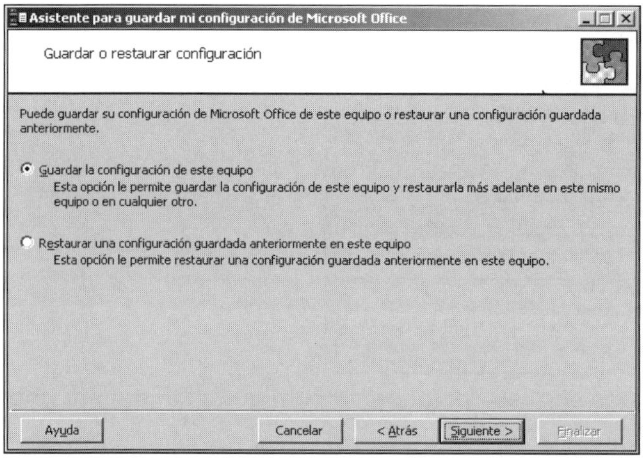

Figura 20.7. Podemos almacenar la configuración actual o recuperar una previamente almacenada

El siguiente paso será elegir entre almacenar la configuración en la Web o bien localmente, en un archivo. Si elige la segunda opción, tan sólo tendrá que facilitar un nombre de archivo y pulsar luego el botón **Finalizar**. Ese archivo, con todos sus datos de configuración, puede almacenarlo y transferirlo mediante correo electrónico o en soportes magnéticos.

Para usar el almacenamiento Web debe tener una cuenta de correo Hotmail o bien disponer de un Microsoft Passport. Cualquiera de esos elementos le permitirá identificarse ante el servidor Web seguro de Microsoft para el almacenamiento de sus datos. En la figura 20.8 puede ver cómo se inicia una sesión con Microsoft Passport.

El resto del proceso es automático. Verá distintas ventanas indicándole que se está iniciando la sesión, recolectando los datos de configuración y transfiriéndose al servidor. Opcionalmente, puede facilitar una dirección de correo para recibir notificaciones, ya que la configuración quedará almacenada en el servidor de Microsoft durante tres meses como máximo.

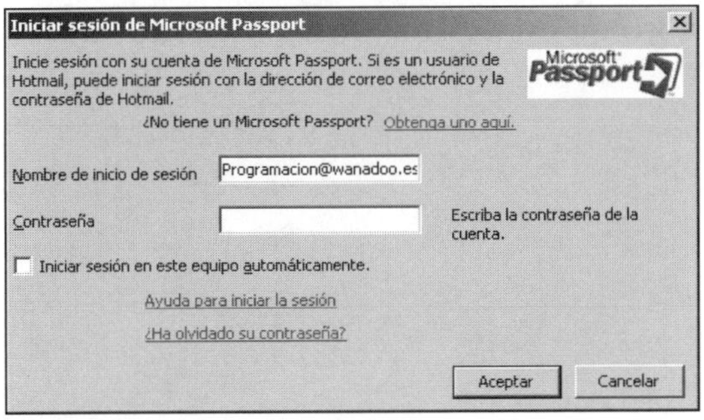

Figura 20.8. Iniciamos una sesión Microsoft Passport

Advertencia:

Antes de iniciar el proceso para guardar la configuración en un servidor Web debe, lógicamente, contar con conexión a Internet, ya sea mediante un módem o dispositivo similar o a través de la red local o WAN de su empresa.

La recuperación de la configuración se efectúa, básicamente, con los mismos pasos. Tendrá que facilitar el nombre del archivo donde está guardada o, nuevamente, iniciar una sesión Microsoft Passport para recuperarla del servidor Web de Microsoft. Todos los datos se escribirán en el registro y, cuando abra de nuevo sus aplicaciones, verá que su configuración ha sido restablecida.

Resumen

Este último capítulo le ha servido para conocer la mayoría de las opciones de personalización con que cuenta Excel, opciones mediante las cuales puede modificar muchos de los aspectos del funcionamiento de la aplicación. Ha aprendido a crear nuevas barras de herramientas y opciones de menú, haciendo más fácil el acceso a las macros, bien sea mediante botones u opciones.

También ha conocido la herramienta que incorpora Microsoft Office para el almacenamiento y recuperación de la configuración personal. Esos parámetros pueden almacenarse en un archivo corriente, por ejemplo para tenerlos disponibles tras una reinstalación del sistema o el producto, o bien en un servidor Web seguro, lo cual permitiría recuperar la configuración desde cualquier equipo remoto en cualquier punto del mundo.

Apéndice A

Instalación del producto

En este apéndice aprenderá a:

- Instalar Microsoft Office y actualizar su instalación actual.
- Mantener la instalación.

Excel 2002 forma parte de Microsoft Office XP, la última versión del conocido paquete ofimático de Microsoft. Éste se distribuye en CD-ROM, soporte desde el cual no puede utilizarse directamente. Es necesario, por tanto, realizar un proceso de instalación, en el cual no sólo se transferirá el contenido del CD-ROM al disco de nuestro ordenador sino que, además, también se realizará toda la configuración necesaria.

Dependiendo de su entorno de trabajo, es posible que en lugar de disponer del CD-ROM de Office XP cuente con una unidad de red o un servidor web desde el cual realizar la instalación.

En este apéndice va a seguirse la instalación desde CD-ROM pero, una vez iniciado el proceso desde la hipotética unidad de red o servidor web, las diferencias serán mínimas.

Instalación de Excel 2002

Asumiendo que su equipo cuenta con los requerimientos necesarios y que, lógicamente, dispone del CD-ROM de Microsoft Office XP, ya puede iniciar la instalación de Excel 2002. Las actuales versiones de Windows, tanto 98/SE/ME como NT y 2000, por defecto comprueban, cada vez que se inserta un CD-ROM, si éste es autoejecutable, caso en el cual lo autoejecutan. Bastará, por lo tanto, con insertar el CD-ROM de Office XP para iniciar el programa de instalación, así de simple.

En caso de que en su sistema esté desactivada la opción de autoejecución, puede seguir varios caminos distintos para iniciar el programa de instalación. Si conoce la letra asociada a su lector de CD-ROM, puede pulsar el botón **Inicio** de Windows y seleccionar la opción Ejecutar. En la ventana que aparece introduzca la letra de la unidad, dos puntos, una barra invertida y la palabra `Instalar`. Pulse la tecla **Intro** o el botón **Aceptar**, poniendo en marcha la instalación.

Pasos previos

Al iniciarse la instalación es posible, sobre todo si el sistema operativo utilizado no es una de las últimas versiones de Windows, que se precise una actualización previa. De ella se encargará el propio programa de instalación. En principio aparecerá una ventana comunicando los elementos que es necesario poner al día.

Tras pulsar el botón **Siguiente** se iniciará el proceso de actualización. Éste podrá componerse de varias partes, cada una de las cuales contará con su propia ventana o ventanas de seguimiento y notificación.

Acto seguido aparecerá una ventana con la cual se avisa que el proceso de instalación está preparándose. Mientras esta ventana, que típicamente sólo permanecerá unos segundos en pantalla, está visible, el programa de instalación recuperará todos los datos que precisa para poder realizar su trabajo. Para ello inspeccionará nuestro sistema, detectando la configuración actual de Office si es que existiese.

Al cerrarse la ventana anterior aparecerá otra en la que se mostrará nuestro nombre y el de la empresa u organización para la que trabajamos. Estos datos son recuperados automáticamente por el programa de instalación, leyéndolos de la propia configuración de Windows.

Para poder pulsar el botón **Siguiente >**, y pasar a la ventana siguiente, deberá introducir las iniciales que desea que le identifiquen, así como una clave de 25 caracteres, única para cada paquete de Office, que podremos encontrar adjunta al producto.

Por último, en esta fase previa a la instalación propiamente dicha, se mostrará una ventana en la que aparece el acuerdo o licencia de uso de la aplicación. Está obligado a leer este contrato. Seleccione la opción Acepto los términos del Contrato de licencia sólo en caso de que comprenda y acepte su totalidad.

Actualización de versiones previas

Al pulsar el botón **Siguiente >** de la ventana anterior, que mostraba la licencia de uso, podemos encontrarnos con dos escenarios diferentes: que en nuestro equipo no exista ninguna versión previa de Microsoft Office, caso en el cual se saltaría al punto siguiente, o bien que sí exista, caso éste en que existen dos posibilidades de instalación.

Si la utilidad de instalación detecta que tenemos en el sistema alguna versión de Office, en lugar de proceder directamente con la instalación mostrará una ventana, como la de la figura A.1, en la que hay dos opciones: actualizar la versión previa o elegir un tipo de instalación nueva.

Si elegimos el método de actualización, la utilidad de instalación eliminará la versión previa de Office e instalará Office XP en la misma carpeta, manteniendo las mismas opciones y, siempre que sea posible, las personalizaciones que pudiesen existir en cada aplicación.

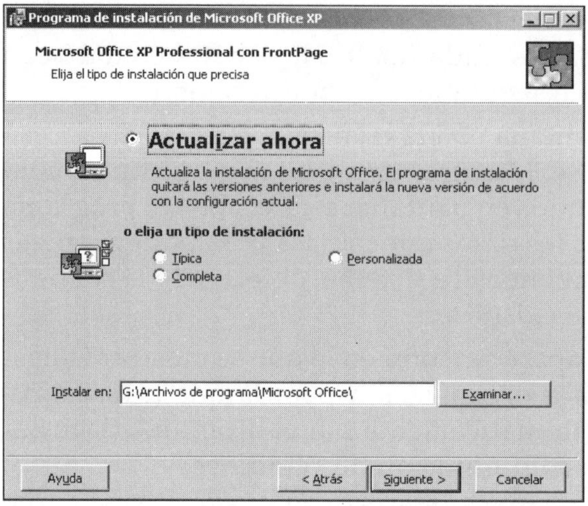

Figura A.1. Es posible actualizar versiones previas de Office

Mediante las demás opciones, que aparecen debajo, no será la utilidad de instalación sino nosotros mismos los que decidiremos la carpeta de instalación y las opciones a instalar. Si elegimos para instalar la misma carpeta en la que se encontraba la anterior versión de Office, el programa de instalación sobrescribirá esa versión con Office XP. En caso de que seleccionemos una carpeta diferente, podremos optar por eliminar la antigua versión o mantenerla. Para ello bastará con desmarcar las opciones correspondientes a la eliminación de las aplicaciones que no deseamos quitar.

Opciones de instalación

Si está instalando Office XP sobre un versión previa de Office y ha elegido la opción Actualizar ahora, no tendrá que elegir los elementos a instalar ya que la utilidad de instalación los seleccionará automáticamente observando su configuración actual.

En caso de que eligiese la opción Típica, o bien fuese una nueva instalación y seleccionase la opción Instalar, al pulsar el botón **Siguiente >** encontrará una ventana en la que simplemente se notifica la lista de elementos que serán instalados, así como el espacio que será necesario. Las únicas opciones disponibles son el botón **Instalar**, para iniciar la instalación, o bien el botón **< Atrás** para volver a la ventana anterior.

Eligiendo la opción de instalación completa el resultado será básicamente el mismo: una ventana comunicando elementos y espacio necesario.

La diferencia, obviamente, es que se instalarán todos los elementos de Office XP, por lo que el espacio utilizado será bastante mayor y, a cambio, tendremos a nuestra disposición toda la funcionalidad.

La última opción disponible, poco recomendable si no conoce exactamente los componentes de Office y sabe cuáles le interesan, es la instalación personalizada, a la que puede acceder independientemente de que en su equipo existiese o no una versión previa del producto. Al elegir esa opción nos encontraremos con una ventana como la de la figura A.2, en la que aparecen todas las aplicaciones que forman nuestra edición de Office XP. Puede marcar las que desee instalar observando al tiempo el espacio que necesitará.

Si hemos activado la opción Elegir opciones de instalación detalladas para cada aplicación, al cerrar la ventana anterior, pulsando de nuevo el botón **Siguiente >**, aparecerá otra (véase figura A.3) en la que se muestra una lista jerárquica de los componentes que es posible instalar. El elemento principal o raíz es Microsoft Office, del cual se despliega un nodo o rama que corresponde a cada una de las aplicaciones.

En la figura A.3 aparece abierta la rama de opciones correspondiente a Microsoft Excel. Observe que hay varios nodos o elementos, algunos de los cuales, a su vez, cuenta con otra lista de opciones. De esta forma es posible personalizar la instalación de manera muy detallada, especificando cada uno de los elementos, o de forma genérica, seleccionando directamente la aplicación completa.

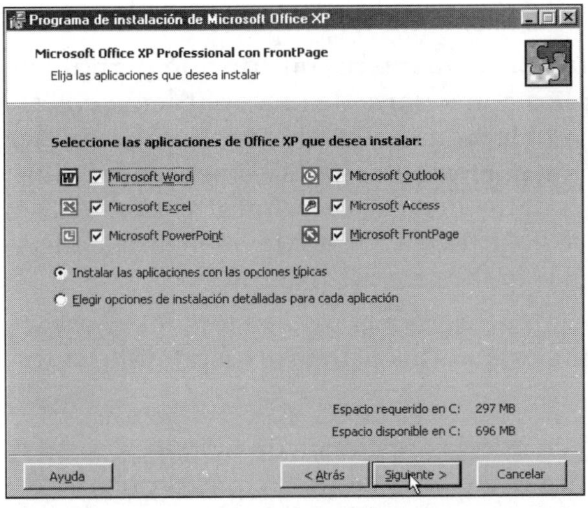

Figura A.2. Seleccionamos los elementos de Office que nos interesa instalar

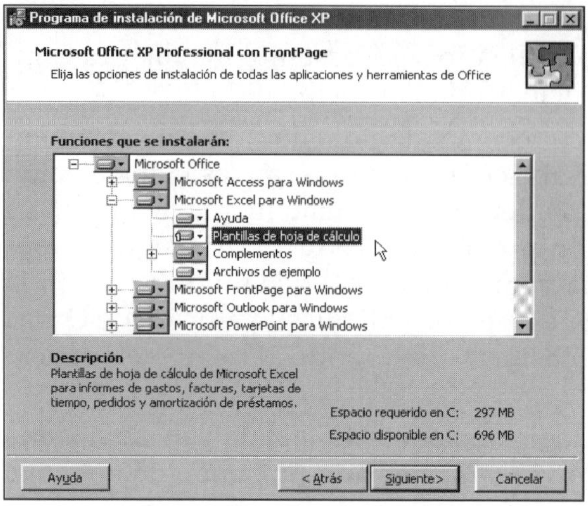

Figura A.3. Indicamos las opciones de instalación

Fíjese en que cada nodo cuenta a su izquierda con un icono rectangular. Éste indica la opción de instalación elegida para ese elemento. Usando el ratón puede pulsar sobre la flecha que apunta hacia abajo de ese icono, desplegando un menú en el que existen cuatro opciones posibles:

- Ejecutar desde mi PC: Instala en el sistema la aplicación o elemento que se haya elegido, de tal forma que es posible disponer de ella en cualquier momento sin necesidad de recurrir al CD-ROM de Office.
- Ejecutar todo desde mi PC: Es similar a la anterior, pero en este caso afectando a todos los elementos asociados a la rama elegida.
- Instalar al utilizar por primera vez: Esta interesante opción permite no instalar una determinada aplicación o parte de una aplicación en este momento, dejando la puerta abierta a su instalación la primera vez que se precise. En la aplicación el elemento aparece como disponible, aunque realmente no se encuentre instalado en nuestro sistema. En caso de que se necesite, Office buscará el CD-ROM y realizará la instalación sin ninguna intervención por parte del usuario.
- No disponible: La última opción desactiva la instalación del elemento seleccionado, de tal forma que éste no se encuentre disponible en forma alguna.

A medida que se vayan estableciendo las opciones de instalación, en la parte inferior de la ventana podrá ir viendo el espacio que es preciso, así como el disponible en la carpeta que seleccionó previamente.

Puesto que la aplicación que nos interesa en este momento es Excel, seleccione este elemento e indique el tipo de instalación que desea realizar. Lo habitual es que despliegue el menú de Microsoft Excel y seleccione la opción Ejecutar desde mi PC. El resto de aplicaciones de Office XP puede instalarlas o no dependiendo de sus necesidades y los recursos de que disponga en el equipo.

Proceso de instalación

Establecidas todas las opciones de instalación, y tras pulsar de nuevo el botón **Siguiente >**, la utilidad de instalación inspeccionará de nuevo el sistema. Si comprueba que hay en funcionamiento alguna aplicación que, de alguna forma, puede dificultar la instalación, mostrará una ventana indicándolo. Acto seguido comenzará el proceso de instalación propiamente dicho. En él se transferirán archivos desde el CD-ROM al disco de nuestro equipo, según las opciones seleccionadas, y también se configurará el sistema de acuerdo con esas mismas opciones.

Es posible que para completar la instalación sea necesario reiniciar el equipo. En este caso aparecerá una ventana indicándolo y, pulsando un botón, el equipo se reiniciará, tras lo cual la instalación podrá concluir. A partir de este momento ya puede usar Microsoft Excel 2002.

Mantenimiento de la instalación

La instalación que acaba de realizar, instalando Excel 2002 y cualquier otro elemento de Office que pueda interesarle, no deja la aplicación en un estado estático, inamovible. Por el contrario, la propia utilidad de instalación puede ser utilizada en cualquier momento para realizar tareas de mantenimiento.

Si ejecuta el programa `Instalar`, por cualquiera de los procedimientos explicados anteriormente, una vez finalizada la instalación, verá aparecer una ventana como la mostrada en la figura A.4. Observe que puede realizar tres tareas: añadir o eliminar funciones, reparar la instalación, en caso de que ésta haya sufrido algún daño, o bien eliminar el producto, efectuando el proceso de desinstalación.

Las opciones de agregado/eliminación de funciones y desinstalación son claras, ya sabemos para qué sirven. La segunda opción, Reparar Office, se utiliza para devolver la instalación a su estado original, es decir, dejando cada una de las aplicaciones con la configuración que se estableció durante el proceso de instalación. Esta opción es adecuada si alguna de las aplicaciones deja de funcionar o bien presenta un comportamiento anormal, generalmente porque se haya producido una corrupción de los archivos de programas o relacionados.

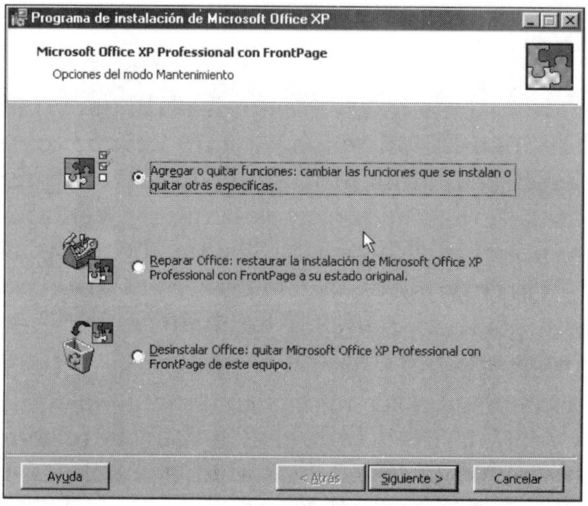

Figura A.4. Opciones de mantenimiento de la instalación

Disponibilidad de las aplicaciones

Finalizado el proceso de instalación, puede comprobar si realmente Office, y por lo tanto Excel, están disponibles de una manera muy sencilla: pulse el botón **Inicio** para abrir el correspondiente menú. Si todo el proceso ha sido satisfactorio, en la parte superior de este menú deberá contar con dos opciones que le permitirán abrir un documento de Office o crear un nuevo documento.

Al elegir cualquiera de las dos opciones anteriores, podrá abrir o crear documentos de tantos tipos como aplicaciones de Office haya instalado. Si tan sólo ha seleccionado para instalar a Microsoft Excel, únicamente podrá crear y abrir hojas de cálculo.

Apéndice B

Contenido del CD-ROM

En este apéndice aprenderá a:

- Localizar los ejemplos de los capítulos.
- Transferir dichos ejemplos a su sistema.

Desde el inicio de este manual, en su primer capítulo, y a medida que se ha ido avanzando en el conocimiento de Excel, se han ido proponiendo y desarrollando múltiples ejemplos. La mejor forma de adquirir experiencia es poniéndolos en práctica, siguiéndolos paso a paso personalmente.

En ocasiones, sin embargo, necesitará contar con un punto de partida o referencia, o simplemente le resultará útil contar con el ejemplo ya desarrollado tras haber completado el suyo propio. Por ello este libro incluye un CD-ROM que contiene todos los ejemplos propuestos en su fase final, es decir, ya terminados. Para acceder a estos ejemplos tiene dos posibilidades: usarlos desde el propio CD-ROM, abriéndolos sólo para lectura y utilizándolos como referencia, o bien copiándolos a su propio sistema y teniendo acceso completo a ellos para poder modificarlos.

Tras haber introducido el CD en su unidad lectora, haga doble clic sobre el icono Mi PC y localice su unidad de CD-ROM, haciendo doble clic sobre ella. Verá, aparte de algunos archivos, una carpeta llamada Ejemplos. Haga doble clic sobre ella para abrirla, encontrándose con una serie de carpetas (véase figura B.1) correspondientes a los distintos capítulos del libro.

Cada una de las carpetas contiene uno o más libros de Excel, así como algunos archivos adicionales, como bases de datos, archivos de texto y páginas web necesarios para el ejemplo o producidos a partir de él. Haciendo doble clic sobre cualquier libro lo abrirá directamente en Excel pero, al ser el soporte de origen un CD-ROM, lo obtendrá sólo para lectura.

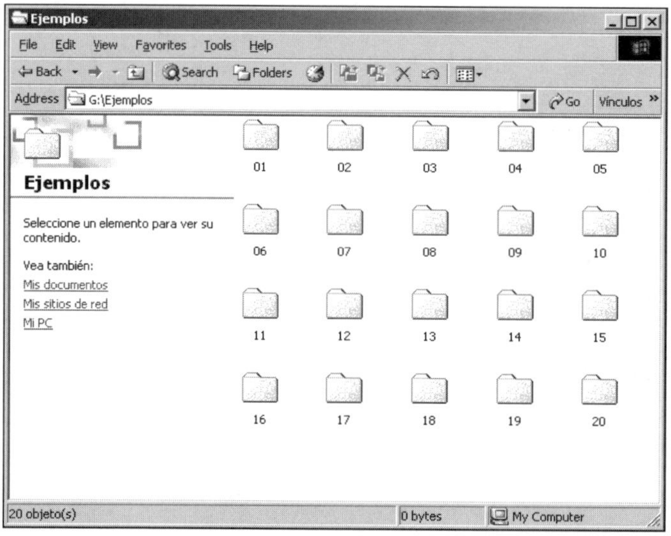

Figura B.1. Contenido de la carpeta Ejemplos

El uso directo de los ejemplos desde el CD-ROM implica que éste, necesariamente, deberá encontrarse siempre en su unidad lectora. Para evitar esto, y poder guardar el CD dejando su unidad libre, puede copiar los ejemplos a su equipo. Dé los pasos siguientes:

- Seleccione en su sistema una unidad con al menos 20 megabytes de espacio libre.
- Cree en ella una carpeta con el nombre que desee, como por ejemplo, `Excel2002`, y ábrala.
- Seleccione la carpeta `Ejemplos` del CD-ROM y arrástrela hasta la carpeta que acaba de crear.
- Si no tiene visible la unidad de CD y la carpeta recién creada, seleccione la primera, abra el menú emergente y elija la opción Copiar. A continuación elija la segunda y, del mismo menú, ejecute Pegar.

A partir de ese momento ya puede utilizar los ejemplos sin necesidad del CD-ROM y, además, puede modificarlos para realizar las pruebas que desee. En caso de que los archivos cuenten con el atributo de sólo lectura, al haber sido copiados desde un CD-ROM, no tiene más que abrir el menú emergente asociado a cada archivo, desde el Explorador de Windows, y seleccionar la opción Propiedades. Desactive la opción Sólo lectura que, como se ve en la figura B.2, aparecerá marcada. Lógicamente, puede recuperar los ejemplos del CD-ROM siempre que lo necesite.

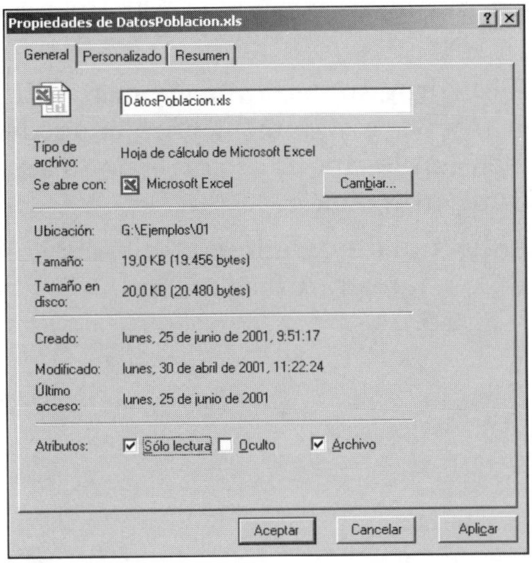

Figura B.2. Desactivamos el atributo de sólo lectura de un ejemplo

Además de la carpeta **Ejemplos**, en el CD-ROM se incluye una selección de herramientas para Windows relacionadas con Microsoft Excel 2002, que le ayudarán a completar el entendimiento de esta herramienta. Estas carpetas están organizadas según la siguiente estructura:

* **Carpeta Acrobat Reader 5.0**: Última versión del conocido Acrobat Reader, de Adobe, útil para leer cualquier documento en formato PDF.

* **Carpeta GetRight**: Le permitirá transferir información desde Internet sin temor a las interrupciones, pudiendo reanudar la tarea en caso de corte telefónico.

* **Carpeta Navegadores Web**: Se incluyen diferentes versiones de los navegadores más utilizados en la actualidad, Microsoft Internet Explorer, Netscape Communicator, y Ópera.

* **Carpeta Panda Titanium**: Versión shareware de este antivirus, imprescindible para mantener seguro su sistema.

* **Carpeta Windows Media Player7**: Última versión del reproductor multimedia de Microsoft.

* **Carpeta Winzip**: Una utilidad imprescindible de sobra conocida para comprimir y descomprimir archivos.

Este CD-ROM es gratuito, y sólo se distribuye con el Manual Avanzado de "Excel 2002". Anaya Multimedia no se hace responsable de los programas ni de los daños que estos pudieran ocasionar por un uso indebido.

Todos los contenidos de este CD-ROM (programas, aplicaciones, utilidades, archivos, etc.) son shareware, freeware y demos, propiedad de las casas que juntos a ellos se describen (en losarchivos correspondientes), y están sujetos a sus condiciones de utilización.

No obstante, para cualquier consulta puede dirigirse a nuestro soporte técnico, al teléfono (91) 320 90 36 o a nuestradirección en Internet: http://www.AnayaMultimedia.es

Apéndice C

Recursos en la red

En este apéndice aprenderá a:

- Obtener ayuda a través de la Web.
- Buscar artículos e información sobre Excel.

Si dispone de una conexión a Internet, algo cada vez más habitual, puede utilizarla para obtener en cualquier momento ayuda e información diversa en la Web. Es éste un recurso de acceso inmediato y muy extenso, al que puede recurrir siempre que la información que tenga al alcance de la mano no sea suficiente para resolver un problema concreto.

Suponga que se encuentra con alguna dificultad y ni la ayuda de la aplicación ni la bibliografía con que cuenta le aportan solución alguna. En casos así puede acceder a `http://microsoft.com/spain/office`, seleccionar la opción Soporte y, como se aprecia en la figura C.1, definir unos parámetros de búsqueda sobre el tema que le interese.

Al pulsar el botón **Ir** se iniciará una búsqueda y, tras unos instantes, verá aparecer una lista de artículos relacionados con el tema que busca. Bastará un clic sobre cualquiera de ellos para leerlo.

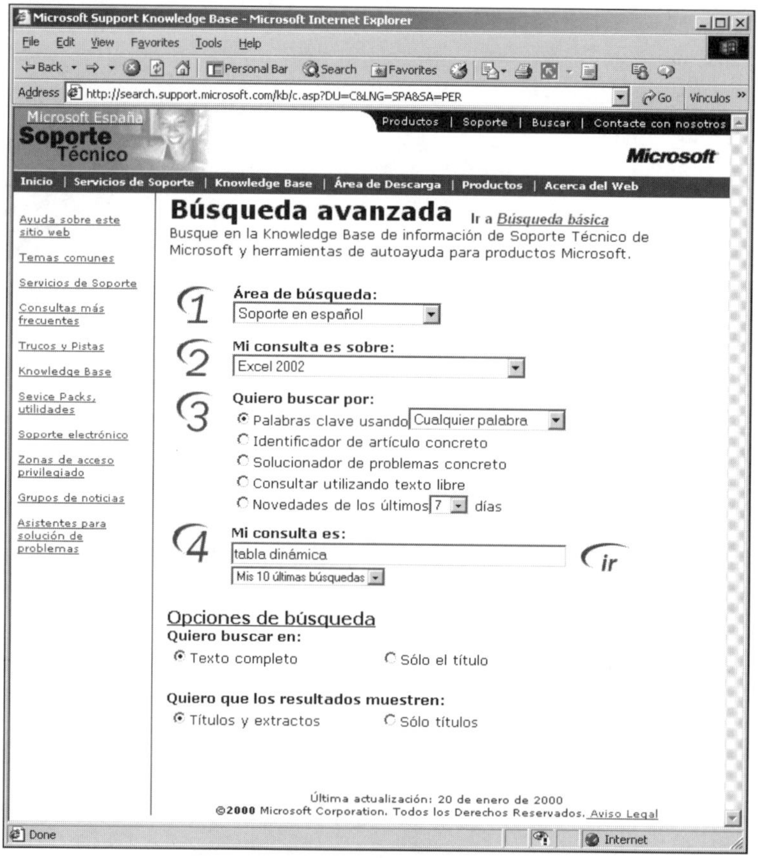

Figura C.1. Página de soporte de Microsoft Office en castellano

Nota:

Si no tiene problemas en entender el inglés, puede entonces obtener muchos más artículos de soporte a problemas concretos en la `microsoft.com/office`.

En caso de que lo que necesite no sea ayuda para un tema concreto, sino información en general sobre Excel: artículos, trucos, técnicas, etc., podrá encontrar cientos de páginas, tanto en castellano como en inglés, dedicadas a estos temas. Lo más fácil es utilizar un buscador para encontrarlas, ya que continuamente surgen nuevas sedes. Usando `msn.es`, por ejemplo, encontrará cientos de páginas de Excel con todo tipo de información en los distintos idiomas de nuestro país: castellano, catalán, etc. En la figura C.2, por ejemplo, verá parte de la lista de sitios con trucos de Excel.

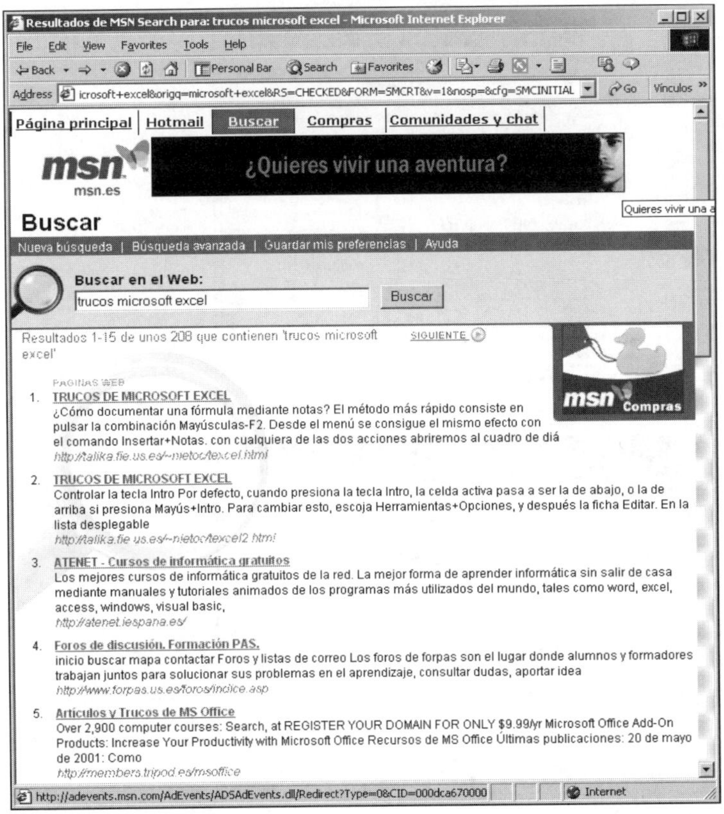

Figura C.2. Usando un buscador encontraremos mucha información sobre Excel en la Web

Usando buscadores internacionales, como www.google.com, encontrará muchísima más información, habitualmente en inglés.

Otro lugar de interés, en especial para los temas más avanzados de Excel y aquellos relacionados con la programación, es `msdn.microsoft.es` o su versión en ingles `msdn.microsoft.es`. Esta sede contiene miles de artículos sobre todos los productos de Microsoft, pero una simple búsqueda le facilitará rápidamente los relacionados con Excel. Si visita periódicamente esta sede encontrará artículos y trucos de Office, en general, y Excel en particular. En la figura C.3, por ejemplo, puede ver en la parte inferior un truco sobre Excel recién publicado en el momento de finalizar la redacción de este libro.

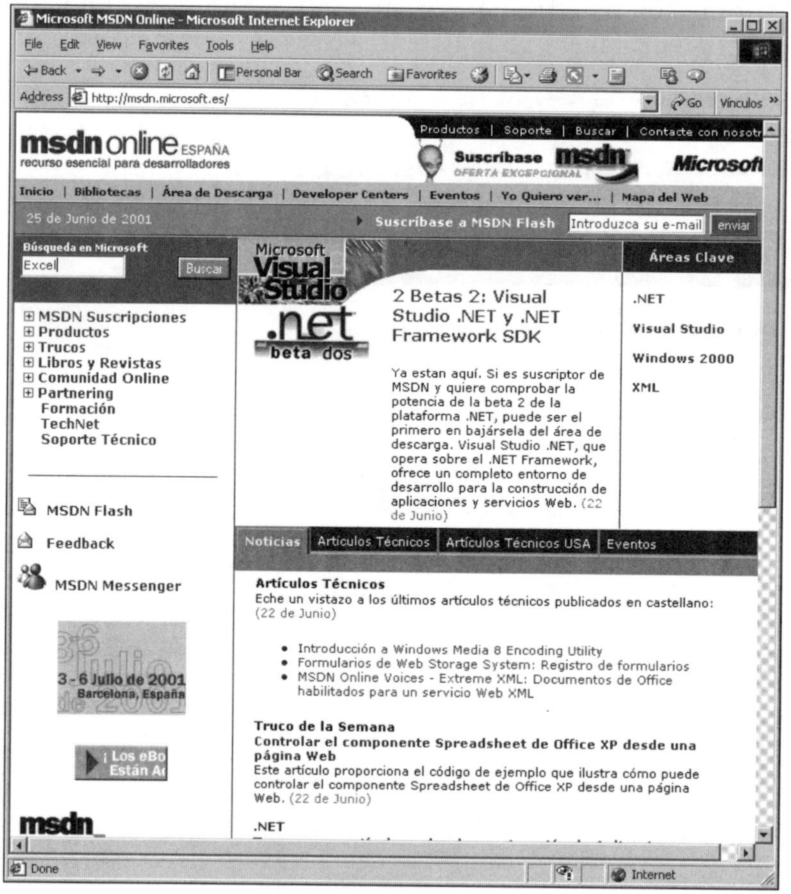

Figura C.3. Sede web de MSDN

Apéndice D

Atajos de teclado

En este apéndice aprenderá a:

- Usar atajos de teclado para acceder a muchas de las funciones de Excel, ahorrando tiempo.

En los veinte capítulos de este libro ha conocido infinidad de opciones y funciones de Excel, muchas de las cuales puede ejecutar directamente mediante una combinación de teclas, lo que se conoce como un atajo de teclado.

En las dos tablas siguientes se resumen todos los atajos que se han ido indicando en los capítulos, de tal manera que pueda contar con una referencia rápida.

Tabla D.1. Atajos de teclado generales

Atajo	Descripción
F1	Abre la ayuda de Excel.
Control-I	Abre la ventana Ir a, facilitando el desplazamiento rápido por la hoja de cálculo.
Control-1	Abre la ventana Formato de celdas.
Control-P	Abre el cuadro de diálogo de impresión.
Alt-F8	Abre la ventana de administración de macros.
Alt-F11	Abre el entorno de Visual Basic.
Control-;	Introduce la fecha actual.
Control-:	Introduce la hora actual.
Control-Intro	Introducir un mismo valor o fórmula en varias celdillas previamente seleccionadas.
Control-Mayús-Intro	Introduce una fórmula en un rango como fórmula matricial.
Control-Alt-K	Introduce un hipervínculo.
F2	Edita el contenido de la celdilla activa en ese momento.
F9	Actualiza la hoja, provocando el recálculo de todas las fórmulas existentes.
Alt-º	Alterna la visualización de fórmulas y resultados en el interior de las celdillas.
Control-G	Guarda el libro actual.
Control-C	Copia al portapapeles.
Control-X	Corta la información seleccionada.
Control-V	Pega desde el portapapeles.
Alt-Retroceso	Deshace la última acción.

Tabla D.2. Atajos de teclado en el entorno de Visual Basic

Atajo	Descripción
F8	Ejecuta un procedimiento paso a paso.
F2	Abre el Examinador de objetos.
Control-G	Abre la ventana Inmediato.
Control-J	En el editor de código, despliega la lista de elementos disponibles.

Lógicamente, existen muchas combinaciones más, algunas para funciones que conoce y otras para algunas que, seguramente, no conocerá. Busque en la ayuda de Excel la entrada Métodos abreviados. En ella encontrará una lista de atajos de teclado clasificados por categorías.

Índice alfabético

C

D

E

F

G

H

I

W

X

Y